D1803769

EARLDOM OF GLOUCESTER CHARTERS

EARLDOM OF GLOUCESTER CHARTERS

The Charters and Scribes of the Earls and Countesses of Gloucester to A.D. 1217

EDITED BY

ROBERT B. PATTERSON

OXFORD
AT THE CLARENDON PRESS
1973

Oxford University Press, Ely House, London W. 1

GLASGOW NEW YORK TORONTO MELBOURNE WELLINGTON
CAPE TOWN IBADAN NAIROBI DAR ES SALAAM LUSAKA ADDIS ABABA
DELHI BOMBAY CALCUTTA MADRAS KARACHI LAHORE DACCA
KUALA LUMPUR SINGAPORE HONG KONG TOKYO

Printed in Great Britain
at the University Press, Oxford
by Vivian Ridler
Printer to the University

TO

RUTH WEIDER PATTERSON

PREFACE

THIS edition of charters began simply as one contribution to the evidence being collected for a socio-economic study of the Honour and Earldom of Gloucester *c.* 1107–1217. As the number of unpublished charters mounted, it seemed appropriate to edit them as a collection. Commentaries and biographical sketches of the charters' witnesses were added. Finally, the accumulation of so many original charters and the example of Mr. T. A. M. Bishop's palaeographical study, *Scriptores Regis*, presented a challenge to undertake a baronial *Scriptores* in conjunction with a *regesta* of the Gloucester charters. The combination, it was hoped, would do for a great baronial house what the *Regesta Regum Anglo-Normannorum* and *Scriptores Regis* have done for the history of royal government. To preserve this new focus, most discussion of the charters' evidence and details about witnesses have been reserved for the history of the honour and earldom which is in progress.

A number of scholars have made personal contributions. Professor Fred A. Cazel, Jr. gave me the benefit of his knowledge of British archives and their collections; he has also commented on several aspects of the Introduction, particularly concerning John Lackland and Geoffrey de Mandeville. I benefited from early advice and encouragement from Sir Charles Clay, Dr. G. R. C. Davis, whose guide to cartularies so aided my search for charters,[1] and Professor V. H. Galbraith. Dr. David Walker called my attention to the collection of St. James's Priory charters at Bristol and to Earl William of Gloucester's Fitz John charter in the possession of the Robinson Trust. Mr. R. H. C. Davis referred me to microfilm of the St. Augustine's cartulary and has shared information about charters and the problems of editing. Mr. James Campbell enhanced the value of the Introduction through some trenchant queries; he assisted in last-minute checks of several manuscript readings, and is responsible for the addition to this collection of ten texts pertaining to Tewkesbury Abbey and St. James's Priory, photographic copies of which he expeditiously procured for me. Dr. Keith J. Stringer provided references from an unpublished collection of John Lackland's Charters, the M.A. thesis (Manchester, 1949) of Mrs. Margaret Preen Jones. Dr. Pierre Chaplais generously gave the entire manuscript painstaking attention, offering corrections and helpful suggestions on palaeography and diplomatic. My final judgements on Scribe **xvii** and on the Margam forgery I owe to him, and he also helped with a number of difficult readings. Dr. Tudor T. Davies, Mr. C. R. Elrington, Miss B. F. Harvey, Mme J. Hecht, and Dr. Paul R. Hyams advised on individual points.

[1] *Medieval Cartularies of Great Britain*, ed. G. R. C. Davis (London, 1958).

Some of the archivists and librarians who assisted in this work deserve special mention: the staff of the British Museum, undismayed by enormous requests for manuscripts; Mr. C. A. F. Meekings and Dr. Patricia M. Barnes and the staff of the Public Record Office; Dr. R. W. Hunt and Dr. D. M. Barratt and the staff of the Bodleian Library; Mr. B. G. Owens, Keeper of Manuscripts and Records, and Mr. M. L. Timothy, Assistant Keeper, Department of Prints, Drawings, and Maps, the National Library of Wales; Mr. Irvine E. Gray, Gloucestershire Records Officer (retd.), and Mr. Brian S. Smith, Gloucestershire Records Officer, who gave their time to accompany me to Berkeley Castle muniments; the staffs of the Archives Nationales and the Bibliothèque Nationale; Dean M. A. Evans of Gloucester Cathedral; Miss Elizabeth Ralph, Archivist, and the staff of Bristol Archives Office; Mr. N. R. Ker and Dr. G. L. Harriss of Magdalen College, Oxford; Mr. J. F. A. Mason of Christ Church, Oxford; Mlle M.-J. Le Cacheux, Archiviste, Archives Départementales du Calvados; M. Bernard d'Ymouville, Conservateur-adjoint de la Collection Mancel, Archiviste de Caen; Mr. F. E. Ifould, Clerk of the Council, and his assistant, Mr. R. E. Stokes, Petersfield Urban District Council; Miss Pamela Stewart, Assistant Archivist, Salisbury Diocesan Record Office; Mrs. B. E. Johnston, Assistant Librarian, Worcester Cathedral Library; Mr. Roger Ellis, Secretary, and his assistant, Mr. J. E. Armstrong, of the Historical Manuscripts Commission.

I would like to acknowledge the generous co-operation of individuals and governing bodies who allowed access to their private collections and have granted permission to print texts from their manuscripts: His Grace the Archbishop of Canterbury and the Library Trustees; the Bishop of Rochester; trustees of the Earl of Winchilsea; the Marquess of Bath; Lord Sherborne; Lord Vestey; Margaret Lady Guise; Mrs. L. Y. K. Fisher and Mrs. M. J. Hollings, trustees of the late Miss L. E. Jones; Roger Money-Kyrle, Esq.; the authorities of the Bodleian Library, the British Museum, the National Library of Wales, and the Public Record Office; the Master and Fellows of Corpus Christi College, Cambridge; the Master and Fellows of Trinity College, Cambridge; the Master and Fellows of Balliol College, Oxford; the President and Fellows of Magdalen College, Oxford; the President and Fellows of Trinity College, Oxford; Mr. W. W. S. Breem, Librarian for the Inner Temple; Mr. A. M. Barker, Salisbury Diocesan Registrar; The Deans and Chapters of Gloucester, Hereford, Rochester, Salisbury, and Worcester Cathedrals; the authorities of the Archives Nationales, the Bibliothèque Nationale, the Archives Départementales of Calvados and Maine-et-Loire, the Archives de la Ville, Caen, the John Rylands Library, the Bristol Archives Office, the Gloucestershire Record Office, the Northamptonshire Record Office, the Worcestershire Record Office, the Somerset Archaeological and Natural History Society; Mr. Philip Robinson and the trustees of the Robinson Trust, and the Petersfield Urban District Council. Transcripts of manuscripts in Berkeley Castle Muniments are published by kind permission of the trustees of the will of the Rt. Hon. Randall Thomas Mowbray deceased.

My travelling was supported by several grants from the University of South Carolina, through its Committee on Research and Productive Scholarship, and finally by generous support from the National Endowment for the Humanities. Research visits were facilitated by the hospitality of Geoffrey Roper, Esq., of Forde Abbey, Roger Money-Kyrle, Esq., and Mr. H. G. Pitt and my friends of Worcester College, Oxford.

I dedicate this book to my wife, who not only has been its inspiration, critic, and typist, but has aided it simply by being my companion in the Middle Ages.

R. B. P.

Columbia, South Carolina
4 April 1972

CONTENTS

LIST OF PLATES xii

CORRIGENDA xiv

MANUSCRIPT SOURCES xv

BIBLIOGRAPHY OF PRINTED BOOKS AND ARTICLES CITED, WITH THEIR ABBREVIATIONS xvii

OTHER ABBREVIATIONS xxv

INTRODUCTION

- EDITORIAL FOREWORD 1
- THE EARLDOM OF GLOUCESTER TO 1217 3
- ANALYSIS OF THE GLOUCESTER CHARTERS
  - Places of Issue 9
  - Clerical Personnel 9
  - Scribes Identified by their Hands 16
  - Diplomatic of the Charters 21
  - Seals 23
- CLERICAL ADMINISTRATIONS OF THE EARLS AND COUNTESSES 25

EARLDOM OF GLOUCESTER CHARTERS 31

APPENDIX 169

ADDENDA 176

INDEX OF NAMES 183

SUBJECT INDEX 202

PLATES *at end*

LIST OF PLATES

I. *a.* Earl William grants Siward the palmer to Margam Abbey (no. 124).
b. Earl William grants land to Margam Abbey in exchange for land belonging to Baldwin the harper (no. 122).
c. Earl William grants protection to Savigny Abbey (no. 172).

II. *a.* Earl William confirms Griffin Fitz Ivor's grant to Margam Abbey (no. 120).
b. Charter of Earl William in favour of the church of St. Mary and St. Thomas, Cardiff (no. 49).

III. *a.* Charter of Earl William granting to Monkton Farleigh Priory quittance from tolls (no. 155).
b. Earl William grants land to Hamo de Valognes (no. 187).
c. Earl William confirms William Fitz Gregory's gift to Margam Abbey (no. 130).

IV. Earl William confirms to Margam Abbey the donation of Geoffrey Sturmi (no. 134).

V. *a.* Earl William confirms Adam de Ely's grants to Robert Fitz Swein (no. 77).
b. Charter of Earl William in favour of St. James's, Bristol (no. 34).
c. Charter of Earl William which identifies the hand of Master Herveus (no. 75).

VI. *a.* Earl William confirms to Margam Abbey the donation of Geoffrey Sturmi (no. 135).
b. Charter of Earl William confirming to Margam Abbey a grant by his son (no. 125).

VII. *a.* Earl William grants land to Hugh of Hereford (no. 97).
b. Chirograph made in Earl William's court at Torigni-sur-Vire (no. 186).

VIII. Earl William grants land to Gregory Fitz Robert (no. 182).

IX. *a.* Earl William grants land to Walter Lageles (no. 105).
b. Earl William grants Ashley to St. James's, Bristol (no. 37).

X. Earl William makes various grants to St. James's, Bristol (no. 36).

XI. *a.* Writ of Earl William addressed to his bailiffs and ministers in Bristol (no. 180).
b. A forged charter in favour of Little Malvern Priory (no. 118).
c. Earl William grants to Gilbert Fitz John his father's land and office of forester (no. 48).

XII. A forged charter in favour of Margam Abbey (no. 136).

XIII. A copy of the preceding charter.

XIV. Treaty between Earl William and Roger Earl of Hereford (no. 96).

XV. Charter of Earl William in favour of William de Mulesham (no. 158).

XVI. *a.* Charter of Countess Hawisia in favour of St. James's, Bristol (no. 39).
b. Countess Hawisia grants land at Pimperne to Nuneaton (no. 67).

XVII. *a.* Countess Hawisia grants land at Pimperne to Fontevrault Abbey (no. 78).
b. Countess Hawisia's charter of liberties for Petersfield (no. 160).

XVIII. Count John's charter of liberties for Bristol (no. 10).

XIX. *a.* Count John confirms grants to Margam Abbey (no. 138).
b. Charter of Earl Amaury ceding the County of Évreux (no. 80).

XX. *a.* Count John's charter of liberties for Petersfield (no. 161).
b. Charter of Count John granting to Ardennes Priory quittance from tolls (no. 1).

XXI. *a.* Count John confirms grants to Robert, son of Robert Fitz Harding (no. 73).
b. Earl Amaury confirms a grant of land to Bruern Abbey (no. 41).

XXII. Earl Amaury grants land at Mapledurham to Eustace de Grainville (no. 94).

XXIII. *a.* Earl Geoffrey confirms property in Glamorgan to St. Peter's, Gloucester (no. 93).
b. Charter of Countess Isabel in favour of Holy Trinity Priory, London (no. 114).

XXIV. General confirmation by Countess Isabel of donations to Margam Abbey (no. 146).

XXV. General confirmation by Earl Geoffrey of donations to Margam Abbey (no. 139).

XXVI. General confirmation by Countess Isabel of donations to Margam Abbey (no. 140).

XXVII. General confirmation by Countess Isabel of donations to Margam Abbey (no. 148).

XXVIII. General confirmation by Countess Isabel of donations to Margam Abbey (no. 144).

XXIX. General confirmation by Countess Isabel of donations to Margam Abbey (no. 145).

XXX. General confirmation by Countess Isabel of donations to Margam Abbey (no. 149).

XXXI. *a.* Seal of Earl William.
b. Counterseal of Earl William.
c. Seal of Countess Hawisia.
d. Seal of Countess Isabel.
e. Counterseal of Countess Isabel.
f. Seal of Earl Geoffrey.

XXXII. *a.* Seal of Count John.
b. Counterseal of Count John.
c. Seal of Earl Amaury.
d. Counterseal of Earl Amaury.

CORRIGENDA

p. xix, l. 3 *for* (1834–) *read* (1834–5)
p. xx, l. 24 for *Medeival* read *Medieval*
p. xxiii, l. 29 *for* 1960 *read* 1961
p. 2, l. 36 *for* 'no., *read* 'no.'
p. 16, l. 31 for *c.* 1150–3 read *c.* 1150/3
p. 26, l. 31 *for* knigh's *read* knight's
p. 53, l. 20 for *market* read *fair*
p. 55, l. 10 for *market* read *fair*
p. 90, l. 11, n. 7 *delete* follows
p. 90, l. 12, n. 8 for *Glouc(estrie)* in B. read *Glouc(estrie)* follows in B.
p. 98, l. 6 *for* xxv *read* xxiv
p. 98, last line *for* Ric(ardus) *read* Ric(ardo)
p. 111, l. 31 *for* xxxv *read* xxiv–xxv
p. 121, l. 32, n. 1 for *Will(el)m(us)* read *Will(el)m(u)s*
p. 153, l. 24 *for* Countess Hawisia *read* his tenant's widow
p. 154, l. 19 *for* im *read* him
p. 160, l. 5 *for* pertient *read* pertinet
p. 170, last line *for* 75–6 *read* 275–6
p. 173, in no. 250 *for* 339–40 *read* 394
p. 173, after no. 252 *add*

252a	Earl Robert	*c.* 1138	Earl Gilbert (unident.)	grant of Luton church (Beds.)	*Gesta Abbatum S. Albani,* i. 113

p. 177, l. 26 *for* fidelitate *read* fidelitati
p. 177, l. 29 *for* Teochesb(er)ia *read* Teochesb(ur)ia
p. 186, under '*Caldwell*' chapel *for* 67, 253 n. *read* 267 & n.
p. 201, under Winchester, Bishops of, Richard for *14* read *13*

MANUSCRIPT SOURCES

ABERYSTWYTH, The National Library of Wales: Gwysaney MS. 1; P & M MSS. 20, 21, 22, 23, 24, 25, 104, 113, 113b, 113c, 212, 230, 289, 293, 544, 1942, 1943, 1944, 1945, 1946, 1947, 2041, 2042, 2043, 2089, 2092, 3534

ANGERS, Archives Départementales du Maine-et-Loire: 246H, no. 3

BERKELEY CASTLE, Glos.: The trustees of the will of the Rt. Hon. Randall Thomas Mowbray, Earl of Berkeley, deceased: Muns., nos. 46, 47; 'St. Augustine's Cartulary'

BRISTOL, The Bristol Archives Office: 5139 (139), 5139 (175), 5139 (177)a, 5139 (238), 5139 (447), 5139 (448), 5139 (449), 5139 (485), 5139 (486), 01248; 'The Little Red Book of Bristol' (04718)

CAEN, Archives de la Ville de Caen: Collection Mancel, LXXIII, XCII

CAEN, Archives Départementales du Calvados: 193, 2.H.1

CALNE, Wilts., Whetham; Roger Money-Kyrle, Esq.: DA/3, no. 51

CAMBRIDGE, Corpus Christi College: MS. 111

CAMBRIDGE, Trinity College: MS. R.5.33

CHATSWORTH, BAKEWELL, Derby.; Chatsworth House: MS. 73.A

GLOUCESTER, Dean and Chapter: Register A

GLOUCESTER, The Gloucestershire Record Office: D. 225/T.2, D. 326/T.3, D. 678

HEREFORD, Cathedral Library: Nos. 2304, 2309

LONDON, British Museum: Additional MSS. 5937, 15,314, 28,024, 36,985; Additional Charters 7715, 47,517, 56,236 (a); Cotton MSS. Cleopatra A. VII, Nero E. VII, Otho D. III, Vespasian E. XXIII, Vespasian E. XXV, Vitellius A. XI, Vitellius D. IX, Vitellius F. VIII, Appendix XXI; Harley MSS. 1708, 1761, 3660, 3688, 6716; Harley Charters 43.C.16, 43.C.32, 45.C.28, 57.B.41, 75.A.8, 75.A.9, 83.A.26, 83.A.27; Lansdowne MS. 428; Stowe MSS. 925, 940.

LONDON, Inner Temple: Petyt MS. 511.18

LONDON, Lambeth Palace Library: MSS. 415, 719

LONDON, Public Record Office: 31, 8/142.B, C.47/12/4, C.47/45/388a, C.52/12/5, C.52/12/6, C.52/30, C.52/33, C.52/38, C.53/76, C.53/107, C.66/149, C.66/379, C.66/530, C.66/580, C.115/K.1/6679, C.115/K.1/6681, C.115/K.2/6683, C.115/L.1/6689, C.146/C.10365, C.150/1, C.164/24, DL.25/4, E.40/A.942, E.40/A.2385, E.42/394, E.132/2/13

LONDON, The trustees of the Robinson Trust, 8 Waterloo Place, S.W.1: Charter of William Earl of Gloucester (no. 48)

LONGLEAT, Wilts.; The Marquess of Bath: MS. 39

MAIDSTONE, Kent; Kent Archives Office: Register I, dep. by the Bishop of Rochester

MANCHESTER, The John Rylands Library: Beaumont Charter 1

NORTHAMPTON, The Northamptonshire Record Office: Finch Hatton MS. 170

OXFORD, Balliol College: MS. 271

OXFORD, The Bodleian Library: Dodsworth MSS. 10, 65, 102; Dugdale MSS. 12, 18; Tanner MS. 223; Willis MS. 5; MS. Film Deposit 912; Cirencester Abbey, 'Registrum A.', dep. by Lady Vestey, Stowell Park, Northleach, Glos.

OXFORD, Magdalen College Muns.: Sherborne Priory Deeds, Petersfield Deeds, nos. 149, 150

OXFORD, Trinity College: MS. 85

PARIS, Archives Nationales: J.216, no. 6, J.216, no. 21; L.976, no. 1165

PARIS, Bibliothèque Nationale: MS. Latin 5480; MS. Nouvelle Acquisition 1428

PETERSFIELD, Hants, Urban District Council: Charters 1, 2

SALISBURY, Diocesan Registry: 'Liber Evidentiarum B.'; 'Liber Ruber'; 'Liber Evidentiarum C.'; no. 136793, dep. by Dean and Chapter

TAUNTON, Som.; Somerset Record Office: Buckland Cartulary, dep. by Somerset Archaeological Society

WORCESTER, Dean and Chapter: A.4 (Registrum I)

WORCESTER, Worcestershire Record Office: Bulk Accession no. 81, ref. 705: 24/77

BIBLIOGRAPHY OF PRINTED BOOKS AND ARTICLES CITED, WITH THEIR ABBREVIATIONS

AB = *Analecta Bollandiana.* Brussels, 1882– .

Adami de Domerham Historia de Rebus Gestis Glastonburiensis, ed. Thomas Hearne. 2 vols. London, 1727.

Ann. Mon. = *Annales Monastici*, ed. H. R. Luard. 5 vols. London, 1864–9.

Apollo: A Journal of the Arts, v (1927).

Archives de l'Empire, *Collection de Sceaux*, ed. Douët d'Arcq. 3 vols. Paris, 1863–8.

Ballard, Adolphus, *British Borough Charters 1042–1216.* Cambridge, 1913.

Barraclough, G(eoffrey), 'Some Charters of the Earls of Chester', in *Misc. D. M. Stenton*, 25–43.

Bateson, Mary, 'The Laws of Breteuil', *EHR* xv (Jan., Apr., July, Oct. 1900), 73–8, 302–18, 496–523, 754–7; xvi (Jan., Apr. 1901), 92–110, 332–45.

Beresford, *New Towns* = Maurice Beresford, *New Towns of the Middle Ages.* London, 1967.

Béziers, *Mémoires* = M(ichel) Béziers, *Mémoires pour servir à l'état historique et géographique du Diocèse de Bayeux.* 3 vols. Paris and Rouen, 1894–6.

BF = *Liber Feodorum. The Book of Fees commonly called Testa De Nevill*, The Deputy Keeper of the Records. 3 vols. London, 1920–31.

Birch, *Catalogue* = *A Descriptive Catalogue of the Penrice and Margam Abbey Manuscripts in the possession of Miss Talbot*, ed. Walter de Gray Birch. 6 vols. London, 1893–1905.

Birch, *Margam Abbey*: Walter de Gray Birch, *A History of Margam Abbey.* London, 1897.

Birch, 'Original Documents' = 'Original Documents relating to Bristol and the Neighbourhood', ed. Walter de Gray Birch, *JBAA* xxxi (1875), 289–305.

Birch, 'Stanley Charters' = W(alter) de G(ray) Birch, 'History of the Cistercian Abbey of Stanley in Wiltshire, with texts of a Calendar of the Muniments and of some unpublished Charters of the Abbey, preserved in the British Museum', *The Wiltshire Archaeological and Natural History Magazine*, xv (1875), 239–307.

Bishop, *Scriptores Regis* = T. A. M. Bishop, *Scriptores Regis.* Oxford, 1961.

BJRL = *Bulletin of the John Rylands Library.* Manchester, 1903– .

Boussard, Jacques, *Le Gouvernement d'Henri II Plantegenêt.* Paris, 1956.

Bristol Charters 1155–1378 = *Bristol Charters 1155–1378*, ed. N. Dermott Harding. BRS, i, 1930.

Brooke, Christopher, 'St. Peter and St. Cadoc', in *Celt and Saxon: Studies in the Early British Border*, eds. K. Jackson, P. Hunter Blair, B. Colgrave, B. Dickins, J. and H. Taylor, C. Brooke, and N. K. Chadwick. Cambridge, 1963.

BRS = Bristol Record Society. Bristol, 1930– .

Brut y Tywysogion; Or the Chronicle of the Princes of Wales, ed. J. Williams ab Ithel. London, 1860.

BS = *Sir Christopher Hatton's Book of Seals*, eds. Lewis C. Loyd and Doris Mary Stenton. Oxford, 1950.

Cal. Charter Rolls = *Calendar of the Charter Rolls preserved in the Public Record Office*, The Deputy Keeper of the Records. 6 vols. London, 1903–27.

Cal. IPM = *Calendar of Inquisitions Post Mortem and other analagous Documents preserved in the Public Record Office*, The Deputy Keeper of the Records. 14 vols. London, 1904–52.

Cal. Patent Rolls = *Calendar of the Patent Rolls preserved in the Public Record Office*, The Deputy Keeper of the Records. London, 1901– .

Calendar of the Charters etc. of the City and County of Bristol, ed. John Latimer. Bristol, 1909.

Cardiff Records = *Cardiff Records*, ed. John Hobson Matthews. 6 vols. Cardiff, 1898–1903.

Cart. Bayeux = *Antiquus Cartularius Ecclesiae Baiocensis* (*Livre Noir*), ed. V. Bourienne. 2 vols. Paris and Rouen, 1902–3.

Cart. Canonsleigh = *The Cartulary of Canonsleigh Abbey* (*Harleian MS. 3660*), ed. Vera C. M. London. Devon and Cornwall Record Society, N.S. viii, 1965.

Cart. Cirencester = *The Cartulary of Cirencester Abbey, Gloucestershire*, ed. C. D. Ross. 2 vols. Oxford, 1964.

Cart. Gloucester = *Historia et Cartularium Monasterii S. Petri Gloucestriae*, ed. W. H. Hart. 3 vols. London, 1863–7.

Cart. Missenden = *The Cartulary of Missenden Abbey*, ed. J. G. Jenkins. Buckingham Record Society, x, 1955 for 1946.

Cart. Normand = *Cartulaire Normand de Philippe-Auguste, Louis VIII, Saint Louis et Philippe-le-hardi*, ed. Léopold Delisle. *MSAN*, 2nd ser. vi (1852).

Cartulary of Buckland Priory, ed. F. W. Weaver. SRS, xxv, 1909.

The Cartulary of St. Mary, Clerkenwell, ed. W. O. Hassall. Camden Society, 3rd ser., lxxi, 1949.

The Cartulary of Worcester Cathedral Priory (*Register I*), ed. R. R. Darlington. PRS, N.S. xxxviii, 1962–3.

Cat. Ancient Deeds = *Descriptive Catalogue of Ancient Deeds*, The Deputy Keeper of the Records. 6 vols. London, 1890–1915.

CDF = *Calendar of Documents preserved in France, Illustrative of the History of Great Britain and Ireland*, i: *918–1206*, ed. J. H. Round. London, 1899.

Chaplais, Pierre, 'The Seals and Original Charters of Henry I', *EHR* lxxv (Apr. 1960), 260–75.

Charters and Records of Hereford Cathedral, ed. W. W. Capes. Hereford, 1908.

Cheney, *English Bishops' Chanceries* = C. R. Cheney, *English Bishops' Chanceries 1100–1250*. Manchester, 1950.

Chrons. of the Reigns of Stephen etc. = *Chronicles of the Reigns of Stephen, Henry II and Richard I*, ed. Richard Howlett. 4 vols. London, 1884–9.

Clark, *Cartae et alia* = *Cartae et alia Munimenta quae ad Dominum de Glamorgancia pertinent*, eds. George T. Clark and Godfrey L. Clark. 2nd edn. 6 vols. Cardiff, 1910.

The Concise Oxford Dictionary of English Place-Names, ed. Eilert Ekwall. 4th edn. Oxford, 1960.

Corry, John, *The History of Bristol, Civil and Ecclesiastical including Biographical Notices of Eminent and Distinguished Natives*. Bristol, 1816.

CP = *The Complete Peerage of England, Scotland, Ireland, Great Britain and the United Kingdom*, by G. E. C(ockayne), eds. Vicary Gibbs et al. 15 vols. London, 1910–59.

Cronne, *Reign of Stephen* = H. A. Cronne, *The Reign of Stephen 1135–54: Anarchy in England*. London, 1970.

Curia Regis Rolls, The Deputy Keeper of the Records. 14 vols. London, 1922–61.

D'Anisy, *Extraits des chartes* = *Extraits des chartes et autres actes Normands ou Anglo-Normands dans les archives du Calvados*, ed. (Amédée-Louis) Léchaudé D'Anisy. *MSAN*, vii, part I; viii, part II (1834–).

D'Anisy, 'Notice historique' = (Amédée-Louis) Léchaudé D'Anisy, 'Notice historique sur la baronnie et sur l'église de Than', *MSAN*, 2nd ser. ii (1841), 105–16.

Davies, 'Ewenny Priory' = 'Ewenny Priory: some recently found records', ed. J. Conway Davies. *JNLW* iii (1944), 107–37.

Davis, 'Treaty' = R. H. C. Davis, 'The Treaty between William Earl of Gloucester and Roger Earl of Hereford', in *Misc. D. M. Stenton*, 139–46.

Diplomatic Documents preserved in the Public Record Office, i: *1101–1272*, ed. Pierre Chaplais. London, 1963.

The Domesday Monachorum of Christ Church Canterbury, ed. David C. Douglas. London, 1944.

Dugdale, *Monasticon* = *Monasticon Anglicanum*, eds. John Caley, Henry Ellis, and Bulkeley Bandinell. 6 vols. in 8. London, 1817–30.

Dugdale, William, *The Baronage of England*. 3 vols. London, 1675–6.

Duggan, Charles, 'Richard of Ilchester, Royal Servant and Bishop', *TRHS*, 5th ser. xvi (1966), 1–21.

EHD ii = *English Historical Documents*, ii: *1042–1189*, eds. David C. Douglas and George W. Greenaway. London, 1953.

EHR = *English Historical Review*. London, 1886– .

Episcopal Acts = *Episcopal Acts and Cognate Documents relating to Welsh Dioceses, 1066–1272*, ed. J. Conway Davies. 2 vols. Cardiff, 1948.

'Epistolae Cantuarienses' = 'Epistolae Cantuarienses', ed. William Stubbs, in *Chronicles and Memorials of the Reign of Richard I*, ii. London, 1865.

Eyton, R. W., *Court, Household and Itinerary of King Henry II*. Dorchester, 1878.

Facsimiles of English Royal Writs to A.D. *1100 presented to Vivian Hunter Galbraith*, eds. T. A. M. Bishop and P(ierre) Chaplais. Oxford, 1957.

Feudal Aids = *Inquisitions and Assessments relating to Feudal Aids*, The Deputy Keeper of the Records. 6 vols. London, 1899–1920.

Gallia Christiana in provinciis ecclesiasticis distributa, vol. xi, ed. Denis de Sainte-Marthe, Paris, 1759.

Gervase of Canterbury = *The Historical Works of Gervase of Canterbury*, ed. William Stubbs. 2 vols. London, 1879–80.

Gesta Abbatum S. Albani = *Gesta Abbatum Monasterii Sancti Albani a Thoma Walsingham*, ed. Henry Thomas Riley. 3 vols. London, 1867–9.

Gesta Henrici II = *Gesta Regis Henrici Secundi Benedicti Abbatis. The Chronicle of the Reigns of Henry II and Richard I*, ed. William Stubbs. 2 vols. London, 1867.

A Gloucestershire and Bristol Atlas. The Bristol and Gloucestershire Archaeological Society, 1961.

The Great Chartulary of Glastonbury, ed. Dom Aelred Watkin. SRS, lix, lxiii, lxiv, 1947–56.

The Great Red Book of Bristol, ed. E. W. W. Veale. BRS, iv, 1933.

Gretton, *Burford Records* = R. H. Gretton, *The Burford Records: A Study in Minor Town Government*. Oxford, 1920.

Gross, *Gild Merchant* = Charles Gross, *The Gild Merchant*. 2 vols. Oxford, 1890.

GS = *Gesta Stephani*, ed. K. R. Potter. London, 1955.

Haddan and Stubbs, *Councils* = *Councils and Ecclesiastical Documents relating to Great Britain and Ireland*, eds. Arthur Haddan and William Stubbs. 3 vols. Oxford, 1869–78.

Hall, Hubert, *Studies in English Official Historical Documents*. Cambridge, 1908.

Hall, 'Roger of Worcester' = Mary G. Hall, 'Roger of Worcester 1164–1179'. B.Litt. Thesis. Oxford, 1940.

HBC = *Handbook of British Chronology*, eds. Sir F. Maurice Powicke and E. B. Fryde. 2nd edn. London, 1961.

Hemmeon, Morley De Wolf. *Burgage Tenure in Medieval England*. Cambridge, Mass., 1914.

Henrici Archidiaconi Huntendunensis Historia Anglorum, ed. T. Arnold. London, 1879.

Hippeau = *Dictionnaire topographique du département du Calvados*, ed. C. Hippeau. Paris, 1883.

HMC = Historical Manuscripts Commission, *Report on Manuscripts in Various Collections*, i, iv. London, 1901, 1907.

HN = *Willelmi Malmesbiriensis Monachi Historia Novella*, ed. K. R. Potter. London, 1955.

Holt, J. C. *Magna Carta*. Cambridge, 1969.

JBAA = *Journal of the British Archaeological Association*. London, 1845– .

Jeayes: *Descriptive Catalogue of the Charters and Muniments in the Possession of the Rt. Hon. Lord Fitzhardinge at Berkeley Castle*, ed. I. H. Jeayes. Bristol, 1892.

JNLW: *Journal of the National Library of Wales*. Aberystwyth, 1939– .

John Le Neve: Fasti Ecclesiae Anglicanae 1066–1300, i: *St. Paul's London*, ed. Diana E. Greenway. London, 1968.

John of Worcester = *Anecdota Oxoniensia: The Chronicle of John of Worcester 1118–1140*, ed. J. R. H. Weaver. Oxford, 1908.

Ker, *English Manuscripts* = N. R. Ker, *English Manuscripts in the Century after the Norman Conquest*. Oxford, 1960.

Knowles, David, *The Episcopal Colleagues of Archbishop Thomas Becket*. Cambridge, 1951.

Knowles and Hadcock = David Knowles and R. Neville Hadcock, *Medeival Religious Houses: England and Wales*. London, 1953.

Landboc sive Registrum Monasterii Beatae Mariae Virginis et Sancti Cenhelmi de Winchelcumba, ed. D. Royce. 2 vols. Exeter, 1892–3.

Layettes du Trésor des Chartes = Archives de l'Empire, *Layettes du Trésor des Chartes*, ed. Alexandre Teulet. 3 vols. Paris, 1863–75.

LCGF = *The Letters and Charters of Gilbert Foliot*, eds. Dom Adrian Morey and C. N. L. Brooke. Cambridge, 1967.

Liber Landavensis = *The Text of the Book of Llan Dâv*, eds. John Gwenogvryn Evans and John Rhys. Oxford, 1893.

The Little Red Book of Bristol, ed. Francis B. Bickley. 2 vols. Bristol and London, 1900.

Lloyd, John Edward, *A History of Wales*. 2 vols. London, 1912.

London County Council, *Survey of London*, viii: *The Parish of St. Leonard, Shoreditch*. London, 1922.

Loyd, *Anglo-Norman Families* = Lewis C. Loyd, *The Origins of some Anglo-Norman Families*, eds. Charles T. Clay and David C. Douglas. Harleian Society, ciii, 1951.

LW = 'Liber Winton', in *Domesday Book seu Liber Censualis Willelmi Primi Regis Angliae*, iv, 536–62, eds. A. Farley and H. Ellis. London, 1816.

Madox, Thomas, *The History and Antiquities of the Exchequer of the Kings of England*. 2nd edn. 2 vols. London, 1711.

Maistre Wace's Roman de Rou et des Ducs de Normandie, ed. Hugo Andresen. 2 vols. Heilbronn, 1877–9.

Major, Kathleen, 'The "Familia" of Archbishop Stephen Langton', *EHR* xlviii (Oct. 1933), 529–53.

Materials for the History of Thomas Becket, ed. J. C. Robertson. 7 vols. London, 1875–85.

Matthaei Parisiensis Monachi Sancti Albani Chronica Majora, ed. Henry Richard Luard. 6 vols. London, 1872–82.

Maxwell-Lyte, Sir H. C., *Historical Notes on the Use of the Great Seal*. London, 1926.

Medieval Cartularies of Great Britain, ed. G. R. C. Davis. London, 1958.

Misc. D. M. Stenton = *A Medieval Miscellany for Doris Mary Stenton*, eds. Patricia M. Barnes and C. F. Slade. PRS, N.S. xxxvi, 1960.

Morey, Adrian, *Bartholomew of Exeter, Bishop and Canonist: A Study in the Twelfth Century*. Cambridge, 1937.

—— and C. N. L. Brooke, *Gilbert Foliot and his Letters*. Cambridge, 1965.

MSAN: *Mémoires de la Société des Antiquaires de Normandie*. Paris, 1824– .

Musset, Lucien, 'Actes Inédits du XIe Siècle, I: Les plus anciennes Chartes du Prieuré de Saint-Gabriel (Calvados)', *Bulletin de la Société des Antiquaires de Normandie* lii (1952–4), 117–41.

—— 'La Contribution de Fécamp a la Reconquête Monastique de la Basse-Normandie (990–1066)', in *L'Abbaye Bénédictine de Fécamp. Ouvrage Scientifique du XIIIe Centenaire 658–1958*, i, 57–79, 4 vols. Fécamp, 1959–63.

De Necessariis Observantiis Scaccarii Dialogus qui vulgo dicitur Dialogus de Scaccario, ed. and transl. Charles Johnson. London, 1955.

Nicholls and Taylor = J. F. Nicholls and John Taylor, *Bristol Past and Present*. 2 vols. in 1. Bristol, 1881.

N(orgate), K(ate), 'Robert, Earl of Gloucester', *The Dictionary of National Biography* xvi, 1242–4.

NP = *Neustria Pia seu de Omnibus et Singulis Abbatiis et Prioratibus totius Normanniae*, ed. Arthur Du Monstier. Rouen, 1663.

Original Charters and Materials for a History of Neath and its Abbey, ed. Geo(rge) Grant Francis. Swansea, 1845.

Otway-Ruthven, A. J., 'The Constitutional Position of the great Lordships of South Wales', *TRHS*, 5th ser. viii (1958), 1–20.

OV = *Orderici Vitalis Historiae Ecclesiasticae Libri Tredecim*, ed. Augustus Le Prévost. 5 vols. Paris, 1838–55.

Painter, Sidney, *Studies in the History of the English Feudal Barony*. Baltimore, 1943.

Painter, *Reign of King John* = Sidney Painter, *The Reign of King John*. Baltimore, 1949.

Papsturkunden in England, ed. Walther Holtzmann. 3 vols. Berlin and Göttingen, 1930–52.

Patterson, Robert B., 'William of Malmesbury's Robert of Gloucester: A Re-evaluation of the *Historia Novella*', *American Historical Review* lxx (July 1965), 983–97.

PNDPH = *The Place-Names of Dinas Powys Hundred*, ed. Gwynedd O. Pierce. Cardiff, 1968.

PNS = English Place-Name Society. Cambridge, 1924– .

Poole, A. L., *Obligations of Society in the XII and XIII Centuries*. Oxford, 1946.

—— *From Domesday Book to Magna Carta 1087–1215*. 2nd edn. Oxford, 1955.

—— *Medieval England*. 2 vols. Oxford, 1958.

Powicke, *Loss of Normandy* = F. M. Powicke, *The Loss of Normandy* (*1189–1204*). Manchester, 1913.

Powicke, F. M., *Stephen Langton*. Oxford, 1928.

PR 2–4 Henry II = *The Great Rolls of the Pipe for the Second, Third, and Fourth Years of the Reign of King Henry the Second, A.D. 1155, 1156, 1157, 1158*, ed. Joseph Hunter. London, 1844.

PR 5 Henry II, etc. = volumes in PRS.

PRS = Publications of the Pipe Roll Society. London, 1884– .

RADN = *Recueil des Actes des Ducs de Normandie* (*911–1066*), ed. Marie Fauroux. *MSAN* xxxvi (1961).

Ralph de Diceto = *Radulfi de Diceto Decani Lundoniensis Opera Historica*, ed. William Stubbs. 2 vols. London, 1876.

RBE = *Red Book of the Exchequer*, ed. Hubert Hall. 3 vols. London, 1896.

Recueil de Fac-similes de Chartes Normandes, ed. J. J. Vernier. Rouen and Paris, 1919.

Regesta i = *Regesta Regum Anglo-Normannorum 1066–1154*, i: *Regesta Willelmi Conquestoris et Willelmi Rufi 1066–1100*, ed. H. W. C. Davis. Oxford, 1913.

Regesta ii = *Regesta Regum Anglo-Normannorum 1066–1154*, ii: *Regesta Henrici Primi 1100–1135*, eds. Charles Johnson and H. A. Cronne. Oxford, 1956.

Regesta iii = *Regesta Regum Anglo-Normannorum 1066–1154*, iii: *Regesta Regis Stephani ac Mathildis Imperatricis ac Gaufridi et Henrici Ducum Normannorum 1135–1154*, eds. H. A. Cronne and R. H. C. Davis. Oxford, 1968.

Regesta iv = *Regesta Regum Anglo-Normannorum 1066–1154*, iv: *Facsimiles of Original Charters and Writs of King Stephen, the Empress Matilda and Dukes Geoffrey and Henry 1135–1154*, eds. H. A. Cronne and R. H. C. Davis. Oxford, 1969.

Registrum Hamonis Hethe Diocesis Roffensis A.D. 1319–1352, transcr. and ed. Charles Johnson. 2 vols. Oxford, 1948.

Registrum Malmesburiense = *Registrum Malmesburiense. The Register of Malmesbury Abbey*, eds. J. S. Brewer and C. T. Martin. 2 vols. London, 1879–80.

Registrum sive Liber Irrotularius et Consuetudinarius Prioratus Beatae Mariae Wigorniensis, ed. William Hale Hale. Camden Society, old ser. xci, 1865.

Report of Petersfield = *Report of the Case of the Borough of Petersfield in the County of Southampton; Tried and Determined by two select Committees of the House of Commons in 1820 and 1821*, ed. Robert Shank Atcheson. London, 1831.

RHG = *Recueil des Historiens des Gaules et de la France*, ed. Martin Bouquet et al. 24 vols. Paris, 1738–1904.

Ricart's Kalendar = *The Maire of Bristoe is Kalendar by Robert Ricart Town Clerk of Bristol 18 Edward IV*, ed. Lucy Toulmin Smith. Camden Society, N.S. v, 1872.

Richardson, H. G., 'The Marriage and Coronation of Isabelle of Angoulême'. *EHR* lxi (Sept. 1946), 289–314.

—— 'King John and Isabelle of Angoulême', *EHR* lxv (July 1950), 360–71.

Robert of Torigni = 'The Chronicle of Robert of Torigni', in *Chrons. of the Reigns of Stephen etc.*, iv, 81–315.

Roger of Howden = *Chronica Magistri Rogeri de Houedene*, ed. William Stubbs. 4 vols. London, 1868–71.

Roger of Wendover = *Chronica Rogeri de Wendover, Liber qui dicitur Flores Historiarum ab Anno Domini MCLIV Annoque Henrici Anglorum Regis Secundi Primo*, ed. H. G. Hewlett. 3 vols. London, 1886–9.

Rot. Chart. = *Rotuli Chartarum in Turri Londinensi Asservati*, i, part I: *1199–1216*, ed. Thomas Duffus Hardy. London, 1837.

Rot. Litt. Claus. = *Rotuli Litterarum Clausarum in Turri Londinensi Asservati*, ed. Thomas Duffus Hardy. 2 vols. London, 1833.

Rot. Litt. Pat. = *Rotuli Litterarum Patentium in Turri Londinensi Asservati*, i, part I: *1201–1216*, ed. Thomas Duffus Hardy. London, 1835.

Rotuli de Oblatis et Finibus in Turri Londinensi Asservati Tempore Regis Johannis, ed. Thomas Duffus Hardy. London, 1835.

Rotuli Normanniae in Turri Londinensi Asservati, Johanne et Henrico Quinto Angliae Regibus, i: *1200–1205; 1417–1418*, ed. Thomas Duffus Hardy. London, 1835.

Round, *Geoffrey de Mandeville* = J. H. Round, *Geoffrey de Mandeville*. London, 1892.

Round, J. Horace, *Family Origins and other Studies*, ed. William Page. London, 1930.

—— 'Bernard, the King's Scribe', *EHR* lv (July 1899), 417–30.

Round, 'The Honour of Ongar' = J. Horace Round, 'The Honour of Ongar', *Essex Archaeological Society Transactions*, N.S. vii (1898), 142–52.

Russell, Josiah Cox, 'The Many-Sided Career of Master Elias of Dereham', *Speculum* v (Oct. 1930), 378–87.

Saltman, *Theobald* = Avrom Saltman, *Theobald Archbishop of Canterbury*. London, 1955.

Sanders, *English Baronies* = I. J. Sanders, *English Baronies: A Study of their Origin and Descent 1086–1327*. Oxford, 1960.

Sarum Charters = *Sarum Charters and Documents*, eds. W. Rich-Jones and W. D. Macray. London, 1891.

Selborne Charters = *Calendar of Charters and Documents relating to the Possessions of Selborne and its Priory*, ed. W. Dunn Macray. Hampshire Record Society, 2nd ser. 1894.

Seyer = *The Charters and Letters Patent granted by the Kings and Queens of England to the Town and City of Bristol*, ed. Samuel Seyer. Bristol, 1812.

SRS = Somerset Record Society. London, etc., 1887– .

Stenton, *Transcripts* = *Transcripts of Charters relating to the Gilbertine Houses of Sixle, Ormsby, Catley, Cullington and Alvingham*, ed. F. M. Stenton. Lincoln Record Society, xviii, 1922.

Stenton, *First Century* = F. M. Stenton, *The First Century of English Feudalism*. 2nd edn. Oxford, 1960.

Textus Roffensis = *Textus Roffensis*, ed. Peter Sawyer. Early English Manuscripts in Facsimile, vii, xi. Copenhagen, 1957, 1962.

The Thirty-Fifth Annual Report of the Deputy Keeper of the Public Records. London, 1874.

TRHS = *Transactions of the Royal Historical Society*. London, 1869– .

Van Caenegem, *Royal Writs* = R. C. van Caenegem, *Royal Writs in England from the Conquest to Glanville*. Selden Society, lxxvii, 1959.

VCH = *The Victoria History of the Counties of England*, eds. H. A. Doubleday, L. F. Salzman et al. London, 1900– .

'Vie de Saint Cadoc par Caradoc de Llancarfan', ed. Paul Grosjean. *AB* lx (1942), 35–67.

'Vie de S. Rumon; Vie, Invention et Miracles de S. Nectan', ed. Paul Grosjean. *AB* lxxi (1953), 359–414.

Walker, 'Earldom of Hereford Charters' = 'Charters of the Earldom of Hereford, 1095–1201', ed. David Walker. *Camden Miscellany* xxii (1964), 1–75.

Walter Map's 'De Nugis Curialium', transl. M. R. James and ed. J. E. Lloyd. London, 1923.

Warner and Ellis: *Facsimiles of Royal and Other Charters in the British Museum*, i: *William I–Richard I*, eds. George F. Warner and Henry J. Ellis. London, 1903.

White, G. H., 'The Household of the Norman Kings', *TRHS*, 4th ser. xxx (1948), 127–55.

Wightman, W. E. *The Lacy Family in England and Normandy*. Oxford, 1966.

Young, *Hubert Walter* = Charles R. Young, *Hubert Walter, Lord of Canterbury and Lord of England*. Durham, 1968.

OTHER ABBREVIATIONS

Arch. Dép.	Archives Départementales
BAO	The Bristol Archives Office
BCM	Berkeley Castle Muns., Berkeley Castle, Glos.
BM	The British Museum, London
BN	The Bibliothèque Nationale, Paris
Bodl.	The Bodleian Library, Oxford
cal.	calendar or calendared
Cart.	Cartulary or Chartulary
cent.	century
D & C	Dean and Chapter
dep.	deposited or on deposit
facsm.	facsimile
GRO	The Gloucestershire Records Office, Gloucester
HMC	The Historical Manuscripts Commission
l.	line
m(m).	membrane(s)
med./mod. fol.	medieval/modern foliation
MS(S).	manuscript(s)
Mun(s).	Muniment(s)
n.	note
NLW	The National Library of Wales, Aberystwyth
no(s).	number(s)
NRO	The Northamptonshire Record Office, Northampton
N.S.	new series
P & M MSS.	The Penrice and Margam MSS., NLW
PR	*Pipe Roll*
PRO	The Public Record Office, London
ser.	series
transcr.	transcript or transcribed
transl.	translator or translated
unident.	unidentified
WAM	Westminster Abbey Muniments, London
WRO	Worcestershire Record Office, Worcester

INTRODUCTION

EDITORIAL FOREWORD

Earldom of Gloucester Charters are the *acta* of the lords and ladies of an English secular feudal barony, the Earls and Countesses of Gloucester, from the early twelfth century until 1217. This period is determined by the duration of the first comital family, but it was also feudalism's formative period. Simply as an edition of charters, this collection contributes new biographical, institutional, legal, and socio-economic details of feudal life. Almost half of the charters have never been printed. Even all of the printed ones have never appeared together before.[1] These critically edited charters also constitute the fundamental source collection for the Earldom of Gloucester for this period. At present there is no treatment of secular baronial charters comparable to the palaeography and diplomatic of royal charters, which have clarified our knowledge of the royal chancery.[2] Consequently, appreciation of feudal clerical administration has been glaringly one-sided. So as a contribution to redressing the balance, this work will also study the earls' and countesses' clerical administrations by means of techniques already applied by scholars to the king's household. These regimes represent successive baronial governments adapting themselves to diverse political conditions.

The clerical analysis will contain some tentative conclusions, particularly concerning the careers of scribes. These *vitae* have been established almost exclusively on the basis of the charters chosen for this collection and other evidence relating to the Earldom of Gloucester. Monastic or episcopal charters, not found in this collection, may identify a Gloucester scribe as a member of a community or bishop's *familia*. Similarly, a Gloucester scribe's service to other barons or the king may be proved by charters not directly relating to the earldom.

The emphasis on comital *acta* has meant in practice including all known charters issued in the names of the earls and countesses. It also meant that the wider range of family charters and royal and private ones addressed to the earls and countesses would be excluded. The principle of title, however, did not suffice for selecting the charters of John Lackland and Geoffrey de Mandeville, who were Earls of Gloucester. Both of these held additional titles, respectively Count of Mortain and Earl of Essex, and many of their charters do not pertain to Gloucester business.[3] In these cases, a charter's context concerned with Gloucester affairs or a charter's relevance to clerical administration decided its inclusion. In a few instances involving charters of Countesses Mabel and Hawisia,

[1] The majority of these are in Clark, *Cartae et alia*.

[2] See *Regesta* i–iv; *Facsimiles of English Royal Writs to A.D. 1100 presented to Vivian Hunter Galbraith*, eds. T. A. M. Bishop and P(ierre) Chaplais (Oxford, 1957); van Caenegem, *Royal Writs*; Bishop, *Scriptores Regis*; Pierre Chaplais, 'The Seals and Original Charters of Henry I', *EHR* lxxv (April 1960), 260–75; Cronne, *Reign of Stephen*, 206–20; Hubert Hall, *Studies in English Official Historical Documents* (Cambridge, 1908), *passim*.

[3] Although Geoffrey bore the title Earl of Essex, in 1214 he stated that he had never formally received the earldom (*CP* v. 127 n.; *HBC*, 427 and n.).

the principle of title has caused *acta* of dowagers not strictly speaking exercising comital authority to be included; but such cases are valuable for what they reveal of the earldom's countesses in retirement.[1]

The *acta* of the Earls and Countesses of Gloucester pertain to tenures and jurisdictions beyond simply the Honour of Gloucester in England. Earl Robert and his successors held varying amounts of a patrimony which also included the Honour of Glamorgan in Wales and honours and fiefs in Normandy.[2]

The charters are arranged by beneficiary or subject. A chronological listing which would meaningfully represent the sequence of all the charters' issue is impossible because of their wide dating. Frequently a sequence of issue is apparent as earls and countesses are seen to be making successive grants to the same beneficiary. Such a grouping also facilitates comparing the terms of several donors' gifts. Charters in favour of subordinate churches such as priories like Bassaleg and Cranborne are listed under their own names rather than under the names of their mother houses, in order to emphasize the direction of the earls' and countesses' favour.

In transcribing the texts, capitalization and punctuation have been standardized and punctuation reduced to a minimum. Capitalization which varies widely in medieval practice has been eliminated except for personal and place names; thus, all forms of *deus* and *filius* are in lower case; so also are forms of *sanctus*, unless part of a surname. The chief modernizations of spellings are the change of *u* to *v*, *cio* to *tio*, and the usage of *e* to stand for the diphthong *ae*. Insular and Anglo-Saxon letters have been retained in most cases (see no. 109 n.). Abbreviations involving dates, units of money, etc. have been retained; others, about whose endings there are no doubts, are extended without comment; questionable extensions are enclosed in parentheses. Proper and place names, with the exceptions of *deus*, *sanctus*, and *filius*, are extended within parentheses even when there is no doubt. The forms, *Glouc*' and *Gloec*' have been extended to the appropriate cases of *Glouc*(*estria*) and *Gloec*(*estria*) throughout. Apostrophes mark all unknown endings. Missing portions of texts and legends on seals are indicated by brackets or dots. Anything added to the text is enclosed in brackets and when the occurrence is deemed significant, it is commented upon in a footnote. Rubrics, marginalia, and modern endorsements are omitted unless they affect a charter's meaning. When an original charter is extant, its text is printed without variations in copies being noted; when only copies exist, textual differences are described in footnotes and the particular text upon which the printed edition is based is indicated by an asterisk; modern transcriptions are collated and their textual variations noted in footnotes when they are the only extant versions of a text. In the reference apparatus of this book, a number preceded by the abbreviation 'no., refers to a charter; numbers alone, to pages. The abbreviation 'n.' attached to a charter number (e.g. 'no. 88 n.') refers to the discussion following the charter in question. Measurements have been given only for original or pretended original charters, and always in the order: (1) width across the top of the document; (2) height along the left-hand edge of the document.

[1] Nos. 6, 57–9, 68, 168, and possibly no. 2.

[2] See below, p. 3 and nos. 1 n. and 6 n.

A brief history of the Earldom of Gloucester to 1217 will provide a context for appreciating the charters. Following this there is an analysis of the charters and a description of the types of clerical administration which produced them.

THE EARLDOM OF GLOUCESTER TO 1217

Politically, the Earls and Countesses of Gloucester were at the height of their power before 1183. They were leaders of the Anglo-Norman aristocracy. Robert Fitz Roy escaped the status of a landless royal bastard and became one of England's most extensive landholders by a marriage his father, King Henry I, arranged with Mabel Fitz Hamon after her father's death in 1107.[1] Through Mabel, whom Henry made sole heiress of her family, Robert acquired the Honour of Gloucester in England, the Honour of Glamorgan in Wales, and the Honours of Évrecy and Ste Scholasse-sur-Sarthe in Normandy.[2] In 1121/2, the king further enhanced his son's dignity by creating him the first Earl of Gloucester.[3] Within a decade, Robert ranked first among his father's councillors. Even after losing this position by the end of 1138 to Waleran of Meulan of the rival house of Beaumont, with which the new king, Stephen of Blois, had allied himself, Earl Robert acted as the avowed and acknowledged leader of the faction which fought Stephen on behalf of the Empress Matilda. Robert's death in 1147 seriously undermined the Angevins' strength for a time.[4] His son and heir, Earl William (1147–83), continued supporting the Angevins, but did not long remain the royal *familiaris* his father had been. However, William was still a baronial leader of prime importance in the reign of his cousin, King Henry II. As Henry's whilom ally, William refused his support to the rebels of 1173–4, thus preventing what might have become a serious threat to the king in England; and the earl personally fought for the king against his own brother-in-law, Earl Robert of Leicester, one of the ring-leaders, at the decisive battle of Fornham.[5] Then ten years later, when King Henry was convinced that his cousin's sympathy had shifted to the side of barons again plotting against him, Earl William was among the first the king arrested.[6]

Earl William's gradual development into Henry II's political enemy was due in part to the emergence of a dispute with the king which was to reappear from time to time in the history of the earldom: control of Bristol castle. Revenue from Bristol, based upon tenures held there from the time of Robert Fitz Hamon, constituted the largest item in

[1] See no. 166 n.

[2] BM Additional MS. 36,985, fo. 14b; Dugdale, *Monasticon*, ii. 473; *CP* v. 685–6 and n. On the death (before 1130) of Mabel's uncle, Haimo, Sheriff of Kent, Robert received his estates also: *The Domesday Monachorum of Christ Church Canterbury*, ed. David C. Douglas (London, 1944), 55; for the Norman holdings, see nos. 1 n. and 6 n; this list does not include dependent lordships.

[3] For the chronology of Robert's elevation, see Round, *Geoffrey de Mandeville*, 420–36; *HBC* 429; note also *Regesta* i, nos. 1301 and 1347.

[4] Robert B. Patterson, 'William of Malmesbury's Robert of Gloucester: A Re-evaluation of the *Historia Novella*', *American Historical Review*, lxx (July 1965), 983–97.

[5] *Gesta Henrici II*, i. 51 n., 61; 'Ex Brevi Chronico Ducum Normanniae', *RHG* xii. 788; 'The Metrical Chronical of Jordan Fantasome', ed. Richard Howlett, *Chrons. of the Reigns of Stephen etc.* iii. 286–7.

[6] *Gesta Henrici II*, i. 294.

the earls' income; after London and York, the town was England's third ranking city.[1] Henry I had increased Earl Robert's position there by granting him Bristol castle. Bristol was also *caput* of the Honour of Gloucester.[2] Thus, it would have been natural for any earl to protect not only his administrative centre in England, but what he must have regarded as a guarantee of his tenurial status in the town. Following Earl Robert's declaration of support for the Empress Matilda's cause in 1138, King Stephen vainly tried to capture Bristol, but for the duration of the civil war the town and castle remained, along with Gloucester, one of the principal bastions of Angevin strength in the West.[3] Upon Henry II's accession in 1154, the royal government embarked upon a systematic programme to neutralize castles' potential for opposition by effecting the destruction of some and the imposition of royal garrisons upon others. This policy was directed even at the king's former allies. Gloucester was regarrisoned in 1155.[4] In the same year, Henry granted the burgesses of Bristol a charter of liberties—an intrusion of royal authority in the town unprecedented in the twelfth century.[5] Although Henry II confirmed Earl William's possession of all Earl Robert had held during the reign of Henry I, he eventually took Bristol castle.[6] Exactly when Henry garrisoned the castle is difficult to determine. The royal seizure occurred before 1174, because it is known that Earl William profited by the unsettled conditions caused by the rebellion to expel the royal garrison.[7] Perhaps the claims of royal jurisdiction over Bristol's burgesses which appear in the Pipe Rolls almost continuously from 1164/5 onwards mean royal authority over the castle had been established by then.[8] In any case, Earl William had to surrender control of the castle in 1175, after which it remained in royal custody.[9]

The house of Gloucester was also important in the church during Henry II's reign. Earl William's brother, Roger Bishop of Worcester (1164–79), played a central role in court politics throughout the Becket quarrel. Roger was Archbishop Thomas's most consistent ally on the bench of bishops. He followed Becket into exile in 1167 and remained abroad until 1171. But the bishop never allowed his Gregorian sympathies to alienate him from his royal cousin and Henry, in spite of a famous outburst in which he chided Roger for not supporting him with the fervour of his father, Earl Robert, never repudiated the bishop.[10] Roger was useful to Henry as a diplomatic link with his enemies. Earl William was even drawn into his brother's affairs. Perhaps because of being associated

[1] Painter, *Feudal Barony*, 171; A. L. Poole, *Medieval England* (2 vols.; Oxford, 1958), i. 237.

[2] BM Additional MS. 36,985, fo. 15; *OV* v. 110; William is called Earl of Bristol in *Brut y Tywysogion; Or the Chronicle of the Princes of Wales*, ed. J. Williams ab Ithel (London, 1860), a. 1158; there is a reference to the Honour of Bristol in *PR 7 Richard I*, 123; for charters issued at Bristol, see below, p. 9.

[3] John of Worcester, 50; *GS* 44.

[4] Gervase of Canterbury, i. 161–2; Roger of Wendover, i. 10–11; Jacques Boussard, *Le Gouvernement d'Henri II Plantegenêt* (Paris, 1956), 405, 414.

[5] *Bristol Charters 1155–1378*, 2–3; *EHD* ii. no. 284.

[6] HMC, *Report on Manuscripts in Various Collections*, i (London, 1901), 31.

[7] *Gesta Henrici II*, i. 92.

[8] *PR 11 Henry II*, 65.

[9] *Gesta Henrici II*, i. 92; *PR 21 Henry II*, 159; *PR 29 Henry II*, 27.

[10] Hall, 'Roger of Worcester', 13–16, 21, 27–8, 36, 128–9, 168; R. W. Eyton, *Court Household and Itinerary of King Henry II* (Dorchester, 1878), 67 and n., 105, 153; David Knowles, *The Episcopal Colleagues of Archbishop Thomas Becket* (Cambridge, 1951), 22 and n., 23, 73; *Materials for the History of Thomas Becket*, ed. J. C. Robertson (7 vols.; London, 1875–85), vii. 258.

with the Bishop of Worcester's sympathies, Earl William had to stand surety for the good conduct of Becket in 1164 to the amount of 100 marks. After the archbishop's flight to the continent, the earl was charged by the royal administration for his bond.[1] But either King Henry forgave William his debt as a favour, or he gave up trying to collect it.

During the twelfth century, the house of Gloucester established marital alliances with mighty baronial families which increased its own political strength. Before 1135, Earl Robert's daughter, Matilda, became the wife of Earl Rannulf of Chester.[2] About 1150, Earl William married Hawisia (d. 24 April 1197), daughter of Robert de Beaumont, Earl of Leicester.[3] The Beaumont marriage was probably the final seal of peace between the two families who had been bitter enemies during the early part of Stephen's reign. In 1170, ties were forged with the de Montfort house of Évreux by the marriage of Earl William's daughter, Mabel, to the future Count Amaury.[4] And still another former foe from Stephen's reign became a family ally through the marriage by 1174 of Richard de Clare, Earl of Hertford, to Earl William's daughter, Amicia.[5]

The year 1183 began a new phase in the political influence of the Gloucester family and in the significance of the earldom. Earl William died in the king's custody on 23 November survived only by three daughters.[6] This ensured that the earldom and the political consequence that went with it would be open to conquest by marriage. In anticipation of this dynastic predicament, Henry II and Earl William had agreed upon a marriage treaty in 1176 which provided for the marriage of the king's son, John, to the earl's remaining unmarried daughter, Isabel; recognition of John as the earl's heir; and compensation of £100 income to each of Isabel's sisters.[7] But after William's death, the earldom and Isabel remained in King Henry's custody without the promised marriage being celebrated or most of the £200 income being distributed. Instead, Henry enjoyed the earldom's revenues.[8] Only after Richard's accession, on 29 August 1189, did John Lackland's marriage to Isabel take place.[9] The Pipe Roll for 1188–9 shows that Isabel received a dower of £50; from then on, John received the earldom's thirdpenny.[10]

John (1189–99), already Count of Mortain and holder of numerous honours, hardly owed his importance to the Earldom of Gloucester, but it certainly added to his stature. Whatever his tenures in Bristol, the new Earl of Gloucester never recovered the castle; he even besieged it during his revolt against King Richard's government in 1193–4.[11] He competed for the loyalty of the town's burgesses by granting them a charter of liberties which went beyond anything conceded by Henry II.[12] John and Isabel made at least

[1] *PR 11 Henry II*, 105; *PR 22 Henry II*, 207.

[2] *HN* 46.

[3] BM Additional MS. 36,985, fo. 4, links the marriage with William's accession: 'Willelmus vere in patris iura succedens Hawisiam . . . duxit in uxorem . . .'; Hawisia's earliest appearance in these charters which can be precisely dated is no. 5.

[4] Robert of Torigni, iv. 247.

[5] Ralph de Diceto, i. 385.

[6] Robert of Torigni, iv. 308; 'Anonymi Continuatio Appendicis Roberti de Monte ad Sigebertum', *RHG* xviii. 336; 'Annales de Waverleia', *Ann. Mon.* ii. 243; *CP* v. 688.

[7] Ralph de Diceto, i. 415; *Gesta Henrici II*, i. 124–5; see *CP* v. 688 n. for an attempt to reconcile the conflicting accounts.

[8] *PR 30 Henry II–PR 34 Henry II*, *passim*; *PR 30 Henry II*, 111.

[9] *Gesta Henrici II*, ii. 78.

[10] 1194 seems to have been an exception: *PR 6 Richard I*, 232; *PR 1 Richard I*, 8 for mention of the dower.

[11] *PR 8 Richard I*, 105.

[12] No. 10.

one progress together abroad to Normandy, as our charters suggest,[1] but ultimately John seems to have cared little for her: Isabel bore him no children and John's attentions were on other ladies. It seems quite possible that a formal estrangement with separation had occurred by January 1193, when John swore to King Philip Augustus of France that he would marry the king's sister, Alice.[2] In any case, a 'divorce' was arranged before January 1199 and was followed by John's marriage to the famous Isabel of Angoulême the next year. John's repudiation of the Countess of Gloucester was simplified because their marriage had been opposed by Archbishop Baldwin of Canterbury as consanguineous: John and Isabel were related within the third degree. An interdict of John's lands by the archbishop had been suspended by the papal legate, John of Anagni, pending a request for a dispensation for the marriage from the Pope; permission had never come and John merely used the verdicts of two foreign episcopal commissions, predictably in agreement with Baldwin's original objection, to establish the nullity of this marriage. John then could marry his new Isabel without any fear of ecclesiastical opposition.[3]

John's remarriage did not essentially alter the status of the Countess of Gloucester or her earldom; the king kept both in custody.[4] Isabel was not to be free for someone else to marry because John had new plans for the earldom. In October 1199 he made an agreement with King Philip of France which was to crystallize in the Treaty of Le Goulet the following May. It was an effort to stabilize the status of John's Norman lands by a partial ceding of territory. Philip's son, Louis, was to marry Blanche, daughter of John's sister, Eleanor; Blanche's marriage portion was to be the city and county of Évreux.[5] The Earldom of Gloucester entered John's plan as a logical means by which the Count of Évreux might be compensated. Count Amaury's mother, Mabel, was the eldest daughter of Earl William of Gloucester; her right to succeed to the earldom had been bypassed in the agreement of 1176 because she was already married and thus not available as a spouse for John. But her right to compensation had at least been recognized; and now her son's hereditary claim coincided with John's need to compensate him in an appropriate way. We have explicit charter evidence of the agreement reached between the king and the count.[6] Earl Amaury (1200–*c.* 1213) received the thirdpenny from Easter 1200; in June, King John informed his Justiciar, Geoffrey Fitz Peter, that he had granted Amaury the thirdpenny, girt him with the comital sword, and made him Earl of Gloucester.[7]

Although King John commanded Geoffrey to put the new earl in seisin of all the lands his predecessors had held, Amaury's share of the Honour of Gloucester was a mere

[1] Nos. 163–4.

[2] BM Additional MS. 36,985, fo. 16b; Howden, iii. 205; H. G. Richardson, 'The Marriage and Coronation of Isabelle of Angoulême', *EHR* lxi (Sept. 1946), 291.

[3] H. G. Richardson, 'King John and Isabelle of Angoulême', *EHR* lxv (July 1950), 361–2.

[4] See, for example, *PR 3 John*, 55; *PR 9 John*, 139.

[5] Gervase of Canterbury, ii. 92; *Diplomatic Documents preserved in the Public Record Office*, ed. Pierre Chaplais, i: *1101–1272* (London, 1963), no. 9; Powicke, *Loss of Normandy*, 134–8.

[6] Nos. 79–80.

[7] *PR 2 John*, 119: at Michaelmas, the account states that Amaury was owed £10 for the half-year past; PRS, N.S. xxi (1945), 89.

twenty knights' fees of the 304½ Earl William had acknowledged in 1166; of the earldom's Norman lands, he seems to have held the Honour of Ste Scholasse-sur-Sarthe.[1] The king gave fifteen knights' fees to Gilbert de Clare, heir of his mother's share of the agreement of 1176.[2] The rest of the Honour of Gloucester, including Bristol, and the Honour of Glamorgan the king seems to have kept for himself.[3] Earl Amaury rebelled against John and fought for Philip Augustus in Normandy. Perhaps this was because of the king's responsibility for Arthur of Brittany's murder; a more personal motive must have been the emptiness of Amaury's title. In 1203, John declared that he had given all Amaury's lands in England, with the exception of Great Marlow (Bucks.) and land of the fee of the Earldom of Gloucester he had received in exchange for Évreux, to John Marshal.[4] By May 1204, a chastened Amaury returned to John's allegiance, after which manors were restored to him.[5]

Countess Isabel continued in her ex-husband's custody. Sherborne castle (Dorset) was one of her places of confinement.[6] In 1213, John confirmed a will the countess had made regarding her movables.[7] Isabel had no inkling that she and her earldom were about to be reunited in order to play a new role for John.

Earl Amaury's death by *c.* 1213 made the Earldom of Gloucester available to King John at a most opportune moment: he was trying to raise funds for an expedition to Poitou as his share of a joint attack with Otto of Brunswick against King Philip Augustus in order to win back Normandy; he also intended to make a peace-offering to the church after the Interdict by reimbursing the clergy for its losses. Rather than recognize the succession of the house of Clare to the Earldom of Gloucester—which would have yielded only a paltry relief for these purposes—John sold Countess Isabel with title to her earldom to Geoffrey de Mandeville, Earl of Essex, for a wife. John's price of 20,000 marks was the highest sum an heiress in medieval England is known to have fetched. Geoffrey was to liquidate his monumental debt in regular instalments.[8] The exact date of Geoffrey's marriage to Isabel is unknown, but it must have been between a writ of the king's of 16 January 1214 to Piers de Chanceaus to deliver the countess to him at Portsmouth and John's command, dated 26 January, to Falkes de Bréauté to put Earl Geoffrey in seisin of the Honour of Gloucester.[9]

Whatever Geoffrey may have thought his purchase price was obtaining besides the countess, the new earl (1214–16) did not receive all of the former Earldom of Gloucester. Bristol was specifically exempted.[10] Those to whom John had given escheats and wardships

[1] *Rot. Litt. Pat.* i. 2b; *RBE* 156, 189–90, 288–92; Powicke, *Loss of Normandy*, 340.

[2] *RBE* 156; see above, p. 5 and n.

[3] *PR 9 John*, 221; *PR 10 John*, 24–5; *PR 11 John*, 187; *PR 12 John*, 110; *PR 14 John*, 146.

[4] *Rotuli Normanniae in Turri Londinensi Asservati, Johanne et Henrico Quinto Angliae Regibus*, ed. Thomas Duffus Hardy, i: *1200–1205* (London, 1835), 92; in this year Amaury was acquitted 30 marks Danegeld: ibid. 110.

[5] *Cart. Cirencester*, i. 37; *Rot. Litt. Claus.* i. 18, 29, 58, 60, 73; *CP* v. 693.

[6] *Rot. Litt. Pat.* 77.

[7] Ibid. 97b.

[8] *PR 16 John*, 10; *Rotuli de Oblatis et Finibus in Turri Londinensi Asservati Tempore Regis Johannis*, ed. Thomas Duffus Hardy (London, 1835), 520–1; see also below, p. 8, n. 1; Professor Fred A. Cazel, Jr. has called to my attention the fact that John paid half of Geoffrey's fine to Stephen Langton for the clergy's losses (*Rot. Litt. Claus.* ii. 110b; *PR 9 Henry III*: PRO, E. 372/69, m. 8).

[9] *Rot. Litt. Pat.* 108b, 109b.

[10] *Rot. Litt. Pat.* 109; *Rot. Litt. Claus.* i. 162, 209; see also above, p. 5.

while the earldom had been in his hands were to continue to hold them.[1] Gilbert de Clare and Earl Amaury's widow shared two of the earldom's demesne manors.[2] Gilbert also held at least fifteen knights' fees already.[3] Geoffrey's share was some fourteen demesne manors.[4] At least the new earl was more successful than Amaury of Évreux had been in obtaining Glamorgan; and to Countess Isabel marriage meant release from royal custody.

Earl Geoffrey failed to meet his first instalment which was due in 1215 and so King John disseised him of some of his estates in February.[5] This certainly must have contributed to Geoffrey's participation in the rebellion against the king. One scholar has suggested that Geoffrey's opposition to John stemmed from his failure to receive effective control of the Earldom of Gloucester.[6] If so, John's declaration of February 1215 was simply a formality. Whether or not this guess is correct, tenurial grievances regarding the earldom helped to place an Earl of Gloucester among the leaders of John's opponents at Runnymede. Geoffrey was unimpressed by the king's offer, made in May as a final conciliatory gesture, to submit the question of his debt to the judgement of the *curia regis*.[7] His countess doubtless had a personal score to settle with John. The success of the rebels which forced Magna Carta on the king resulted in a declaration of Earl Geoffrey's reinstatement in the Earldom of Gloucester on 23 June.[8] Whether or not this was ever effected, the earl and his countess soon rejoined the rebellion; but on 23 February 1216, as the result of a wound received in a tournament at London, the fifth Earl of Gloucester died.[9]

Countess Isabel and her earldom appear to have enjoyed one final flicker of independence. Her charters bear the qualification, 'in my free widowhood', which would mean that she was not in anyone's wardship.[10] Contributing to Isabel's freedom were John's death, the minority of Henry III, and the countess's residence among her fellow rebels in London or Glamorgan.[11] However, Isabel did not long escape control by one of the new regents, the Justiciar, Hubert de Burgh, who married her late in 1217.[12] For the third time, the Earldom of Gloucester was acquired by a marriage to England's wealthiest heiress. On 13 August a writ was issued granting Hubert seisin of Isabel's lands and her dower manor of Walden (Essex).[13] On 17 September further writs directed return of Countess Isabel's residence at Hanley (Worcs.) and all her lands, because she had returned to her allegiance to the king—evidence that the recovery of the earldom's estates following Runnymede had been incomplete.[14] But less than a month later, on 14 October

[1] *Rot. Litt. Pat.* 109b. [2] *Rot. Litt. Claus.* i. 155. [3] *RBE* 156.

[4] *Rot. Litt. Claus.* i. 209b. [5] Ibid. 163.

[6] Painter, *Reign of King John*, 289; Michael Altschul, *A Baronial Family in Medieval England: The Clares, 1217–1314* (Baltimore, 1965), 26 and n., states that Geoffrey paid two-thirds of his fine before his death.

[7] *Rot. Litt. Pat.* 141; Painter, *Reign of King John*, 307; J. C. Holt, *Magna Carta* (Cambridge, 1969), 123.

[8] *Rot. Litt. Claus.* i. 216. [9] 'Annales De Dunstaplia', *Ann. Mon.* iii. 45.

[10] *Matthaei Parisiensis Monachi Sancti Albani Chronica Majora*, ed. Henry Richards Luard (6 vols.; London, 1872–82), vi. 71–2: 'De comitissa Gloverniae dicit quod non fuit in custodia Huberti, sed erat domina de seipsa, et licebat ei maritare seipsam cui voluit . . .'; *CP* v. 691 n.; see no. 76 where the expression, 'in ligia potestate mea', is used.

[11] Nos. 144–5, 148–9, and below, pp. 20–1; see also no. 114. [12] *CP* v. 691 and n.

[13] *Rot. Litt. Claus.* i. 319b. [14] *Rot. Litt. Claus.* i. 322.

1217, Isabel Countess of Gloucester died and was buried in Christ Church Canterbury.[1] Hubert de Burgh, whose only claim to the earldom had been *iure uxoris*, lost seisin. The barons who dominated Henry III's government recognized the hereditary claims of the Clares to the earldom: Amicia, daughter of Earl William, was recognized as Countess until her death in 1223; her son Gilbert, as heir of both the Earldom of Hertford and the Earldom of Gloucester, paid reliefs in 1218 and won the heritage of the first Gloucester comital family for the Clares for the next ninety-seven years.[2]

The beginning and end of the first comital family were marked by the same dynastic crisis, the lack of sons. Robert Fitz Hamon and Earl William of Gloucester both sought divine aid. Robert begged the intercession of St. Benignus at Glastonbury for the birth of a son; William made an offering to St. Nicholas's, Exeter, to preserve the health of his only son.[3] Fitz Hamon never got his son and William's heir, Robert, predeceased him in 1166.[4] If, as a consequence, kings intervened in the family's affairs, every one, from Stephen to John, had reason to regret some effects of their manipulations.

ANALYSIS OF THE GLOUCESTER CHARTERS

The king's chancery provides the best example of twelfth-century clerical administration because of the nature and scale of royal government. Modern analysis of royal charters regarding their places of issue, details of clerical personnel, and the description of scribal hands and diplomatic have made the reconstruction possible. Similar categories will be applied to consider the clerical administrations which produced the Gloucester charters.

PLACES OF ISSUE

Bristol: nos. 10, 31, 36–7, 48, 69, 71–3, 85, 98, 119, 124, 155, 168, 182, 282.
Cardiff: nos. 105, 138, 156.
Cranborne: nos. 74, 157, 283–4.
La Délivrande: no. 163.
Devizes: no. 6.
Gloucester: nos. 83, 110.
Le Goulet: no. 79.
Lire: no. 1.
London: nos. 115, 152, 158.
'Newborough' (near Cardiff): no. 122.
Oxford: no. 43.
Tewkesbury: nos. 24, 50, 107, 118.
Torigni-sur-Vire (Manche): no. 86.
Wareham: nos. 178–9.
Winchester: nos. 91, 117.
Woodstock: no. 109.

CLERICAL PERSONNEL

1. *Masters*

HENRY TUSARD's career in the Gloucester household began during the period of Earl Robert and continued until some time after 1166 (nos. 71, 97, 119, 122, 155, 188, 284). In one attestation, he is referred to as a clerk (no. 71). Earl William requested the permission

[1] *CP* v. 692 n., citing Lambeth Palace MS. 20.

[2] PRO, E. 372/62–3; *Rot. Litt. Claus.* i. 344, 352b, 360b; Thomas Madox, *The History and Antiquities of the Exchequer of the Kings of England* (2nd edn., 2 vols.; London, 1711), i. 317 and n.

[3] BM Additional MS. 36,985, fo. 2b; no. 69.

[4] 'Annales De Margam', *Ann. Mon.* i. 16.

of the Abbot and community of Tewkesbury for Henry to build a church at Kenfig to be held of the monks while he lived; the land was evidently part of a prior grant of William's to the abbey, and the monks were to continue receiving their traditional tithes. After Henry's death, the virgate of land with its appurtenances was to revert to Tewkesbury; but if in time of war any of the earl's bailiffs in parishes belonging to Tewkesbury should remove the cows and sheep of Kenfig parish, Henry was to receive the tithes (no. 281). In 1154, Henry disputed with Job, priest of St. Leonard's, Newcastle, over tithes granted by Geoffrey Sturmi at Canterbury before Archbishop Theobald. Master Henry agreed to surrender all claim to the tithes and to loan Job thirty acres of land until he acquired this amount in a place closer to him (Clark *Cartae et alia*, i, no. CCXXXIX; Saltman, *Theobald*, no. CLXXXII).

ERNESIUS served in the households of Earl William and of Countess Hawisia after her husband's death. He appears with regularity in the Pipe Rolls after the earl's death. Although he apparently did not attest any of Count John's or Countess Isabel's charters, the Pipe Rolls of this period continue to refer to him as the clerk of the Earl of Gloucester. Master Ernesius held land from the earldom by knight-service; his clerical duties added to the fact of his fractional holding make it evident that his fief entailed only fiscal obligations (scutage paid on a tenth and an eighth of a fee, respectively, in 1202 and 1203: *PR 3 John*, 56; *PR 4 John*, 281). Ernesius apparently was dead by 1204 when his fee was given to Robert La Werre (*PR 5 John*, 43). Since Robert's known tenures from the Honour of Gloucester were in Bristol, it is possible that Master Ernesius's fee was there. Ernesius must have had at least one feudal tenant because he was fined for *novel disseisin* (*PR 29 Henry II*, 94). From the evidence of Earl William's charters, Ernesius's service began *c.* 1150–3 (nos. 40, 78, 100, 120, 132).

HERVEUS, see Scribe **vi.**

PICARD served the successive administrations of Earls Robert and William until *c.* 1171. Although he attested a number of William's charters, he is not a witness in any of Robert's extant ones (nos. 7, 35–6, 48, 51, 69, 71, 111, 178, 182); his affiliation with Robert is only established by the benefice of Cornish churches he held from the earl for his clerical services, i.e. St. Breock, Connerton, Egloshayle, Crowan, Binnerton, Trevelga, St. Germoe, and 'Egglossant' (unident.) (nos. 202–3, 250). After Earl Robert's death Picard gave the churches to St. James's Bristol and St. Mary's Tewkesbury, but retained possession of them at an annual rent of one *aureus* (no. 202; Adrian Morey, *Bartholomew of Exeter Bishop and Canonist: A Study in the Twelfth Century* (Cambridge, 1937), no. 26, 146–7). Subsequently Picard divided his holding, giving the lands attached to his Cornish churches to his brother, a Robert of Ilchester, but evidently retaining possession of the churches for himself (no. 202). Picard also held the church of Écrammeville (Calvados) of the Earldom of Gloucester, but it is unclear whether he received it from Earl Robert or Earl William (no. 38).

ROGER held land of the Earldom of Gloucester at Pimperne (Dorset) but cannot be associated with the household (no. 67; see also under *Clerks and Chaplains*).

SAMSON attested two of Earl William's charters between *c.* 1150 and 1183 (nos. 131–2). In one, he is identified as a clerk (no. 132); he held a benefice of the Earldom of Gloucester at Mapledurham (Hants) (Dugdale, *Monasticon*, vi. 453). A canon Samson witnessed one of Earl Robert's charters, but cannot be connected with this *magister* (no. 70).

WARIN attested one of Earl William's charters between *c.* 1150 and 1159 (no. 71). He may be identical with Warin, chaplain and clerk of Earl Robert (see under Clerks and Chaplains).

ANDREW served the household of Countess Hawisia during the period after Earl William's death, 1183–97 (nos. 2, 67, 78). He was also connected with the earldom during 1189–99 (no. 3). In two charters, he is identified as a clerk (nos. 2–3).

ALARD witnessed two of John's charters between 1189 and 1199 (nos. 72–3).

BENEDICT served Count John and Countess Isabel between 1189 and 1199 (nos. 10, 163–4). This service and the fact that he was a tenant of the Earldom of Gloucester perhaps show how a member of John's central administration might be supported from the estates of one of the count's honours. Between 1201 and 1212, Benedict himself held a quarter of a knight's fee and shared half a knight's fee (*RBE* 154, 608). Benedict's tenure, on which he owed scutage in 1206–7, was in Dorset or Somerset (*PR 7 John*, 137; *PR 8 John*, 128). In May 1191, Benedict was dispatched along with the Abbot of Tewkesbury by Count John to supervise the election of an archbishop at Christ Church following the death of Archbishop Baldwin at Messina. King Richard had written to his brother from Messina informing him of Baldwin's death and commanding him to obtain the election of William, Archbishop of Monreale, as the archbishop's successor ('Epistolae Cantuarienses', nos. CCCXLVII–CCCXLIX; see no. 45). Benedict's mission failed. Later in the year, Benedict was excommunicated by Richard's Chancellor, William de Longchamp, for usurping possession of the royal seal (Roger of Howden, iii. 154).

PETER DE LUCETTER, perhaps identical with the Master Peter who attested Count John's Charter of Liberties to Bristol (no. 10), witnessed one of John's charters between 1189 and 1199 (no. 74).

RALPH MAILOC remained a canon of Llandaff throughout his clerical career (Clark, *Cartae et alia*, ii, nos. CCCCLIII, CCCCLXXX). His first position may have been in the *familia* of Henry, Bishop of Llandaff (1193–1218) (ibid., no. CCXXI). Ralph served Earl Geoffrey and Countess Isabel from 1214 to 1216 and the countess after Geoffrey's death (nos. 4, 93, 140, 148). Between 1200 and his death in 1231, he attested a charter of William de Cardiff in favour of St. Peter's, Gloucester (Hereford Cathedral Library no. 2309; transl. in Davies, 'Ewenny Priory', C. 133–4; 'Annales De Theokesburia', *Ann. Mon.* i. 79 for the date of his death). He also frequently appears in the witness lists of charters of other Glamorgan land-holders in favour of Margam Abbey (for example, Clark, *Cartae et alia*, ii, nos. CCCXLIII, CCCCLXXIV, DCCXXVII; vi, no. MDLXXIII). His service thus was not limited to the Earldom of Gloucester. However, by virtue of his association with the earldom, Ralph held a parish that belonged to Tewkesbury, the church of Llanblethian

(Glam.) ('Annales De Theokesburia', *Ann. Mon.* i. 80–1). In 1262, a William Mailok held half a knight's fee attached to the chapel and worth 20*s*. per year of the Honour of Glamorgan. Perhaps William was Ralph's heir. It has been suggested that Ralph belonged to the family which held Llystalybont near Cardiff of this honour in 1320 (Clark, *Cartae et alia*, ii. 435 and no. DCXV).

ELIAS OF DEREHAM attested a single charter of Countess Isabel in 1217 (no. 114). He was no more than a visitor to the countess's household because he was Archbishop Stephen Langton's *dapifer*. He had served in the *familia* of Hubert Walter prior to this. Elias was so notorious a supporter of Prince Louis (the future Louis VIII) and the English baronial rebels that he was excommunicated and exiled from England after the Peace of Kingston of 12 September 1217. His attendance at Isabel's court links the countess with the baronial rebellion against John after Magna Carta and the ecclesiastical faction of Stephen Langton (F. M. Powicke, *Stephen Langton* (Oxford, 1928), 137, 214; Josiah Cox Russell, 'The Many-Sided Career of Master Elias of Dereham', *Speculum* v (Oct. 1930), 384; Kathleen Major, 'The "Familia" of Archbishop Stephen Langton', *EHR* xlviii (Oct. 1933), 529, 532, 540, 542, 544; Young, *Hubert Walter*, 23, 58).

2. *Clerks and Chaplains*

ADAM DE ELY appeared in the service of Earl Robert in 1147 and continued in the household of Earl William until his death by 1165 (nos. 35–7, 51–2, 66, 71, 111, 119, 121, 124, 155, 168, 284; *PR 11 Henry II*, 11). Adam's numerous attestations of William's charters reveal his administrative importance. Two of Adam's own charters survive which grant messuages in Bristol (BAO 5139 (139), 5139 (448)); Earl William's confirmation of these donations suggests that the properties were part of a benefice held of the earldom (no. 77). Adam was the recipient of Henry II's patronage, holding 'terris datis' at Boarstall (Bucks.), Chesterton (Cambs.), Congresbury (Som.) and undesignated land in Surrey (*PR 2, 3, 4 Henry II*, 30, 98, 121, 139, 165; *RBE* 677; *PR 5 Henry II*, 20; *PR 7 Henry II*, 11; *PR 8 Henry II*, 46). Between 1154 and 1164, he served the household of Queen Eleanor (*Gallia Christiana* xi, Instrumenta, no. XVI).

ELIAS the clerk is known to have served Earls Robert and William between 1147 and 1165 (nos. 119, 124, 284). It seems plausible that he was identical with the clerk, Elias de Turre, to whom Earl William gave land at Kenfig (Glam.) for payment of three ivory dice per year to the Earl's son (no. 183). Elias also served as clerk to his father, Gregory, for Gregory gave him thirty acres and a burgage in Kenfig for his service and Earl William confirmed the grant (no. 182). Elias ultimately entered the service of Henry II's queen, Eleanor. After the death of Earl William's son, Robert, in 1166, the earl provided that the three dice Elias had owed should be paid to the queen (no. 65). The lands Elias received from his father were given to Margam Abbey (Clark, *Cartae et alia*, i, no. CLXXXV; see ibid., no. CLXXXVI, for other details of the family and this land). For chronological reasons, it seems unlikely that Elias should be identified with Elias, Dean of Newcastle (Glam.) during the late twelfth and early thirteenth century (ibid. i, no. CLXXXVIII *et passim*).

GARDINUS is mentioned as a chaplain among a number of Earl Robert's household officials attesting the foundation charter of Neath Abbey in 1129/30 (ibid., no. LXVII).

A chaplain, GEOFFREY, is mentioned in a charter of Earl William, but cannot be identified with his household (no. 28).

HERBERT appears in a charter of the Empress Matilda in 1141 as the Earl of Gloucester's chaplain (*Regesta* iii, no. 738). As Cronne and Davis have observed, it is uncertain whether Herbert began in the service of the Empress or that of Earl Robert. In any case, after the earl's death, Herbert became a member of the households of Matilda and of Duke Henry. In 1153, Herbert was promoted to Bishop of Avranches (ibid. xxx); this Herbert cannot be associated with the uncle of the incumbent of Petersfield church, Thomas (no. 66; also see below, p. 15).

PICOT the chaplain served both Earls Robert and William from 1129/30 to at least 1150/9 (Clark, *Cartae et alia*, i, no. LXVII; no. 66). Charters of both earls provided for Picot's tenure of St. Gwynllyw's church (Mon.) (nos. 87, 162). The chaplain's burgesses were to be quit from toll in Newport (Mon.) as the earl's were and he was to receive burgage rents from his tenants as the earl did. Robert and William also had a physician named Picot, but the chronology for this Picot, 1147–1166/83, makes it unlikely that he was the chaplain (nos. 119, 187).

RICHARD OF ILCHESTER, the famous curialist of King Henry II's court, began his career as a household notary of Earl Robert ('Vie de S. Rumon; Vie, Invention et Miracles de S. Nectan', ed. Paul Grosjean, *AB*, lxxi (1953), 411; *LCGF*, 539). He cannot be identified as a witness in any of the Earldom of Gloucester's extant charters. Richard joined King Henry's administration as early as 1155 (*PR 2 Henry II*, 30). His advance was rapid in royal service. Richard became Archdeacon of Poitiers by 1163 and Bishop of Winchester in 1173. In England, he served as itinerant justice, baron of the Exchequer and chief justice. In 1176, as chief justiciar of Normandy, he reorganized the duchy's exchequer. His support for the king in the Becket quarrel earned him excommunication in 1166 and 1169. He died in 1188. There is an autograph subscription of Richard to a chirograph dating from 1185 (Warner and Ellis, no. 67; for Richard's career, see Charles Duggan, 'Richard of Ilchester, Royal Servant And Bishop', *TRHS*, 5th ser. xvi (1966), 1–20; *LCGF* 539).

THURSTAN the chaplain received the church of St. Owen, Bristol from Earl Robert. His investiture by Archbishop Theobald *c.* 1150–60 suggests he received the church late in Earl Robert's life. Thurstan later gave St. Owen's to St. James's Priory. He does not appear as a witness in any of the Earldom of Gloucester's extant charters (see nos. 275–6).

TORBERT appears as a chaplain of Earl Robert in the foundation charter of Neath Abbey (Clark, *Cartae et alia*, i, no. LXVII). It is tempting to speculate that this transcribed name is a corruption of Herbert.

WARIN, who attested a chirograph of Earl Robert in 1128 as his chaplain, seems to have served the Gloucester household as late as *c.* 1142/63 (no. 70; PRO 31, 8/142.B, iii, no. 41). He is possibly the same Warin who witnessed two of Earl Robert's charters at Cranborne as his clerk, and who attested one of Earl William's *c.* 1150/9 at Bristol as *magister* (nos. 71, 157, 283; see under *Masters*). A charter that the chaplain addressed to Philip, Bishop of Bayeux (1142–63), establishes that he held land at Lion-sur-Mer (Calvados) of William de Mohun, called Warin's lord, at the same time as he was the Earl of Gloucester's chaplain (PRO 31, 8/142.B, iii, no. 41; Hippeau, 168).

DAVID the chaplain witnessed one of Earl William's charters between *c.* 1150 and 1183 (no. 131). A David, *magister* of Robert, son of Earl Robert of Leicester, also attested two of William's charters, but the two Davids cannot be connected (nos. 102–3).

ERNESIUS, see under *Masters*.

GERIN, a chaplain, appears as the rector of Great Gransden church (Hunts.) between *c.* 1150 and 1166, but he attested none of the Earldom of Gloucester's extant charters and thus cannot definitely be associated with the household (no. 22).

GILBERT the chaplain served Earl William's household on seven occasions (nos. 40, 100, 101, 134, 188–9; Clark, *Cartae et alia*, i, no. CLXXXVII). He seems to have been Countess Hawisia's personal chaplain (no. 101).

GURG', a clerk, attended Earl William on one recorded occasion between 1150 and 1166 (no. 189).

HENRY the clerk attested one of Earl William's charters between 1153 and 1159 (no. 66) and another between 1166 and 1183 (no. 187). He may be Henry Tusard (see under *Masters*).

HENRY TUSARD, see under *Masters*.

HERVEUS, see under Scribe **vi**.

JOHN, a clerk, held Rumney church (Mon.) of Earl William, but cannot be associated with the earl's household (no. 24).

JORDAN the clerk witnessed four of Earl William's charters between *c.* 1150 and 1183, but three of his appearances were after 1161 (nos. 44, 49, 130, 188). In one case he identified himself as the scribe who wrote the charter (no. 188).

NICHOLAS the clerk was a witness in a charter of Earl William before 1166 (no. 77). There was a Bristol clerk, Nicholas, the son of Henry de Hambroc, who made a gift of his land in Bristol market to Stanley Abbey (Birch, 'Stanley Charters', 250). However, there is insufficient evidence to affirm that the latter was the witness of Earl William's charter.

Three OSBERTS attested Earl William's charters who may be the same person: one, Osbert the clerk (nos. 103, 120, 132, 180), another, Osbert clerk of Burford (Oxon.) (no. 40), and the third, Osbert brother of Roger 'the bearded' (nos. 36–7; see also below). There is no chronological barrier to the three Osberts' being the same, but there is no way of proving they are. The chronology of service for the three is, respectively, 1147/53–1167/83, 1171–83, and *c.* 1150–65.

RICHARD, clerk of Bristol, received wages of 60*s.* 10*d.* per year for serving as the port's recorder (*imbreviator*) and revenue collector after William's death, when the Earldom of Gloucester was *in manu regis* (*PR 30 Henry II*, 111; *PR 31 Henry II*, 155; *PR 32 Henry II*, 201; *PR 33 Henry II*, 15). While there is no known evidence linking Richard with the administration, there must have been some clerical counterpart to Richard before 1183.

ROBERT the chaplain and ROBERT FITZ PETER the chaplain, who attested five of Earl William's charters, possibly all before 1166, may be the same (nos. 35–7, 125, 136). Either one or both may be Robert the chaplain of Fairford (Glos.) who witnessed charters of Countess Hawisia and Count John (see below). If more were known about Robert of Ilchester, it might be possible to relate him to one or all of the above. However, it is only known that he succeeded his brother, Richard, as tenant of estates in Cornwall, not that he also followed him into Earl William's service.

ROGER the chaplain of Earl William who witnessed a charter between *c.* 1150 and 1183 (no. 132) may be ROGER 'THE BEARDED' who appears with another possible chaplain, Osbert, on two occasions (nos. 36–7; see also above). Neither Roger can be identified with Master Roger of Pimperne (Dorset) (see under *Masters*).

STANARD the priest witnessed one of Earl William's charters between 1161 and 1173 (no. 44).

THOMAS the priest attested one of Earl William's charters in 1153 (no. 5). He may have been the incumbent of Petersfield church referred to in a charter of the earl between 1155 and 1159 (no. 66; also see above, p. 13).

GREGORY the chaplain was a member of Countess Hawisia's household during 1183–97 (nos. 67, 78, 160). Three unidentified Gregorys appear in charters of Earls Robert and William (nos. 5, 84, 119). If any of the Gregorys is to be identified with the chaplain, it should probably be the witness of Earl William's charter (no. 5).

ROBERT, chaplain of Fairford (Glos.), attested one of Countess Hawisia's charters *c.* 1183/9 (no. 2) and probably one of Count John's between 1189 and 1199 (no. 3; see also above).

Between 1186 and 1202, a HERBERT unsuccessfully claimed the chaplaincies of Cranborne (Dorset) and of the earl's court (Cardiff?) as perpetual tenures *in capite* from an Earl of Gloucester, not from Tewkesbury Abbey (Dugdale, *Monasticon*, ii. 75–6).

Clerks named JOHN attested charters of Countess Isabel between 1189 and 1199 and in 1217, but it is doubtful that the two were the same (nos. 114, 164). In at least one case, the first John cannot be identical with a chaplain, JOHN DE BARTHOLOMEW, who attested the same charter (no. 164).

RICHARD AARON, who served the household of Count John between 1189 and 1199, identified himself as the clerk who wrote the one charter he attested (no. 31).

ROBERT, a clerk, attested one of Count John's charters between 1189 and 1199; he was not the chaplain of Fairford (Glos.) (no. 3; see also ROBERT, above).

STEPHEN RIDEL, who attested several of Count John's charters (nos. 10, 31, 72–3, 107, 117, and possibly no. 175), is the only clerical officer appearing in these charters to be designated by the title 'chancellor'; he was chancellor of John as Count of Mortain and should be identified with John's own central administration which governed his many honours rather than with the Earldom of Gloucester's administration (Roger of Howden, iii. 153). Stephen went surety for John in the Peace of Winchester, 28 July

1191, made with King Richard's chancellor, William de Longchamp, and was excommunicated by William late in the same year (ibid. 137, 153; *Gesta Henrici II*, i. 224). After John became king, Stephen served the administration of Hubert Walter as clerk (Young, *Hubert Walter*, 79). John had a disagreement with his former chancellor and in 1210 had Stephen arrested and exiled. Stephen finally was allowed to return to England ('Annales De Dunstaplia', *Ann. Mon.* iii. 33–4).

'T.', an unidentified chaplain, appears in one of John's charters dated 1189–99 (no. 3).

WARCHOL, a chaplain, served the household of Count John between 1189 and 1199 (no. 3).

WILLIAM, chaplain of Wareham castle (Dorset), does not appear among the witnesses of these Gloucester charters. But between 1199 and 1207 his name appears almost annually in the account of the Honour of Gloucester in the Pipe Rolls, where it was recorded that he received an annual allowance of 20*s*. for his services (for example, *PR 2 John*, 128).

JOHN and NICHOLAS are the only chaplains to be identified among Earl Amaury's extant charters dating from 1200 to *c*. 1213 (nos. 53, 153).

SCRIBES IDENTIFIED BY THEIR HANDS

Scribe **i**. There are two examples of this scribe's work dating from after *c*. 1150 to perhaps 1166 (no. 124, Plate I*a*; no. 122, Plate I*b*). He worked at Bristol and at 'Newborough', probably near Cardiff. It is a very careful, formal business hand and its closeness to book hand is evident. It appears to be an ecclesiastical hand. There is a tendency to lengthen ascenders, some of which are bent to the right. The looped tops of his *s* s should be noted. The scribe used the *punctus elevatus* and his distinctive letters are the forms for tironian *et*, *G*, *S*, and *f*.

Scribe **ii**. The single surviving example of this scribe's work can be dated 1147/57, but its place of composition cannot be located (no. 172, Plate I*c*). The hand is a modified book hand which has become a business hand by lengthening the descenders. Ascenders begin by being drawn to the left, then in the second half bend back to the right. The tops of *f* s and *s* s are rounded. The scribe used tironian *et*, *st* ligatures, the *punctus elevatus*, and the *e*-cedilla; distinctive forms are the tironian *et*, *g*, and *s*.

Scribe **iii**. This scribe's two charters show that he belonged to Earl William's household. One places his service as early as *c*. 1150–3 (no. 120, Plate II*a*); the other, unfortunately, cannot be precisely dated (no. 49, Plate II*b*). The hand shows variety. It is semi-cursive and backward leaning. The scribe employed the *punctus elevatus*, tironian forms of *et* and *con-*, and the contraction for *-us*; the distinctive forms are tironian *et* and *G* and *g*.

Scribe **iv**. This scribe worked at Bristol between 1147 and 1165. His hand is a formal business hand, strongly influenced by book hand (no. 155, Plate III*a*). Tironian *et* and *con-* are used; the distinctive forms are tironian *et* and *g*.

Scribe **v**. Several examples of this household scribe's work survive from undesignated places between *c*. 1150 and 1183 (no. 130, Plate III*c*; no. 134, Plate IV). One seems to be from 1166 to 1183 (no. 187, Plate III*b*). They are adaptations of book hand with some cursive forms and lengthened ascenders. Tironian *et* and *con-*, *ct* and *st* ligatures are used as well as the *punctus elevatus*. The hand leans to the left. Tironian *et*, *G*, *R*, *f*, *g*, and two forms of *t* are characteristic.

Scribe **vi**. In one of Earl William's original charters the scribe identified himself as the clerk, Herveus (no. 75, Plate V*c*); by comparing the hand in this manuscript with those of the earl's other extant originals, six more charters can be identified as Herveus's work (no. 34, Plate V*b*; no. 77, Plate V*a*; no. 97, Plate VII*a*; no. 125, Plate VI*b*; no. 135, Plate VI*a*; no. 186, Plate VII*b*). As a witness in charters, besides the one already mentioned, Herveus usually appears as a clerk (nos. 7, 44, 97, 125, 135–6, 187). In three charters he is called a master (nos. 130, 188; also in Clark, *Cartae et alia*, i, no. CLXXXVII, a charter of Gregory de Turri). Herveus served Earl William from *c.* 1150 until not later than 1176 (note the context and dating of no. 101). He held Brasted church (Kent) as a benefice from the earl (ibid.). Some time after 1142, possibly between 1150 and 1163, aided by the fact that William was *patronus* of Tewkesbury Abbey, Herveus acquired the church of Frome St. Quintin (Dorset) and the chapel of 'Caldwell' (unident.) from the monks (Dugdale, *Monasticon*, ii, no. LXII, 74). Tewkesbury had acquired the church from William's grandfather, Robert Fitz Hamon, and his chaplain, Robert (nos. 179, 267; Dugdale, *Monasticon*, ii, no. XXVI, 69–70; *VCH Dorset*, ii. 70). A charter Herveus wrote for Earl William places his service at Torigni-sur-Vire (Manche) (no. 186). Judging by the context and the names of witnesses in his other charters, this scribe also worked in the comital household at Cardiff (for example, nos. 75, 125; see also Clark, *Cartae et alia*, i, no. CLXXXVII). Herveus wrote in an experienced, semi-cursive business hand. He employed the tironian *et* and *con-*, the *punctus elevatus*, and the *e*-cedilla in his earlier work. The distinctive letters of his hand are *R*, *G*, and *B* (of which the perpendicular strokes of *R* and *B* are bowed and the serif of *R* is sharply angular), and *f* and *g* (of which the tail of *f* is a sharply angular stroke and the loop of *g* is open).

Scribe **vii**. This scribe, for whom there is one example, wrote in a formal business hand somewhat like that of Scribe **vi** (no. 182, Plate VIII). He used the tironian *et* and the *punctus elevatus* as well as dotted *y*, and *ct* and *st* ligatures; his employment of the *e*-cedilla shows that his activity, which can be placed at Bristol, took place in the 1150s or early 1160s (Ker, *English Manuscripts*, 37). His distinctive letters are *G*, *R*, *g*.

Scribe **viii**. His work can be associated with Earl William's administration at Cardiff between 1147 and 1183 (no. 105, Plate IX*a*). The hand is a formal business hand, but its indebtedness to book hand is evident. The scribe employed the *punctus elevatus*, tironian *et* and *con-*, and the suspension sign for *-us*; *E*, *F*, *G*, and *g* are distinctive.

Scribe **ix**. Scribes **ix** and **x** are known from their charters to have worked together between *c.* 1150 and 1165 on the same occasion in the Gloucester household at Bristol. Their charters both relate to similar grants to St. James's, Bristol and are attested by the same witnesses. Scribe **ix**'s formal business hand reveals the influence of book hand (no. 37, Plate IX*b*). He used the *punctus elevatus*, tironian *et*, *ct* and *st* ligatures, and dotted *y*; *A*, *L*, *R*, *S*, *g* are his distinctive letters. His style is reminiscent of Scribe **i**.

Scribe **x**. The hand of this scribe is a formal business hand, also influenced by book hand, but in contrast to that of Scribe **ix** is compact and pointed (no. 36, Plate X). There is no *punctus elevatus*. Abbreviation signs for *etiam* and *est* are employed. Characteristic forms are tironian *et*, *f*, and *g*. The scribe worked at Bristol between *c.* 1150 and 1165.

Scribe **xi**. The sole example upon which the analysis of this scribe's hand is based is book hand dating from 1167 to 1183, but without its place of origin indicated (no. 180, Plate XI*a*). *Punctus elevatus* and tironian *et* were employed. The scribe used two forms for uncial *d*, but favoured the perpendicular ascender. The letters are compact and the ascenders lengthened; the *th* contraction is noteworthy.

Scribe **xii**. Although the only heretofore published example of this scribe's work probably came from the Earl of Hereford's archives (no. 96 and n.; Plate XIV), it is now possible to classify Scribe **xii** as a member of Earl William's household. An unpublished charter, written for William in the scribe's hand, establishes this important affiliation (no. 48; Plate XI*c*). This latter charter locates his service at Bristol between 1147 and 1171. His hand may have been the model for the forger of William's charter for Little Malvern (no. 118 and n.; Plate XI*b*). Scribe **xii**'s charters reveal formal and semi-cursive business hands. His ascenders are rounded at the top; he used tironian *et* and the *punctus elevatus*. In the course of time, he stopped using the *e*-cedilla (no. 48). His distinctive letters are *E*, *F*, *G*, *M*, *R*, *g*, although there is some variation—for example, *g* with and without the *ductus*.

Scribe **xiii**. At some time between 1147 and 1183, a scribe with a set hand, used to writing book hand, was called upon to write a charter for Earl William of Gloucester at London (no. 158, Plate XV). So monastic does his hand appear to be that we are probably correct in surmising that he was 'borrowed' for the occasion from some ecclesiastical establishment in the city. He made a great effort to adjust his style to the more preferred business hand. He did this by adding descenders characteristic of the new hand. He tried to conceal his alterations, but failed in at least eight cases to cover the serifs on the feet of his letters with his added downward strokes. The scribe also used the ampersand; he employed the *e*-cedilla, the tironian *et*, the *punctus elevatus*, and the *ct* and *st* ligatures.

Scribe **xiv**. This scribe wrote a single surviving charter for Countess Hawisia in the presence of Earl William at some time before 1183 (no. 39, Plate XVI*a*). The presence of the *e*-cedilla argues for an early date (Ker, *English Manuscripts*, 37). The scribe wrote in a book hand. He employed two forms of the uncial *d*, although favouring the perpendicular form. *R* and *g* are distinctive. It is possible that the scribe was a member of St. James's, Bristol, the charter's beneficiary.

Scribe **xv**. This scribe wrote a charter for Countess Hawisia after Earl William's death (no. 67, Plate XVI*b*). His work reveals an experienced business hand. The scribe used tironian *et* and *con*-; he tended to lengthen ascenders, particularly those of *s*; his distinctive letters are *F*, *R*, and *g*.

Scribe **xvi**. Like Scribe **xv**, this scribe served Countess Hawisia between 1183 and 1197. Two of his charters are extant (no. 78, Plate XVII*a*; no. 160, Plate XVII*b*). His hand is basically a book hand. He used the tironian *et*, but not the *punctus elevatus*; the tops of the ascenders of *f* and *s* are rounded; the stroked *d* abbreviation for *de* is common. His distinctive forms are tironian *et*, *B*, *S*, and *g*.

Scribe **xvii**. The scribe who wrote John's Bristol Charter of Liberties before the end of 1191 used a formal business hand which he developed by lengthening his ascenders (no. 10, Plate XVIII). He employed tironian *et* and the *st* ligature. Many of his *s*s are ornamented. His superscript *s*, tironian *et*, and *E*, *F*, *T*, *g*, are distinctive.

Scribe **xviii**. This scribe wrote a charter for John at Cardiff in March 1193 employing the pointed cursive of the royal chancery (no. 138, Plate XIX*a*). Other work of his shows that he belonged to the count's central administration rather than to a Gloucester household as such (see Warner and Ellis, no. 74—called to my attention by Dr. Pierre Chaplais). The scribe used the *punctus elevatus* and the tironian *et* and *con-*. His close spacing of the *punctus elevatus* between words is one of his distinguishing characteristics.

Scribe **xix**. This scribe used a left-leaning business hand which had been adapted from book hand by lengthening ascenders and by adding descenders. The hand is experienced and calligraphic. He employed the tironian *et* and *con-*, but not the *punctus elevatus*. The tops of his *f*s and *s*s are sharply angular. He used two forms of *a* and of final *s*. Employment of *L* for *l* is an idiosyncrasy. Characteristic forms are *R*, *T*, *d*, and *e*. His hand shows an affinity to that of Scribe **xx**. The single example of his work in this collection (no. 72) was written for Count John at Bristol between 1189 and 1199.

Scribe **xx**. A cursive yet calligraphic business hand is exemplified by this scribe's work (no. 1, Plate XX*b*). It is experienced, with attention given to the spacing of words. The scribe used tironian *et*, but not the *punctus elevatus*. The *ductus* of *d* is noteworthy. Characteristic letters are *E* and *r*. One cannot be sure that this is not the cursive hand of Scribe **xxi**; the basic contrast between the cursive of the former and the formal business hand of the latter can be explained by the different circumstances surrounding their use.

Scribe **xxi**. This hand is found in a charter of Count John written between 1189 and 1199 (no. 161, Plate XX*a*). It is a formal business hand adapted from book hand. Some ascenders end in a 'beak' while others, frequently *f* and *s*, are looped. There are neither tironian signs nor *punctus elevatus*. Ligatures connecting *f* with the following letter are consistent. There are two forms of *g*. The crossed *d* abbreviation for *de* is used. *P* and *h* are characteristic.

Scribe **xxii**. Two of Count John's charters are the work of this scribe, one written at Bristol some time during 1189/99 (no. 73, Plate XXI*a*), the other at Cranborne (Dorset) within the same period (no. 74). The scribe wrote in a formal business hand greatly influenced by book hand. His letters are rounded. His semicircular suspension signs easily identify him. *B*, *R*, and *S* are distinctive.

Scribe **xxiii**. This scribe wrote Earl Amaury's charter ceding the County of Évreux to King Philip Augustus at Le Goulet (Eure) in May 1200 (no. 79). The scribe's formal and calligraphic business hand was probably prompted by the solemnity of the occasion. His ascenders are tall and pointed. The *punctus elevatus*, tironian *et* and *con-*, and the *st* ligature are used. Characteristic forms are tironian *con-*, *A*, *E*, and *g*.

Scribe **xxiv**. At some time between 1200 and *c.* 1213, a scribe in Earl Amaury's service wrote another version of the earl's exchange of the County of Évreux for the Earldom of Gloucester (no. 80, Plate XIX*b*). The charter reveals a formal business hand clearly indebted to book hand. Tironian *et* and the *st* ligature are used. Idiosyncratic employment of *L* in place of *l* is common; this peculiarity and the forms of *A*, *E*, and *R* are distinctive.

Scribe **xxv**. This scribe, whose style in some ways resembles that of Scribe **xxiv**, was associated with Earl Amaury between 1200 and *c.* 1213. His formal business hand is more reminiscent of the twelfth century than of the thirteenth. The influence of book hand is noticeable in the lack of descenders (no. 41, Plate XXI*b*). *D* is sometimes used for *d*; *B*, *R*, *S*, and *s* are his distinctive letters.

Scribe **xxvi**. At some time before late September 1210, this scribe wrote a charter for Earl Amaury (no. 94, Plate XXII). He used a semi-cursive business hand. Descenders are of little importance in his style. The hand is left-leaning and angular. He used the *punctus elevatus*, tironian *et* (two forms) and *con-*, and *ct* and *st* ligatures. Both minuscule and uncial forms of *d* are found. Characteristic letters are *A*, *E*, *G*, *S*.

Scribe **xxvii**. One example of this scribe's work dates from the era of Earl Geoffrey and Countess Isabel, 1214/16 (no. 93, Plate XXIII*a*). Another, issued in the name of Countess Isabel 'in her free widowhood', shows that he remained in Isabel's service after Geoffrey's death (no. 146, Plate XXIV). His business hand reflects the style of the twelfth century. He employed the dotted *y* in *Ysabella*; *B*, *S*, *T*, *d*, and *g* are characteristic letters.

Scribe **xxviii**. This was another scribe who wrote charters for Earl Geoffrey and for Countess Isabel both before and after her husband's death. At some time between 1214 and 1216 this scribe issued two charters involving the same confirmations to Margam Abbey. From the witnesses' known association with the Honour of Glamorgan, it seems plausible that they were issued in Wales, perhaps at Cardiff or at Margam. Their identity of contents and witnesses suggests that they were written on the same occasion; one was issued in Earl Geoffrey's name (no. 139, Plate XXV), the other in Countess Isabel's (no. 140, Plate XXVI). In 1216/17 the scribe wrote another confirmation in favour of Margam in Isabel's name (no. 148, Plate XXVII). The scribe was inconsistent in using several forms for letters and in employing or not employing tironian *con-*. Tironian *et* and *con-*, *E*, *P*, *S*, *T*, *g*, and particularly his idiosyncratic *f* are his characteristic forms.

Scribe **xxix**. This scribe wrote several charters for Countess Isabel, probably in 1216/17 at Cardiff or elsewhere in Glamorgan (no. 144, Plate XXVIII; no. 145, Plate XXIX). The hand is a contemporary formal business hand. The scribe used dotted *y* in *Ysabella* and his distinctive letters are *S*, *T*, and *g*.

Scribe **xxx**. The charter which this scribe wrote for Countess Isabel locates his service in London and dates it 1217 (no. 114, Plate XXIII*b*). His is an experienced, formal business hand. He was idiosyncratic about using *D* and *M* for *d* and *m* and he employed a number of different forms for the same letter (*g* is the best example). He also used dotted *y*; characteristic forms are tironian *et*, *M*, *S*, and *y*.

Scribe **xxxi**. This scribe, judging from the list of witnesses in the charter which represents his work, wrote for Countess Isabel at Cardiff or elsewhere in Glamorgan (no. 149, Plate XXX). His charter probably dates from 1216/17. He employed the tironian *con-* and *et*, and dotted *y* (but not for *Isabella*); his distinctive letters are *G*, *f*, *g*, and *s*.

DIPLOMATIC OF THE CHARTERS

These *acta*, like others produced by the royal chancery or by the scribes of ecclesiastical and lay barons, were variations of the writ. This versatile instrument granted lands and privileges of a fiscal and/or jurisdictional nature, confirmed similar acts of one's vassals, recorded agreements and tenurial settlements, or transmitted orders to one's vassals or manorial agents. What can be called the writ-charter omitted the invocation of the older diploma and commenced with a superscription clause consisting of title, address, and salutation. The grant was often in the form of a notification. Warranty clauses, by which the grantor bound himself to vindicate the beneficiary's title to the gift, were rare in the twelfth century; these are also exceptional among the Gloucester charters until the thirteenth century.[1] Penal clauses also are rare.[2] On the other hand, corroboration clauses, mentioning the affixing of the earls' and countesses' seals, are much more common.[3] The final clause consisting of the subscribing witnesses seldom ends with a place-date.[4]

The earls' and countesses' *acta* are usually in the form of notifications. Charters of this sort are cast as announcements, with clauses of fact employing the indicative mood or with clauses of indirect discourse using the infinitive mood with subject in the accusative case following a verb of 'knowing' like *scire* or *noscere*. One notice of confirmation employs the indicative form *confirmo*, introduced by the subordinate clause, *inspecta . . . carta*.[5] Very few charters are in the simpler donation style with verbs like *do* or *concedo*.[6] Also sparse are examples of the writ mandate.[7]

There are a number of forms indicative of stylistic variations among the Gloucester scribes which are evident in the charters of notification. Earl Robert's charters use *Sciant presentes et futuri quod . . .* ,[8] *Karitatis vestre . . . notifico*,[9] *Sciatis quod . . .* ,[10] or *Sciatis me . . .*[11] The last mentioned appears most often and it may be significant that it became the most commonly used in the charters of Earl William. In two charters Countess Mabel issued jointly with William shortly after Earl Robert's death, *Sciatis nos concessisse . . .*[12] and *Scire vos volumus quod . . .*[13] are employed. A private charter of the countess reads *Sciatis quia . . .*[14] However, between 1147 and 1183, *Sciatis me . . .* dominated.[15] By

[1] Stenton, *Transcripts*, xxix; nos. 9, 76, 94, 114, 118, 131, 136, 154, 169, 176.

[2] Nos. 51–2, 68, 81, 89, 127; but see also nos. 7, 82–3, 88, 91–2, 104, 110–11, 169, 191, 280, 284 which contain injunctive clauses without specific penalties.

[3] Nos. 2–5, 9, 22, 24–6, 41, 53, 57, 64, 76, 79, 114, 117–18, 132, 134, 142, 146, 154, 156, 163–4, 176–7, 285–8.

[4] See above, p. 9.

[5] No. 288; see also Saltman, *Theobald*, 227–8; *LCGF*, no. 372.

[6] Nos. 110–11, 166, 288.

[7] In the nomenclature of *Regesta* iv. 16, 18: nos. 81, 152, 165 (*precipio*); nos. 69, 172, 180 (*mando et precipio*); see also no. 110.

[8] No. 156.

[9] No. 283.

[10] Nos. 82, 157.

[11] Nos. 6, 42, 68, 83–4, 119, 152.

[12] No. 86.

[13] No. 171.

[14] No. 167.

[15] Nos. 7, 11, 13, 17–20, 23, 28–30, 34–8, 40, 43(?), 47, 49, 54, 65–6, 71, 75, 77, 87–8, 97–8, 100, 104–5, 115, 118, 120, 122–8, 130, 132–6, 155, 158–9, 170, 174, 178–9, 181–3, 187–90, 280.

comparison, there were few exceptions. *Sciatis quod . . .* is the most prominent one[1] followed by *Notum vobis facio . . . ,*[2] *Noverit universitas vestra . . . ,*[3] *Sciatis quia . . . ,*[4] *Notum sit vobis . . . ,*[5] and by single examples of *Notum fiat vobis . . . ,*[6] *Sciant omnes . . . ,*[7] *Sciant tam presentes quam futuri quod . . .*[8] All five scribes who wrote more than one charter for Earl William used *Sciatis me . . .*[9] Not until the period of Countess Isabel's personal independence, after Geoffrey de Mandeville's death, is there again such stylistic uniformity. After 1183, Countess Hawisia's charters continued styles already used in her husband's, *Sciatis me . . . ,*[10] *Noverit universitas vestra . . . ,*[11] *Sciatis quod . . . ,*[12] and *Sciant tam presentes quam futuri quod . . .*[13] with a variation.[14] One of the countess's scribes used two different styles.[15] Between 1189 and 1199, Count John's and Countess Isabel's scribes made use of *Sciatis me . . . ,*[16] the most popular form, *Sciatis quod . . . ,*[17] *Noveritis me . . . ,*[18] *Noverit universitas vestra . . . ,*[19] *Sciant tam presentes et futuri quod . . . ,*[20] and the address form of a letter.[21] Five styles appear in Earl Amaury's charters, *Noverit universitas vestra . . . ,*[22] *Sciant presentes et futuri quod . . . ,*[23] *Notum sit omnibus tam presentibus quam futuris . . . ,*[24] *Sciant omnes tam presentes quam futuri quod . . . ,*[25] and *Sciatis me . . .*[26] From 1214 to 1216, Earl Geoffrey's and Countess Isabel's scribes employed *Sciatis me . . . ,*[27] *Sciatis quod . . . ,*[28] and *Sciant omnes presentes et futuri quod . . .*[29] with a slight variation.[30] Finally, during Isabel's sole tenure of the Earldom of Gloucester in 1216–17, scribes writing her charters preferred *Sciant omnes tam presentes quam futuri quod . . .*[31] or one of two variations.[32] Scribe **xxvii** who had formerly used *Sciatis quod . . .* in a charter for Earl Geoffrey now adopted the preferred style.[33]

The earls' and countesses' titles in the charters' superscriptions are other indications of scribal styles. Although all of Earl Robert's and Countess Mabel's extant charters are copies and therefore possibly not all exactly worded in their original form, some general points can be made. Before 1121/2, Robert's titles emphasized his dignity as the king's son, *Robertus Henrici regis filius*[34] or simply . . . *regis filius.*[35] After he became an earl, a reference to comital rank was added, which produced a formula probably standard by his death, *Robertus regis filius Gloecestrie consul.*[36] There is little doubt that *consul* was Gloucester's personal choice or one devised under his direction. By 1121, *comes* was the usual

[1] Nos. 90, 99, 102–3, 106, 116, 121, 129, 151, 168, 184–5, 191; the dating of no. 55, written for Countess Hawisia, is doubtful: it possibly should be included in this list.

[2] Nos. 12, 22, 24–7, 173. [3] Nos. 44, 101, 177, 282, 285–7. [4] Nos. 51–2, 85, 281, 284.

[5] Nos. 5, 15; *omnibus* in no. 21. [6] No. 131. [7] No. 169. [8] No. 39.

[9] Scribes **i**, **iii**, **v**, **vi**, **xii**; nos. 186 and 96, written by Scribes **vi** and **xii** respectively, are chirographs and thus cannot be counted as exceptions.

[10] Nos. 57–8. [11] Nos. 67, 78. [12] No. 55. [13] Nos. 2, 39, 59.

[14] Nos. 56, 160. [15] Scribe **xvi**, nos. 78, 160.

[16] Nos. 1, 10, 31, 33, 62, 73–4, 91–2, 107–8, 117, 138, 161, 175.

[17] Nos. 32, 50, 72. [18] Nos. 163–4. [19] No. 60.

[20] No. 3; no. 137 is a slight variation. [21] No. 45.

[22] Nos. 41, 80, 94. [23] Nos. 53, 154. [24] No. 79. [25] No. 153.

[26] No. 176. [27] No. 64. [28] No. 93. [29] Nos. 139–40.

[30] Nos. 4, 8–9. [31] Nos. 142–6.

[32] Nos. 76, 114; and nos. 141, 147–50. [33] No. 146. [34] No. 166.

[35] No. 152 and n.

[36] See, in the following order, nos. 82–3, 157, 68, 84, 6, 119, 42, 162, 283; *Gloecestrie* from no. 95.

word employed by earls in their charters; *consul* was archaic.[1] When court scribes recorded Earl Robert's attestations of Henry's, Stephen's, or the Empress Matilda's charters, he was *comes* not *consul.*[2] But, in the dedicatory remarks of the *Historia Novella*, written under Robert's patronage, William of Malmesbury addressed the earl as *consul.*[3] The use of *comes* in the earl's own charters is most exceptional.[4] Perhaps Earl Robert's adoption of *consul* was meant to emphasize his unique power and dignity. He was a grandson of William the Conqueror, the only earl created by King Henry I, and he had become premier *familiaris* of the realm during his father's reign.[5] Even if Robert's heir discarded *consul* from his usual title, *Willelmus comes Gloecestrie*,[6] he preserved the term on his seals.[7] William's mother and wife used forms of . . . *comitissa Gloecestrie.*[8] The variations in Countess Isabel's titles follow a regular pattern which reflect her marital status. During her marriage to John she was *Isabella comitissa Gloucestrie et Moretonie* at times,[9] just as she was later . . . *comitissa Gloucestrie et Essexie.*[10] After Geoffrey's death the countess usually styled herself *comitissa Gloucestrie et Essexie in libera viduitate mea*[11] and then, at some time in 1217, simply . . . *comitissa Gloucestrie.*[12] It is possible that scribes also used this simple form in charters issued during Isabel's two earlier marriages.[13] Scribes almost invariably rendered John's title *Iohannes comes Moretonie*, a formula undoubtedly reflecting the style of his own chancery;[14] there are only two exceptions among these charters, two in which *Iohannes comes Moretonie et Gloucestrie* appear.[15] Earl Amaury's scribes used *Amauricus comes Gloucestrie* in a variety of spellings.[16] With Earl Geoffrey, his *Galfridus de Mandevilla comes Essexie et Gloucestrie* remained fairly constant, but the order of his earldoms was sometimes reversed.[17]

SEALS

There are no extant seals for Earl Robert or Countess Mabel, but from Earl William and Countess Hawisia on, there is an unbroken series. All are varieties of pendant seals, on tongues cut laterally from the foot of charters or on parchment tags or laces inserted through slits or eyelets in the foot. When William was Earl of Gloucester, all three methods were employed; tags were favoured over tongues; however, there are only two examples of sealing with laces. After 1183, sealing was only by tags or laces. From

[1] A charter of Rannulf II, Earl of Chester is an exception: G(eoffrey) Barraclough, 'Some Charters of the Earls of Chester', *Misc. D. M. Stenton*, no. 2, 29. Chroniclers continued using *consul*: *GS* 137–8; *OV* ii. 175; *Henrici Archidiaconi Huntendunensis Historia Anglorum*, ed. T. Arnold (London, 1879), 215, 219. For the last two references, I am endebted to Mr. Russell H. Putnam, Jr.

[2] *Regesta* iii, *passim*.

[3] *HN* 1.

[4] Nos. 110, 156. These may be copyists' errors; for the use of *comes* under different circumstances, see nos. 46, 70, 95, 109.

[5] See above, p. 3.

[6] William appears as *consul* in no. 171; see original charters for scribal spelling and abbreviation styles.

[7] See below, p. 24.

[8] Nos. 86, 167, 171; and nos. 2, 39, 55–9, 67, 78, 160.

[9] Nos. 60, 62, 137, 164.

[10] Nos. 4, 140.

[11] Nos. 76, 141–7.

[12] No. 114; see also nos. 149–50.

[13] No. 33, while married to John; no. 9, possibly while married to Geoffrey.

[14] See above, pp. 15–16.

[15] Nos. 3, 163.

[16] Nos. 41, 53, 79–80, 94, 153–4, 176.

[17] Nos. 8, 93; and nos. 64, 139.

1147 to 1217, extant samples reveal that the earls, except for Geoffrey and Countess Isabel, made use of counterseals to further authenticate their grants. By collating the extant seals and counterseals the following catalogue is obtained.

Earl William: evidence of one seal; *c.* 3 in. diameter, red or white wax, varnished brown; a lion passant to the dexter, behind it a lily or conventional flower; legend: ✠ WILLELMI GLOENCESTRIE CONSVLIS. Counterseal, an antique intaglio gem, oval, 1⅛ in. × ⅞ in.; a helmeted bust to the dexter between two figures of Nike, an eagle below, rising regardant between two standards; legend: ✠ AQVILA SV' ET CVSTOS COMITIS (for seal, nos. 77, 97, 105, 120, 122, 135–6, 155, 158, 172, 182; for counterseal, nos. 77, 122, 137, 172; see also nos. 105, 120; Plate XXXI *a* and *b*). The use of *consul* in the seal's legend suggests the possibility that Earl William's seal was an altered version or a derivative of Earl Robert's. This seems the most logical explanation for the presence of *consul*, since Earl William did not employ this word in his title and his father did. Even the image of the lion seems to point to Robert as a heraldic reference to his descent from King Henry I. It is well known that Henry used the lion as a heraldic device. If this interpretation is correct, we probably need only substitute *RODBERTI* (or *ROBERTI*) for *WILLELMI* in the legend to re-create Earl Robert's seal. Also assuming this to be correct, such a seal would be an iconographically perfect complement to Earl Robert's title in the superscriptions of his later charters in stressing both his royal paternity and his comital dignity. It is impossible even to determine whether or not the counterseal antedates Earl William. Inspiration for it might have come from many possible sources since seals modelled on ancient cameos were common before the end of the twelfth century (Cheney, *English Bishops' Chanceries*, 50). Adam de Ely, who served both Earls Robert and William, employed a seated helmeted figure facing to the sinister on his own seal (BAO 5139 (139), 5139 (448)). Was he the inspiration or was he influenced by a source common to himself and the Earls of Gloucester?

Countess Hawisia: evidence of one seal; pointed oval, *c.* 3½ in. × 2 in., green wax; a full standing female figure facing to the sinister, forearms extended with long hanging manches, a flower or fleur-de-lis in the right hand; legend: ✠ SIGILLVM HATHEWIS COMITISSA GLOECESTRIE (nos. 67, 78, 160; Plate XXXI*c*).

Countess Isabel: evidence of one seal; pointed oval, 3½ in. × 2⅛ in., dark green wax, full standing female figure to front, gowned, girt at the waist, forearms extended with long hanging manches, flower or fleur-de-lis in the right hand, a bird in the left hand; legend: ✠ SIGILLVM ISABEL' COMITISSE: GLOECESTRIE ET MORETVNE. Counterseal, an antique intaglio gem, oval, 1⅛ in. × 1 in., a helmeted bust to the dexter between two figures of Nike each holding a wreath towards the bust, an eagle below, rising regardant between two standards; legend: ✠ EGO SV' AQILA: CVSTOS D'NE MEE (nos. 140, 144–6, 148–9; Plate XXXI *d* and *e*). Isabel's seal and counterseal seem the same with slight changes, as her mother's seal and father's counterseal, respectively: on the seal, the female figure faces forward instead of to the left, and on the counterseal a new legend is used. In spite of the various changes in the countess's marital status after John divorced her, she never revised her seal. But Isabel's scribes altered her title appropriately in superscriptions of her charters. This fact resulted in charters being curiously addressed from 'Isabel Countess of Gloucester and Essex in her free widowhood' and being authenticated by the seal of 'Isabel Countess of Gloucester and Mortain'!

Count John: evidence of one seal; round, *c.* 3 in. diameter, green or red wax; an equestrian figure to the dexter, in hauberk of mail with surcoat, sword, shield of arms slung around neck, horse galloping; legend: ✠ SIGILLVM: IOHANNIS: FILII: REGIS: ANGLIE: DOMINI: HIB'NIE. Counterseal, an antique intaglio gem, oval, 1 in. × $\frac{7}{8}$ in.; a female bust to the dexter; legend: ✠ SECRETVM IOHANNIS (nos. 74, 138 collated with seals on BM Harley Charter 83.A.26, Harley Charter 83.A.27, Harley Charter 43.C.32; Plate XXXII *a* and *b*).

Earl Amaury: evidence of two seals: (1) to 1200, round, $2\frac{1}{2}$ in. diameter, equestrian figure to the dexter in armour, hauberk of mail, cap-like helmet with nasal and pendants, sword in the right hand, shield with central boss on the left arm, horse with ornamented saddle, beneath the horse a fleur-de-lis; legend: ✠ SIGILLVM AMARICI COMITIS EBROICENSIS. (2) 1200–*c.* 1213, round, *c.* $2\frac{3}{4}$ in. diameter, green or white wax, varnished brown; a shield of arms curved top and sides, bendy; legend: ✠ SIGILLVM ALMARICI COMITIS GLOVERNIE. Counterseal, round, $1\frac{1}{2}$ in. diameter, same shield of arms; legend: ✠ SECRETVM.A.COMITIS GLOVERNIE. (For first seal, no. 79, for the second, nos. 41, 80, 94; Plate XXXII *c* and *d*).

Earl Geoffrey: one seal; round, $1\frac{3}{8}$ in. diameter, green wax; a heater-shaped shield of arms: quarterly, 1 and 4 plain, 2 and 3 vair; legend: ✠ SIGILL' GALFRIDI DE MAVNDEVIL' (nos. 93, 139; Plate XXXI*f*).

CLERICAL ADMINISTRATIONS OF THE EARLS AND COUNTESSES

A summary of some of the foregoing categories will provide a general description of the clerical administrations of the Earls and Countesses of Gloucester. By the term 'clerical administration' I mean the particular methods used for mobilizing clerks to write charters. At present, I am not concerned with the organizational labels these administrations deserve, such as chancery or *scriptorium*.

The fundamental organizational question is whether or not earls and countesses issued their own *acta* or rather relied on scribes furnished by beneficiaries. Certainly all the *acta* were written for these lords and ladies, but were they the work of men who can be considered part of the Gloucester households? Authentic original charters in a recognized hand, issued for different beneficiaries on different occasions, are the only certain evidence.[1] Lacking such proof for Earl Robert's period, we are limited to what circumstantial evidence allows: Warin may typify the chaplain/clerk of a primitive household secretariat which appears to have grown to more specialized status by the end of the 1140s—judging by the presence of Henry Tusard, Adam de Ely, and Elias as witnesses of Earl Robert's foundation charter for Margam Abbey.[2] Earl William's original charters reveal three categories of administrative personnel over his thirty-six year tenure of the Earldom of

[1] Bishop, *Scriptores Regis*, 1; *Regesta* iv. 21. [2] No. 119.

Gloucester. Master Herveus is the prime example of a household scribe; his charters show that he followed the earl's court from Cardiff to Torigni-sur-Vire (Manche); he also served William for about twenty-five years. Scribe **xii**, who can be located at Bristol, can also be regarded as a member of the household, although his duration of service may have been brief. Scribes **iii** and **v** also belong to this category, although their places of service cannot be identified. In a second group, Scribes **iv**, **vii**, **ix**, and **x**, who are represented only by single extant charters, all written at Bristol, must be classified as unidentified; some in fact may have been clerics whose association with the household was temporary or occasional. This seems the best interpretation of these single instances of service at the Honour of Gloucester's *caput*. Thirdly, there are clear cases of 'alien' hands. Scribe **i** must be considered a beneficiary's scribe, since his charters are only for Margam Abbey. Scribe **xiii** was probably obtained by Earl William from some London religious house during a visit to the city. Scribe **xiv**'s hand is monastic and he may very well have belonged to St. James's, Bristol. After Earl William's death, Countess Hawisia maintained at least one scribe, Scribe **xvi**, in her household; another who served her, Scribe **xv**, is unidentified. Under John and Isabel, the question of scribal affiliation does not apply, so far as the Earldom of Gloucester is concerned, because John's central administration under Stephen Ridel was responsible for issuing charters. Scribe **xviii** illustrates this. Earl Amaury's unidentified scribes eliminate his administration from certain classification; however, the alternatives seem to be temporary clerks or beneficiaries' scribes. Earl Geoffrey and Countess Isabel maintained some household clerical administration, probably located at Cardiff, which lasted until the countess's death in 1217.[1] It cannot have been very substantial since only two scribes can be identified who were associated with it (Scribes **xxvii**, **xxviii**), and one (Scribe **xxviii**) seems to have been a member of Margam Abbey.

Circumstantial evidence also points to a clerical 'bureaucracy' (however small) during the tenures of Robert, William, Geoffrey, Isabel, and, to a lesser degree, Hawisia. Men like Picard, Henry Tusard, and Ralph Mailoc belonged to a beneficed group of clerks whose attestations of charters seem inexplicable if their presence was not due to the exercise of some clerical function. Master Ernesius must have been a *curialis*: the fractional knigh's fee which he held from the Honour of Gloucester can have been little else than compensation for his clerical duties. Masters Herveus and Picard, whose churches were at Brasted (Kent) and Écrammeville (Calvados) along with several Cornish churches, must have been residents of the household for long periods, for they could hardly have come to Earl William's courts at Bristol or Cardiff for the day! The careers of Adam de Ely, Henry Tusard, and Ralph Mailoc demonstrate continuity of service in the administrations of successive holders of the earldom, indicative of that notorious attribute of bureaucratic life—self-perpetuation. Furthermore, the prominence of the Earldom of Gloucester's *capita* and demesne manors among the charters' place-dates reinforces the impression that the attesting clerks were *curiales*. A number of the charters they wrote are virtual records of court sessions.[2] There is very much less corroborating evidence of this

[1] See above, pp. 20–1. [2] For example, nos. 5, 106, 122, 131, 151, 186.

sort for Countess Hawisia's clerical personnel, with only the attestations of Master Andrew and of the chaplains, Gregory and Robert, to supplement what is known from the scribal hands of the Countess's charters.

To sum up, it seems quite possible, but not certain, that Earl Robert developed his own clerical administration by 1147. Earl William certainly had one which probably utilized temporary help and beneficiaries' scribes in addition to resident household clerks. Hawisia's, Geoffrey's, and Isabel's administrations were essentially similar to William's, but on a very reduced scale. At present, Amaury's scribes cannot be assigned to his household; his clerks may have been hired for the occasion or furnished by the beneficiaries of his grants.

By the end of Robert's period and throughout William's, it was not unusual for more than one clerk to attend the comital household at the same time. On several occasions as many as four clerks appear in the witness lists of charters. During William's time, it seems that two scribes wrote charters on the same occasion.[1] A total of fourteen scribes served the earl in some fashion in his thirty-six years;[2] at least two can be counted as resident household members in the two periods divided by 1166;[3] one scribe's dates of service could fall within either period or both.[4] Such a staff is comparable to the two scribes who served Henry Fitz Empress when he was Duke of Normandy, but not to the complements of five just after his accession, of sixteen by 1158, and of four to five by the end of the reign.[5] This comparison evidently contrasts the clerical demands of baronial and royal government. Earl William's administration consisted of a small staff, stationary or mobile, which belonged to the household and which was supplemented when necessary. On a smaller scale, attendance of only one clerical member was usual for Hawisia's, Geoffrey's, and Isabel's households; and there was little need for extra help.

The clerical staffs functioned as *curiales*. They were registrars of legal agreements and other matters which might transpire before the Earldom of Gloucester's honorial courts. On occasion, these scribes may also have written charters in the names of honorial vassals who solemnized grants at meetings of the earldom's courts.[6] Clerks like Richard also must have been needed to keep financial records at places such as Earl William's financial bureau at Bristol (no. 188 and n.; above, p. 14). There is no reason to assume that scribes were restricted to any particular aspect of clerical service; and with the evidence available, it cannot be determined if clerks who belonged to households were members, in a bureaucratic sense, of the chapel or represented a separate department.[7] No organization, not even a chief clerk, is evident in any clerical administration before 1217. This was probably due to the fact that clerical membership in the households was never numerous enough to warrant it. One could speculate endlessly but without much profit about the volume of *acta* produced by the various administrations. However, the number of Earl

[1] Scribes **ix** and **x**.

[2] Scribes **i–xiv**.

[3] Before 1166, Scribe **xii** and Master Herveus; after, Master Herveus and Scribe **v**; the calculation of Scribe **v**'s duration of service depends on the dating of no. 187.

[4] Scribe **iii**.

[5] Bishop, *Scriptores Regis*, 30; *Regesta* iii. xxv.

[6] Clark, *Cartae et alia*, i, no. CLXXXVII.

[7] On this point, see Cronne, *Reign of Stephen*, 210–11.

William's charters compared with those of all the others certainly leads to the conclusion that his administration was the busiest.

It is unclear exactly how Earls and Countesses of Gloucester financed their clerical administrations. Scattered details are available, but we do not have enough evidence to form a comprehensive view. We are at a similar disadvantage about other types of clerical administration, even the better-documented royal chancery. The Earldom left no 'Constitutio' like the contemporary description of the royal household. Thus, while we know that the king's Chancellor and Master of the Writing Chamber received wages, we have no way of knowing whether any Gloucester household clerks received similar payment.[1] On the contrary, most of the evidence favours the view that Gloucester household clerks in the period under study received compensation from ecclesiastical and secular tenures. In this regard the clerks resembled some of their counterparts in royal service.[2] However, which tenures should be regarded as typical forms of compensation and which ones as perquisites: the benefices of Master Picard and Master Herveus or the fractional knight's fee of Master Ernesius, the socage tenure of Elias or the likely burgage tenures of Adam de Ely?[3] Perhaps these various tenures were simply options which were used as circumstances dictated. Temporary scribes probably were hired for the occasion or furnished by the beneficiaries.

Tewkesbury Abbey appears prominently in the evidence as a source for benefices through its *eigenkirchen*. Henry Tusard, Picard, Herveus, and Ralph Mailoc all held livings of the abbey. There are also other *clerici* who held their churches at annual rents from the abbey and who may have been among the Earldom of Gloucester's clerks, but whom lack of evidence prevents us from associating with the comital households.[4] Picard's rental of his benefices from St. James's, Bristol, is an example of the priory's part in this system. Undoubtedly, the position enjoyed by the Earls and Countesses of Gloucester as *patroni* of Tewkesbury influenced the presentation of clerks to the abbey's and priory's churches. As Herveus's possession of Frome St. Quintin church proves, churches given to a patron's monastery were not necessarily alienated. There is also the possibility that clerks who were drawn to Tewkesbury's and St. James's livings found their way into the Earldom of Gloucester's service.

If the political fortunes of the earls and countesses are recalled, how very much they seem to have influenced the expansion and contraction of these clerical administrations. There is even evidence to suggest that King Henry II's imposition of a royal garrison on Bristol castle caused Cardiff, which already had a regular need of clerks for the Glamorgan county court, to become and remain the usual location of the Earldom of Gloucester's

[1] 'Constitutio Domus Regis', in *De Necessariis Observantiis Scaccarii Dialogus qui vulgo dicitur Dialogus de Scaccario*, ed. and transl. Charles Johnson (London, 1950), 129; *EHD* ii. 422–3; G. H. White, 'The Household of the Norman Kings', *TRHS*, 4th ser. xxx (1948), 133, 136; see next note.

[2] For examples, see *Regesta* ii. xi, nos. 1363–6; *Regesta* iii, nos. 15, 560; J. H. Round, 'Bernard, the King's Scribe', *EHR* lv (July 1899), 417–30; A. L. Poole, *Obligations of Society in the XII and XIII Centuries* (Oxford, 1946), 62 and *From Domesday Book to Magna Carta 1087–1215* (2nd edn., Oxford, 1955), 8; Cronne, *Reign of Stephen*, 210; for episcopal administration, see *LCGF* 208.

[3] Benefices are favoured in *LCGF* 208.

[4] Dugdale, *Monasticon*, ii. 69.

clerical administration.[1] In Countess Hawisia's case we have an unexpected view of a dowager's administration. Had John and Isabel succeeded immediately in 1183, the countess's household might be as obscure as Countess Mabel's in retirement. On the contrary, her staff and its diplomatic activity seem to be the result of her prolonged legal and personal importance during the six years of Henry II's custody of the Earldom of Gloucester and beyond.[2]

Turning to the scribes themselves, they appear to have been professional writers. By the mid twelfth century their clerical functions in the Gloucester households seem to have been increasingly emphasized by the distinction drawn in the witness lists of the earls' and countesses' charters between *clerici* and *capellani*. Although they might be *capellani* in several senses—Warin was a household chaplain and Picard the rector of Écrammeville (Calvados)—their secretarial functions account for their associations with the households. Many of the clerical personnel had reputations for learning, as is indicated by their titles, *magistri*. The earls and countesses thus tended to choose their staffs as the bishops did.[3] However, how many of these *magistri* actually were university men is another question. At present, few details are available about the origins of these scribes, their professional relationships to other households, or their skill in acquiring tenures of other lords. Adam de Ely is the most socially impressive, well enough endowed with property in Bristol and elsewhere to have his own clerk. Elias served as clerk for his father, Gregory de Turri. Richard of Ilchester, Herbert, and Elias provide examples of royal patronage drawing the Earldom of Gloucester's clerks into royal service. Ralph Mailoc seems to have been an episcopal clerk who joined the earldom's administration. Adam de Ely received both royal and comital remuneration simultaneously. In addition to receiving some kind of income from the earldom for being a household chaplain, Warin was a tenant of William de Mohun at Lion-sur-Mer (Calvados). Elias received land which had been subinfeudated to his father by Earl William. Master Herveus took advantage of his position in Earl William's household to obtain a benefice from Tewkesbury Abbey.

Most scribes who worked for the earls and countesses made an effort to write in a business hand. Ascenders were lengthened and descenders added; the *e*-cedilla was gradually dropped. With Scribe **xiii**, the results are almost amusing. Master Herveus's hand is the best illustration of the influence being exercised on local scribes by the writing of the royal *scriptorium*. Later on, charter hand is apparent in the charters of Geoffrey and Isabel. The scribes who wrote these *acta* thus represent the changes in calligraphy taking place in the twelfth century; only Scribe **xiv**, a monastic scribe, made no effort to conform. Traces of standard phraseology and formulae, imitating royal charters, can be found in these *acta*, but the amount of variation shows that the scribes had no

[1] Bristol virtually disappears from Earl William's charters as a place of issue after 1166: nos. 36–7, 69, 71, 85, 98, 124, 155, 168, 182; Cardiff is seldom mentioned explicitly, see above, p. 9; for Geoffrey's and Isabel's charters probably issued there, see nos. 93, 139–40, 144–5, 148–9; for the later chancery in Glamorgan, see A. J. Otway-Ruthven, 'The Constitutional Position of the Great Lordships of South Wales', *TRHS*, 5th ser. viii (1958), 8.

[2] Nos. 2, 55–9, 67, 78, 160.

[3] Cheney, *English Bishops' Chanceries*, 11.

formulary to guide them. This variation and the difference in handwriting styles and orthography also support the view that none of these clerical administrations was closely organized and that scribes sometimes served who were external to the household.[1] In the matter of sealing, Earl William's adoption of a counterseal placed his administration a half century in advance of the royal chancery.[2] Countess Isabel's curious failure to revise her seal, even when she had long ceased to be Countess of Mortain, is the best illustration of a general pattern of not changing the seal or counterseal, once one had been adopted. Isabel's seal and counterseal reveal the pains she took to identify herself iconographically as the successor of Hawisia and William: her seal seems only a variation of her mother's and her counterseal, except for the legend, was her father's.

What terms best describe the administrations which have been discussed? Earl William's was clearly the most developed of all in terms of personnel, scribal practices, and volume. Professor van Caenegem allows the term 'chancery' for certain properly qualified clerical administrations.[3] It might even be argued that the earl's administration met these requirements. Yet the term does evoke an image of bureaucratic organization that the earl's clerks lacked. And while sharing some characteristics in business hand, abbreviations, formulae, and proportional size, the *acta* of William's household scribes lack the uniform charter hand, spelling, sealing, and clear classification associated with well-organized chanceries by the thirteenth century.[4] On similar grounds, students of the twelfth-century royal chancery have been wary of the term chancery in a technical sense and have preferred the less charged term *scriptorium*.[5] In its most general sense, *scriptorium* means both a college of scribes and the place where charters were drafted.[6] In this sense, a *scriptorium* probably came into existence by the end of Earl Robert's tenure which lasted until Earl William's death in 1183. Thereafter, *scriptoria* existed under Hawisia, Geoffrey, and Isabel, but their personnel were so few and their production of *acta* so slight that perhaps the term 'secretariat' best describes them.

The very existence of these *scriptoria* and secretariats shows that the Earls and Countesses of Gloucester generally adopted the same administrative solution of the clerical needs of feudal jurisdiction as the king did. Furthermore, the procedures followed by their scribes were imitative of royal practices. Earl William's *scriptorium* best reflects this. Such influence might have been exercised personally through an Adam de Ely; the hand of Master Herveus illustrates it. Stylistic conformity also must have been achieved in another way, simply by the example of royal *acta* received by the Earldom of Gloucester's administrations. Nevertheless, the point which deserves emphasis is that these *scriptoria* and secretariats were real institutions with administrative lives of their own.

[1] On this point see Cheney, *English Bishops' Chanceries*, 55–6; see above p. 23, n. 6.

[2] Ibid. 50–1; Sir H. C. Maxwell-Lyte, *Historical Notes on the Use of the Great Seal* (London, 1926), 20.

[3] Van Caenegem, *Royal Writs*, 136–7.

[4] For example, see Cheney, *English Bishops' Chanceries*, 44–98 *passim*.

[5] *Regesta* iv. 11; Bishop, *Scriptores Regis*, *passim*; Cronne, *Reign of Stephen*, 190.

[6] Bishop, *Scriptores Regis*, 12–14.

EARLDOM OF GLOUCESTER CHARTERS

1. *Charter of Count John granting St. Mary's Ardennes quittance from tolls at Évrecy (Calvados) (1189–99) Lire*

A*, John Rylands Library, Beaumont Charter no. 1 (size: 7½ in.×2 13/16 in.); B, Arch. Dép. du Calvados, 2.H.1, i, no. 386; cal. in *BJRL* vii (1922–3), 527.

Ioh(anne)s comes Moreton(ie) omnibus hominibus et baillivis et ministris suis totius Norm(annie), salutem. Sciatis me pro salute anime domini H(enrici) regis patris mei et fratrum et antecessorum meorum concessisse deo et sancte Marie de Ardene et canonicis deo ibidem servientibus quietantiam de omnibus rebus quas vendiderint et emerint in nundinis et foris et castellaria de Evercia que ad proprios usus suos pertinent. T(este) Rog(er)o de Amundevill(a) dapifero meo apud Lere.

Seal missing from tongue with tie.

Endorsement: quietantiam de comite de Moreton(ie).

Évrecy, held of the Bishop of Bayeux for the service of ten knights, was the Earldom of Gloucester's principal honour in the Bessin ('Inquest of 1133', in D'Anisy, *Extraits des chartes*, ii. 426); its *caput* was at Torigni-sur-Vire (Manche) (*RHG* xii. 579). An illegitimate son of Earl Robert, Richard Bishop of Bayeux, established canons at St. Mary's. In 1138, the earl endowed the monastery with a prebend (*NP* 702–3; no. 192). See Scribe **xx** (Plate XX*b*).

2. *Charter of Countess Hawisia granting a burgage in Fairford (Glos.) (1183–97)*

BM Cotton MS. Vitellius A. xi, fo. 105b.

Sciant tam presentes quam futuri quod ego H(awisia) comitissa Gloc(estrie) donavi et concessi W. de Arundel' servienti meo unum burgagium secus caput[1] pontis in burgo meo de Feireford super quod idem W. propriis sumptibus edificavit pro servitio suo illi et heredibus suis tenendum de me et de heredibus meis in perpetuam hereditatem liberum et quietum ab omni servitio seculari quod me vel heredes meos contingit per servitium reddendi mihi vel heredibus meis ipse vel heredes sui annuatim in die sancti Ioh(ann)is Baptiste in eadem villa unum fasciculum iu(n)corum ad s[ter]nendum in thalamo meo vel heredum meorum in eadem villa pro omni servitio. Et ut hec donatio mea perpetuam habeat firmitatem sigilli mei testimonio illam dignam omnino duxi. Hiis t(estibus)

[1] Reading uncertain.

W(illelmo) abbate de Keinesha(m), W(illelmo) abbate de Dur(e)ford, Rog(ero) Waspail, Ric(ardo) de Petreponte militibus, W(illelmo) de Norha' tunc senescallo, T. capellano, Roberto eiusdem ville capellano, Gileb(erto) de la Dena, Ric(ard)o camerario, Andrea clerico, W(illelmo) de Limphord, Edwinio eiusdem ville preposito, Gundewinio, Rog(ero) Alleti, Ioh(ann)e de Leke, Ric(ardo) de Leke, W. Russel, et multis aliis.

Without any reference to Earl William, this charter was almost certainly issued after his death in 1183; on the basis of no. 3, it was probably issued soon after 1189.

3. *A reissue of no. 2 by Count John in slightly different terms (1189–99)*

BM Cotton MS. Vitellius A. XI, fos. 105b–106 (damaged).

[S]ciant tam presentes quam tam futuri quod ego I(ohannes) Glouc(estrie) comes et Moret(onie) concedo et ratam habeo dona[tionem] quam [mater ux]oris mee H(awisia) comitissa Gloec(estrie) fecit per vol(u)ntate(m)[1] . . .[2] meum W. de Arund' [unum burgagium(?)] . . .[3] iuxta pontem secus viam versus australem partem eiusdem burgi tenendum de me et de heredibus meis illi et heredibus suis in perpetuam hereditatem per liberum servitium, scilicet afferendi unum fasciculum iuncor(um) ad st(er)nendum in thalamo meo de Feir(e)ford' annuatim in die natale sancti Ioh(ann)is Bapt(iste) pro omni servitio quod me vel heredes meos contingit cum omnibus libertatibus et liberis consuetudinibus sicut carta domine matris mee quam habent super eandem donationem illa facta testatur. Et ut hec confirmatio et concessio mea perpetuam habeant firmitatem illam sigilli mei munimine confirmavi. H(iis) t(estibus) Odone de Tichesie, Rog(ero) Waspail, W(illelmo) de Mara militibus, Warchol' capellano, T. capellano, Rob(erto) capellano de Ferreford, Alano camerario meo, Ric(ardo) et Gocol' cocis, Simone marescallo, W. Rusel, Wil(l)iford, Gundewin(io) de Ferreford', And(rea) clerico, Rob(erto) clerico, et multis aliis.

[1] Reading uncertain. [2] MS. torn and writing illegible. [3] MS. torn.

4. *Charter of Countess Isabel granting the land of John Herluin to Bassaleg Priory (1214 to 23 February 1216)*

Trinity College, Cambridge, MS. R.5.33, fo. 107; *Adami de Domerham Historia de Rebus Gestis Glastonburiensis*, ed. Thomas Hearne (2 vols.; London, 1727), ii. 609; Dugdale, *Monasticon*, iv, no. IV, 634; Clark, *Cartae et alia*, ii, no. CCCXXXIV; *CP* v. 127 n.–128 n. (in part).

Sciant presentes et futuri quod ego Isabella comitissa Gloucestr(ie) et Essex(ie) consensu et assensu domini mei Galfr(idi) de Maundevill(a) comitis Essex(ie) et Gloucestr(ie) concessi et hac presenti carta mea confirmavi deo et ecclesie beate Marie et ecclesie sancti Beisil(ii) iuxta Ebod et monachis ibidem deo servientibus pro anima Ioh(an)nis T(r)avail qui ibidem in servitio nostro decessit tres acras quas Ioh(anne)s Heyerlewine tenuit tenendas et habendas in puram et perpetuam elemosinam in perpetuum liberas et quietas ab omni servitio et exactione seculari. Ut hec autem libera mea concessio et confirmatio stabilis et illesa permaneat presens scriptum sigilli mei inpressione corroboravi. Hiis testibus domino Henr(ico) comite de Herford(ia), Will(el)mo Blundo, Morgan de Karlion, Rad(ulfo) de Swin(n)er tunc vicecomite, Walt(er)o de Sulie, Will(el)mo de Berceroles, magistro Rad(ulfo) Mailoc,[1] et multis aliis.

[1] The *i* in *Mailoc* superscript in same hand.

5. *Charter of Earl William declaring that Alexander de Alnoio, his brothers, and Beatrice, their mother, have granted Cameley (Som.) to St. Peter's, Bath (1153)*

Corpus Christi College, Cambridge, MS. 111, fos. 123–4; *Cart. Bath*, no. 67.

Vuill(el)m(us) comes Gloecest(r)ie omnibus amicis suis et fidelibus et baronibus et hominibus Francis et Anglis, salutem. Notum sit vobis quod Alexander de Alno et sui fratres et Beatrix eorum mater dederunt ecclesie sancti Petri et monachis de Batha Chameleiam suum manerium in elemosinam et feodo totum liberum et quietum in perpetuo a se et ab omnibus coheredibus suis et successoribus. Et pro hoc dono et concessione dederunt predicti monachi illis sexaginta et decem marcas argenti et domine Beat(r)ici matri Alexandri et suorum fratrum invenient monachi procurationem duorum monachorum cotidie et procurationem duobus eius servientibus quamdiu vixerit et singulis annis duas marcas argenti ad se vestiendam. Et ad opus ecclesie sancti Petri et monachorum de Batha ipse Alexander, fratres et mater reddiderunt predictum manerium in manu mea liberum et quietum ab omni calumpnia et exactione sua spontanea voluntate precantes me humiliter ut hoc eorum donum concederem et confirmarem. Ego vero pro dei amore et Rodb(er)ti Bathonie episcopi petitu et honore et mee anime et predecessorum et amicorum meorum salute concessi ecclesie et monachis idem manerium per sextam partem servitii unius militis quod mihi inde monachi facient et meis heredibus et de eodem manerio monachos saisivi. Preterea quoque Alexander, fratres et mater fide sua interposita etiam cum iuramento in mei presentia se predictum donum et conventionem inviolabiliter observaturos confirmaverunt. Ego quoque sigilli mei munimine eadem corroboravi. Teste H(awisia) comitissa Gloecest(r)ie, Martino archidiacono, Albino decano, Helia Giffardo, Hamone Gaufridi filio, Hub(er)to et Rodb(er)to de Alm(ar)i dapiferis, Thoma presbitero, Gregorio, Rodb(er)to de Bonesboz, Will(elm)o filio Henrici, Ernaldo de Baalon, Rodb(er)to de Hornai, Ricardo de Leuffremonte, Rodb(er)to de Wigornia, Ivone milite. Acta sunt hec anno ab incarnatione domini millesimo centesimo quinquagesimo tertio.

Henry Fitz Empress confirmed this donation by Alexander and his family at Rouen in 1154 with Earl William attesting (*Regesta* iii, no. 49).

6. *An agreement between Earl Robert and Philip Bishop of Bayeux regarding certain fees in Normandy* (*September 1146*) *Devizes*

Arch. Dép. du Calvados, 193, fos. 10b–11; *Cart. Bayeux*, no. XLI; *Regesta* iii, no. 58; cal. in D'Anisy, *Extrait des chartes*, i. 442.

Robert(us) regis filius Gloec(estrie) consul dapifero suo et omnibus baronibus suis et amicis atque fidelibus suis Normannie, salutem. Sciatis me clamasse quieta Ph(ilippo) Baioc(ensi) episcopo tota feoda Ilb(er)ti et Gilberti de Laceio que de Baioc(ensi) ecclesia et de episcopo tenebant apud Laceiu(m) et apud Campels vel alibi preter meum proprium feodum et molendinum de Crevequor quod comes Rannulfus apud Baioc(as) de episcopo tenebat. Clamo etiam ei quietum hoc quod habebam apud Anaerias de dono Ricardi Samsonis filii Baioc(ensis) episcopi, scilicet feodum Mallevrer et totum feodum quod Eudo dapifer tenuit apud Sanctum Clarum preter meum proprium feodum et nominatim feriam et totum feodum quod idem Eudo dapifer apud Mattonum vel in eius pertinentiis de Baioc(ensi) ecclesia. Et ut episcopus hoc feodum de Mattono predictum bene, in pace atque quiete per quinquenium teneat ego Rob(er)tus comes Gloec(estrie) auxiliabor illi pro posse meo erga ducem Norm(annorum) absque mee pecunie donatione et sine guerra facienda. Et quando heres Eudon(is) dapiferi hereditatem suam recuperaverit de Baioc(ensi) ecclesia et de episcopo hec predicta feoda in capite tenebit. Et hec ideo eidem Ph(ilippo) Baiocen(si) episcopo clamo quieta quia ipse mihi concessit tenere dum vixerit cum honore meo de Hebreceio terram Rogeri Suhardi unde loquela inter me et episcopum fuit et terram Rogeri Malifiliastri quam Ric(ardus) Samson(is) filius Baioc(ensis) episcopus michi dedit concessu Baioc(ensis) capituli et regis Henr(ici) et unde habet cartam eiusdem Ric(ardi) episcopi et capituli sigillo eorum sigillatam salvo[1] omni servitio quod tota predicta terra debet sancte Marie Baioc(ensis) ecclesie facere. Sciatis quoque quod idem Ph(ilippus) Baioc(ensis) episcopus mihi concessit tenere terram quam Rann(ulfus) comes Cestrie de eadem Baioc(ensi) ecclesia tenebat salvo servitio ipsius Baioc(ensis) ecclesie donec talis heres adveniat quem dux Norman(norum) iustum heredem ipsius Rann(ulfi) comitis Cestrie recognoscat. Et postea idem heres eandem terram de ecclesia Baioc(ensi) et de episcopo in capite teneat. Et hii sunt testes ex parte comitis Gloec(estrie): Reinaldus comes Cornubie, Steph(anu)s de Mannavilla, Geufrid(us) de Waltervilla, Osb(er)n(us) Oitd', Rad(ulfus) de Hast(ingis), Walchelinus Maminot, Steph(anus) de Bello Campo,[2] Ric(ardus) de Humet(o). Et hii sunt testes ex parte episcopi: Herbertus cantor, Gilb(er)tus prior de Arden(e), Will(elmu)s custor,[3] Hunfrid(us) et Paganus clerici, Walchelinus Maminot, Ricard(us) de Humet(o), Robertus filius Exup(er)ii. Et ista compositio et concordia inter episcopum et me facta est apud Divisas in presentia Mathildis imperatricis anno ab incarnatione domini M.C.XLVI in mense Septembr(i).

[1] MS. *salva*. [2] *Cambo* altered to *Campo* in same hand. [3] *Sic* MS.

The charter is valuable evidence of Robert's territorial acquisitions in the Bessin since the death of Bishop Richard Fitz Samson in 1133. By then, he not only held the Fitz Hamon Honour of Évrecy valued at ten knights' fees, but also the Malfiliastre tenure worth seven knights' fees and eight knights' fees of Roger Suhart ('Inquest of 1133', in D'Anisy, *Extrait des chartes*, ii. 426). Subsequently he acquired Eudes Dapifer's inheritance and the Lacy tenures. This was certainly after 1138, the time of his revolt against King Stephen; then Robert had reason to occupy the *dapifer*'s lands, which King Henry I had given to Stephen, and the estates of the Lacys who supported Stephen against the Empress Matilda (*Regesta* ii, no. 1544; Loyd, *Anglo-Norman Families*, 88–9; Round, *Family Origins*, 214–16). The information about the Lacys is particularly enlightening since it mitigates the novelty of Earl William's later formal promise to Earl Roger of Hereford to help in seizing the Lacy inheritance (no. 96 and n.). The charter reveals that Robert had tenurial footing at S. Clair-sur-l'Elle (Manche) and at some of the Lacy land quite apart from what he occupied (note *preter meum proprium feodum* in two places; this distinction is not noticed in Loyd, *Anglo-Norman Families*, 88–9 or Round, *Family Origins*, 214–16). At first, the occupation of the Earl of Chester's land seems surprising, since Rannulf was Robert's son-in-law. But there was good reason for this in 1146: Rannulf had rejoined Stephen's side and Count Geoffrey of Anjou, who was by then master of Normandy, might have declared Chester's lands forfeited. The charter shows that Robert was protecting the Chester inheritance for an eventual Chester claimant (if not Rannulf himself, then his son, born in 1147, *CP* iii. 167). Robert's position was not questioned during the pontificate of his son, Richard (1134–42), but it was attacked by Richard's successor, Philip de Harcourt (1142–63) (see Béziers, *Mémoires*, ii. 280, 283–5). Philip, King Stephen's former chancellor, enlisted the papacy's support to recover his bishopric's fees. By 10 March 1146, Robert was on the verge of excommunication and interdict (*Cart. Bayeux*, ii, no. CXCVIII). The earl had little to fear from the English hierarchy, but he could hardly afford to defy the papacy flagrantly (ibid.). On the other hand, Philip de Harcourt must have realized the *de facto* weakness of his position with Robert's brother-in-law, Geoffrey, in command of Normandy; so the compromise favourable to Robert was the result.

7. *Charter of Earl William granting to Bradenstoke Priory quittance from tolls at Bristol* (c. *1150–66*)

A*, BM Stowe MS. 925, fo. 122b; B, BM Cotton MS. Vitellius A. XI, fo. 38 (damaged); C, BM Cotton MS. Vitellius A. XI, fo. 103 (damaged).

W(illelmus) comes Glouc(estrie)[1] dapifero suo et prepositis suis et ball(ivis)[2] de Bristoll(ia), salutem. Sciatis me concessisse deo et ecclesie sancte Mar(ie)[3] de Bradenstoke[4] et canonicis eiusdem loci quietantiam de omnibus que ipsi canonici vel servientes ipsorum vendiderint vel emerint ad dominicum opus ipsorum in Bristoll(ia)[5] et prohibeo[6] ne quis ministrorum[7] meorum super hiis illos amodo vexare presumat. T(estibus) comitissa H(awisia),[8] R(oberto) filio meo, Gregore de Turri, Rob(erto) Dalm(ar)i dapifero, Ric(ardo) de Cardi,[9] Lewino[10] camerario, Picard(o) clerico, Iordan(o) le Werra,[11] Elwin(o)[12] filio Serun, Herve(o)[13] clerico et aliis.

[1] *Gloc(estrie)* in B and C.
[2] *baillid(is)* in B and C.
[3] *Marie* in B and C.
[4] *Bradenstoca* in B; *Bradenest'* in C.
[5] *Bristou* in B and C.
[6] *et prohibeo* blotted out in B.
[7] Text of C after *ministrorum* mostly destroyed.
[8] *presumat . . . comitissa H(awisia)* blotted out in B.
[9] *de Cardi* blotted out in B.
[10] *Lewyn(o)* in B.
[11] *Iord(ano) La Werra* in B; *Iordano La Werra* in C.
[12] *Elwyn(o)* in B.
[13] *Herv(eo)* in B.

The text of C is interlined.

8. *Charter of Earl Geoffrey confirming the gift by Hugh de Chaourches to Bradenstoke Priory of a hide at Milton End belonging to the earl's manor, Fairford (Glos.) (1214 to 23 February 1216)*

BM Stowe MS. 925, fo. 139.

Sciant presentes et futuri quod ego Galfr(idus) de Mandevill(a) comes Essex(ie) et Glouc(estrie) pro salute anime mee et pro salute comitisse Isabell(e) uxoris mee et pro animabus patris mei et matris mee et antecessorum meorum concensu et assensu eiusdem comitisse dedi et concessi et hac presenti carta mea confirmavi deo et ecclesie sancte Mar(ie) de Bradenestoke et canonicis ibidem deo servientibus unam hidam terre cum omnibus pertinentiis suis in Middelton' que est membrum de Fareforde quam Hugo de Cadurcis eis dedit habendam et tenendam eisdem canonicis in liberam, puram et perpetuam elemosinam in omnibus locis et rebus ad eandem terram pertinentibus. Et ut hoc firmum sit et stabile imperpetuum presentem cartam sigilli mei munimine roboravi. Hiis testibus Nich(ola)o Poinz, Will(el)mo Kaerdyf, Ric(ard)o Talebot, Henr(ico) Hose, Ric(ard)o de Muscegros, Rog(er)o Gurel, Lamb(er)to Teutonico, Hub(er)to Malcovenant, Rob(er)to Mauduit', Ph(ilipp)o de Ferlegh', Radulpho de Hanville, et multis aliis.

9. *Charter of Countess Isabel in favour of Bradenstoke Priory (1214 to 23 February 1216 or 1217)*

BM Stowe MS. 925, fo. 139.

Sciant presentes et futuri quod ego Isabell(a) comitissa Gloucestr(ie) dedi et concessi et hac presenti carta confirmavi deo et ecclesie sancte Mar(ie) de Bradenestoke et canonicis ibidem deo servientibus pro salute anime mee et patris mei et matris mee et omnium antecessorum meorum unam hidam terre in Middelton' cum omnibus pertinentiis suis que est membrum de Fareforde, illam scilicet quam Hugo de Cadurcis eis dedit habendam et tenendam ipsis canonicis in liberam, puram et perpetuam elemosinam in omnibus rebus et locis ad eandem pertinentibus. Et ego et heredes mei warantizabimus predictis canonicis totam predictam terram cum omnibus pertinentiis suis contra omnes homines et feminas. Et ut hoc semper stabile sit et firmum presens scriptum sigilli mei munimine corroboravi. Hiis testibus Nich(ola)o Poinz, Will(elmo) de Kerdyf etc. ut scriptum.

The similarity between this and the preceding charter raises several possibilities about the dating of this charter. The most likely is that it was issued about the same time as no. 8. The charter's silence about Isabel's being Countess of Essex could be accounted for as a copyist's omission. If the exact wording of Isabel's title were taken at face value, it would mean that the charter was issued after Earl Geoffrey's death about 1217; but then the two charters' agreement in witnesses, which might be total if the *ut scriptum* of no. 9 is accurate, would be difficult to explain (see above, p. 23).

10. *Count John's Charter of Liberties for Bristol (1189 to 1 November 1191) Bristol*

BAO 01248 (size: 9¾ in. × 13¾ in.); facsm. in *The Little Red Book of Bristol*, i, facing 22; facsm. in *Apollo: A Journal of the Arts*, v (June 1927), 236; transcr. and/or transl. in Seyer, 5–11, John Corry, *The History of Bristol, Civil and Ecclesiastical Including Biographical Notices of Eminent and Distinguished Natives* (Bristol, 1816), 199–203; Nicholls and Taylor, i. 95–6, *Bristol Charters 1155–1378*, 8–13, *EHD* ii, no. 285; abstract or cal. in *Ricart's Kalendar*, 24, 91; *The Little Red Book of Bristol*, i. 22; *Calendar of the Charters etc., of the City and County of Bristol*, ed. John Latimer (Bristol, 1909), 10–13; copies cal. in *Cal. Charter Rolls*, ii. 482, iv. 201, 232, v. 353, vi. 142.

Ioh(anne)s comes Moret(onie) omnibus hominibus et amicis suis Francis et Anglicis, Walensib(us) et Hib(er)niensib(us) presentibus et futuris, salutem. Sciatis me concessisse et hac presenti carta confirmasse burgensibus meis de Bristallo infra muros et extra muros manentibus usque ad metas ville, scilicet inter Sanbroc et Bewell(e) et Britbevebrige et fontem in itinere iuxta Aldebiriam de Cnolle omnes libertates et liberas consuetudines suas sicut unquam melius et liberius et integrius eas habuerunt tempore meo vel tempore alicuius predecessorum meorum. Libertates autem quas eis concessi sunt hec. Scilicet quod nullus burgensis de Brist(allo) placitet extra muros ville de ullo placito preter placita de exterioribus tenementis que non pertinent ad hundredum ville. Et quod sint quieti de murdro infra metas ville. Et quod nullus burgensis faciat duellum nisi apellatus fuerit de morte exterioris hominis qui occisus fuerit in villa et qui non fuerit de villa. Et quod nemo capiat hospitium infra muros per assisam vel per liberationem marescallorum contra voluntatem burgensium. Et quod sint quieti de theolone et lestagio et passagio et pontagio et de omnibus aliis consuetudinibus per totam terram et potestatem meam. Et quod nullus iudicetur de misericordia pecunie nisi secundum legem hundredi, scilicet per foris-fac(tu)m quadraginta solidorum. Et quod hundredum tantum semel teneatur in septimana. Et quod in nullo placito possit quis causari per meskennigam. Et quod iuste habeant terras et tenuras suas et vadimonia et debita sua per totam terram meam quicunque eis debeat. Et quod de terris et tenuris que infra villam sunt rectum eis teneatur secundum consuetudinem ville. Et quod de debitis que accomodata fuerint Brist(alli) et de vadimoniis ibidem factis placita in villa teneantur secundum consuetudinem ville. Et quod si aliquis alicubi in terra mea ceperit theloneum de hominibus Brist(alli) si non reddiderit post-quam requisitus fuerit reddere, prepositus Brist(alli) capiat inde namium apud Brist(allum) et distringat reddere. Et quod nullus extraneus mercator emat infra villam de homine extraneo coria vel blada vel lanam nisi de burgensibus. Et quod nullus extraneus habeat tabernam nisi in navi nec vendat pannos ad decisionem nisi in nundinis. Et quod nullus extraneus moretur in villa cum mercibus suis propter merces suas vendendas nisi per quadraginta dies. Et quod nullus burgensis alicubi in terra vel potestate mea namietur vel distringatur pro aliquo debito nisi sit debitor vel plegius. Et quod possint maritare se et filios et filias et viduas sine licentia dominorum suorum. Et quod nullus dominorum suorum propter forenses terras habeat custodiam vel donationem filiorum vel filiarum suarum aut viduarum set tantum custodiam tenementorum suorum que sunt de feodo suo donec etatem habeant. Et quod nulla recognitio fiat in villa. Et quod nullus capiat tinam in villa nisi ad opus domini comitis et hoc secundum consuetudinem ville. Et quod possint molire blada sua ubicunque voluerint. Et quod habeant omnes rationabiles gildas suas sicut melius eas habuerunt tempore Rob(er)ti et Will(elm)i filii sui comitis Glouc(estrie). Et quod nullus burgensis cogatur replegiare aliquem nisi ipse voluerit quamvis sit super suam terram manens. Concessi etiam eis omnes tenuras suas infra muros et extra muros usque ad predictas metas in masagiis, in virgultis, in edificiis super aquam et alibi ubicunque fuerint in villa tenendas in liberum burgagium, scilicet per servitium landgabuli quod reddunt infra muros. Concessi etiam quod quilibet eorum possit se emendare quantum poterit in edificiis faciendis ubique super ripam et alibi sine dampno burgi et villate. Et quod habeant et possideant omnes terras et plateas vacuas que infra predictas metas continentur ad voluntatem eorum edificandas. Quare volo et firmiter precipio quod predicti burgenses mei de Brist(allo) et heredes sui habeant et teneant omnes predictas libertates et liberas consuetudines suas sicut prescriptum est de me et heredibus meis sicut unquam melius et integrius eas habuerunt quando bene fuerunt bene et in pace et honorifice absque omni inpedimento vel molestia quam aliquis eis inde faciat. Test(ibus) Steph(ano) Rid(el) cancellario meo, Will(elm)o de Wennev(al), Rog(ero) de Plan(e), Rog(ero) de Novo Burgo, Maur(icio) de Berkel(eia), Rob(erto) fratre suo, Ham(one) de Val(oniis), Sim(one) de Marisco, Gileb(erto) Bass(et), Will(elm)o de la Faleise, magistro B(e)n(e)d(ic)to, magistro Pet(r)o, et multis aliis apud Bristallum.

Seal missing from plaited cords.

Endorsement: Carta prima de libertate concessa per Ioh(ann)em comitem Morten

The charter was issued before the death of Roger de Planes, John's justiciar, on 1 November 1191. Roger was killed in John's attack upon London against William de Longchamp (Ralph de Diceto, ii. 99; Roger of Howden, iii. 140; Roger of Wendover, i. 205). The charter is the work of Scribe **xvii** (Plate XVIII).

11. *Charter of Earl William confirming to St. Augustine's, Bristol, Robert Fitz Harding's grant of Almondsbury* (*Glos.*) (c. *1148*)

BCM, 'Cart. St. Augustine's Bristol', fo. 24b; facsm. in Bodl. MS. Film Dep. 912.

Will(elmus) comes Gloec(estrie) omnibus baronibus suis et probis hominibus atque amicis suis et fidelibus, salutem. Sciatis me concessisse abbatie canonicorum regularium de sancto Aug(ustino) de Brist(ou) donationem illam de Aumodesbiria cum suis pertinentiis in bosco et plano, in pratis et pasturis et aquis cum soccha et saccha et thol et them et infangenethief et cum omnibus libertatibus suis quam Robertus filius Hard(ingi) illi dedit. Et ideo firmiter precipio quod predicti canonici terram predictam cum omnibus suis pertinentiis et supradictis libertatibus bene et honorifice, pacifice, libere et quiete teneant. Ego enim Roberto filio Hard(ingi) Aumodesbiria[m] cum suis pertinentiis in feodo et hereditate pro suo servitio donaveram. Et ut predicta rata permaneant carte mee munimine confirmavi. T(estibus) etc.

Since Robert Fitz Harding's foundation charter for St. Augustine's included Almondsbury, it is possible that Earl William's confirmation was issued at the time of the abbey's official beginning, 11 April 1148 (Dugdale, *Monasticon*, vi. no. 1, 366; *VCH Gloucestershire*, ii. 75; Knowles and Hadcock, 130 and n.).

12. *Charter of Earl William confirming to St. Augustine's, Bristol, Robert Fitz Harding's grant of land at Leigh (Som.) (1148–50)*

BCM, 'Cart. St. Augustine's Bristol', fos. 24–24b; facsm. in Bodl. MS. Film Dep. 912.

Will(elmu)s comes Gloec(estrie) Symoni dei gratia Wigornensi episcopo et omnibus religiosis viris eiusdem episcopatus, Hub(er)to dapifero et omnibus suis baronibus et vicecomitibus et iusticiis et amicis et fidelibus et probis suis hominibus Francis et Angl(is) et Walensibus, salutem. Notum vobis omnibus presentibus et futuris facio me concessisse et presentis carte munimine corroborasse donationem illam quam Rob(er)tus Hard(ingi) filius fecit de terra de Lega et de omnibus eidem terre pertinentibus cenobio de canonicis regularibus quod idem Rob(er)tus constituit in ecclesia beati Aug(ustini) apud Brist(ou). Et ego concedo ex parte mea eidem cenobio prefatam terram de me et de heredibus meis liberam et quietam ab omni servitio et exactione in perpetuum tenere. T(estibus) etc.

The latest possible date for this charter's issue is 1150, the year of Bishop Simon of Worcester's death (*HBC* 260). Leigh was part of the manor of Bedminster (Som.) with which William's father, Earl Robert, had enfeoffed Robert Fitz Harding (*Regesta* iii, no. 1000; *Cal. Charter Rolls*, iv. 179).

13. *Charter of Earl William confirming to St. Augustine's, Bristol, William de Londre's donation of his land at Blackswarth (Bristol) (1148–54)*

BCM, 'Cart. St. Augustine's Bristol', fo. 23b; facsm. in Bodl. MS. Film Dep. 912.

Will(elmus) comes Gloec(estrie) dapifero suo et omnibus hominibus suis Francis et Angl(is) salutem. Sciatis me petitione Will(elm)i de Lond(oniis) concessisse et presenti carta mea confirmasse illam donationem quam idem Will(elmu)s de Lond(oniis) fecit canonicis regularibus sancti Aug(ustini) de Brist(ou) de terra sua de Blakenesw[o]rda sicut ipsius Will(elmi) carta distinguit et testatur. T(estibus) etc.

Blackswarth is in the parish of St. George, now a part of Bristol (PNS xl (1962–3), 100). Since Henry II confirmed St. Augustine's in the possession of this estate while he was still Duke of Normandy, the *terminus ad quem* for William's grant would seem to be 1154 ('Cart. St. Augustine's Bristol', fo. 18; *Regesta* iii, no. 126).

14. *Confirmation by Earl William of a grant of land near Penarth (Glam.) from John Fitz Albert to St. Augustine's, Bristol (1148–83)*

BCM, 'Cart. St. Augustine's Bristol', fo. 26b; facsm. in Bodl. MS. Film Dep. 912.

Will(elmus) comes Gloec(estrie) dapifero suo et vicecomiti suo de Glamorga(n) et omnibus baronibus suis et hominibus Francis et Angl(is) atque Walensibus, salutem. Sciatis me concessu et petitione Milonis de Cogan et Ioh(ann)is filii Alb(er)ti hominis sui concessisse et presenti carta mea confirmasse salvo servitio meo donationem quam idem Ioh(annes) filius Alb(er)ti fecit ecclesie sancti Aug(ustini) de Brist(ou) de .xx. acris terre et de .ii. acris prati iuxta Pennard de feodo Milonis. T(estibus) etc.

This is one of five charters pertaining to Penarth, which is south of Cardiff at the mouth of the Ely River on the Bristol Channel (*The Place-Names of Dinas Powys Hundred*, ed. Gwynned O. Pierce (Cardiff, 1968), 158–61; see also nos. 16, 19, 29–30).

15. *Charter of Earl William granting to St. Augustine's, Bristol, Flat Holm Island (Som.) (1148–83)*

BCM, 'Cart. St. Augustine's Bristol', fo. 27; facsm. in Bodl. MS. Film Dep. 912.

Will(elmus) comes Gloec(estrie) suo dapifero omnibusque suis hominibus et amicis Francis et Angl(is) et Walensibus, salutem. Notum vobis sit me pro salute anime mee et antecessorum meorum dedisse et concessisse deo et sancto Aug(ustino) de Brist(ou) Platam Holmam in liberam et quietam et in perpetuam elemosinam iure perpetuo possidendam cum capellis et omnibus que ego vel antecessores mei umquam in eadem insula habuerunt. Quare volo et firmiter precipio quatinus canonici sancti Aug(ustini) de Brist(ou) predictum locum integre et pacifice habeant et possideant. T(estibus) etc.

Flat Holm lies between Penarth and Weston-super-Mare (Som.) in the Mouth of the Severn (*ODEP* 181). The island was reputedly a place of retreat for St. Cadoc in the sixth century ('Vie de Saint Cadoc par Caradoc de Llancarfan', ed. Paul Grosjean, *AB*, lx (1942), 57 and n.). It is possible that this is the island referred to in an earlier charter of William granting land to monks living 'on an island in the sea off Penarth' (see below, no. 24).

16. *Charter of Earl William granting to the canons of St. Augustine's, Bristol, the two sparrow-hawks which Roger of Winchester owed to Hubert, the earl's steward, for land near Penarth (Glam.) (1148–83)*

BCM, 'Cart. St. Augustine's Bristol', fo. 26; facsm. in Bodl. MS. Film Dep. 912.

Will(elmus) comes Gloe(cestrie) dapifero suo et omnibus baronibus suis atque fidelibus suis, salutem. Sciatis me concessisse et dedisse canonicis de sancto Aug(ustino) de Bristoll(ia) servitium quod Rog(er)us de Winton(ia) debebat facere Hub(er)to dapifero pro terra quam tenet iuxta Pennard nominatim duos nisos per annum presente et concedente ipso Rog(er)o. T(estibus) etc.

Roger appears in this charter as an undertenant of the Honour of Glamorgan. However, he held one knight's fee in chief of William in 1166 at Llandon (Glam.) (*Cal. IPM* iv. 322; Clark, *Cartae et alia*, ii. 650). If the earl was transferring Roger's tenure to St. Augustine's, it would seem that Hubert's fee should have become vacant, perhaps by death. Hubert was a member of the elusive Dalmary family, none of whom ever appeared in any list of the Earldom of Gloucester's knights. Robert and Hubert served the earldom as *dapiferi* on many occasions. A William Dalmary attested two charters of Earl William (nos. 77, 115). This charter above provides the only certain association of this family with a fee that I know of. Tenures at Petersfield (Hants) and Keynsham (Som.) are uncertain (Dugdale, *Monasticon*, vi, 453). I cannot establish any connection between this family and that of Bletchingdon (Oxon.) (see *Cart. Cirencester* ii, nos. 636, 652–3, p. 458 n.).

17. *Charter of Earl William granting to St. Augustine's, Bristol, burgage tenures in Bristol (1148–83)*

BCM, 'Cart. St. Augustine's Bristol', fo. 23; facsm. in Bodl. MS. Film Dep. 912.

Will(elmu)s comes Gloec(estrie) dapifero suo et omnibus baronibus et hominibus suis Francis et Angl(is), salutem. Sciatis me concessisse et presenti carta confirmasse ecclesie sancti Aug(ustini) de Brist(ou) et canonicis regularibus ibidem deo servientibus burgagia que habent inter villam de Bristou, scilicet terras quas habuerunt de Nichol(ao) filio Rob(er)ti filii H(ar)ding(i) versus ecclesiam sancte Werburge, scilicet terram que fuerat Arfari senis et terram que fuit Wlfredi et terram que fuerat Rob(erti) Sprud in Winchestret et terras quas Ioh(annes) filius Agathe dedit eisdem canonicis iuxta murum versus ecclesiam sancti Leonardi salvo servitio quod michi vel antecessoribus meis de predictis terris fieri solebat. Preterea concessi et confirmavi predictis canonicis illas terras quas eis dedit in suburbio Iordanus Warra que sunt ultra Fromam in superiori parte illius vie qua iter [vadit] ad sanctum Aug(ustinum) et terram que fuit Bondi super Froma(m) et terram iuxta rogum super Froma(m) quam eis dedit Eva uxor Waremanni et gardinum quod eis dedit H(er)eb(er)tus Warra iuxta viam[1] subtus Bilewich ad aquilonem et ortum quem

[1] MS. *via*

habuerunt de Iord(ano) Caneva' in superiori parte vie versus W(ar)dewelle ut canonici ea omnia habeant et teneant bene et in pace, libere et honorifice cum ea libertate et libera consuetudine quam predicte terre de suburbio habuerunt meo tempore vel temporibus antecessorum meorum. T(estibus) etc.

The charter is notable for indicating the locations of Fitz Harding and La Werre holdings in and about Bristol. The places referred to all seem to have been in Bristol's suburb to the north-west across the Frome river: St. Werburgh's church, Robert Sprud's land in Winch Street, the section of town walls by St. Leonard's church, the road to St. Augustine's, the garden by the road below Bilswick, the land by the beacon on the Frome, and the orchard by Wardwell (PNS xl (1964), 91–2 and no. 73 below).

18. *Charter of Earl William granting to St. Augustine's, Bristol, land in Kybor (Glam.) for the salvation of one of his knights (1148–83)*

BCM, 'Cart. St. Augustine's Bristol', fos. 27–27b; facsm. in Bodl. MS. Film Dep. 912.

Will(elmus) comes Gloec(estrie) dapifero suo et vicecomiti suo de Glamorga(n) et omnibus baronibus suis et hominibus Francis et Anglis atque Walensibus, salutem. Sciatis me dedisse canonicis sancti Aug(ustini) de Brist(ou) pro anima Sym(eonis) de M'ula militis mei centum acras terre tam in bosco quam in plano in Kibur, scilicet inter Duveleis et Kevelechhi et Rumia(m) et Doddestoct.' ex transverso in transversum et volo et precipio quod prenominati canonici habeant et teneant has .c. acras in[1] perpetua elemosina libere et quiete et honorifice ab omni servitio et exactione cum omni emendatione quam ipsi super .c. acras facere potuerunt. T(estibus) etc.

[1] MS. *im*

Kybor or Cibwyr is in the hundred of Llandaff (Haddan and Stubbs, *Councils*, i. 320 n.).

19. *Charter of Earl William confirming to St. Augustine's, Bristol, Osbert of Penarth's donations in Glamorgan (1148–83; perhaps before 1173)*

BCM, 'Cart. St. Augustine's Bristol', fos. 26–26b; facsm. in Bodl. MS. Film Dep. 912.

Will(elmus) comes Gloec(estrie) dapifero suo et vicecomiti suo de Glamorgan et omnibus suis et hominibus Francis et Angl(is) atque Walensibus, salutem. Sciatis me concessisse et confirmasse salvo servitio meo donationem quam Osb(er)t(us) de Pennard fecit ecclesie sancti Aug(ustini) de Brist(ou) coram me in perpetuam elemosinam de .cxxiiii. acris terre apud Pennard tenendas de ipso et de heredibus suis per quintam partem servitii unius militis et de .xxx. acris de dominio suo de Portini[1] per tantum custodie in

[1] Reading in doubt.

castello meo quantum ad .xxx. acras pertinet. Hanc autem confirmationem feci per petitionem ipsius Osb(er)ti et per concessionem Rob(erti) et[2] fratrum suorum. T(estibus) etc.

[2] *Rob'* follows, possible dittograph.

For the nature of Osbert's vassalage to the Earldom of Gloucester, see no. 29 and n. King Henry II also confirmed Osbert's grants to St. Augustine's at the request of Earl William ('Cart. St. Augustine's Bristol', fo. 19b; BRS xxii (1960), 195). Penarth's proximity to Cardiff makes the castle there the likely location of Osbert's garrison duty. Information from no. 97 enables the length of castle-guard due from the thirty acres mentioned in this charter to be calculated. Since the former shows that forty days' service were due from one hundred acres, twelve days should have been owed by thirty acres. See also no. 97.

20. *Charter of Earl William confirming William of Clevedon's gift of the advowson of Clevedon church (Som.) to St. Augustine's, Bristol (1148–83; perhaps after 1166)*

BCM, 'Cart. St. Augustine's Bristol', fo. 24b; facsm. in Bodl. MS. Film Dep. 912.

Will(elmu)s comes Gloec(estrie) dapifero suo et omnibus baronibus et hominibus suis Francis et Angl(is), salutem. Sciatis me concessisse et presenti carta confirmasse ecclesie sancti Aug(ustini) de Brist(ou) et canonicis regularibus ibidem deo servientibus donationem quam Will(elmu)s de Clivedona miles meus fecit eisdem canonicis de advocatione ecclesie de Clivedona et carta sua confirmavit et quam donationem Ioh(anni)s filii et heres ipsius Will(elmi) concessit sicut carta eiusdem Ioh(annis) quam canonici inde habent testatur. T(estibus) etc.

For the location of this fee, see *Cal. IPM* iv. 344. The charter seems to imply that at the time of its issue, John, William's son and heir, was in seisin of the fee. If this was the case, the charter was probably issued after 1166, when William was still mentioned in the *carta* of Earl William of Gloucester (*RBE* 240). The Pipe Rolls suggest an even later date: William of Clevedon's name appears for the last time in 1172 and John's for the first time in 1175 (*PR 18 Henry II*, 77; *PR 19 Henry II*, 195; *PR 22 Henry II*, 163.

21. *Charter of Earl William granting to St. Augustine's, Bristol, advowson of All Saints, Bristol* (c. *1150–66*)

BCM, 'Cart. St. Augustine's Bristol', fo. 24b; facsm. in Bodl. MS. Film Dep. 912.

Will(elmus) comes Gloec(estrie) omnibus sancte matris ecclesie fidelibus, salutem. Notum sit omnibus presentibus et futuris in perpetuam elemosinam [me] dedisse ecclesie sancti Aug(ustini) de Brist(ou) et canonicis regularibus eiusdem ecclesie ius advocationis ecclesie Omniu(m) S(an)c(t)orum que est in medio burgo cum omnibus pertinentiis suis pro mea salute et Hadewise comitisse et puerorum nostrorum et pro animabus patris et matris mee. Qua propter volo et firmiter precipio quod prefati canonici predictam ecclesiam cum omnibus pertinentiis suis in perpetuam elemosinam habeant et firmiter et pacifice sine vexatione possideant. T(estibus) etc.

The reference in the charter to the earl's children in terms of the masculine gender seems to imply that the earl's only known son, Robert, who died in 1166, was still alive (see above, p. 9).

22. *Charter of Earl William conferring the advowson of the church in Great Gransden (Hunts.) on St. Augustine's, Bristol* (c. *1150–66*)

BCM, 'Cart. St. Augustine's Bristol', fo. 25; facsm. in Bodl. MS. Film Dep. 912.

Will(elmus) comes Gloec(estrie) omnibus suis baronibus et fidelibus, amicis et probis hominibus Francis et Angl(is) et omnibus sancte matris ecclesie fidelibus, salutem in Christo. Notum facio vobis tam presentibus quam futuris me dedisse et in perpetuam elemosinam concessisse ecclesie sancti August(ini) de Brist(ou) et canonicis regularibus ibidem deo servientibus ius advocationis et quicquid ad me pertinet in ecclesia de Grantedene pro mea salute et pro salute Haþewise comitisse mee et puerorum nostrorum et pro anima patris mei Rob(erti) comitis. Et ideo mando et firmiter precipio ut prefati canonici bene et in pace prefatam ecclesiam sicut liberam et perpetuam elemosinam habeant et in perpetuum possideant salvo iure Gerini capellani dum ipse vixerit. Et ne predicti canonici in futurum ullam vexationem vel laborem vel querelam de predicta ecclesia habeant vel sustineant presentem hanc donationem sigilli mei impressione roboravi. T(estibus) etc.

23. *Charter of Earl William granting to the canons of St. Augustine's, Bristol, the place where their church was founded called Bilswick (Bristol) and the marsh between Bilswick and the Avon* (c. *1150–66*)

BCM, 'Cart. St. Augustine's Bristol', fos. 25–25b; facsm. in Bodl. MS. Film Dep. 912.

Will(elmu)s comes Gloec(estrie) dapifero suo et omnibus hominibus suis Francis et Angl(is) et Walensibus, salutem. Sciatis me dedisse ecclesie sancti Aug(ustini) de Brist(ou) et canonicis regularibus eiusdem ecclesie locum qui dicitur Bileswike in quo ecclesia eorum fundata est cum marisco qui iacet inter predictum locum et Afnam a parte australi et cum omnibus pertinentiis suis pro mea salute et Haþewisse comitisse et puerorum nostrorum et pro animabus patris et matris mee. Qua propter volo et firmiter precipio quod prefati canonici predictum locum cum marisco in perpetuam elemosinam habeant et firmiter et pacifice sine vexatione possideant. T(estibus) etc.

The charter supplies a description of the district known as Bilswick, identified as the place in which St. Augustine's had been founded. The marsh which the earl added seems to have included what is called Cannons Marsh on the 1800 map of Benjamin Donne and James Millerd's map of 1673 (*A Gloucestershire and Bristol Atlas* (The Bristol and Gloucestershire Archaeological Society, 1961), 19–20; PNS xl, pt. iii (1964), 95; for the charter's dating see no. 21 n.).

24. *Charter of Earl William granting the advowson of Rumney church (Mon.) to the monks of St. Augustine's, Bristol, on Flat Holm Island (Som.)* (c. *1150–66*)

BCM, 'Cart. St. Augustine's Bristol', fo. 26b; facsm. in Bodl. MS. Film Dep. 912.

Will(elmus) comes Gloec(estrie) omnibus baronibus suis amicis et fidelibus suis Francis et Angl(is) atque Walensibus et omnibus sancte matris ecclesie filiis, salutem. Notum vobis facio quod ego pro salute corporis et anime mee et Hathewise comitisse et puerorum nostrorum [et] patris et matris mee necnon et antecessorum nostrorum omnium concessi et dedi in perpetuam elemosinam ius advocationis ecclesie de Rem(n)eio in Walliis cum omnibus pertinentiis suis ad honorem dei et sancti Cadoci confessoris in usus et sustentationem canonicorum sancti Aug(ustini) qui in insula morati fuerunt que Platta Holma nominatur quo loco eisdem in elemosinam dedi et confirmavi quicquid ego aut antecessores mei umquam habuerint. Ea propter volo et firmiter precipio quatinus hanc ecclesiam predicti fratres habeant et imperpetuum possideant cum omni libertate et consuetudine sua sicut liberam et quietam elemosinam meam salvo tenemento Ioh(ann)is clerici qui eam nunc tenet et possidet in omni vita sua nisi se illis aut aliis dederit religioni. Et ne in posterum calumpnia aut vexatione aliqua fatigentur, hanc meam donationem scripto confirmavi et sigilli mei impressione roboravi. T(estibus) etc.

This charter seems to have been issued in conjunction with no. 15 or afterwards.

25. *Charter of Earl William granting to St. Augustine's, Bristol, the advowson of the church in Halberton (Devon)* (c. *1150–66*)

BCM, 'Cart. St. Augustine's Bristol', fo. 25; facsm. in Bodl. MS. Film Dep. 912.

Will(elmus) comes Gloec(estrie) omnibus suis baronibus et fidelibus, amicis et probis hominibus Francis et Angl(is) et omnibus sancte matris ecclesie, salutem in Christo. Notum facio vobis et omnibus presentibus et futuris me dedisse et in perpetuam elemosinam concessisse ecclesie beati Augustini de Brist(ou) et canonicis regularibus ibidem deo servientibus ius advocationis et quicquid ad me pertinet in ecclesia de Halbertonia pro mea salute et pro salute Haþewise comitisse mee et puerorum nostrorum et pro animabus patris mei et matris mee et ideo volo et firmiter precipio ut prefati canonici in bono et in pace prefatam ecclesiam Halbertonie sicut liberam et perpetuam elemosinam habeant et in perpetuum possideant. Et ne predicti canonici in futurum ullam vexationem vel querelam aut calumpniam de predicta ecclesia habeant vel sustineant hanc donationem sigilli mei impressione munitam roboravi. T(estibus) etc.

For the dating, see no. 21 n.

26. *Charter of Earl William granting to St. Augustine's, Bristol, advowson of the church of St. Mellons (Mon.)* (c. *1150–66*)

BCM, 'Cart. St. Augustine's Bristol', fos. 26b–27; facsm. in Bodl. MS. Film Dep. 912.

Will(elmus) comes Gloec(estrie) omnibus suis baronibus et fidelibus, amicis et probis hominibus Francis et Angl(is) et omnibus sancte matris ecclesie fidelibus, salutem in Christo. Notum facio vobis et omnibus presentibus et futuris me dedisse et in[1] perpetuam elemosinam concessisse ecclesie beati Aug(ustini) de Brist(ou) et canonicis regularibus ibidem deo servientibus ius advocationis et quicquid ad me et heredes meos pertinet in ecclesia sancti Melani pro mei salute et Haþewise comitisse mee et puerorum nostrorum. Et ideo volo et firmiter precipio ut prefati canonici in bono et in pace prefatam ecclesiam sancti Melani sicut liberam et perpetuam elemosinam habeant et imperpetuum possideant. Et ne predicti canonici in futurum ullam vexationem vel querelam aut calumpniam de predicta ecclesia habeant vel sustineant, hanc donationem sigilli mei impressione munitam roboravi. T(estibus) etc.

[1] MS. *im*

For the dating, see no. 21 n.; for St. Mellons, see BRS xxii (1960), 195.

27. *Charter of Earl William confirming Gregory de Turri's donation to St. Augustine's, Bristol, of land at Newport (Mon.)* (*1166–83*)

BCM, 'Cart. St. Augustine's Bristol', fo. 27b; facsm. in Bodl. MS. Film Dep. 912.

Will(elmus) comes Gloec(estrie) omnibus hominibus et fidelibus suis Francis, Angl(is) et Walensibus, salutem. Notum vobis facio me concessisse et hac carta mea confirmasse donationem quam fecit Gregor(ius) de Turre canonicis sancti Aug(ustini) de Brist(ou), scilicet .viii. solidatas terre que fuit Rog(er)i filii Malg(er)i apud Novu(m) Burgu(m) in Walliis ut ipsi eandem terram teneant et possideant liberam et quietam ab omni exactione et ab omni servitio et ab omni consuetudine imperpetuam elemosinam. T(estibus) etc.

Since Roger Fitz Mauger appears as one of William's vassals at Newport for half a knight's fee in the *carta* of 1166, this charter indicating that the earl had transferred the fee to Gregory de Turri must be subsequent (*RBE* 291).

28. *Charter of Earl William confirming to St. Augustine's, Bristol, various grants of land in and about Bristol* (*1171–83*)

BCM, 'Cart. St. Augustine's Bristol', fos. 23–23b; facsm. in Bodl. MS. Film Dep. 912.

Will(el)mus comes Gloec(estrie) dapifero suo et omnibus baronibus et hominibus suis Francis et Angl(is) salutem. Sciatis me concessisse et presenti carta confirmasse ecclesie sancti Aug(ustini) de Brist(ou) et canonicis ibidem deo servientibus terras quas eis dedit Rog(erus) Ogier in Brist(ou) salvo servitio meo de eisdem terris et donum quod[1] habent in feiria de Brist(ou) similiter salvo servitio meo, scilicet duobus solidis tantum pro seldagio tempore feirie ad festum sancti Michael(is). Preterea concessi et confirmavi eisdem canonicis ortos, terras et guardina que in suburbio de Brist(ou) de meo feodo habent, scilicet ortum unum in angulo vie versus Avenam et in eundem[2] ortum quam habuerunt de uxore Boniti et ortum qui fuit Wallt(erus) Finepd[3] et ortum qui fuit Rocelini parmentarii et ortum qui fuit Cecilie sororis Rob(erti) filii H(ar)ding(i) et gardinum quod fuit Petri Anglici et ortum quem eis dedit Mauricius filius Rob(erti) et terras quas tenent de eisdem canonicis super Froma(m) Seb(astia)nus, Gaufr(idus) capellanus, Rog(er)us potarius, et quam tenet Petrus parmentarius et terram quam tenet Ric(ardus) cementarius et terras quas eis dedit Adela et supra montem versus ecclesiam sancti Michael(is) ortum quem eis dedit Rob(ertus) filius Herding(i). Ut canonici ea omnia habeant et teneant bene et in pace libere et honorifice cum ea libertate et libera consuetudine quam predicte terre de suburbio habuerunt meo tempore vel temporibus antecessorum meorum. T(estibus) etc.

[1] MS. *quam* [2] MS. *eadem* [3] *Sic* MS.

Maurice, son of Robert Fitz Harding, succeeded his father in 1171 (Sanders, *English Baronies*, 13). The charter's reference to Maurice suggests that it was issued after that date.

29. *Charter of Earl William confirming Osbert of Penarth's grant to St. Augustine's, Bristol, of the tenement Osbert had held of the earl at Penarth* (*Glam.*) (c. *1173*)

BCM, 'Cart. St. Augustine's Bristol', fo. 25b; facsm. in Bodl. MS. Film Dep. 912.

Will(elmus) comes Gloec(estrie) dapifero suo et omnibus baronibus suis et hominibus suis Francis et Angl(is) atque Walensibus, salutem. Sciatis me petitione et assensu Osb(er)ti de Pennard et heredum suorum, scilicet Rob(erti) et fratrum eius concessisse et presenti carta confirmasse canonicis sancti Aug(ustini) pro salute mea et antecessorum meorum totum tenementum quod idem Osb(ertus) de me tenebat apud Pennard tenendum in perpetuam elemosinam quod Osb(ertus) coram me et coram baronibus meis eis dedit salvo servitio meo, scilicet unius militis. Et pro hac mea concessione dederunt mihi canonici in recognitionem unam marcam auri et predictis illis fratribus singulis unum aureum. Concessit etiam hanc donationem Will(elmu)s filius predicti Rob(erti) iunioris fratris Osb(er)ti de Pennard et inde aureum unum coram me recepit. Preterea Regin(aldus) filius Osb(erti) .vii. acras terre arabilis et unam acram prati et dimidiam quas ex donatione patris sui habebat in manu abbatis coram me reddidit et quietas clamavit et de hoc unum aureum coram me recepit. Ea propter volo et firmiter precipio quatinus predicti canonici hoc tenementum habeant et teneant imperpetuum cum terris et hominibus tam villanis quam liberis in bosco et plano, in pratis et aquis et pascuis libere et quiete et honorifice et integre cum omnibus libertatibus et consuetudinibus suis. T(estibus) etc.

The charter's terms indicate that it was issued at or about the time of no. 30 which confirmed it.

30. *General charter of Earl William confirming to St. Augustine's, Bristol, grants made by Osbert of Penarth and Reginald his son similar to no. 29 (1173)*

BCM, 'Cart. St. Augustine's Bristol', fos. 25b–26; facsm. in Bodl. MS. Film Dep. 912.

Will(elmus) comes Gloec(estrie) dapifero suo et omnibus baronibus suis Franc(is) et Angl(is) et Walensibus, salutem. Sciatis me petitione et assensu Osb(er)ti de Pennard et heredum suorum, scilicet Rob(erti) et[1] fratrum eius concessisse et presenti carta confirmasse canonicis sancti Aug(ustini) de Brist(ou) pro salute anime mee et antecessorum meorum totum tenementum quod idem Osb(ertus) de me tenebat apud Pennard in perpetuam elemosinam quod Osb(ertus) coram me et coram baronibus meis eis dedit presentibus fratribus suis et hanc donationem concedentibus quibus etiam canonici recognitionem coram me de hac concessione dederunt, scilicet singulis aureum unum. Concessit etiam hanc donationem Will(elmu)s filius Rob(erti) iunioris fratris Osb(er)ti de Pennard et inde unum aureum coram me recepit. Preterea Regin(aldus) filius Osb(erti) .vii. acras terre arabilis et unam acram prati et dimidiam quas ex donatione patris sui habebat in manu abbatis de sancto Aug(ustino) coram me reddidit et quietas clamavit et de hoc unum aureum coram me recepit. Et ego pro salute anime mee et uxoris mee et Rob(erti) filii mei et antecessorum meorum perdonavi et ex toto remisi predictis canonicis sancti Aug(ustini) imperpetuum omne servitium quod pertinet[2] ad predictam terram de Pennard' ut canonici cum hominibus suis de eodem tenemento liberi sint et quieti imperpetuum de exercitu, de equitatione, de custodia omnium castellorum meorum, de operatione, de scutagio, de dono, de taillagio, de geldo, de summonitione, de auxilio, de omni exactione et seculari servitio. Ea propter volo et firmiter precipio quod predicti canonici habeant et teneant predictum tenementum de Pennard' in liberam et perpetuam elemosinam cum terris et hominibus, in bosco et plano, in viis et semitis,

[1] '*Rob*' follows, possible dittograph. [2] MS. *pertinat*

in pratis et aquis et pascuis et in omnibus rebus ad idem tenementum pertinentibus, bene et in pace, libere et quiete et honorifice et integre cum predictis libertatibus quas ego eis concessi. Hanc vero libertatem et concessionem feci predictis canonicis anno tertio post coronationem regis H(enrici) filii regis H(enrici). T(estibus) etc.

The coronation of the young Henry took place in 1170, making the issue of this charter three years later in 1173. This charter is particularly valuable in revealing the services attached to Osbert's land.

31. *General confirmation of various grants to St. Augustine's, Bristol, by Count John (1189 to 1 November 1191) Bristol*

A*, PRO C.66/149, m. 29; B, PRO C.66/530, m. 16; C, BCM, 'Cart. St. Augustine's Bristol', fos. 22, 22b, 23; facsm. of C in Bodl. MS. Film Dep. 912; Dugdale, *Monasticon*, vi, no. III, 366–7.

Ioh(ann)es[1] comes Moroton(ie)[2] iusticiis, vicecomitibus, constabular(iis), forestariis et omnibus ministris et ballivis[3] et fidelibus suis de Angl(ia)[4] et de Wall(ia),[5] salutem. Sciatis me divini amoris intuitu et pro salute anime mee et pro anima H(enrici) bone memorie patris mei concessisse et presenti carta mea confirmasse deo et ecclesie sancti Augustini[6] de Bristoll(ia)[7] et canonicis regularibus ibidem deo servientibus omnes donationes que eis rationabiliter facte sunt vel postmodo fient sicut carte[8] donatorum suorum testantur et nominatim hec omnia subscripta. Scilicet, ex dono domini regis patris mei totam terram de Aisselesword(e)[9] cum omnibus pertinentiis et[10] libertatibus suis sicut carta eiusdem domini regis testatur. Et quietam eam[11] clamo de visu forestariorum meorum et de reguardo foreste. Et preterea concedo eis ex dono meo .xliiii. acras terre in Eissemore[12] ad essartandum et ad habendum quietas de visu forestariorum et de omni reguardo foreste et de omnibus servitiis et exactionibus que ad me et meos pertineant. Concedo etiam et confirmo eis Legam que fuit[13] membrum[14] de Bedministr(a) iuxta Bristoll(iam).[15] Ex dono comitis Rann(ulfi)[16] de Cestr(ia) terram de Fifhide in Dorset(a) et intra[17] villam de Bristoll(ia)[18] ecclesiam sancti Leonardi et ecclesiam sancti Nich(ola)i[19] et ecclesiam O(mn)i(u)m S(anc)tor(um)[20] sicut carta confirmationis domini regis patris mei quam inde habent testatur. Concedo etiam eis et confirmo .lx. acras terre in marisco de Romie[21] quas comitissa Mabill(ia)[22] mater Will(elm)i[23] comitis Glouc(estrie)[24] eis dedit inter monasterium sancti Petri[25] de Mora et nemus versus aquilonem sicut carta eiusdem comitisse testatur. Concedo etiam eis et confirmo .c. acras terre in Kiburg' inter Duveleis et Kevelechi et Rumia(m)[26] et Donestoct'[27] ex transverso in transversum quas habent

[1] *Iohannes* in B; *Ioh(anne)s* in C.
[2] *Moret(onie)* in C.
[3] *baillivis* in C.
[4] *Anglia* in C.
[5] *et Wallia* in C.
[6] *Aug(ustini)* in C.
[7] *Brist(ou)* in C.
[8] Superscript in A.
[9] *Aisseleszworde* in C.
[10] *pertinentiis et* superscript in A.
[11] Superscript in A.
[12] *Essemore* in B.
[13] Superscript in A.
[14] *menbrum* in C.
[15] *Brist(ou)* in C.
[16] *Rand(ulfi)* in B.
[17] *intra in villam* in C.
[18] *Brist(ou)* in C.
[19] *Nicholai* in C.
[20] *Omniu(m) S(anc)tor(um)* in B; *Omniu(m) S(an)c(t)or(um)* in C.
[21] *Romio* in C.
[22] *Mabil(ia)* in C.
[23] *Will(elmi)* in B.
[24] *Gloec(estrie)* in C.
[25] *Pet(r)i* in C.
[26] *Rumiam* in B.
[27] *Dodenestoct'* in B and C.

ex[28] dono comitis Will(elm)i[29] Glouc(estrie) sicut carta sua testatur. Et ex[30] dono Osb(er)ti de Pennard'[31] terram de Pennard'[32] cum pertinentiis et libertatibus suis et nominatim cum pastura inter Teach'[33] et Elaӯ[34] sicut comes Will(elmu)s eam eis confirmavit. Et ex dono Ioh(ann)is de Cogan .xx. acras terre et duas acras[35] prati iuxta Pennard.[36] Et ex[37] dono Will(elm)i filii Gregor(ii) .xl. solidatas terre in Alberton(ia) sicut comes Will(elmu)s[38] eas confirmavit. Et ex dono Gregor(ii) de Turre .viii. solidatas redditus in Novo Burgo sicut comes Will(elmu)s[39] eas confirmavit. Et ex[40] dono Wil(lelmi)[41] de London(iis) terram de Blakenesword(a) sicut carta ipsius testatur. Et ex[42] Eudon(is) de Morevill(a)[43] dimidiam virgatam terre apud Wrokeshale[44] et molendinum de Radeford[45] sicut carta ipsius testatur. Et ex[46] dono Ric(ardi) de Wrokeshale[47] filii Tovi terram suam de Radeford'. Ex[48] dono Will(elm)i[49] filii Rob(erti) filii Martin(i)[50] unum masagium in Blakedon'[51] cum .ii.^{bus}[52] croftis et .x. acris terre et communam[53] pasture in eadem villa sicut carta sua testatur. Et ex[54] dono Will(elm)i[55] filii Ascii et confirmatione Galfridi[56] fratris sui .i. virgatam terre apud Weston'[57] sicut carta ipsius Galfridi[58] testatur. Concedo etiam et confirmo eis omnia burgagia que habent intra villam de[59] Bristoll(iam) et extra tam in feria[60] quam alibi sicut comes Will(elmu)s ea eis confirmavit et que post obitum ipsius comitis eis data sunt. Concedo etiam eis molendina que habent super Trivelam et terram similiter quam habent apud Bḷakenesword(a).[61] Et de dono Gileb(er)ti de Aldelane[62] dimidiam hidam terre in Ferenberge.[63] Ex[64] dono Will(elm)i[65] de Clifdon(a)[66] ecclesiam de Clifdon(a). Ex[67] dono Rob(er)ti[68] filii Harding(i) ecclesias de Porb(ur)i[69] et de We[re][70] et de Powelet.[71] Ex[72] dono Nich(ola)i[73] filii Rob(er)ti[74] ecclesiam de Tikeham. Ex[75] dono comitis Will(elm)i[76] ecclesiam de Grantenden(e) et ecclesiam de Halb(er)ton(ia)[77] et ecclesiam de Romie et de Plata Holma cum omnibus pertinentiis earum. Et ex dono Will(elm)i[78] filii Gregor(ii) ecclesiam de Finemere. Hec autem omnia eis concedo et confirmo cum omnibus libertatibus et liberis consuetudinibus et quietantiis suis adeo libera et quieta et soluta sicut carte donatorum suorum testantur. Concedo etiam eis quod ipsi canonici et fratres et homines eorum et naves et batelli ipsorum sint quieti de tolneo et passagio et de geldegio[79] et de tailliagio et de omnibus consuetudinibus et exactionibus que ad me et meos pertinent per totam terram meam in portubus maris et

28 *de dono* in C.
29 *Will(elmi)* in B and C.
30 Superscript in A.
31 *Osberti de Pennard* in C.
32 *Pennard* in C.
33 *Teach* in B and C.
34 *Elay* in B; *Elai* in C.
35 Omitted in C.
36 *Pennard'* in B.
37 Superscript in A.
38 *Will(elmus)* in B and C.
39 *Will(elmus)* in B and C.
40 Superscript in A.
41 *Will(elm)i* in B; *Will(elmi)* in C.
42 Superscript in A.
43 *Morevell(a)* in C.
44 *Wrokeshal(e)* in B and C.
45 *Radeford'* in B.
46 Superscript in A.
47 *Wrokeshal(e)* in B and C.
48 *Et ex* in B and C.
49 *Will(elmi)* in B.
50 *Martini* in C.
51 *Blakerdon'* in C.
52 *duobus* in C.
53 *communiam* in C.
54 Superscript in A.
55 *Will(elmi)* in B and C.
56 *Galfr(idi)* in B and C.
57 *Weston* in C.
58 *Galfr(idi)* in B and C.
59 Omitted in C.
60 *infra* in C, instead of *in feria*
61 *Blakeneswored(a)* in B.
62 *Gilleb(er)ti de Aldelande* in B and C.
63 *Fenenberge* in B and C.
64 *Et ex* in B and C.
65 *Will(elmi)* in B and C.
66 *Clifdon* in B.
67 *Et ex* in B and C.
68 *Rob(erti)* in B and C.
69 *Portb(ur)i* in B; *Porburi* in C.
70 Supplied from B and C.
71 *Powlet* in C.
72 *Et ex* in B and C.
73 *Nicholai* in C.
74 *Rob(erti)* in C.
75 *Et ex* in B and C.
76 *Will(elmi)* in B and C.
77 *Halberton(ia)* in B and C.
78 *Will(elmi)* in B and C.
79 *geldagio* in B and C.

alibi de omnibus rebus[80] suis propriis quas vendiderint et de hiis qui emerint vel que eis data fuerint vel alio modo adquisita apportaverint vel per terram vel per aquam ad proprios usus suos vel suorum. T(estibus)[81] Steph(an)o Rid(el)[82] cancellario meo, Will(elmo) de Vennev(al),[83] Rog(ero) de Plane,[84] Hamon(e) de Valon(iis),[85] Rog(er)o de Novo Burgo, Theob(aldo)[86] Walt(er)i, Alardo filio Will(elm)i, Simon(e) de Marisco, Will(elm)o de Milieris, Ric(ardo) de[87] Flandrensi, Will(elm)o de La Faleyse,[88] Engelram de Pratell(is),[89] Rob(er)to de Mortem',[90] Will(elm)o de Buktot,[91] Reg(inaldo) de Wasonvill(a),[92] Rob(erto) filio Rob(erti) filii Hardyng(i),[93] Ric(ard)o Aaron[94] qui scripsit hec, et multis aliis apud Bristold'.

80 Omitted in C.
81 C ends here with *T(estibus) etc.*
82 *Rod'* in B.
83 *Wennev(al)* in B.
84 *Rog(er)o de Plan(e)* in B.
85 *Valoin(iis)* in B.
86 *Teob(aldo)* in B.
87 Omitted in B.
88 *Faliel'* in B.
89 *P(r)atell(is)* in B.
90 *Mortem* in B.
91 *Buketot* in B.
92 *Regin(aldo) de Wassomwill(a)* in B.
93 *Harding(i)* in B.
94 *Ricardo Aaron'* in B.

The charter was issued before Roger de Planes's death in 1191 (no. 10 n.).

32. *Charter of Count John notifying his justices, sheriffs, and bailiffs of England, Wales, and Ireland that the abbot and canons of St. Augustine's were in his protection (1189–99)*

BCM 'Cart. St. Augustine's Bristol', fo. 21b; facsm. in Bodl. MS. Film Dep. 912.

Ioh(anne)s comes Moret(onie) iusticiis, vicecomitibus et omnibus ballivis suis Angl(ie) et Wallie et Hib(er)n(ie), salutem. Sciatis quod abbas et canonici sancti Aug(ustini) de Brist(ou) sunt in manu et custodia et protectione mea. Et ideo precipio vobis quod custodiatis et protegatis et manuteneatis[1] ipsum abbatem et canonicos et omnes res et possessiones ad abbatiam illam pertinentes sicut res meas dominicas. Ne aliquam iniuriam vel contumeliam aut aliquod gravamen eis faciatis vel fieri permittatis. Et si quis eis vel rebus suis in aliquo forisfecerit, plenam iusticiam eis fieri faciatis. Et prohibeo ne ipsi ponantur in placitum de aliquo tenemento suo quod teneant in dominico suo nisi coram me vel capitali iusticia mea. Et quieti [sint] ipsi canonici et fratres et homines eorum et naves et batelli eorum in Anglia et Wallia et Hib(er)nia, in Brist(ou) et per totam terram meam in portubus maris et alibi de tolneo et passagio de omnibus querelis et tailagiis et de omnibus aliis consuetudinibus et exactionibus que ad me et meos pertinent et de omnibus rebus suis propriis quas vendiderint et de hiis que emerint vel eis data fuerint vel apportaverint vel per terram vel per aquam ad proprios usus suos vel suorum. T(estibus) etc.

1 MS. *manutenis*

33. *Confirmation by Countess Isabel of donations to St. Augustine's, Bristol, made by Earl William, Count John, and others (1189–99)*

BCM, 'Cart. St. Augustine's Bristol', fo. 28–28b; facsm. in Bodl. MS. Film Dep. 912.

Isabel(la) comitissa Gloec(estrie) omnibus hominibus et amicis domini sui Ioh(ann)is comitis Moret(onie) et suis Francis et Angl(is) atque Walensibus, salutem. Sciatis me pro salute domini mei Ioh(ann)is comitis Moret(onie) et mea et pro anima patris mei Will(elmi) comitis Gloec(estrie) et antecessorum meorum concessisse et hac carta mea confirmasse deo et ecclesie sancti Aug(ustini) de Brist(ou) et canonicis regularibus ibidem deo servientibus omnes illas donationes quantum ad me pertinet in ecclesiis, terris et aquis et in omnibus aliis rebus quas pater meus Will(elmu)s comes Gloec(estrie) et dominus meus Ioh(anne)s comes Moret(onie) sive alii donatores eis fecerunt et suis cartis confirmaverunt. Et nominatim hec omnia scripta. Scilicet intra villam de Brist(ou) ecclesiam sancti Leonardi, ecclesiam sancti Nicholai, ecclesiam Omnium Sanctorum, ecclesiam de Clivedon(a), ecclesiam de Halb(er)ton(ia), ecclesiam de Grante(n)den(e), ecclesiam de Finem(ere), ecclesiam de Ru(m)mia et de Plata Holma, ecclesiam de sancto Melano, ecclesiam de Pennard. Et ex dono domini mei Ioh(ann)is comitis Moret(onie) .xliiii. acras terre apud Esselesw[o]rd(e) in Essemora ad essartandum et vetera essarta et totam terram de Esselesw[o]rd(e) cum ipsis essartis quietam de visu forestariorum et de regardo foreste et de omnibus servitiis et exactionibus. Et Legam que fuit membrum de Bedminist(r)a et molendina super Trivelam et .lx. acras terre in marisco de Ru(m)mia et .c. acras terre in Kibur et terram de Pennard' cum pertinentiis et libertatibus suis et nominatim cum pastura inter Taf et Elei. Et de Ioh(ann)e[1] de Cogan .xx. acras terre et .ii. acras prati iuxta Pennard'. Et .viii. solidatas redditus apud Novu(m) Burgu(m). Et .xl. solidatas terre in Halb(er)t(onia) [et] terram de Blakenesw[o]rd(a). Et dimidiam hidam terre in Ferneb(er)ga. Concedo etiam eis et confirmo omnia burgagia que [sunt] intra villam de Brist(ou) et extra eam in feiria quam alibi. Hec autem omnia eis concedo et confirmo cum omnibus libertatibus et liberis consuetudinibus et quietantiis suis adeo libera et quieta et soluta sicut carte donatorum suorum testantur. Concedo etiam quod ipsi canonici et fratres et homines eorum et naves[2] et batelli ipsorum sint quieti de tolneo et passagio et geldag(io) et de tailagio et de omnibus consuetudinibus et exactionibus que ad me et ad meos pertinent in terris et portubus maris et alibi de omnibus rebus suis propriis quas vendiderint et de hiis que emerint vel que eis data fuerint vel alio modo adquisita apportaverint vel per terram vel per aqua(m) ad proprios usus suos vel suorum sicut dominus meus Ioh(anne)s comes Moret(onie) eis concessit et carta sua confirmavit. T(estibus) etc.

[1] MS. *Ioh(ann)is* [2] MS. *navi*

It is clear from the contents of this charter that it should follow no. 31. While John's charter speaks of two meadows granted to the abbey by John de Cogan, this one expresses John's gift in terms of two acres of meadow.

34. *Charter of Earl William granting St. James's, Bristol, a tithe of his revenue from his mill at Rumney (Glam.)* (c. *1150–63*)

BAO 5139 (447) (size: 6 in.×2⅝ in.); facsm. in Birch, 'Original Documents', facing 292; ibid., no. 177; Nicholls and Taylor, i. 33 n.

W(illelmus) comes Gloec(estrie) dapifero suo et constabulario Novi Burgi et omnibus baronibus suis et hominibus Franc(is) et Angl(is) atque Wal(e)nsib(us), salutem. Sciatis me dedisse et concessisse deo et ecclesie sancti Iacobi de Brist(ou) pro salute mei et meorum et pro anima[1] patris mei cuius corpus ibi sepultum est ad victum monachorum ibi degentium in perpetuam elemosinam decimum denarium de redditu meo molendini mei de Rumia. T(estibus) H(awisia) comitissa, Rog(ero) fratre meo, Rob(erto) filio meo, Ric(ardo) abbate de sancto Augustino, Rog(ero) de Guuiz, Rob(erto) Dalm(ar)i tunc dapifero, Rog(ero) dapifero, Ric(ardo) de Cardi, Ioh(anne) de Lond(oniis), W(illelmo) filio Nic(holai) marescallo.

Endorsements: (1) de mollindinis[2] . . .[3] de[4] Rumia.
(2) Teste Ric(ardo) abbate sancti Aug(u)sti(ni).

[1] MS. *ami(n)a*
[2] *di* superscript in same hand.
[3] Text erased.
[4] *de* superscript in same hand.

The charter is the work of Scribe **vi** (Plate V*b*).

35. *Charter of Earl William granting to St. James's, Bristol, Ashley (Glos.), a market at Pentecost and prisage at Bristol* (c. *1150–63*)

A*, BAO, 'The Little Red Book of Bristol', fo. 96; B, PRO C. 66/580 m. 2.

Will(elmu)s[1] comes Gloucestere[2] suo dapifero omnibusque suis baronibus, hominibus et amicis atque fidelibus Francis et Angl(ic)is,[3] salutem. Sciatis me pro salute animarum patris mei et matris mee et pro salute animarum mei ipsius, uxoris[4] mee atque meorum liberorum deo et ecclesie sancti Iacobi Bristoll(ie)[5] dedisse et concessisse terram de Esseletta.[6] Preterea concessi eidem ecclesie feriam quam habui apud Bristoll(iam)[7] in ebdomada[8] Pentecostes[9] cum aprisa vinorum et aliis consuetudinibus per aquam venientibus habendas et tenendas infra burgum et extra bene, libere, quiete et honorifice sicut eas melius et honorificentius habebam quando in manu mea erant. Hiis testibus[10] Hawysa[11] comitissa, Rog(er)o fratre meo, Gregorio filio Rob(er)ti,[12] Rob(er)to Dalmeri[13] tunc

[1] *W(illelmus)* in B.
[2] *Glouec(estrie)* in B.
[3] *Anglis* in B.
[4] *uxorisque* in B.
[5] *de Bristou'* in B.
[6] *Esselega* in B.
[7] *Bristou'* in B.
[8] Reading from B; *obdomada* in A.
[9] *pent(ecostes)* in B.
[10] *H(iis) t(estibus)* in B.
[11] *Hawisa* in B.
[12] *Greg(orio) filio Rob(erti)* in B.
[13] *Rob(ert)o Dalm(ar)i* in B.

dapifero, Rob(er)to[14] filio Petri, Ham[one] filio Galfridi,[15] Adam de Hely,[16] Picardo clerico,[17] Ric(ard)o clerico de Sancto Quintino,[18] Pontio filio Simonis,[19] et multis aliis.

[14] *Rob(erto)* in B.
[15] *Haym(one) filio Gaufrid(i)* in B.
[16] *Ely* in B.
[17] *Picardo clerico* from B; A omits *Picardo* and reads *Ric(ardo) clerico de Sancto Quintino*
[18] *Quint(ino)* in B.
[19] *Sym(onis)* in B.

The charter was issued before the election of the earl's brother, Roger, to the See of Worcester in 1163 (*HBC* 260).

36. *Charter of Earl William granting to St. James's, Bristol, Ashley* (*Glos.*), *a fair in Bristol at Pentecost, jurisdictional rights, and tithes on various of his revenues* (c. *1150–65*) *Bristol*

BAO 5139 (177)a (size: $8\frac{9}{10}$ in. × $6\frac{5}{8}$ in.); transcr. in BAO 5139 (177)b.

Will(elmu)s comes Gloec(estrie) omnibus baronibus suis et omnibus hominibus et amicis suis Francis et Anglis et Walensib(us), salutem. Sciatis me pro salute animarum Rob(erti) comitis Gloec(estrie) patris mei et matris mee et pro salute animarum mei ipsius uxorisque mee atque liberorum meorum dedisse et hac mea carta confirmasse deo et ecclesie sancti Iacobi de Bristoll(ia) terram de Esseleg(a) solam et quietam et liberam sicut meum proprium feodum est. Et preterea concessi eidem ecclesie feriam quam habui apud Brist(olliam) in ebdomada pentecostes habendam et tenendam infra burgum et extra, bene et libere, quiete et honorifice sicut eam melius et honorificentius habebam quando in manu mea erat. Dedi etiam eidem ecclesie decimum denarium de redditu molendinorum meorum de Novo Burgo in Walliis et decimum denarium de redditu ipsius ville Novi Burgi intus et extra et decimum denarium de redditu foreste mee quam Candelan(us) custodire solebat et decimum denarium molendini mei de Eboth et decimum denarium molendini mei de Rumia et decimum denarium molendinorum meorum de Stapeltun(a) et totam decimam terre mee extra burgum de Brist(ollia) quantum pertinet ad bertonam meam et decimum denarium de pannagio porcorum et de herbagio vaccarum et animalium et decimam ovium, agnorum, vaccarum, pullorum, virgultorum, ortorum, casei et lini et lane et omnes libertates et liberas consuetudines in terris et dominiis suis quas habeo in terris et dominiis meis et soccum et saccum et tol et them et infongenethef et adquietantiam thelonei per totam terram meam et communia pascua cum animalibus meis et pannagium porcorum quietum in bosco de Kingesw[o]da et totam aquam de Froma tam in piscatura quam in aliis et utramque ripam aque a ponte qui est apud Stapeltun(am) usque ad molendinum Leowenath. Et volo et precipio quod sepius memorata ecclesia sancti Iacobi habeat hec omnia supradicta bene et in pace, libere et honorifice in perpetuam elemosinam. His testibus Hawisa comitissa, Gregorio filio Rob(er)ti, Rob(er)to Dalm(ar)i dapifero, Hamone filio Gaufridi, Rob(er)to filio Pet(r)i, Hug(one) de Gloec(estra), Widone de Rupe, Rob(er)to filio Ricardi, Ric(ardo) de Kardif, Simo(n)e fratre eius, Ada(m) de Ely et Picardo clericis comitis, Iordano la

Werre, Lewino camerario, Alwino filio Serune, Jacob filio Fardini, Steinerio, Randulfo fratre Bosonis, Rog(er)o cum capillis, Osb(er)to fratre eius. Apud Bristoll(iam).

Seal and tag missing.

Endorsement: Carta Will(elm)i comitis de redditibus et libertatibus.

The charter was issued before Adam de Ely's death in 1165 (see above, p. 12). It is the work of Scribe **x** (Plate X). The charter mentions a number of the earl's sources of income about Bristol, such as his mills at Stapleton, land at Barton Hill, which was the demesne farm of Bristol castle, and his rights in Kingswood, north-east of Bristol (PNS xl (1964), 94, 97; xli (1965), 13).

37. *Charter of Earl William granting to St. James's, Bristol, Ashley* (*Glos.*) *and the market the earl held during the week of Pentecost in Bristol* (c. *1150–65*) *Bristol*

BAO 5139 (485) (size: $7\frac{2}{5}$ in. × $4\frac{9}{10}$ in., damaged).

Will(elmu)s comes Gloec(estrie) suo dapifero omnibusque suis baronibus et hominibus et amicis atque fidelibus Francis et Anglis, salutem. Sciatis me pro salute animarum patris mei et matris mee et pro salute animarum mei ipsius uxorisque mee atque meorum liberorum deo et ecclesie sancti Iacobi de B(r)istou dedisse et concessisse terram de Asselega in perpetuam elemosinam solam et quietam atque liberam sicut meum proprium feodum est. Et preter hoc dedi et concessi deo et ecclesie sancti Iacobi de B(r)istou feriam quam apud B(r)istou in ebdomada pentecostes habebam pro salute animarum omnium predictorum in perpetuam elemosinam habendam et tenendam infra burgum et extra ita bene, libere et honorifice sicut eam melius habebam quando in meo dominio erat. T(estibus) Hath(ewisa) comitissa, Gregorio filio Rob(er)ti, Rob(erto) Dalm(ar)i dapifero, Ham(one) filio Guefridi, Rob(erto) filio Pet(r)i capellano, Ada(m) de Ely, Picardo clericis comitis, Hug(one) de Gloec(estre), Widone de Rupe, Rob(erto) [fi]lio Ric(ardi), R[icardo] de Cardif, Simo(n)e fratre eius, Iordano la Werre, Lewino camerario, Alwino filio Serune, [Iacob filio Fardini, S]taernerio,[1] Randulf(o) fratre Bosonis, Rog(er)o cum capillis, Osb(er)to fratre eius. Apud B(r)istou.

Seal missing from tag.

Endorsements: (1) De Aschlega et de feria pentecost(es).
(2) nota de Astley et feria.

[1] Missing portion supplied from no. 36.

The charter is the work of Scribe **ix** (Plate IX*b*).

38. *Charter of Earl William granting the church of Écrammeville (Calvados) to St. James's, Bristol* (c. *1150–83*)

BM Cotton MS. Cleopatra A. VII, fos. 89–89b; Dugdale, *Monasticon*, ii, no. LXXIX, 78.

Will(elmu)s comes Glouc(estrie) suo dapifero Normannie[1] omnibusque baronibus et hominibus et universis sancte ecclesie filiis, salutem. Sciatis me pro salute anime Rob(er)ti comitis Glouc(estrie) patris mei et salute animarum mei ipsius et uxoris mee et liberorum nostrorum dedisse et concessisse ecclesiam de Esc(r)emovilla cum suis pertinentiis in elemosinam deo et ecclesie sancti Iacobi apud Brist(o)ll(iam) in qua corpus patris mei requiescit ad victum monachorum ibi degentium salvo tenemento Picardi clerici mei eiusdem ecclesie persone dum vixerit. H(iis) t(estibus).

[1] MS. *Normannio*

For the location, see Hippeau, 103–4. This charter offers rare evidence of the earl's *dapifer* who administered his Norman affairs.

39. *Charter of Countess Hawisia granting St. James's, Bristol, a burgage tenure in the new borough (Bristol)* (c. *1150–83*)

BAO 5139 (175) (size: $5\frac{1}{2}$ in.×$2\frac{1}{2}$ in.); Birch, 'Original Documents', no. 176.

Sciant tam presentes quam futuri quod ego Ha(wisia) comitissa Gloec(estrie) dedi deo et ecclesie sancti Iacobi de Brist(ou) in perpetuam elemosinam unum burgagium in novo burgo prati ultimum, scilicet a parte orientali liberum et quietum ab omni servitio et consuetudine sicut comes dominus meus illud mihi dederat. T(este) ipso domino meo et eius assensu, t(estibus), Rob(erto) de Maisi, Rob(erto) Dam(ar)i, Ric(ardo) de Cardi, Symone fratre suo, Herev(eo) clerico, Ailward(o) iuvene.

Seal missing from tag.

Endorsement: Carta . . . de . . . in burgo pr . . .

The new settlement was between Bristol castle and St. James's (Dugdale, *Monasticon*, iv. 335). The charter was issued before Earl William's death in 1183 and is the work of Scribe **xiv** (Plate XVI*a*).

40. *Charter of Earl William confirming to Bruern Abbey sixty-six acres at Rendcombe (Glos.) granted by William de la Mare* (*1171–83*)

Trustees of the Earl of Winchilsea, dep. in NRO, Finch Hatton MS. 170, fo. 61 (transcr. in facsm.; size: $6\frac{7}{10}$ in.×$2\frac{11}{16}$ in.); *BS*, no. 288.

W(i)ll(elmus) comes Glow(cestrie) dapif[er]o suo et baron[ibus] suis et omnibus hominibus suis, salutem.[1] Sciatis me concessisse et hac mea carta confirmasse donationem quam

[1] Superscript, possibly in same hand.

W(i)ll(elmus) de la Mare fecit deo et beate Marie de Bruer(n) et monacis eodem loco deo servientibus in perpetuam elemosinam, scilicet de dominio suo de Uverrindecumbe .lxvi. acras a Berecrofta versus boscum et eundem boscum totum et pratum cum terra culta que est inter nemus et aquam salvo meo servitio. T(estibus) W(i)ll(elm)o abbate de Kain(esham), Ham(one) de Valon(iis), Odon(e) de Tichesia, Gill(ebert)o Croc, Rob(erto) de la Mare, Gill(ebert)o capellano, magistro Ernisio, Fulc(one) Waspail, Osb(erto) clerico de Bureford.

Seal on tag, red wax, round, fragment; image of a lion passant to the dexter, behind it a lily or conventional flower; legend: [✠ SIGILLVM WILLELMI] GLO[ENCESTRIE CONSVLIS].

For the dating, see *BS*, no. 288 n.

41. *Charter of Earl Amaury confirming to Bruern Abbey the land in Eastleach Turville (Glos.) which William the Chamberlain had given (1200–*c*. 1213; probably before 1205)*

BM Harley Charter 45.C.28 (size: $5\frac{1}{4}$ in.$\times 2\frac{9}{16}$ in., damaged); transcr. in facsm., Trustees of the Earl of Winchilsea, dep. in NRO, Finch Hatton MS. 170, fo. 21; *BS*, no. 76.

Omnibus ad quos presens scriptum pervenerit Amauricus comes Glouecestr(ie), salutem. Noverit universitas vestra me concessisse et hac presenti carta mea confirmasse deo et beate Marie et monachis de Bruer(n) terram illam in Estlech que est de feudo meo quam Will(elmu)s camerarius illis dedit et carta sua confirmavit tenendam in perpetuum sicut carta ipsius Will(elm)i camerarii quam eisdem monachis super eadem terra dedit testatur. Et ne a successoribus nostrum inde aliquo modo vexentur presenti pagina sigillo meo munita donationem prefatam Will(elm)i camerarii roboravi. Hiis t(estibus) domino R(icardo) abbate de Cirincestr(ia), Rob(erto) persona ecclesie de Lech, Rob(erto) de Guer . . .[1] ma de la Mare, Will(elm)o de Fifhida, Ric(ardo) de Lech, Simone de Suelle, Rob(erto) de Slou . . .[1] tino de Berdesl(eia), et multis aliis.

Seal on tag, green wax, round, *c.* $2\frac{3}{4}$ in. diameter, damaged; shield of arms curved top and sides, bendy; legend: [✠ SIG]ILLVM ALMARIC[I COMITIS GLOVERNIE]; counterseal, round, $1\frac{1}{2}$ in. diameter; same shield of arms; legend: ✠ SECRETVM A. COMITIS GLOVERNIE (Plate XXXII *c* and *d*).

Endorsements: (1) Estleche
Amaric(us) com(es) Gloc(estrie)
(2) Confirmatio.

[1] Hole in MS.

For the dating, see *BS*, no. 76 n.; the charter is the work of Scribe **xxv** (Plate XXI*b*).

42. *Charter of Earl Robert confirming to Burford (Oxon.) the customs granted by Robert Fitz Hamon (1121/2–47)*

PRO C.47/45/388a, no. 4; Gretton, *Burford Records*, 302.

R(obertus) regis filius Gloec(estrie) consul omnibus suis amicis, salutem. Sciatis me concedere meis burgensibus de Bureford' omnes illas iustas consuetudines et lagas quas Rob(ertus) filius Ham(onis) eis concessit. T(este) Rob(erto) Soro.

43. *Charter of Earl William confirming to Burford (Oxon.) the terms of Robert Fitz Hamon's original charter of liberties (1147 to 1155–8) Oxford*

PRO C.47/45/388a, no. 2 (damaged); Gretton, *Burford Records*, 301; Gross, *Gild Merchant*, ii. 28.

Will(el)m(u)s comes Gloec(estrie) dapifero suo et omnibus baronibus suis Franc(is) et Anglic(is) et omnibus[1] bu . . .[2] me concessisse omnibus meis hominibus de Burford' omnes illas consuetudines quas Rob(ertus)[3] filius Hamonis avus meus et Rob(ertus) comes G . . .[4] erunt sicut carte illorum[5] testantur, videlicet istas ut unusquisque domum et terram et omnem pecuniam suam possit vendere et in vadimonio ponere et de filio vel filia vel uxore et de quolibet alio absque ipsius domini requisitione heredem facere et gildam et consuetudines quas habent burgenses de Oxenford' in gilda[6] mercatorum et quicunque ad mercatum venire voluerint veniant et in ipso mercato habeant licentiam emendi quecunque voluerint preter lanam et corea nisi homines ipsius ville. T(estibus) Will(elm)o filio Johannis, Hamone filio Geufridi constabulario, Ruelano de Valoniis, Rob(erto) de Almeri dapifero, Ric(ard)o de Sancto Quintino, Fulc(one) filio Guar(ini), Gilb(er)to de Unframvilla, Rog(er)o dapifero apud Oxenford'.

1 Reading uncertain, MS. torn.
2 MS. torn.
3 *Rob'* inserted above the line in same hand.
4 MS. torn.
5 MS. *illius*
6 MS. *gildam*

Fitz Hamon's charter of liberties is first on the roll. This text is very fragmentary, but those clauses which can be read William's charter repeats. A charter of Henry II, issued *c.* 1155–8, which confirms William's, provides a limit for dating this charter (Adolphus Ballard, *British Borough Charters 1042–1216* (Cambridge, 1913), xxvii, xxxix). A charter of Henry II to Oxford recognized that such privileges as monopoly of trade for the town's guild members, quittance from tolls in England and Normandy, and immunity from pleading in a court outside the city limits dated from the time of Henry I (Gross, *Gild Merchant*, ii. 386–7.

44. *Charter of Earl William stating that at the request of Walter de Claville and of William his son and heir he has confirmed Walter's donations to Canonsleigh at Burlescombe, Eastbrook, Dowland, East Morden, Leigh, Linor, Rocknell, South Appledore, Withycombe Raleigh, Netherton, and Northwood (Devon) (1147–83)*

BM Harley MS. 3660, fos. 18b–19; cal. in *Cart. Canonsleigh*, no. 13.

W(illelmus) comes Gloucestrie dapifero suo et omnibus baronibus suis et hominibus suis atque amicis Francis et Anglis, salutem. Noverit universitas vestra me petitione Walt(er)i de Clavilla et Will(elm)i filii sui et heredis facta in curia mea coram baronibus meis concessisse et presenti carta mea confirmasse donationes elemosinarum quas idem Walt(eru)s ecclesie dei et sancte Marie et sancti Ioh(ann)is Ewang(e)liste de Lega et canonicis ibidem secundum ordinem Plympton(ie) Christo famulantibus dedit, scilicet ecclesiam de Burwoldescumbe cum omnibus pertinentiis suis et cum .viii. acris terre quas idem Walt(eru)s dedit ad luminare ipsius ecclesie et cum dimidia virgata terre Byhestebrok et ecclesiam de Duhelande cum omnibus pertinentiis suis et cum dimidio ferlingo terre quem Walt(eru)s incrementum ipsius ecclesie dedit et ecclesiam de Mordona cum omnibus appendiciis suis et cum dimidia virgata terre quam Walt(eru)s illi superaddit et totam terram prope ipsum locum de Lega sitam ab aquilonali parte aque de Lunor usque ad aquam de Swiliende, videlicet totam terram eius de Lega in planis, pascuis, pratis, silvis et aquis. Et unum ferlingum terre de Ruhecnolle et silvam de Ruhecnolle. Et molendinum et totam molturam terre de Burewoldescumbe et Suraple cum omnibus pertinentiis suis et conductum aque et locum molendini ubicumque illud facere voluerint. Et communia pascua terre ipsius. Et molendinum de Widecumbe et totam molturam ipsius terre et .vi. acras terre propinquiores ipsi molendino. Et totam terram de Nitherton(a) et totam terram de Northwoda cum omnibus pertinentiis suis in planis, pascuis, pratis, silvis et aquis. Has suprascriptas elemosinas datas a Walt(er)o de Clavilla superius nominate ecclesie de Lega et canonicis regularibus ibidem deo famulantibus concedo et presenti carta mea confirmo. Et volo quod ipsi eas teneant ita libere et quiete et honorifice sicut carta ipsius Walt(er)i quam ipsi inde habent distinguit. Et ipse Walt(eru)s de Clavilla et Will(elmu)s filius suus et heres coram me in curia mea et coram baronibus meis in manum ceperunt acquietare omnes supra memoratas elemosinas versus me et versus heredes meos de omni seculari servitio. Testibus hiis Haw(isi)a comitissa, Ric(ardo) de Cardi, Simone de Sancto Laudo, Ioh(ann)e de Sancto Laudo, Rob(er)to filio Ric(ardi), Will(elm)o de Bosco, Rog(ero) Waspail', Rog(ero) de Vil(er)is, Ham(one) de Valoniis, Will(elm)o de Actona, Widone Rocca, Rob(er)to filio Gregorii, Rad(ulfo) de Linguir, Steph(an)o de Emodesh(am), Herv(eo) clerico, Iordano clerico, Rad(ulf)o de Bosco, Drogone filio Gregorii, Stanardo sacerdote.

Walter de Claville founded Canonsleigh *c.* 1161–73 (Knowles and Hadcock, 132). Vera C. London has suggested a dating of *c.* 1161–77 for this charter; her criterion is the disappearance of Walter de

Claville from the Pipe Rolls after 1173, which she interprets to indicate his death (*Cart. Canonsleigh*, 3). Such disappearances are certainly no proof for death in themselves; however, the precise language of Earl William's confirmation of Walter's foundation does suggest a time close to the actual foundation.

45. *Letter from Count John to the prior and community of Christ Church, Canterbury, regarding the election of a new archbishop (May 1191) Tewkesbury*

Lambeth Palace, MS. 415, fos. 86b–87; 'Epistolae Cantuarienses', no. CCCXLIX.

Ioh(anne)s comes Moreton(ie) dilectis in Christo fratribus et amicis, priori et conventui Cant(uariensi), salutem in domino. Litteras domini regis, fratris mei, sub hac quam vobis transmitto forma recepi. Unde quoniam ipsius volo sicut et teneor in omnibus voluntati eius parere eo quod in propria persona alias occupatus venire non possum misi dominum abbatem de Theokesb(ur)i[a] et magistrum Benedictu(m) dilectos et familiares meos ad vos quos vice mea statui destinandos rogans instantius et exhortans quatenus si quid regiis precibus addere mea potest deprecatio ipsos in hiis que vobis ex parte mea secundum tenorem predicti rescripti, super electione videlicet archiepiscopi Cant(uariensis) proposuerint meo intuitu benignius admittatis et ad efficiendum quod tantorum virorum interventione rogamini promptos vos reddatis omnimodis et favorabiles ut et a domino cuius super hoc litteras et preces intentas dicimini recepisse et a me deinceps gratias mereamini copiosas. Teste me ipso apud Theokesb(ur)iam.

For the date, see above, p. 11.

46. *The liberties and free customs of Cardiff and Tewkesbury granted by Earls Robert and William (1121/2–83)*

BM Cotton MS. Cleopatra A. VII, fos. 101–2; Clark, *Cartae et alia*, no. XCIII; *Cardiff Records*, i. 10–11; transl. ibid. 12–13.

Hec sunt libertates et libere consuetudines de Kerdif et de Theokesbur(ia) date et concesse per Rob(ertu)m et Will(elmu)m comites aliquando Glouc(estrie).

In primis quod quodlibet burgagium dabit de annuo redditu .xii. denarios pro omni servitio.

Et quilibet burgensis potest pro voluntate sua burgagium suum quod est de purchatio suo cuicunque voluerit dare invadiare vendere vel quocumque alio modo alienare salvo tamen servitio domini comitis.

Et si illud burgagium fuerit de hereditate heres ipsius sive heredes ipsum habebunt. Et proximus heres mortuo predecessore a quo hereditas ei descendere debeat statim sine ostensione bayllivo vel preposito facienda hereditatem suam ingredietur. Et si burgensis habuerit duo burgagia et voluerit unum ipsorum alteri locare potest si voluerit locator eandem libertatem concedere ei qui dictum burgagium[1] locaverit quam et ipse habet et ipse gaudebit.

Et si quis dimidium burgagium in capite de domino comite tenuerit eandem libertatem habebit ac si integrum teneret burgagium.

Item burgensis nullam sectam debet nisi voluntate ad molendinum sive ad pannos fullandum vel tingendos.

Item nullus burgensis dabit pro burgagio suo herietum vel relevium, sed quilibet potest pro voluntate sua filium vel filiam suam maritare sine licentia ab aliquo petenda.

Item quilibet potest bovem suum equum et aliam mercem quamcunque habuerit legalem sine licentia domini vendere.

Item quacunque morte burgensis preoccupatus fuerit nisi fuerit per nequitiam dampnatus uxor eius et liberi sui habebunt catalla mortui vel proximi parentes ipsius tanquam heredes si non habuerit uxorem vel liberos.

Item burgensis paupertate compulsus burgagium suum vendere vel invadiare primo debet convenire heredem suum secundo et tertio et dicere ei quod inveniat sibi neccessaria. Si autem noluerit de burgagio suo voluntatem suam faciat.

Item nullus libere tenens de altero domino si burgagium habuerit potest namia tenentis sui in burgo extra burgum ducere vel portare.

Item quilibet burgensis potest braciare et furniare sine licentia et sine tolneto et consuetudine.

Et potest facere torallos columbarios et molendinum equinum et manumolendinum.

Et si burgensis sumonitus fuerit ad hundredum et perexerit ad suum negotium extra villam vel fuerit presto recedere ita quod habeat unum pedem in strepo et inde habuerit duos vicinos testes quietus erit.

Item milites et libere tenentes in hundredo quieti sunt in foro de tolneto de venditionibus omnibus et emptionibus suis ad opus suum factis nisi fuerint mercatores.

Item dominus episcopus quietus erit de dominica mensa sua sed homines sui dant consuetudinem.

Item Templarii, Hospitularii et monachi dant consuetudinem nisi habeant cartam domini Will(elm)i et domini Rob(er)ti comitum.

Item careta honerata blado vel piris dabit consuetudinem. Emptor dabit .i. denarium; careta scilicet unum obolum.

Careta honerata diversis marchandisis .i. denarium; stallagium scilicet .i. quadrantem.

Equus honeratus .i. quadrantem.

Venditor ferri pro honere equi .i. quadrantem; venditor ferri qui ferrum portaverit .i. quadrantem.

Pro bachone .i. quadrantem.

Pro .v. porcis .i. denarium; et pro .v. ovibus .i. denarium; et pro .v. agnis .i. denarium.

Item marchandisa trium denariorum et infra quieta est de tolneto. Et si fuerit maioris pretii quam trium denariorum dabit consuetudinem.

[1] *illud burgagium*, which follows, is interlined.

Item duo mercatores dabunt pro stallagio .i. quadrantem.

Et qui portaverit lineam telam ad vendendum licet scindat eam dabit .i. quadrantem.

Et omnes burgenses et milites et libere tenentes predicti honoris debent esse quieti apud Glouc(estriam) et per totum comitatum Glouc(estrie) de consuetudine nisi de crudis coreis et pilosis pellibus.

Item burgenses non debent venire ad hundredum extra burgum pro aliqua summonitione.

Cardiff was the product of the Norman conquest of Glamorgan and its foundation can be placed within 1081–93. Hereford's customs, granted by William Fitz Osbern, were the inspiration for Cardiff's and Tewkesbury's. They in turn became the model for Kenfig, Neath, Aberavon, and Llantrissant (Glam.) (Beresford, *New Towns*, 199, 553–4; Gross, *Gild Merchant*, i. 245).

47. *Charter of Earl William granting Richard de Cardiff land at Aberavon (near Kenfig, Glam.) for one-fourth of the service of a knight* (c. *1150–83*)

NLW, P & M MS. 289/66; transcr. NLW, P & M MS. 776; Clark, *Cartae et alia*, i, no. CIV; cal. in Birch, *Catalogue*, 1st ser. 104–5 and Birch, *Margam Abbey*, 39–40.

Will(elmu)s comes Glouc(estrie) dapifero suo et vicecomiti suo de Glamargan et omnibus baronibus suis et hominibus Francis et Angl(is) atque Walensib(us), salutem. Sciatis me dedisse Ricard(o) de Kardif pro servitio suo Novam Villam in Margan cum omnibus ad eandem villam pertinentibus in bosco, in plano, in pratis et pasturis et in aquis et in omnibus aliis ad ipsam villam pertinentibus iuxta quod subscripte divise distinguunt, scilicet per antiquum fossatum quod incipit a litore maris et durat et tendit per Dewiscu(m)be usque ad fossatum desuper sanctum Tudocu(m) deinde usque Alweiscnappe et ab Alweiscnappe ad quendam lapidem inter Alweiscnappe et Bulluchesbruhe et inde usque ad vallem de Corneli inde usque ad vallem Danor(um) et inde usque ad Catteshole et inde directe usque ad mare per fundum vallis ad Baeian que est in Sabluno. Et divise pratorum pertinentium ad ipsam Novam Villam extra suprascriptas divisas, scilicet a vado de Baithan usque ad altam viam que tendit de Langewy usque ad Treikic. Hanc Nova(m) Villa(m) in Margan cum omnibus ad illam pertinentibus iuxta quod subscripte divise distinguunt dedi ego Ric(ardo) de Cardif tenendam ipsi et heredibus suis de me et de heredibus meis libere et quiete, honorifice per quartam partem servitii unius militis. Testibus his Hawisia comitissa uxore mea, Rob(erto) de Meisi, Symone de Sancto Laudo, et multis aliis.

For identification of *Nova Villa*, see Beresford, *New Towns*, 552. For many other locations mentioned in the charter, see Birch, *Margam Abbey*, 39–40 and n. By 1262, when this fee apparently was in the hands of an Adam de Pireton, its annual value was £15 (Clark, *Cartae et alia*, ii. 650).

48. *Charter of Earl William granting Gilbert Fitz John of Hanley (Worcs.) his father's land and office of forester (1147–71) Bristol*

Trustees of the Robinson Trust, 8 Waterloo Place, London, S.W. 1 (size: 6 in.×$2\frac{15}{16}$ in.).

Will(elmus) comes Gloec(estrie) dapifero suo et constabulario omnibusque ministerialibus suis de M(al)v(ern)a[1] et omnibus baronibus suis et hominibus F(r)ancis et Anglis, salutem. Sciatis me reddidisse et concessisse Gilleb(er)to filio Ioh(ann)is de Hanlega terram que fuit patris sui et ministerium de foresta et omnia alia tenementa que pater suus de meo patre tenebat in bosco et plano sibi et heredibus suis tenenda de me et heredibus meis in feodo et hereditate sicut pater suus illa melius et honorabilius tenuit de patre meo. T(estibus) Rob(er)to fratre comitis, Ham(one) filio Geuffridi constabulario, Rob(er)to filio Herdingi, Will(elm)o de Clivedona, Nigello filio Arturii, Philippo de Cailloei, Walt(er)o de Wicha, magistro Picardo, apud Bristou.

Seal missing from tongue.

[1] *M(alver)na* another possible reading, but less likely.

Gilbert of Hanley is known to have held a sergeanty for keeping the forest at Malvern (Worcs.; *RBE* 568; *VCH Worcestershire*, iv. 97). He was considered a royal officer by about 1176 (*PR 22 Henry II*, 37; *PR 23 Henry II*, 116; *PR 26 Henry II*, 79). His change of masters in the 1170s shows that Henry II had appropriated William's rights in Malvern forest. Count John later recovered them (no. 92; for other evidence concerning William and Malvern forest, see nos. 118, 177, 281; *VCH Worcestershire*, iv. 97, traces the possession of Malvern at this time, but must be corrected by the evidence of this charter). This charter was issued before 1171, by which time the witness, Robert Fitz Harding, was dead (Sanders, *English Baronies*, 13); it is the work of Scribe **xii** (Plate XI*c*).

49. *Charter of Earl William granting revenue from his new borough outside Cardiff to the church of St. Mary and St. Thomas, Cardiff* (c. *1150–83*)

BM Additional Charter 7715 (size: $6\frac{7}{10}$ in.×$3\frac{1}{2}$in.); Clark, *Cartae et alia*, i, no. CII.

W(i)ll(elmus) comes Gloec(estrie) dapifero suo et baronibus suis et vicecomiti suo de Clammorg(an) et omnibus hominibus suis Francis et Angl(is) atque Walensib(us), salutem. Sciatis me dedisse et concessisse in puram et perpetuam elemosinam deo et ecclesie beate Marie et beati martiris Thom(e) quam construxi apud Kard(if) .x. solidos de redditu meo de novo burgo meo quod feci ubi gardinum meum fuit extra villam de Kard(if). Quare volo et firmiter precipio quod eos habeat annuatim de me et de heredibus meis sicut puram et perpetuam elemosinam meam. T(estibus) Haw(isi)a comitissa, Ham(one) de Valon(iis), Ric(ardo) de Kar(dif), Eg(lino) de Purbic, Henr(ico) Crasso, Wid(one) de Rupe, Alex(andro) de Thichesia, Iord(ano) clerico.

Seal missing from tag.

Endorsement: Carta de redditibus Novi Burgi et K(ar)dyf.

The charter contains explicit evidence that the borough, called Crockherbtown (east of Cardiff), was William's foundation (for the name, see Clark, *Cartae et alia*, i. 104 n.; also Beresford, *New Towns*, 553); the charter is the work of Scribe **iii** (Plate II*b*).

50. *Charter of Count John notifying his sheriffs, bailiffs, and 'ministri' that Cirencester Abbey is in his protection (1189–99) Tewkesbury*

Lady Vestey, Stowell Park, Northleach, 'Registrum A', fo. 22b (dep. in Bodl.); *Cart. Cirencester i*, no. 82.

Ioh(anne)s comes More(to)n(ie) vicecomitibus, ballivis, ministris et omnibus fidelibus suis, salutem. Sciatis quod abbas et domus Cyr(encestrie) et terre et homines et possessiones eorum in custodia et protectione mea sunt. Quare volo et firmiter precipio quod idem abbas et conventus habeant et teneant terras et tenementa et tenuras bene et in pace, libere, quiete et honorifice sicut carta patris mei testatur nec inde ponantur in placitum nisi coram me. T(este) Hamon(e) de Waloin(iis) apud Theoskesbir(iam).

51. *Charter of Earl William confirming to Cranborne Priory Robert Fitz Hamon's donations from his manor, Cranborne (Dorset)* (c. *1150–65*)

PRO E.132/2/13 recto.

Will(el)m(us) comes Glouc(estrie) omnibus baronibus suis hominibus et ministris tam futuris quam presentibus, [salutem]. Sciatis quia concessi et per hanc meam cartam confirmavi illam donationem quam Rob(er)t(us) filius Ham[o]nis fecit ecclesie sancte Marie et sancti Pet(ri) et sancti Bartholomei de C(r)aneburna, videlicet [de] decimis de omni dominio in manerio de C(r)aneburna, idem de caseis, de agnis, de vitulis, de porcellis, de lana et lino, de pullis, de apibus, de feno, de herbagio, de pannagio, de oisera, de molendiniis, de venat(i)o(n)e et de omnibus emendationibus eiusdem manerii unde debebat decima dari, et decima que solebat dari per acras, det(u)r per garbas. Et concedo eis plenam pasturam tam in bosco quam in plano in dominio meo. Et de nemoribus meis housbotam et heibotam et ad socum quod opus fuerit per visum forestarii. Qui autem hanc meam concessionem et confirmationem meam fregerit vel minuerit, anathema sit nisi ad emendationem veniat. T(estibus) H(awisia) comitissa, Hamone co(n)stab(ulario), Rob(er)to de Granevilla, Adam de Ely, Will(el)mo de Cardi, Picardo clerico, et aliis pl(ur)ibus.

The limits for the charter's dating are provided by the presence of Countess Hawisia and Adam de Ely, who was dead by 1165 (see above, p. 12). The charter gives a valuable list of agricultural dues owed to the earl which also illustrates a typical range of manorial production. The concessions of housebote and haybote included the rights to gather timber for houses and for hedging. The soke refers to a court of the earl's for forest pleas. View of the forester entailed a payment extracted from the inhabitants bound to attend this court evidently to pledge observance of the earl's forest regulations. The monks were being exempted from their share of this payment. Robert Fitz Hamon used his right as *patronus* over Cranborne to translate Abbot Gerald and some of the monks to Tewkesbury in 1102, after which Cranborne was a dependent priory of Tewkesbury (Knowles and Hadcock, 63 and n.; *VCH Dorset*, ii. 70).

52. *Charter of Earl William confirming to Cranborne Priory Robert Fitz Hamon's gift of a tithe on various items of manorial income from Cranborne (Dorset) (c. 1150–65)*

PRO E.132/2/13 verso.

Will(elmus) comes Glouc(estrie) omnibus baronibus suis hominibus et ministris tam futuris quam presentibus, salutem. Sciatis quia concedo et per hanc meam cartam confirmo illam donationem quam Rob(er)tus Hamonis filius fecit ecclesie sancte Marie et sancti Bartholomei de C(r)aneburna, videlicet de decimis de omni dominio in manerio de C(r)aneburna, idem de caseis, de agnis, de vitulis, de porcellis, de pullis, de apibus, de feno et decimam que solebat dari per acras. Precipio sicut Rob(er)t(us) filius Hamonis per suam cartam precepit ut reddatur per garbas et plenariam pasturam in campis et nemoribus. Qui autem hanc concessionem meam fregerit anathema sit nisi ad emendationem venerit. T(estibus) H(awisia) comitissa, Hamone constabulario, Rob(er)to de Granevilla, Adam de Ely, Will(elmo) de Cardi.

The charter's dating is governed by the presence of Countess Hawisia and Adam de Ely (see above, p. 12). This and the preceding charter are clearly related by reason of content and witnesses to the same occasion. This charter is an abbreviated version of the preceding one. Comparison of the sentence in this charter beginning *Precipio sicut* with its counterpart in the other charter shows that some verb like *concedo* should be understood before *plenariam pasturam.*

53. *Charter of Earl Amaury granting to Richard de Crespi lands at Nurstead (Kent) and Mapledurham (Hants) (1200–c. 1213)*

Roger Money-Kyrle, Esq., Whetham, Calne, DA/3, no. 51 (copy); cal. in HMC, *Manuscripts in Various Collections*, iv. 97.

Sciant presentes et futuri quod ego Aumaric(us)[1] comes Gloec(estrie) dedi concessi et hac presenti carta mea confirmavi Ric(ard)o de Crispi pro homagio et servitio suo totam terram illam quam Alanus de Biritona tenuit die quo obiit et decem acras terre de assarto meo apud Nurstede iuxta domum Will(elm)i Huryng et dominium meum habendum et tenendum de me et heredibus meis sibi et heredibus suis libere, quiete, hon[o]rifice, iure

[1] MS. *Minarc'*

hereditario reddendo inde annuatim in festo sancti Mich(aelis) dimidiam libram cumin in curia mea de Mapeldereham pro omni servitio et seculari exactione. Et preterea concessi predicto Ric(ard)o et heredibus suis in omni pastura et boscis meis apud Mapeldereham viginti porcos[2] de pannagio quietos. Et quia volo quod hec mea donatio et concessio rata et stabilis imposterum permaneat sigilli mei appositione eam confirmavi. Testibus hiis Nich(ola)o capellano comitis, Ioh(ann)e de Cambrum', Ric(ard)o de Bera, Rob(er)to de Pet(r)aponte, Ioh(ann)e capellano de Map(eldereham), Ric(ard)o Talebat, Widone camerario, Will(el)mo de Soneword(e) et Adam fil(io) eius, Will(elm)o de Linford, Rad(ulf)o Ferre, H(u)b(er)to filio eius, Ric(ard)o Komon', Ric(ard)o coco, et multis aliis.

[2] *et unu(m) apru(m)* superscript; reading uncertain.

54. *Charter of Earl William granting to Durford Abbey his part of the moor between his tenement of Petersfield (Hants) and the village of Harting (Sussex), and three acres of land adjacent to the moor and quittance from tolls in Petersfield* (c. *1160–83; perhaps after 1166*)

BM Cotton MS. Vespasian E. XXIII, fo. 100b.

Will(elmu)s comes Glocestr(ie) dapifero suo et omnibus hominibus suis Franc(is) et Anglic(is), salutem. Sciatis me dedisse et carta mea presenti confirmasse canonicis de Dureford' meam partem more que est divisa inter tenementum de Peteresfeld' et villam de H(er)ting'. Et tres acras terre in longum iuxta predictam moram in perpetuam elemosinam et quietas ab omni seculari servitio pro anima patris et matris mee et Rob(er)ti filii mei et pro salute anime mee et uxoris mee. Preterea concessi predictis canonicis quietantiam in villa de Peteresfeld' de omnibus achatis suis que pertinent ad victum et vestitum. T(estibus).

The charter's issue must have been between the foundation of the abbey and Earl William's death. However, the grouping of the name of the earl's son with the deceased Earl Robert and Countess Mabel, strongly suggests a date after the son's death in 1166 (see above, p. 9). This may be the earliest charter evidence of the earl's new borough, Petersfield. It has been suggested that Petersfield was founded in 1182–3 on the strength of this year's being the first in which mention of the town appeared in the Pipe Rolls (Beresford, *New Towns*, 447). But the only reason for this mention is that Earl William, to whom Petersfield belonged, was under arrest and his honour in the king's custody.

55. *Charter of Countess Hawisia in favour of Durford Abbey* (*1183–97*)

BM Cotton MS. Vespasian E. XXIII, fo. 99b.

Hawisia comitissa Glocestr(ie) omnibus hominibus suis et amicis, salutem. Sciatis quod ego dedi abbathie de Dureford' et canonicis ibidem deo servientibus meam partem more que est divisa inter tenementum de Herting' et de Peteresfeld'. Et tres acras terre in longum iuxta predictam moram in perpetuam elemosinam quietas ab omni seculari servitio et preterea dedi eis quietantiam apud Peteresfeld' de omnibus acatis suis que pertinent ad victum et vestitum illorum. T(estibus).

The most appropriate time for the terms of Earl William's grant to be restated would have been after his death in 1183. Hawisia herself died in 1197 ('Annales de Theokesberia', *Ann. Mon.* i. 55). The Charter is virtually a reissue of no. 54.

56. *Charter of Countess Hawisia granting to Durford Abbey the land Robert Wytrow held and his annual service of two shillings (1183–97)*

BM Cotton MS. Vespasian E. xxiii, fo. 99b.

Sciant presentes et futuri quod ego Hawys(ia) comitissa Glocestr(ie) dedi et concessi et presenti carta mea confirmavi deo et ecclesie beate Marie et sancti Ioh(ann)is Bapt(iste) de Dureford et canonicis ibidem deo servientibus in puram et liberam et perpetuam elemosinam totam terram quam Rob(ertu)s de Wytrowe tenuit et servitium ipsius Rob(er)ti qui mihi solebat inde reddere annuatim duos solidos. Hanc donationem elemosine feci eis pro anima domini mei W(illelmi) comitis Glocest(rie) et pro anima mea et pro animabus antecessorum meorum immo et successorum meorum. T(estibus).

The reference to Earl William in this charter may indicate that its issue was subsequent to his death in 1183.

57. *Charter of Countess Hawisia granting to Durford Abbey the land Thomas, son of Aylwin de La Wytrow held (1189–97)*

BM Cotton MS. Vespasian E. xxiii, fos. 99b–100.

Omnibus sancte matris ecclesie filiis ad quos presens scriptum pervenerit Hawys(ia) comitissa de Glocestr(ia), salutem. Sciatis me dedisse et hac presenti carta mea confirmasse deo et ecclesie sancte Marie et sancti Ioh(ann)is Bap(tis)te de Dureford' et canonicis ibidem deo servientibus totam terram quam Thom(as) filius Aylwini de La Wytrewe tenuit, scilicet tres solidatas terre et ipsum Thoma(m) et servitium ipsius terre in puram et perpetuam elemosinam liberam et quietam ab omni servitio et ex omni seculari exactione. Hanc donationem feci pro animabus dominorum meorum regis Henr(ici) p(ri)mi et s(e)c(un)di et pro rege Ric(ard)o et pro Ioh(ann)e comite de Moret(onia) et pro anima Will(elm)i comitis de Glocestr(ia) domini mei et pro anima Rob(er)ti filii mei et pro filia mea comitissa et pro anima mea et antecessorum meorum et successorum. Et ut hec donatio rata et firma permaneat sigillo meo confirmavi. T(estibus).

The reference to John Lackland as count of Mortain and to King Richard establishes the charter's date.

58. *Charter of Countess Hawisia granting to Durford Abbey the land of Thomas Fitz Aylwin and the land Richard Makuhus held* (*1189–97*)

BM Cotton MS. Vespasian E. xxiii, fo. 100.

Omnibus sancte matris ecclesie filiis ad quos presens scriptum pervenerit Hawys(ia) comitissa Glocestr(ie), salutem. Sciatis me dedisse et hac presenti carta mea confirmasse deo et ecclesie sancte Marie et sancti Ioh(ann)is Bap(tiste) de Dureford' et canonicis ibidem deo servientibus totam terram quam Thom(as) filius Aylwyni tenuit. Et terram quam Ric(ardu)s Makuhus tenuit, scilicet sex solidatas terre in puram et perpetuam elemosinam liberam et quietam ab omni servitio et seculari exactione. Hanc donationem elemosine feci eis pro anima regis Henr(ici) et pro rege Ric(ard)o et pro Ioh(ann)e comite de Moret(onia) et pro anima domini mei Will(elm)i comitis Glocestr(ie) et pro anima mea et pro animabus omnium liberorum meorum et antecessorum et successorum. T(estibus)

The charter was issued before the countess's death in 1197.

59. *Charter of Countess Hawisia granting to Durford Abbey land at Nurstead* (*Kent*) *and pasturage for the monks' oxen* (*1189–97*)

BM Cotton MS. Vespasian E. xxiii, fo. 88b.

Sciant tam presentes quam futuri quod ego Halwys(ia) comitissa Gloecestr(ie) dedi et hac presenti carta mea confirmavi in puram et perpetuam et liberam elemosinam deo et ecclesie sancte Marie et sancti Ioh(ann)is Bapt(iste) de Dureford' et canonicis ibidem deo servientibus sexdecim acras in essart(is) de Nutstede. Et concessi eis pasturam bovum suorum dum ibi fuerint ad predictam terram arandam cum bobus meis dominicis. Hanc donationem elemosine feci eis ad hostias in eodem loco consecrandas pro anima regis Henr(ici) et pro rege Ric(ard)o et pro Ioh(ann)e comite de Morect(onia) et pro anima domini mei Will(elm)i comitis Glocestr(ie) et pro anima mea et pro animabus liberorum meorum et antecessorum et successorum. Quare volo et confirmo quod predicti canonici habeant et teneant prefatam elemosinam in pace libere et quiete ab omni servitio et seculari exactione ad faciendum singulis annis diebus constitutis anniversarium domini mei predicti comitis et me[i] in prefata ecclesia. T(estibus) etc.

60. *Charter of Countess Isabel confirming to Durford Abbey her mother's donation of land at Nurstead (Kent) (1189–99)*

BM Cotton MS. Vespasian E. xxiii, fo. 88b.

Omnibus fidelibus ad quos presens carta pervenerit Isabell(a) comitissa Gloucestr(ie) et Morecton(ie), salutem. Noverit universitas vestra me concessisse et ratam habuisse et hac presenti carta mea confirmasse deo et ecclesie sancte Mar(ie) et sancti Ioh(ann)is Bapt(iste) de Dureford' et canonicis ibidem deo servientibus donationem quam domina mater mea Hawys(ia) comitissa Glocestr(ie) dedit illis in perpetuam elemosinam liberam et quietam ab omni seculari servitio, scilicet de .xvi. acris in essartis de Nutstede et pasturam bovum suorum dum ibi fuerint ad predictam terram arandam cum bobus meis dominicis. Hanc donationem elemosine concessi predicte ecclesie et canonicis eiusdem loci ad hostias in eodem loco consecrandas per totum annum et ad faciendum singulis annis anniversarium domini[1] patris mei comitis Will(elm)i in prefata ecclesia. T(estibus).

[1] *domini* superscript in same hand.

61. *Charter of Count John confirming to Durford Abbey Countess Hawisia's donation at Nurstead (Kent) (1189–99)*

BM Cotton MS. Vespasian E. xxiii, fo. 90b.

Ioh(ann)es comes Moret(onie) ad quos presens scriptum pervenerit, salutem. Noveritis me divine pietatis intuitu et pro anima regis Henr(ici) patris mei et regis Ric(ard)i fratris mei et pro anima mea et antecessorum meorum confirmasse in perpetuam et puram elemosinam donationem quam Hawys(ia) comitissa Glocestr(ie) fecit ecclesie sancte Marie et sancti Ioh(ann)is Bapt(iste) de Dureford' et canonicis ibidem deo servientibus, videlicet sexdecim acras terre in essartis de Nutstede ad hostias in eodem loco consecrandas. Quare volo et firmiter precipio quod predicti canonici habeant et teneant prefatam donationem in pace, integre, libere et quiete ab omni servitio et seculari exactione ad faciendum singulis annis diebus constitutis anniversarium domini Henr(ici) regis patris mei in prefata ecclesia. Testibus.

The charter's reference to King Richard limits it to the years 1189–99.

62. *Charter of Countess Isabel confirming her mother's donation of Thomas Fitz Aylwin's land and Richard Makuhus's land to Durford Abbey (1189–99)*

BM Cotton MS. Vespasian E. xxiii, fo. 100.

Isabell(a) comitissa Glocestr(ie) et Morecton(ie) omnibus hominibus et amicis suis Franc(is) et Anglic(is) presentibus et futuris, salutem. Sciatis me concessisse et hac presenti carta confirmasse pro anima patris mei Will(elm)i comitis de Glocestr(ia) et pro animabus antecessorum et successorum meorum deo et ecclesie sancte Marie et sancti Ioh(ann)is Bap(tis)te de Dureford' et canonicis ibidem deo servientibus totam terram quam Thomas filius Ailwyni tenuit. Et terram quam Ric(ardu)s Makuhus' tenuit, scilicet sex solidatas terre in puram et perpetuam elemosinam liberam et quietam ab omni servitio et omni seculari exactione sicut carta Halwys(ie) comitisse Gloecestr(ie) matris mee quam inde habent testatur. T(estibus).

Countess Isabel's title indicates that this charter was issued before her husband, John, became king.

63. *Charter of Count John confirming Countess Hawisia's donation of Robert Wytrow's land and the service attached to it to Durford Abbey* (*1197–9*)

BM Cotton MS. Vespasian E. XXIII, fo. 99b.

Ioh(ann)es comes Moret(onie) omnibus ad quos presens scriptum pervenerit, salutem. Noveritis me divine pietatis intuitu et pro anima Henr(ici) regis patris mei et Ric(ard)i regis fratris mei et pro anima mea et antecessorum meorum in puram et perpetuam elemosinam confirmasse deo et ecclesie sancte Marie de Dureford' et canonicis ibidem deo servientibus donationem quam Hawys(ia) comitissa Glocestr(ie) bone memorie eisdem canonicis fecit de terra Rob(erti) de Wytrowe et de servitio ipsius Rob(er)ti qui solebat inde reddere annuatim prefate Hawys(ie) comitisse Glocestr(ie) duos solidos. Quare volo et firmiter precipio quod ipsi canonici predictam donationem habeant et teneant in perpetuum. T(estibus).

The reference to Countess Hawisia indicates that the charter was issued after her death in 1197 (no. 55 n.).

64. *General confirmation to Durford Abbey of lands and liberties at Mapledurham (Hants) by Earl Geoffrey* (*1214 to 23 February 1216*)

BM Cotton MS. Vespasian E. XXIII, fo. 101; Dugdale, *Monasticon*, vi, no. VII, 939.

Galfridus de Mandevill(a) comes Glocestr(ie) et Essex(ie) dapifero suo et omnibus hominibus suis tam presentibus quam futuris tam Francigen(is) quam Anglicis, salutem. Sciatis me intuitu dei assensu et voluntate Isabel[le] uxoris mee concessisse et hac presenti carta mea confirmasse deo et ecclesie beate Marie et sancti Ioh(ann)is Bapt(iste) de Dureford' et canonicis ibidem deo servientibus in puram et perpetuam elemosinam ab omni servitio et seculari exactione quietam omnes donationes et libertates quas Will(elmu)s comes Glocestr(ie) et Hawys(ia) comitissa et Almaric(us) comes Glocestr(ie) eisdem canonicis dederunt in tenemento de Mapulderham, scilicet totam partem more que est inter tenementum de Peteresfeld' et villam de H(er)ting'. Et tres acras terre in longum iuxta predictam moram. Et quietantiam de telonio in villa de Peteresfeld'. Et octo solidatas terre et totam terram quam Thom(as) filius Ailwyni tenuit cum ipso Thom(a) et omni sequela sua. Et totam terram quam Ric(ardu)s Makuhus' tenuit. Et totam terram quam Rob(ertu)s de Wytrowe tenuit cum ipso Rob(er)to et tota sequela sua. Et sexdecim acras terre in essart(is) de Nutstede ad hostias in predicto loco consecrandas. Et aliud assartum quod iacet inter essartum meum dominicum et assartum predictorum canonicorum sicut carta predicti comitis Almarici quam inde habent testatur. Et pasturam bovum suorum cum bobus meis dominicis quamdiu predictam terram arabunt. Hanc vero confirmationem feci eis pro salute anime mee et Isabel[le] uxoris mee et pro animabus patrum et matrum nostrarum et antecessorum et successorum nostrorum. Et ut hec concessio et confirmatio stabilis et inconcussa inperpetuum perseveret presenti scripto et sigilli mei inpressione eam confirmavi. Testibus.

65. *Charter of Earl William granting to Queen Eleanor of England the ivory dice Elias the clerk owes annuallyfor land at Kenfig (Glam.) (1166–83)*

NLW, P & M MS. 544/10; Clark, *Cartae et alia*, i, no. CLXXIV; cal. in Birch, *Catalogue*, 2nd ser. 10, and Birch, *Margam Abbey*, 43.

W(illelmus) comes Gloc(estrie) omnibus hominibus suis et baronibus Francis, Anglis atque Wallensib(us), salutem. Sciatis me dedisse domine Alienori regine Anglie illos .iii. decios eburneos quos Helias clericus suus mihi annuatim reddere debuit pro .v. acris terre quas ipse de me tenuit apud Kenef(eg) et de illis tribus deceis clamo predictum Heliam quietum. T(este) Hauuisia comitissa.

The dice would not have been available to give to the queen until after the death of the earl's son in 1166 (see above, p. 9).

66. *Charter of Earl William granting to St. Mary's, Eaton, Mapledurham church with a chapel at Petersfield (Hants) (1155–9)*

A*, transcr. in Bodl. Dugdale MS. 12, fo. 265; B, transcr. in Bodl. Dodsworth MS. 10, fos. 241b–242; C, transcr. in Bodl. Dodsworth MS. 65, fos. 32b–33.

Will(elmu)s[1] comes Gloec(estrie) omnibus hominibus suis Francis et Angl(is), salutem. Sciatis me concessisse et dedisse in perpetuam elemosinam deo et ecclesie sancte Marie de Eton et monialibus ibidem deo servientibus pro salute anime mee et uxoris mee et puerorum meorum et antecessorum meorum ecclesiam de Mapeldresham cum capella de Petresfeld et cum[2] omnibus aliis pertinentiis suis. Quare volo et firmiter precipio quod

[1] *Will(el)m(u)s* in B; *Will(elm)us* in C. [2] *ad* in B.

predicte moniales teneant hanc ecclesiam cum predicta capella et cum omni integritate sua libere et honorifice et quiete ab omni exactione et servitio seculari erga me et heredes meos et erga omnes homines sicut aliqua ecclesia in tota Angl(ia) aliquam ecclesiam vel aliquam elemosinam melius et liberius tenet. Et Thomas nepos Thurb(er)ti[3] capellani qui tunc tenebat ecclesiam quando summonitio[4] exercitus de Tolosa facta est teneat illam in vita sua de predictis monialibus. Et post mortem eius remaneat libera et quieta ecclesie de Etona. T(estibus) Waltero episcopo Coventr(ensi), Rob(erto) episcopo Linc(olniensi), Mauric(io) episcopo de Bangor,[5] Ric(ardo) abbate Lerg(recestrie), Turstino abbate de Gerwedona, Will(elm)o abbate de Lira, Hamone abbate de Bordesleia, Will(elm)o abbate de Stanleia, Rob(erto) priore de Keneldew[o]rth, Rob(erto) comite Lerg(recestrie), Hug(one) comite Cestr(ie), Will(elm)o comite [de] Warwic,[6] comite Simon[e], Adam[7] de Helya, Picoto capellano, Henr(ico) clerico, Greg(orio) de Turre, Rob(erto) de Almeri, Ric(ardo) de Cardif, Rob(erto)[8] filio Ric(ardi), Will(elm)o Burdet, Ivone de Harewecurt, Rob(erto) pincerna, Galfr(ido) Labb[at]e.[9]

[3] *Thurbati* in C.
[4] *summonito* in B.
[5] *Pangor* in A, B, and C.
[6] *Warwick* in B; *Warwic(k)* in C.
[7] *Ada(m)* in B.
[8] *Rob(er)t(o)* in B.
[9] *Labb(at)e* in B; *Labbe* in C.

Nuneaton was founded by Earl William's father-in-law, Robert, Earl of Leicester, *c.* 1155 as a dependency of Fontevrault (Knowles and Hadcock, 94). This charter cannot have been issued after 1159, the date of Bishop Walter of Coventry's death (*HBC* 233). Hawisia, Countess of Gloucester, continued her family's patronage of Nuneaton and Fontevrault (nos. 67, 78). The charter gives evidence of some settlement at Petersfield (Hants), Earl William's new borough, for the existence of the chapel presupposes some local community (see nos. 160–1).

67. *Charter of Countess Hawisia granting to St. Mary's, Eaton, land at Pimperne (Dorset) along with her body (1183–97)*

BM Additional Charter 47517 (size: 7½ in. × 5⅛ in.); transcr. in Bodl. Dugdale MS. 12, fo. 266.

Omnibus sancte matris ecclesie filiis ad quos presens scriptum perven(er)it Hawisia comitissa Glocest(r)ie, salutem. Noverit universitas vestra me dedisse et concessisse et hac presenti carta mea confirmasse pro salute anime mee et Will(elm)i comitis Glocest(r)ie domini mei et liberorum meorum et omnium antecessorum et successorum meorum deo et ecclesie sancte Marie de Etona et monialibus de ordine Fontis Ebraudi ibidem deo servientibus centum solidatas terre in manerio meo de Pinpre cum corpore meo, scilicet molendinum de Nutfort cum moltura hominum totius predicti manerii de Pinpre et cum omnibus aliis pertinentiis suis pro quinquaginta solidis set de eodem molendino habebunt fratres de sancto Lazaro dimidiam marcam quolibet anno. Et terram Hamelini filii Radulfi Barnage cum omnibus pertinentiis suis pro xx^{ti} solidis et terram que fuit Rogeri magistri cum omnibus pertinentiis suis pro xx^{ti} solidis et terram Radulfi palmarii et servitium suum et quicquid ad illam terram pertinet pro .x. solidis et terram que fuit Edmundi prepositi cum omnibus pertinentiis suis pro dimidia marca. Volo etiam quod habeant et teneant predictas terras et predictos redditus libere et quiete, pacifice et honorifice in puram et perpetuam elemosinam sicut unquam dominus meus Will(elmu)s comes Glocestr(ie) liberius et quietius ea tenuit vel pater meus qui illud manerium mihi dedit in liberum maritagium in pratis et pasturis, in viis et semitis, in aquis et stagnis et in molendinis, in bosco et plano et in omnibus locis cum omnibus libertatibus et liberis consuetudinibus. Hiis test(ibus) Will(elm)o abbate de Keinesh(am), Ioh(anne) abbate de sancto Augustino, H(enrico) abbate de Binedune, Rob(erto) priore de Warha(m), R(oger)o Waspail, Will(elm)o de Sancto Lig(ir)io, Ric(ardo) filio Hug(onis), Henr(ico) de Karentuem, Steph(an)o de Edmodeisha(m), Alano de Baieus, Greg(orio) capellano, Gilib(erto) de Dena, Ric(ardo) de Pet(r)apo(n)te, magistro Andrea, Ric(ardo) kamerario, Rodlando pincerna.

Seal on plaited cords, green wax, pointed oval, fragment; full standing female figure facing to the sinister, forearms extended with long hanging maunches, flower or fleur-de-lis in right hand; legend: [✠ S]IGILLVM H[ATHEWIS COMITISSA] GLOECESTRIE (Plate XXXI*c*).

Endorsement: Hec est carta de Pinpre.

In 1194, Countess Hawisia fined 300 marks for seisin of Pimperne, which was her marriage portion (*PR 6 Richard I*, 193–4, 238; see no. 78). This may have been due to Count John's refusal to grant his mother-in-law her *maritagium* after he became Earl of Gloucester in 1189. King Richard's return from captivity in 1194 might have been Hawisia's earliest opportunity to recover seisin and may possibly be the earliest this charter could have been issued; but the countess may have made this gift irrespective of her seisin of the manor, in which case the charter could have been issued any time after Earl William's death in 1183. The countess's gift appears to be partial fulfilment of a grant by her own father in which he gave Hawisia and rent from Pimperne manor to Nuneaton some time before 1189 (*BJRL* xxiv (1940), 364). The charter is the work of Scribe **xv** (Plate XVI*b*).

68. *Charter of Earl Robert confirming to Ewenny Priory donations by Maurice de Londres and Gilbert de Turberville and adding land at Kenfig (Glam.) and quittance from tolls and from all service (1140–7)*

PRO C.150/1, no. DCXLVII; *Cart. Gloucester*, ii; Clark, *Cartae et alia*, i, no. CI; *Episcopal Acts*, ii. L.105, 637–8.

Rob(ertu)s regis filius Glouc(estrie) consul Uthredo Land(avensi) episcopo et Rob(ert)o Norr(ensi) vicecomiti de Gla(m)morgan et omnibus baronibus suis et amicis et fidelibus Francis et Anglis et Walensib(us), salutem. Sciatis me pro salute anime mee et M(abilie) comitisse et antecessorum et successorum meorum presenti carta mea confirmasse totam illam elemosinam priori et prioratui de Eweny et monachis ibidem commorantibus quam fecerunt Mauric(ius) de Lond(oniis) et Gilb(er)tus de Turbevilla omni eo modo quo carte eorum testantur. Et addo ex parte mea viginti et[1] unam acram terre arabilis iuxta villam de Kenefec cum uno burgagio in vico occidentali usque ad aquam nigram extra portam ville de Kenefek(e) ut prefatus prior ita libere possideat donum meum et quicquid ei collatum est vel posset conferri ab aliquo in terra mea sicuti aliqua res melius et liberius et integrius potest in mundo possideri vel haberi. Do etiam dicto priori ut liber sit et quietus ab omni theloneo et consuetudine et sequela et absolute omni demanda. Et volo quod omnes servientes de curia sua quieti sint ab omni theloneo et consuetudine per totam terram meam. Et volo ut prefatus prior in terra mea omnem habeat libertatem nec a ballivis meis ab eodem exigatur preter orationes sed fortiter prohibeo sub forisfactura .x. librarum ne aliquis in terra mea saepedictum priorem molestare presumat de aliqua possessione quam tenet nomine elemosine vel tenere poterit sed vicecomes meus de Kairdif qui pro tempore fuerit eundem defendat et manuteneat cum omnibus suis possessionibus veluti res proprias meas. Et tam Maur(icius) de Lond(oniis) quam Gileb(ertu)s de Turbevilla in omnibus quoad suas elemosinas dictum priorem aquietabunt. Istam autem libertatem quam memorato priori et suis successoribus contuli totum hoc feci amore beati Mich(ael)is archangeli. Cuius donationis testes sunt dominus Uthred(us) Land(avensis) episcopus, etc.

[1] Superscript in MS.

The charter was issued between 1140, the beginning of Uchtred of Llandaff's episcopate, and the death of Earl Robert in 1147 (*HBC* 276 for Uchtred).

69. *Charter of Earl William granting to the church of St. Nicholas, Exeter, thirteen pence per year for the welfare of the earl's son, Robert* (c. *1150–66*) *Bristol*

BM Cotton MS. Vitellius D. IX, fo. 54.

W(illelmus) comes Gloec(estrie) baillivis suis et prepositis de Winkeleg(a), salutem. Mando vobis et precipio quatinus reddatis singulis annis deo et ecclesie sancti Nich(ola)i Exon(iensis) super altare sancti Nich(ola)i .xiii. denarios pro capitagio Rob(er)ti filii mei[1] quod deus illum conservet et protegat. T(estibus) H(awisia) comitissa, Rob(erto) Dalm(ar)i dapifero, Rog(ero) dapifero, Will(elm)o filio Nich(ola)i marescallo, Picard(o) clerico apud B(r)istoll(iam).

[1] MS. *me*

The charter was issued before the death of the earl's son in 1166 (see above, p. 9).

70. *Concord between Earl Robert and Roger, Abbot of Fécamp* (*1128*)

MS. untraced, formerly in the possession of Lord Beaumont at Carlton (Yorks.); A*, transcr. in BN MS. Nouvelle Acquisition 1428, fos. 144, 144b, 145; B, transcr. (in part) in Archives de la Ville de Caen, Collection Mancel, LXXIII, fo. 4; C, transcr. (in part) ibid. LXXIII, fos. 6–6b; D, transcr. (in part) ibid. XCII, fos. 12b, 13, 13b; E, transcr. (in part) ibid. XCII, fo. 14; cal. in *CDF*, no. 1410 and *Regesta* i, no. 127 (in part).

CYROGRAPHUM

Hec est conventio que inter abbatem Fiscann(ensem) et Richardu(m) et Turstinu(m) de Croilli[1] firmata fuit.[2] In nomine sancte et individue Trinitatis. Providentes animarum suarum[3] saluti et domini sui Rob(er)ti[4] comitis et omnium antecessorum suorum amore et consilio Vital(is)[5] monachi fratris eorum duo nobiles viri de Normannia[6] alter pater alter filius Richard(us)[7] et Turstin(us)[8] dederunt ecclesie Fiscannensi[9] sancte Trinitatis sanctum Gabriele(m)[10] super Sella(m)[11] cum foro et cum appenditiis suis, hac quidem[12] conditione ut ibi ordinarent monachos et si locus in tantum cresceret ut ibidem possit poni abbas de monachis suis Fiscan(n)ensis[13] abbas constitueret[14] abbatem consilio principis provincie et senioris de Croilei,[15] si quidem interesse[16] voluerit, substantia vero loci in ipso loco remaneat et ne[17] alias asportetur. Acta est aut[em] confirmatio ista anno incarnationis dominice MLXXX[18] coram Vill(el)mo[19] rege Angloru(m)[20] et principe Normannor(um),[21] coram filiis suis Rotb(er)to[22] et Will(el)mo,[23] coram episcopis suis Will(el)mo,[24] videlicet archipresule Rothomagensi, Michaele[25] Abrincensi, Gisleb(er)to[26] Ebroicensi, Goffrido C(on)stantiensi,[27] Gisleberto[28] Lexoviensi, Rotberto[29] Sagiensi, coram abbatibus et principibus suis. S. ✠ Regis,[30] S. ✠ Regine,[31] S. Rotb(er)ti comitis ✠,[32] S. archiepiscopi,[33]

[1] *Croelli* in D and E.
[2] Rubric, *Hec . . . fuit* missing in B and C.
[3] *animae suae* in B, C, and D.
[4] *Roberti* in B, C, D, and E.
[5] *Vitalis* in B, C, D, and E.
[6] *Normania* in C and D; *Northmannia* in E.
[7] *Richardus* in B and D; *Ricardus in* C and E.
[8] *Turstinus* in B, C, D, and E.
[9] *Fiscamnensi* in B; *Fiscannensis* in C; *Fiscammensi* in D; *Fiscann(ens)i* in E.
[10] *Gabrielem* in B, D, and E.
[11] *Sellam* in B, C, D, and E.
[12] *eadem* in D.
[13] *Fiscamnensis* in B; omitted in C; *Fiscamniensis* in D and E.
[14] *constituerit* in C.
[15] *Croiley* in C; *Croelei* in D.
[16] *intantum* in B and D.
[17] *non* in B, C, D, and E.
[18] *millesimo octogesimo* in B and D; *M°LXXX°* in C and E.
[19] *Willelmo* in B; *Vuillelmo in* C, D, and E.
[20] *Anglorum* in B, D, and E.
[21] *Normannorum* in B and E; *Normanor(um)* in C; *Northmannorum* in D.
[22] *Roberto* in B, C, D, and E.
[23] *Wilelmo* in B; *Vuillelmo* in C, D, and E.
[24] *Willelmo* in B; *Vuillelmo* C, D, and E.
[25] *Michaelee* in C.
[26] *Gisleberto* in B; *Gilberto* in C and D; *Gilleberto* in E.
[27] *Goffrido Constantiniensi* in B; *Gofrido Constantinensi* in C; *Goffrido Constantiensi* in D and E.
[28] *Gisleberto* in B; *Gilberto* in C; *Gilleberto* in E.
[29] *Roberto* in B, C, D, and E.
[30] ✠ *Sigillum Willelmi regis* in B; ✠ *Sigillum Vuillelmi regis* in D; *signum Vuillelmi regis et Matheldis regine* in C; ✠ (superscript) *regis et regine* ✠ in E.
[31] ✠ *Sigillum Matheldis reginae* in B; ✠ *Sigillum Mathildis regine* in D; for C and E, see above, n. 30.
[32] ✠ *Sigillum Roberti comitis* in B and D; *sancti Roberti comitis* in C; *signum Roberti comitis* ✠ in E.
[33] ✠ *Sigillum Willelmi archiepiscopi* in B; [*signum*] *Vuillelmi archiepiscopi* in C; ✠ *Sigillum Vuillelmi archiepiscopi* in D; *signum archiepiscopi* ✠ in E.

S. episcopi Abrinc(ensis),[34] S. episcopi Ebroic(ensis),[35] S. episcopi C(on)stant(iensis),[36] S. episcopi Lexov(iensis),[37] S. episcopi Sag(iensis),[38] S. Vital[is] abbatis de Wastomonasterio,[39] Testes[40] abbas sancti Ebrulfi,[41] abbas sancti Petri Dive,[42] abbas Sagii.[43] De laicis, Malconduct(us) Anglice ville,[44] Will(elmus) Putot.[45] S. Rogerii comitis ✠,[46] S. Rotberti Belm(ontis),[47] S. Crispini ✠,[48] S. Crocei ✠.[49]

Postea vero hec subsequens conventio facta est inter abbatem Fiscan(n)ense(m) Rogeriu(m) et Rotb(er)tu(m) comitem Gloe(n)cestrie. Interim si quidem prior apud sanctum Gabriele(m) stabiliter ac firmiter permanebit consilio et electione iam dicti abbatis atque comitis et utriusque capituli in hoc unanimiter consentiente: quod si prior ad altiorem gradum promotus fuerit, sive aliqua interveniente occasione, consensu abbatis at comitis predicti senioris Croilei et utriusque capituli depositus aut etiam morte perventus, alter prior vice ipsius de monasterio sancte Trinitatis qui idoneus ibi inventus fuerit consensu abbatis Fiscan(n)ensis et comitis Croilensis domini atque utriusque capituli subrogabitur. Sic autem de Fiscan(n)o prior quemcunque per maiorem Fiscann(ensis) ecclesie priore[m] honestiorem invenerint communi predictorum consilio stabilietur. Clerici autem sive laici qui apud sanctum Gabrihele(m) ad conversionem venerint, ibidem habitum monachicum suscipient a priore eiusdem loci ad benedicendum professionem quoque suam faciendam Fiscannu(m) dirigendi [fuerint]. Stabilitatem vero suam ibi unum abbatem monachi omnes de sancto Gabrihele permittent atque firmabunt. Homagia de Francis hominibus abbas Fiscann(ensis) accipiet, fidelitates vero illorum abbas Fiscann(ensis) et prior de sancto Gabrihele communiter accipient. Relevationes terrarum abbas et redditus prior sancti Gabrielis habebunt. Ipse aut[em] prior terra[m] aliquam non vendet, non dabit, non invadiabit, ad firmam non locabit alicui potentiori

34 ✠ *Sigillum Michaelis Abrincensis episcopi* in B and D; [*signum*] *Michaelis episcopi Abrincensis* (superscript) in C; ✠ *Signum episcopi Abrincensis* in E.

35 ✠ *Sigillum Gisleberti episcopi Ebroicens(is)* in B; [*signum*] *Gisleberti episcopi Ebrioc(ensis)* (superscript) in C; ✠ *Sigillum Gilleberti episcopi Ebroincensis* in D; *Signum episcopi Ebroicensis* in E.

36 ✠ *Sigillum Gauffridi episcopi Constantiniens(is)* in B; [*signum*] *Gofridi episcopi Consta(ntiniensis)* (superscript) in C; ✠ *Sigillum Gauffridi episcopi Constantiensis* in D; *Signum episcopi Constantiensis* in E.

37 ✠ *Sigillum Gisleberti episcopi Lexoviensis* in B; [*signum*] *Vuilleberti episcopi Lexovi(ensis)* (superscript) in C; ✠ *Sigillum episcopi Lexoviensis* in D; *Signum episcopi Lexoviensis* ✠ (superscript) in E.

38 ✠ *Sigillum Roberti episcopi Sagiens(is)* in B; [*signum*] *Roberti episcopi Sagiens(is)* (superscript) in C; ✠ *Sigillum Roberti episocopi Sagiensis* in D; *Signum episcopi Sagiensis* ✠ (superscript) in E.

39 ✠ *Sigillum Vitalis abbatis Wastimonasterii* in B; [*signum*] *Vitalis abbatis Monasterii* (superscript) in C; ✠ *Sigillum Vitalis abbatis Vuastimon(aste)rii* in D; *Signum Vitalis abbatis de Vuastomon(aste)rio* ✠ (superscript) in E.

40 B continues: ✠ *Sigillum Rogerii comitis,* ✠ *Sigillum Roberti de Bellomonte,* ✠ *Sigillum Willelmi Crispini,* ✠ *Sigillum Richardi de Courri*; C continues: [*signum*] *Rogerii comitis,* [*signum*] *Robert de Bellomont,* [*signum*] *Villelmi Crispini, signum Ricardi de Croely*; D continues: ✠ *Sigillum Rogerii comitis,* ✠ *Sigillum Roberti de Bellomonte,* ✠ *Sigillum Vuillelmi Crispini,* ✠ *Sigillum Ricardi de Courri*; E follows the order of A and differs from A in a superscript *signum* with *Rogerii* and in spelling *Villel(mus)* and *Croili.*

41 *Mainerius abbas* in B and D; *Manuerius abbas* in C; *abbas sancti Ebrulphi* in E.

42 *Robertus abbas* in B, C, and D.

43 *Fulco abbas* in B, C, and D.

44 *Willelmus villae Maleconductus Anglicae* in B; *Vuillelm(us) Maleconduct(us) Anglor(um)* in C; *Vuillelmus ville Maleconductus Anglice* in D; *Maleconductus Anglice ville* in E

45 *Willelmus Putot* in B; *Vuillelm(us) Paitrs* in C; *Villelmus* in D; *Willel(mus) Putot* in E.

46 For the forms in the other MSS., see above, n. 40.

47 See above, n. 40.

48 See above, n. 40.

49 A and E have no further witnesses; B continues: *Willelmus Broc, Wulherius de Amundevilla Velimus*; C continues: *Valterius Broc, Ide Amentevilla, Velinus*; D continues: *Villelmus Broc, Walterius de Almondivilla, Velinus*; B, C, D, and E end here.

se nisi consilio et consensu Fiscann(ensis) abbatis et predicti senioris atque utriusque capituli. Ipse vero prior electionem abbatis et utriusque capituli et consensu comitis senioris de Croilli in capitulo Fiscann(ense) sumetur. Anno MCXXVIII ab incarnatione domini. Testibus archiepiscopo Eborac(ensi) Turstino, Ricardo episcopo Baiocensi, Hugone de Deserto, Turstino archidiacono, Will(elm)o de sancta Barbara, Will(elm)o de Ros, Samsone, Dionisio, Ricardo canonicis. Ex parte domini Rog(eri) abbatis sex testes, Rog(erus) archidiaconus, archiepiscopus Mamist(ri) Will(elmus) filius Theod(or)ici, Ioh(anne)s Celt, Adelelm(us), Haimeric(us) et totus conventus; laici, Will(elmu)s Fiscann(ensis), Engelrann(us) dapifer, Rob(ertus) Gernet, Gauff(ridus) de Maisnil, Gauff(ridus) Pilevill(a); ex parte comitis, Warin(us) capellanus comitis, Will(elmus) filius comitis, Will(elmus) de Montfichet, Rob(ertus) filius Bernardi, Ricardus de Greinvilla, Gauffrid(us) de Walteriivilla, Oddo Sor, Symon de Curcy, Ricard(us) de Bosvilers, Will(elmus) de Dobra, Rob(ertus) de Greinvilla.

S. Gabriel, three-quarters of a mile from Creully, was founded as a priory of Fécamp in 1058, a co-operative effort of the abbey and the lord of Creully. This explains the division of the rights of patronage which this concord reveals. S. Gabriel's seignorial founders were Richard and his son Turstin de Creully; another of Richard de Creully's sons, Vital, was a member of the Fécamp community (Musset, in *Fécamp*, i. 64–5; Béziers, *Mémoires*, iii. 490). The most difficult interpretational problem which this concord raises is the relationship between the family of Earl Robert's wife, Mabel Fitz Hamon, through whom Robert acted *iure uxoris* as *patronus* of S. Gabriel in 1128, and the eleventh-century family which founded S. Gabriel. M. Lucien Musset, in a study of the priory's foundation charter and several other originals of S. Gabriel's oldest extant deeds, has called attention to the existence of three generations of this Creully family: Turstin; his wife, Turuvias; their sons, Richard, Turstin, and Vital, the monk of Fécamp; and Turstin, the son of Richard ('Actes Inédits du XIe Siècle, I: Les plus anciennes Chartes du Prieuré de Saint-Gabriel (Calvados)', *Bulletin de la Société des Antiquaires de Normandie*, lii (1952–4), 124–5. The Richard and Turstin de Creully of the chirograph of 1080 would be the son and grandson of Turstin. M. Musset has also pointed out that the Creully family of Turstin and Richard was related to the Goz family of the viscounts of Avranches (ibid. 126–9; *RADN* 532–3). Whether or not the Richard son of Turstin is to be identified with the Richard de Creully who attested a charter of Robert Fitz Hamon to Tewkesbury Abbey in 1105, there seems no evidence to link the Fitz Hamon and Creully families through the latter Richard (Dugdale, *Monasticon*, ii. 81). Neither is it possible to connect the two families through Richard de Grainville, whom Dugdale believed to be Robert Fitz Hamon's brother (William Dugdale, *The Baronage of England* (3 vols.; London, 1675–6), ii. 479; Mary Bateson, 'The Laws of Breteuil', *EHR* xv (April 1900), 310; Loyd, *Anglo-Norman Families*, 48; but Earl William had a Grainville *nepos*: *PR 23 Henry II*, 22). This Richard's son, the same Richard de Grainville who attested this chirograph, founded Neath Abbey in 1129/30, but his foundation charter, which was subscribed by Earl Robert of Gloucester, makes no mention of any relationship to the Earl (Clark, *Cartae et alia*, i, no. LXVII; Dugdale, *Monasticon*, v, no. 1, 259). And if this Richard de Grainville had been the heir of the Creully family, he, not Earl Robert, would have negotiated the concord with the Abbot of Fécamp regarding S. Gabriel. Furthermore, Earl Robert's son, Richard Fitz Count, and his descendants held Creully for the remainder of the twelfth century (*CP*, v. 686 n.; Powicke, *Loss of Normandy*, 337–8). If the Fitz Hamon–Gloucester lordship over Creully was not based upon inheritance, feudal overlordship seems the only other possibility. This would not contradict the statement Wace made in the second half of the twelfth century that the grandfather of Earl Robert's father-in-law (Haimo 'Dentatus') had been lord of Creully (*Maistre Wace's Roman de Rou et des Ducs de Normandie*, ed.

Hugo Andresen (2 vols.; Heilbronn, 1877–9), ii. 192). If one Creully family founded S. Gabriel and negotiated the concord with Fécamp in the eleventh century and a representative of a different Creully family, Earl Robert, made a new agreement with Fécamp as S. Gabriel's *patronus* in the twelfth century, perhaps the explanation is that Creully had escheated to its overlord, the house of Fitz Hamon, in the interim.

71. *Charter of Earl William granting to Rannulf Fitz Gerold twelve pounds' worth of land at Great Gransden (Hunts.); for this and for eight pounds' worth of land at Toppesfield (Essex), Rannulf was to owe the earl the service of one knight* (c. *1150–9*) *Bristol*

Trustees of the Earl of Winchilsea, dep. in NRO, Finch Hatton MS. 170, fo. 46b (transcr. in facsm.; size: $7\frac{3}{10}$ in. × $7\frac{1}{10}$ in.); *BS*, no. 213.

W(illelmus) comes Gloec(estrie) suo dapifero omnibusque suis baronibus et hominibus atque fidelibus Fra(n)cis, Anglis, salutem. Sciatis me dedisse Ranulfo filio Geroldi .xii. libratas terre apud Grentendena(m) pro suo servitio in bosco et plano et pratis et pasturis et in aliis aisiamentis cum donatione ecclesie quantum sue terre pertinet tenendas in feodo et hereditate de me et heredibus meis sibi et heredibus suis. Et volo atque precipio quatinus illas bene et in pace, libere et honorabiliter teneat. Et si aliquis hanc predictam terram versus Rann(ulfum) calumpniatus fuerit et non possim eam illi adquietare suum excambium ipsi Rann(ulfo) inde de meo dominico dabo antequam de sua predicta terra dissaisiatur. Et de hiis .xii. libratis terre de Grentendena et de .viii. libratis terre de Toppesfelda faciet mihi Ra(n)nulf(us) servitium unius militis. T(estibus) Hath(ewisa) comitissa, Ham(one) fratre comitis, Hub(erto) dapifero, Gregorio filio Rob(er)ti, Rob(erto) de Alm(ar)i dapifero, magistro Guarino, Ada(m) de Ely, Picardo et Henr(ico) Tusardo clericis, Alano de Warnesteo, Ric(ardo) de S(ancto) Q(u)int(ino), Rob(erto) de Maisi, Rob(erto) de Gunnovilla, Rob(erto) de Greinvilla, Rob(erto) de Everci et Rob(er)to eius fratre, Ric(ardo) de Cardi, Sim(one) eius fratre, Gisleb(erto) de Alm(ar)i, Walt(er)o de Wicha, Ada accipitrio, Ran[ulfo] filio Ric(ardi), Rog(er)o Witeng, apud Bristou.

Tongue for seal cut off.

The charter was issued between Earl William's marriage to Hawisia de Beaumont and the death of his brother, Hamo, during King Henry II's Toulouse expedition of 1159 (see above, Howden, i. 217; *BS*, no. 213 n.). If the charter's dating limits are correct, it is strange that Rannulf Fitz Gerold's name does not appear in Earl William's *cartae* of 1166. The name does appear in another tenant-in-chief's *carta* (*RBE* 195). Evidently, Rannulf was dead by 1186 when Alan de Valognes and Robert de Tregoz were making fine for his lands (*PR 33 Henry II*, 123, 206). In the thirteenth century, Warin Fitz Gerold was in seisin of what apparently was a truncated portion of Rannulf's former fee, for Warin's lands were located only in Essex and his service was rated as one-half that of a knight (*RBE* 155; *PR 5 John*, 43).

72. *Quitclaim by Count John of the service of Robert, son of Robert Fitz Harding until John or his heirs repays sixty marks Earl William borrowed from Robert* (*1189–99*) *Bristol*

BCM, no. 46 (size: $5\frac{11}{16}$ in.×4 in., damaged); cal. in Jeayes, no. 46.

Ioh(anne)s comes Moreton(ie) omnibus hominibus et amicis suis Franc(is) et Angl(is) presentibus et futuris, salutem. Sciatis quod ego quietos clamavi Rob(ertum) filium Rob(erti) filii Hard(ingi) et heredes suos de servitio suo quod mihi debent de terra sua. Donec ego aut heredes mei reddiderimus ipsi Rob(erto) aut heredibus suis .lx. marcas quas idem Rob(ertus) mutuo dedit comiti Will(elmo) Gloucestr(ie). Et cum ego aut heredes mei reddiderimus Rob(erto) aut heredibus suis .lx. marcas deinde servitium suum facient sicut pertinet ad tenementum eorum. Et hanc conventionem fideliter tenendam concessi predictis Rob(erto) et heredibus suis pro .xx. marcis quas mihi dedit et eam confirmo sicut testatur carta comitis Will(elmi) Gloucestr(ie). Hiis test(ibus) Steph(ano) Rid(el), Hamo(n)e de Valonn(is), Rad(ulfo) Morin, Ioh(ann)e la Werre, Rad(ulfo) de Arden(e), Henr(ico) de Munford, magistro Alard(o). Apud B[risto]w.[1]

Seal on tag; small fragment of green wax.

[1] MS. damaged.

The charter is the work of Scribe **xix**.

73. *Charter of Count John confirming to Robert, son of Robert Fitz Harding, two parks with deer leaps, warren, and his dogs in the manors of Barrow and English Combe* (*Som.*) (*1189–99*) *Bristol*

Mrs. L. Y. K. Fisher and Mrs. M. J. Hollings, Trustees of the late Miss L. E. Jones, dep. in GRO, D.225/T.2 (size: $5\frac{3}{8}$ in.×$4\frac{1}{4}$ in.).

Ioh(anne)s comes Moreton(ie) omnibus vicecomitibus, forestariis, baillivis suis, salutem. Sciatis me concessisse et hac presenti carta mea confirmasse Rob(erto) filio Rob(erti) filii Hard(ingi) .ii. parcos et saltatoria in eisdem parcis et warennam et canes suos in villis de Berue et Inglescum', illi scilicet et heredibus suis habenda de me et heredibus meis. Quare volo et firmiter precipio quod ipse et heredes sui habeant et teneant illos parcos et saltatoria et warennam et canes suos in illis duabus villis de me et heredibus meis sicut carta patris mei H(enrici) regis Anglie testatur. Hiis test(ibus) Steph(ano) Rid(el), Ham(one) de Valonn(is), Rad(ulfo) Morin, Ioh(ann)e la Werre, magistro Alard(o), Henrico de Munford' apud Bristow'.

Seal missing from tag.

The charter is the work of Scribe **xxii** (Plate XXI*a*).

74. *Charter of Count John confirming to Robert, son of Robert Fitz Harding, Were (Som.) which Juliana de Bampton gave to her father, Robert Fitz Harding, for the service of one knight* (*1189–99*) *Cranborne*

BCM, no. 47 (size: $7\frac{3}{10}$ in. × $5\frac{1}{2}$ in., damaged); cal. in Jeayes, no. 47.

Ioh(anne)s comes Moret(onie) omnibus hominibus et amicis suis Franc(is) et Angl(is), salutem. Sciatis me concessisse et hac mea carta confirmasse Rob(erto) filio Rob(ert)i filii Hardi(n)g villam de Were quam Iuliana de Bantona rationabiliter dedit patri suo Rob(ert)o filio Harding pro servitio suo sibi et heredibus suis tenendam de ea et heredibus suis in feodo et hereditate per servitium unius militis. Quare volo et firmiter precipio quod Rob(ertus) filius Rob(erti) filii Hard(ing) et heredes sui habeant et teneant de predicta Iuliana et de heredibus suis prenominatam villam cum omnibus pertinentiis suis in bosco et plano, in pratis et pasturis, in aquis et molendinis, in piscariis, in viis et semitis et in omnibus aliis rebus ad eam pertinentibus bene et in pace, libere et quiete, integre et honorifice cum omnibus libertatibus et liberis consuetudinibus sicut carta Iuliane de Banton testatur et sicut H(enricus) rex Angl(orum) pater meus carta sua confirmavit. T(estibus) Will(elm)o de Wenn(eval), Ham(one) de Val(oniis), Ioh(ann)e marescallo, Will(elm)o Buchet(ot), Theob(aldo) Walt(er)i, Will(elm)o filio Ioh(ann)is, H(e)nrico de Munfort, Rog(er)o de Novoburg(o), Will(elm)o de Viliers, Ioh(ann)e de Bonavill(a), Rob(erto) le Francois, magistro Petro de Lucetter apud Craneb(u)r(nam).

Seal on tag, red wax, round, *c.* $2\frac{1}{8}$ in., damaged; equestrian figure to the dexter, in hauberk of mail with surcoat, sword, shield of arms slung around the neck, horse galloping; legend: [✠ SIGILLVM: IOH]A[NNIS: FILII: REGIS:] ANGLIE: DO[MINI: HIB'NIE]; counterseal: antique intaglio gem, oval, 1 in. × $\frac{7}{8}$ in., female bust to the dexter; legend: ✠ SECRETVM [IOH]ANNIS.

Endorsement: villa de Wera.

The charter is the work of Scribe **xxii.**

75. *Charter of Earl William granting to Kenaithur Fitz Herbert and his brothers the land of Kelleculum and arable at Tre-y-gedd* (*Glam.*) (*1147–83*)

NLW, P & M MS. 25 (size: $5\frac{1}{8}$ in. × $3\frac{4}{5}$ in.); Clark, *Cartae et alia*, i, no. CLXIX; cal. in Birch, *Catalogue*, 1st ser. 11, and Birch, *Margam Abbey*, 49–50.

W(illelmus) comes Gloec(estrie) dapifero suo et vicecomiti suo de Glamorg(an) et omnibus baronibus suis et hominibus de Glamorgan Francis et Angl(is) atque Walensib(us), salutem. Sciatis me concessisse Kenaithuro filio Herb(er)ti filii Godwinet et Blethein et

Will(el)mo et Keinwrec et Rigered fratribus suis filiis H(er)b(er)ti terram de Kelleculu(m) quam H(er)b(er)t(us) pater suus tenuit et terram arabilem de Treikic inter terram Luarch filii Merewith et aquam de Baidan tenendas de me et de heredibus meis sibi et heredibus suis ita libere et quiete et honorifice et per simile servitium sicut H(er)b(er)t(us) pater suus tenuit terram suam de Kelleculu(m). T(estibus) Ric(ardo) de Cardi dapifero, Ham(one) de Valon(iis), W(illelmo) de Bosco, W(illelmo) de Actona, Luarch filio Merewith, Carad(oc) filio Ioh(annis) Du, Herv(eo) clerico qui presentia conscripsit.

Seal missing from tongue with tie.

Endorsement: Memorandum quod Will(elmu)s comes dedit filiis H(er)b(er)ti terram de Kilchiculo(m) per istam cartam quam quidem terram predicti filii H(er)b(er)t(i) dederunt monachis de Marg(an).

This charter reveals the identity of the scribe who wrote it, Master Herveus (Plate V*c*; and see above, p. 17). For the Fitz Herbert family of Kelleculum, see Clark, *Cartae et alia*, i. 123–4 and n. Kenaithur Fitz Herbert's land at Gall-y-cwm owed a total service of three shillings six pence to be paid to the earl's kitchen (nos. 142–4). For the identification of Treikic and other places mentioned in the charter, see Birch, *Margam Abbey*, 49 n. and 50.

76. *Charter of Countess Isabel granting all her land at Salle (Norfolk) to Roger Fitz Ralph for one-fifth of the service of a knight (23 February 1216 to 14 October 1217)*

BM Cotton MS. Nero E. VII, fo. 98b.

Sciant presentes et futuri quod ego Ysabell(a) comitissa Gloucest(r)ie et Essex(ie) in libera viduitate mea et in ligia potestate mea dedi et concessi et hac presenti carta mea confirmavi Rog(er)o filio Rad(ulf)i servienti meo pro homagio et servitio suo totam terram quam habui in villa de Salle de honore Glouc(estrie) cum omnibus pertinentiis habendam et tenendam ipsi Rog(er)o et heredibus suis de me et heredibus meis bene et in pace, libere et quiete, integre, plenarie et honorifice, in bosco et plano, in pratis et pascuis, in viis et semitis, in aquis et molendinis, in stagnis et vivariis et in omnibus aliis locis et rebus cum omnibus libertatibus et liberis consuetudinibus ad eandem terram pertinentibus faciendo inde servitium quinte partis unius militis pro omni servitio seculari. Et ego Ysabell(a) et heredes warrant(izabimus) predicto Rog(er)o et heredibus suis totam predictam terram cum pertinentiis contra omnes homines. Et ut hec mea donatio et concessio inperpetuum firma perseveret et stabilis presentem cartam sigilli mei munimine roboravi. Test(ibus) etc.

For the dating, see above, p. 23.

77. *Charter of Earl William confirming Adam de Ely's grants in Bristol to Robert Fitz Swein* (c. 1150–66)

BAO 5139 (449) (size: $7\frac{2}{5}$ in.×$3\frac{7}{10}$ in., damaged); Birch, 'Original Documents', no. 175; Seyer, i. 498.

[Will(elmu)s comes Gloue(cestrie) ballivis et ministris suis] de feria de Brist(ou) et omnibus fidelibus suis, salutem. Sciatis me [concessisse et presenti carta confirmasse donationem quam Adam de Ely clericus] meus dedit Rob(er)to filio Sweini de domo et terra [Blachemanni in feria de Bristou et] de domo et terra Hug(onis) Morgan in eadem feria et de domo et terra Lewini [Lari in ipsa feria et de domo] longa cum terra que est iuxta domum Will(elm)i Trane quam etiam ipse Adam fecit [fie]ri de suo consta[bulario(?) pro ser]vitio Will(elm)i [de Hereford] de terra sua in feria de Brist(ou), scilicet de una libra cumini per annum [Rober]to filio Sweini tenenda ipsi et heredibus suis ita libere et quiete sicut predictus Ada(m) illam tenere solebat [sicut] carta ipsius Ada(m) quam Rob(ertus) habet testatur et distinguit. T(estibus) H(awisia) comitissa, Rob(erto) filio meo, Rob(erto) filio Ric(ardi), [Ricardo] de Cardi et Sim(one) fratre suo, Ham(one) de Valonis, Wid(one) de Rocca, Herv(eo) clerico, Rog(ero) de S[umeri],[1] Regin(aldo) [filio Simonis(?) Rober]to filio Greg(orii) et Drug(one) fratre suo, Ric(ardo) filio Alani, Nic(holao) clerico, Will(elm)o Dalm(ar)i, Rad(ulfo) de Consta[ntia].

Seal on tag, red wax, round, *c.* $2\frac{3}{4}$ in. diameter, damaged; a lion passant to the dexter, behind it a lily or conventional flower; legend chipped away; counterseal, antique intaglio gem, oval, $1\frac{1}{8}$ in.×$\frac{7}{8}$ in.; a helmeted bust to the right, an eagle below, rising regardant; legend: ✠ AQVILA SV' [ET] CVST[OS COMITIS].

[1] Supplied from Birch's reading in 'Original Documents', no. 175.

The text of the charter has been almost completely restored by collating it with two charters of Adam de Ely which grant what this charter confirms (BAO 5139 (139) and 5139 (448)). The superscription, address, and the missing portions of witnesses' names are conjectural. The charter was issued before the death of the earl's son in 1166 (see above, p. 9). The charter is the work of Master Herveus (Plate V*a*).

78. *Charter of Countess Hawisia granting to Fontevrault land from her manor at Pimperne (Dorset)* (1194–7)

A*, Arch. Dép. du Maine-et-Loire, no. 246 H (size: $7\frac{1}{5}$ in.×$4\frac{5}{16}$ in.); B, transcr. in BN MS. Latin 5480, i, fo. 253; C, transcr. (in part) in Bodl. Dugdale MS. 12, fo. 266; cal. in *CDF*, no. 1089.

Omnibus sancte matris ecclesie filiis ad quos presens scriptum pervenerit Hawisa comitissa Gloec(estrie), salutem. Noverit universitas vestra me dedisse et concessisse et hac presenti carta mea confirmasse deo et ecclesie sancte Marie Fontis Ebraudi et monialibus ibidem deo servientibus pro salute anime mee et patris mei et matris mee et Will(elmi) comitis Gloec(estrie) domini mei et omnium antecessorum meorum et successorum .iiii.^{or} virgatas terre in manerio meo de Pimp(erne) quod est de libero maritagio meo in puram et perpetuam elemosinam ut mei memoriam in orationibus suis habeant anniversarium meum singulis annis faciant, scilicet unam virgatam terre quam Simon de Blaneford tenuit et unam virgatam quam Osb(er)t(us) de Nutford tenuit[1] et unam virgatam quam Nicholaus de Pimp(erne) tenuit et unam virgatam quam Will(elmus) Kiwel de Nutford et Galfridus de Pimp(erne) [ten]uerunt.[2] Preterea concedo eis pasturam centum ovium in dominio meo. Volo etiam quod moniales de Ettune teneant predictam terram et pasturam de predictis monialibus Fontis Ebraudi libere et quiete, bene et in pace et honorifice, in pratis et pa[sturis, in][2] viis et in semitis, in molendinis et in aquis et in omnibus locis cum omnibus libertatibus et liberis consue[tudinibus a]d[2] predictam terram pertinentibus reddendo eis annuatim viginti solidos ad festum sancti Michaelis pro omni ser[vitio. H]iis testibus Henr(ico) abbate de Binad(une), Rob(erto) priore de War(ham), Will(elm)o de Sancto Legirio, magistro Hernisio, magistro Andrea, Gregorio capellano, Gileb(erto) de Den[a, Ricardo Kame]rario,[2] Ric(ardo) de Pet(r)iponte, Rollando, Will(elmo) [de] Linford(e), Simone fratre eius.

Seal missing from plaited cords; formerly green wax, pointed oval; a full standing female figure facing to the sinister, forearms extended with long hanging manches, a flower or fleur-de-lis in the right hand, legend: ✠ SIGILLVM HATHEWIS COMITISSA GLOECESTRIE.[3]

[1] *tenuit . . . Kiwel de Nutford* omitted in B.

[2] Original destroyed here; missing portions from B.

[3] Transcr. in facsm. in B; cal. in *CDF*, no. 1089.

In 1194, Countess Hawisia owed the royal government £133. 6*s*. 8*d*. for recovery of her *maritagium* referred to in this charter (*PR 6 Richard I*, 194). Most probably, the charter was issued between that date and the countess's death in 1197 (no. 55 n.); it is the work of Scribe **xvi** (Plate XVII*a*).

79. *Charter of Earl Amaury ceding the County of Évreux to King Philip of France (May 1200) Le Goulet*

Archives Nationales, J.216, no. 6 (size: $9\frac{1}{10}$ in. × $5\frac{11}{16}$ in.); facsm. in Vernier, *Fac-similes de Chartes Normandes*, Plate XVI; text ibid. 20–1 and in *Gallia Christiana*, xi, Instrumenta, no. XIII; *Cart. Normand*, 281–2; *Layettes du Trésor des Chartes*, i, no. 588.

Notum sit omnibus tam presentibus quam futuris quod ego Almaric(us) comes Gloecestr(ie) domino Philipp(o) illustri regi Franc(orum) et heredibus eius de propria voluntate mea et de mandato domini mei Iohannis illustris regis Angl(orum) in presentia ipsorum regum et baronum suorum quittavi civitatem Ebroic(ensem) et Ebroicin(um), videlicet quicquid in eis habebam feodi et dominii sicut mete determinant que in carta domini mei Ioh(ann)is illustris regis Angl(orum) quam dominus rex Franc(orum) habet denotantur et dominus meus rex Angl(orum) mihi sufficiens excambium inde donavit. Ego etiam bona fide et sine malo ingenio in manu domini regis Franc(orum) fiduciavi hoc tenere sicut continetur in carta domini mei regis Angl(orum) quam inde dominus rex Franc(orum) habet. Quod ut perpetuum robur obtineat presentem paginam sigilli mei munimine confirmavi. Testibus H(uberto) Cant(uariensi), E(lia) Burdegalen(si) et I(ohanne) Dublin(ensi) archiepiscopis, A(nsello) Melden(si), [P(hilippo)] Belvacen(si), H(ugone) Linc(olniensi), E(ustachio) Elyen(si) et H(erberto) Sar(es)bir(iensi) episcopis, B(aldwino) comite Flandr(ie), T(heobaldo) comite Campan(ie), L(udovico) comite Blesen(si), R(oberto) comite Drocen(si), W(illelmo) Mariscall(o) comite de Pembroc, W. de Garland', B. de Roya. Actum Goleton(i) anno incarnati verbi m.° ducentesimo mense Mayo.

Seal formerly on plaited cords, now appended by string in seal bag, green wax, round, $2\frac{1}{2}$ in. diameter, damaged; equestrian figure to the dexter in armour, hauberk of mail, cap-like helmet with nasal and pendants, sword in right hand, shield with central boss on left arm, horse with ornamented saddle, beneath horse a fleur-de-lis, legend: ✠ SIGILLVM AMAR[ICI COMI]TIS · EBROICENSIS.

Endorsements: (1) Cirographum[1] comitis Glo(u)cestrie super quittationem Ebroicar(um).
(2) M°.CC°.

[1] Reading uncertain.

This charter was issued on or about the date of the Treaty of Le Goulet, 22 May 1200. The treaty provided for the cession of Évreux (Powicke, *Loss of Normandy*, 134–8, 169–72, *et passim*). The charter is the work of Scribe **xxiii**.

80. *Charter of Earl Amaury ceding the County of Évreux* (c. *1200*)

Archives Nationales, J.216, no. 21 (size: $7\frac{3}{5}$ in. × $3\frac{1}{4}$ in.); *Cart. Normand*, no. 54; *Layettes du Trésor des Chartes*, i, no. 589; *CP* v, 692 n.

Omnibus ad quos presens carta pervenerit Amauric(us) comes Gloucestr(ie), salutem. Noverit universitas vestra quod quietavi et quietum clamavi Phil(ippo) regi Francor(um) Ebroic(as) et quicquid habui intra metas factas per pacem factam inter predictum regem et dominum meum Ioh(anne)m illustrem regem Angl(orum) sicut carte eorundem regum testantur. Quia idem dominus meus I(ohannes) rex Angl(orum) de escambio Ebroic(arum) et eorum que habui intra metas predictas mihi satisfecit. Hiis testibus Gwill(elm)o Lond(inensi), Herb(erto) Sar(isberiensi) et Ioh(ann)e Norwic(ensi) episcopis, Gaufr(ido) filio Pet(r)i comite de Essex(ia), Rob(erto) comite Leic(estrie), Ric(ardo) comite de Clar(a), Rob(erto) comite de Meudlent(o), Rob(erto) de Turnham, et multis aliis.

Seal on tag, green wax, round, *c.* $2\frac{7}{8}$ in. diameter, damaged; shield of arms curved top and sides, bendy; legend: ✠ SIGILL[VM A]LMAR[I]CI COM[ITI]S GLOVERNIE; counterseal, round, $1\frac{9}{16}$ in. diameter; same shield of arms; legend: ✠ SECRETVM .A. COMITIS GLOVERNIE.

Endorsement: Et[1] Almarici comitis Glocest(r)ie br(eve) quitta . . . Ebroic(as).

[1] Reading uncertain.

The charter is a variation of no. 79 and the work of Scribe **xxiv**.

81. *Writ of Count John addressed to his bailiffs, especially those of Bristol, exempting the goods of Glastonbury Abbey from tolls (1189 to 1 November 1191)*

A*, The Marquess of Bath, Longleat, Mun. 39, fo. 69 (mod. fol.); B, Trinity College, Cambridge, MS. R.5.33, fo. 118b; *The Great Chartulary of Glastonbury*, ed. Dom Aelred Watkin [SRS, 3 vols. lix, lxiii, lxiv, 1947–56], lix (1947), 148.

Ioh(ann)es comes Moret(onie) vicecomiti et omnibus ballivis et ministris suis totius terre sue et nominatim ministris suis de Bristoll(ia), salutem. Precipio quod omnes res abbathie[1] de Glaston(ia) et abbatis et monachorum, scilicet victus, vestitus et pecunia sint[2] quieta ubicumque[3] de teloneo[4] et passagio et emant et vendant quod voluerint et nullus eos iniuste desturbet[5] super forisfactum meum. Teste[6] Rog(er)o de Plan(e), Symo(n)e de Marisco.

[1] *abb(ath)ie* in B.
[2] *sit* in B.
[3] *ubique* in B.
[4] *tholloneo* in B.
[5] *disturbet* in B.
[6] *T(estibus), etc.'* in B.

The charter was issued before the death of Roger de Planes (no. 10 n.).

82. *Charter of Earl Robert confirming to St. Peter's Abbey, Gloucester, Paygrove, land within the almonry garden, a mill at the ford, tithe of Wotton St. Mary, and land beside the Norman's house (Glos.) donated by Richard Fitz Nigel and Emma, his wife (1126–31)*

A*, PRO C.150/1, no. CCXCII; B, PRO C.150/1, no. DLXXII; *Cart. Gloucester*, i, no. CCXCII, ii, no. DCXXII.

Rob(ertu)s consul Glouc(estrie) omnibus baronibus suis et ministris omnibusque fidelibus suis, salutem. Sciatis quod ego[1] concedo et confirmo donationem quam fecit Ric(ardu)s filius Nigelli deo et sancto Petro[2] et monachis Glocestr(ie)[3] pro anima sua et uxoris sue Emme et pro duobus filiis suis quos monachos fecit in eadem ecclesia, scilicet terram que

[1] Omitted in B. [2] *Pet(r)o* in B. [3] *Glouc(estrie)* in B.

dicitur Payg(r)ave[4] et terram quatuor solidorum que est infra hortum elemosinarie[5] et molendinum de Forda[6] et totam decimam suam de Wotthona[7] et sex acras terre iuxta domum Normanni. Hec omnia sunt data et[8] de feodo meo sunt. Volo ut predicti monachi libere et quiete et honorifice inperpetuum in elemosinam habeant et nullus eis inde aliquam iniuriam vel contumeliam faciat.

[4] *Paygrave* in B.
[5] *elemosine* in A and B.
[6] *La Forda* in B.
[7] *Wttone* in B.
[8] *et* superscript in A.

Wotton St. Mary and Paygrove were in the parish of St. Mary de Lode on the northern perimeter of Gloucester. The ford possibly was close by, as well as the four shillings' worth of land: it is known that the monks had a garden there outside the town (PNS xxxix (1964), 158–9; *Cart. Gloucester*, i. 81). This is the first of two charters establishing Richard as a tenant of the Honour of Gloucester. The other probably refers to land held of the honour at Tewkesbury (no. 262).

83. *Charter of Earl Robert confirming to St. Peter's Abbey, Gloucester, messuages in Gloucester given by the Lady Adeliza, mother of Walter, Constable of Gloucester* (c. *1126 to July 1141*) *Gloucester*

A*, Gloucester Cathedral D & C, 'Register A.', no. 18, fo. 13; B, PRO C.150/1, no. LXXVII; *Cart. Gloucester*, i.

R(obertus) regis filius Glouc(estrie) consul G(uefrido) de Walt(er)ivilla[1] dapifero et omnibus suis baronibus atque fidelibus Anglie,[2] salutem. Sciatis me concessisse pro redemptione mee anime[3] deo et sancto Petro et abbati et monachis Glouc(estrie) illas maisuras terre infra Glouc(estriam) quas domina Adelasia[4] mater Walth(eri)[5] Glouc(estrie)[6] constabularii eis in elemosina dedit salvis inde[7] meis consuetudinibus et rectitudinibus. Et volo quatinus bene et in pace et honorabiliter illas teneant et[8] nullus eis inde iniuriam aut contumeliam inferat.[9] T(estibus) Milone constabulario et Unfrido de Bohun et ipso Guefrido de Walt(er)ivilla dapifero et Will(elm)o de la Mara apud Glouc(estriam).

[1] *Walt(eri)villa* in B.
[2] *Angl(ie)* in B.
[3] *anime mee* in B.
[4] *Adelysa* in B.
[5] *Walterii* in B.
[6] *Gloucestr(ie)* in B.
[7] the *de* of *inde* superscript in a later hand in A.
[8] *et* superscript in a later hand in A.
[9] B contains no witnesses.

This charter may be the earliest diplomatic evidence of the vassalage of the sheriffs of Gloucester to the Earls of Gloucester referred to in John of Worcester's continuation of 'Florence of Worcester' and in William of Malmesbury's *Historia Novella* (John of Worcester, 56; *HN* 35; see also nos. 95–6, 110). This charter of Earl Robert, in confirming a donation by Miles's grandmother, Adeliza, is an *ipso facto* expression of this overlordship. The charter's dating provides a means of calculating how early the vassalage was instituted. Since Miles has attested the charter, the deed cannot have been issued before *c.* 1126 when he succeeded to the constableship of his father, Walter (Walker, 'Earldom of Hereford Charters', 9). The date which the Gloucester Cartulary (B) ascribes to Adeliza's grant, 1125, reinforces *c.* 1126 as a *terminus a quo* (*Cart. Gloucester*, i. 81). It is possible that this charter was issued soon after Miles's succession and/or in connection with Adeliza's grant as David Walker has suggested ('Earldom of Hereford Charters', 37 n.). It is significant that the charter mentions

Adeliza, the mother of Walter of Gloucester, the donor, and lists Miles of Gloucester, constable, as a witness, but does not refer to the presence of Walter. Assuming that this means that Walter had retired or died and also that Adeliza was not a grandmother of astounding longevity, Walker's point seems well founded. However, there is a possibility that this charter was issued by Earl Robert in conjunction with his confirmation of a grant by Miles of Gloucester to Llanthony Priory, because both charters have the same place of issue, Gloucester, and the same witness, William de la Mare. The latter charter is dated *c.* 1136–41 (no. 110). William of Malmesbury states that Henry I instituted the vassalage of Miles to Robert (*HN* 35). On the basis of this charter, it may have existed as early as 1125/6; and the fact that Earl Robert confirmed Adeliza's grant, identified by the Gloucester Cartulary (B) as fourteen burgage tenements, but reserved those rights and customs due him from these lands, shows that Robert's overlordship extended beyond mere political superiority to include the idea of proprietary lordship.

84. *Charter of Earl Robert granting to St. Peter's Abbey, Gloucester, Treguff, the land of Penn-onn, the church of Llancarfan (Glam.), and freedom from tolls (1140–7)*

A*, Gloucester Cathedral D & C, 'Register A.', no. 176, fos. 114b–115; B, PRO C.150/1, no. CCCCXXXIX; *Cart. Gloucester*, ii; transl. in *Episcopal Acts*, ii. L.90, 634–5.

Rob(er)tus regis filius Glouc(estrie) consul Udredo[1] Landaven(si)[2] episcopo et Rob(er)to Norr(ensi)[3] vicecomiti de Glamorg(an)[4] et omnibus baronibus suis et amicis et fidelibus Francis et Anglis et Wallens(ibus),[5] salutem. Sciatis me pro salute anime mee et M(abilie) comitisse et antecessorum et successorum meorum dedisse et concessisse et hac presenti carta confirmasse in puram et perpetuam elemosinam ecclesie sancti Pet(r)i Gloucest(r)ie[6] abbati et monachis eiusdem loci villam de Tregof[7] cum terre de Pennu(n)[8] et omnibus aliis pertinentiis suis similiter et ecclesiam de Lancarvan[9] cum omnibus terris et decimis ad eam pertinentibus ita libere et quiete ut mihi[10] vel heredibus meis nichil reservem nisi tantum orationum devotiones. Volo etiam et precipio quod dicti abbas et conventus quieti sint per totam terram meam a theoloneo[11] quicquid emerint ipsi vel servientes sui de curia sua ad opus eorum. Similiter et confirmo totam illam elemosinam prioratui de Ewenny[12] quam Mauricius de Londoniis[13] eis contulit. T(estibus)[14] Mabilia comitissa[15] et Rog(er)o abbate de Theokesbury et Warino capellano, Ruallone de Valoniis, Will(elm)o vavassore, Huberto dapifero, Gregor(e), Sampsone de Saltemareis, Gocelino de Baalloc, Will(el)mo de Berkeroie, Rob(er)to Corb(e)t et aliis.

1 *Wthredo* in B.
2 *Land(avensi)* in B.
3 *Rob(ert)o Norr(ensi)* in B.
4 *Gla(m)morgan* in B.
5 *Walensib(us)* in B.
6 *Glouc(estrie)* in B.
7 *Treigof* in B.
8 *Pennun(e)* in B.
9 *Lankarvan* in B.
10 *michi* in B.
11 *theloneo* in B.
12 *Eweny* in B.
13 *London(iis)* in B.
14 *T(este)* in B.
15 B contains no further witnesses.

In its present form, this charter cannot be Earl Robert's original confirmation. The address to Bishop Uchtred of Llandaff (1140–8?) and the confirmation of Maurice de Londres's foundation of Ewenny Priory (*c.* 1140–3), show that it was issued when Gilbert Foliot was Abbot of St. Peter's (1139–48). But the index of donors in B states that Robert made his gifts to the abbey when Gilbert's predecessor,

Walter de Lacy (d. 1139) was Abbot (for Uchtred's dates, see *HBC* 276; on Gilbert Foliot, see Adrian Morey and C. N. L. Brooke, *Gilbert Foliot and his Letters* (Cambridge, 1965), chapters v and vii; see also Christopher Brooke, 'St. Peter and St. Cadoc', in *Celt and Saxon: Studies in the Early British Border*, eds. K. Jackson, P. Hunter Blair, B. Colgrave, B. Dickins, J. and H. Taylor, C. Brooke, and N. K. Chadwick (Cambridge, 1963), 271–7; *Cart. Gloucester*, i. 115).

85. *Charter of Earl William declaring that Gilbert, Abbot of St. Peter's, Gloucester, has made fine with him for land at Barnsley (Glos.); Robert Fitz Harding was to hold it of St. Peter's (31 October 1147 to 5 September 1148) Bristol*

A*, Gloucester Cathedral D & C, 'Register A.', no. 43, fo. 23b; B, PRO C.150/1, no. DCCCV; *Cart. Gloucester*, ii, no. DCCCIII.

Will(elmus)[1] comes Glouc(estrie) omnibus ministris suis de Bernal'[2] et baronibus et hominibus, salutem. Sciatis quia dominus Gilleb(er)tus[3] Glouc(estrie) abbas et monachi mecum finierunt de terris suis de B(er)nalis[4] quas de Rob(er)to[5] patre meo et de antecessoribus meis tenuerunt. Quare vobis mando et precipio quatinus eis illas in bono et[6] pace et honorabiliter habere et tenere faciatis sicut eas[7] melius et honorabilius tenuerunt tempore patris mei. Preterea ego volo et concedo ut Rob(er)t(us)[8] filius Herdingi predictas terras de abbate et monachis teneat sicut inter eos carta abbatis et monachorum confirmatum est.[9] T(estibus) Hub(er)to dapifero, Hug(one) de Berum'[10] constabulario apud Bristou'.

[1] *Vill(elmu)s* in B.
[2] *de Bernal'* omitted in B.
[3] *Gileb(ertu)s* in B.
[4] *Gual(is)* in B.
[5] *Rob(ert)o* in B.
[6] Omitted in B.
[7] MS. *eis*; *eas* from B.
[8] *Rob(ertu)s* in B.
[9] B ends here with *etc.*'
[10] Reading uncertain.

The texts of A and B should not be considered two different charters because of their almost verbatim agreement; but it has not been possible to resolve the contradiction between the two versions of what Earl William was confirming. The only known fee at Barnsley was held by the Bohun family of the Bishop of Worcester (*BF* 39; *Feudal Aids*, ii. 237; for Barnsley, see PNS xxxviii (1964), 24–5). A has been made the basic text because it is more complete than B. The limits for the charter's dating are provided by the date of Earl Robert's death and that of Gilbert Foliot's consecration as Bishop of Hereford (BM Additional MS. 36985, fo. 15; *CP* v. 686; *HBC* 229).

86. *Charter of Countess Mabel and Earl William granting to St. Gwynllyw's church (Newport, Mon.) all the tithe of their fishponds between the Usk and the Ebwy and confirming to St. Peter's Abbey, Gloucester, their predecessors' donations of Treguff, the church of Llancarfan, and Penn-onn (Glam.) (1147–57; probably 1147–50)*

PRO C.150/1, no. DVII; *Cart. Gloucester*, ii.

M(abilia) comitissa Glouc(estrie) et Will(elmu)s comes filius eius Will(elm)o filio Steph(an)i constabulario suo et omnibus hominibus suis tam Anglicis quam Walensib(us) de sancto Gundleo, salutem in domino. Sciatis nos concessisse, dedisse et hac presenti carta nostra confirmasse pro salute animarum nostrarum ecclesie de sancto Gundleo totam decimam vivariorum nostrorum que sunt inter Uscam et Ebot. Similiter confirmamus donationem ville de Treigof et ecclesie de Lankarvan et terre de Pennun quam fecerunt predecessores nostri pro salute animarum suarum, predecessorum atque successorum suorum monasterio sancti Pet(r)i Glouc(estrie).

The outside limits for the charter are the accession of Earl William and the death of Countess Mabel in 1157 ('Annales de Margam', *Ann. Mon.* i. 48). Several considerations suggest the period 1147–50. The charter is a confirmation of prior grants made from the Honour of Glamorgan to St. Peter's; the lack of any mention of William's wife, Countess Hawisia, suggests that the marriage, which took place after 1150, had not yet occurred.

87. *Charter of Earl William granting to St. Peter's Abbey, Gloucester, St. Gwynllyw's church (Newport, Mon.), but reserving the church for the earl's chaplain, Picot, during his lifetime (1147–83)*

PRO C.150/1, no. DV; *Cart. Gloucester*, ii.

Will(elmu)s comes Glouc(estrie) suo dapifero omnibusque suis baronibus et hominibus et amicis Francis, Anglis atque Walensib(us), salutem. Sciatis me dedisse et concessisse deo et ecclesie sancti Pet(r)i Glouc(estrie) in perpetuam elemosinam ecclesiam sancti Gundlei cum omnibus pertinentiis suis et sicut Picotus meus capellanus melius[1] illam tenuit tempore patris mei vel meo pro salute anime patris mei et antecessorum meorum et pro salute anime mee et uxoris mee et liberorum meorum eo tenore quod idem Pikotus quamdiu vixerit aut eidem ecclesie preesse voluerit illam ita libere et quiete et honorifice de me teneat sicut eam liberius et honorabilius de meo patre et de me ipso tenebat. Attamen concessi ut in recognitione mee donationis Picotus det annuatim ecclesie predicte sancti Pet(r)i tres marcas argent(i) et monachis pro firma pace inter monachos et ipsum Picotum firmanda et omni controversia inter ipsos removenda. Volo etiam quod ex quo Picotus predictam ecclesiam sancti Gundlei de Novo Burgo sive morte sua sive sponte reliquerit ipsa ecclesia abbati atque monachis remaneat quieta et libera ad faciendum inde eorum velle.

[1] *li* of *melius* superscript as an addition.

88. *Charter of Earl William granting to St. Guthlac's, Hereford, quittance from tolls on what they buy or sell at Bristol, Newport (Mon.), and Cardiff (Glam.) (c. 1150–66)*

A*, Oxford, Balliol College MS. 271, fo. 101; B, PRO C.150/1, no. DCXXXIII; *Cart. Gloucester*, ii.

Will(elmu)s comes Glouc(estrie) dapifero suo et omnibus baronibus et hominibus suis

Franc(is)[1] et Angl(is) et Wallens(ibus),[2] salutem. Sciatis me concessisse et carta[3] mea confirmasse pro salute anime mee et Hawiss(ie)[4] comitisse mee et Rob(er)ti[5] filii mei et omnium antecessorum meorum deo et ecclesie apostolorum[6] Pet(ri)[7] et Pauli[8] et sancti Guthlaci He(re)f(ordie)[9] et monachis ibidem deo servientibus quod sint liberi et quieti imperpetuum[10] de theoloneo[11] et de omnibus que ad usus proprios emerint vel vendiderint apud Bristold,[12] et Kardif[13] et Novu(m) Burgu(m).[14] Quare volo et firmiter precipio ne aliquam molestiam vel iniuriam inde eis inferri permittatis sed eos manuteneatis et negotia illorum tanquam[15] mea propria promoveatis. T(estibus)[16] Hawiss(ia) comitissa, Reginald(o) filio Simon(is), Helia filio Rob(erti), Gilb(er)to Damari, Rob(er)to de H(u)nfravill(a), et aliis.

1 *Francis* in B.
2 *Walensib(us)* in B.
3 *et hac carta* in B.
4 *Hawise* in B.
5 *Rob(ert)i* in B.
6 *beatorum apostolorum* in B.
7 *Pet(r)i* in B. follows
8 *Glouc(estrie)* in B.
9 *H(er)eford(ie)* in B.
10 *inperpetuum* in B.
11 *theloneo* in B.
12 *Bristoll(iam)* in B; *et monachis* . . . *Bristoll(iam)* repeated in B.
13 *Kayrdif* in B.
14 *Novum Burgum* in B.
15 *tamquam* in B.
16 B ends with *T(estibus)*.

Robert de Umfraville was dead by 1166, when his fees were held of the Earl of Gloucester by his heir, Gilbert (*RBE* 288). St. Cuthlac's was founded as a priory of St. Peter's (*VCH Gloucestershire*, ii. 54).

89. *Charter of Earl William granting to St. Peter's, Gloucester, Treguff, land at Pen-onn, the church of St. Cadoc, Llancarfan (Glam.), and quittance from tolls at Bristol, Newport (Mon.), and Cardiff (Glam.)* (c. *1150–66*)

A*, Gloucester Cathedral D & C, 'Register A.', no. 176, fos. 115–115b; B, PRO C.150/1, no. DCLV; *Cart. Gloucester*, ii.

Will(el)mus[1] comes Glouc(estrie) omnibus baronibus suis[2] de Angl(ia)[3] et Wall(ia),[4] salutem. Sciatis me concessisse et hac mea carta confirmasse deo et monachis Glouc(estrie) pro salute anime mee et Hawisie[5] comitisse mee et Rob(er)ti[6] filii mei et omnium antecessorum meorum manerium de Treygof in Glamorgan[7] cum terra de Pennon[8] et omnibus aliis terris ad dictum manerium pertinentibus et ecclesiam sancti Cadoci de Lancarvan cum decimis et terris et domibus dicte ecclesie et ortis ultra torrentem qui dividit cimiterium illud et dictas domos et omnibus aliis rebus ad dictam ecclesiam pertinentibus ita libere et pacifice sicut aliqua elemosina melius et liberius potest dari. Et volo quod homines abbatis Glouc(estrie) cum omnibus prioratibus suis sint liberi et quieti imperpetuum[9] ab omni theloneo et demanda aliqua per totam terram meam apud Bristolliam[10] et Novu(m) Bu(r)gum[11] et Kaerdivu(m)[12] absque alicuius calumpnia cum ad proprios usus suos aliquid emerint vel vendiderint. Et prohibeo fortiter sub forisfactura decem

1 *Will(elmu)s* in B.
2 *et ballivis* added in B.
3 *Anglia* in B.
4 *de Wall(ia)* in B.
5 *Hawise* in B.
6 *Rob(ert)i* in B.
7 *Gla(m)morgan* in B.
8 *Pennun* in B.
9 *inperpetuum* in B.
10 *B(r)ictoll(iam)* in B.
11 *Burgum* in B.
12 *Kaerdivium* in B.

librarum ut nullus molestet dictum abbatem Glouc(estrie) qui pro tempore fu(er)it neque priores suarum cellarum sed manuteneantur et negotia illorum tanquam[13] mea propria promoveantur.[14] T(estibus) Hawisia comitissa, Reginaldo filio Simonis, Elia filio Roberti, Gilb(erto) Damari, Roberto de Humfrevill(a). Gilb(erto) Crok, magistro Sampsone, et multis aliis.

[13] *tamquam* in B. [14] B ends here with *etc.*

For the date, see no. 88 n.

90. *Charter of Earl William granting to St. Peter's Abbey, Gloucester, quittance from tolls at Bristol* (c. *1150–83*)

PRO C.150/1, no. DCXXXII; *Cart. Gloucester*, ii.

Will(elmu)s comes Glouc(estrie) prepositis et omnibus ministris suis de Bristoll(ia), salutem. Sciatis quod pro salute animarum patris et matris mee et Rob(ert)i filii mei concedo inperpetuum monasterio sancti Pet(r)i de Glouc(estrie) et fratribus ibidem deo servientibus quietantiam in villa mea de Bristoll(ia) de victu et vestitu fratrum et materie lignorum que ad proprios usus suos emerint in villa de Bristol(lia). Abbas vero et conventus eiusdem loci concessit michi et comitisse et patri et matri mee et Rob(ert)o filio meo et aliis liberis meis omnibus participationem orationum ac benefitiorum omnium que fiunt in ecclesia sua inperpetuum et post obitum nostrum communionem tam in temporalibus quam in spiritualibus sicut uni fratrum eiusdem monasterii. T(estibus).

91. *Charter of Count John exempting St. Peter's Abbey, Gloucester, and St. Guthlac's, Hereford, from tolls throughout his lands, particularly Bristol, Cardiff (Glam.), and Newport (Mon.)* (*1189 to 1 November 1191*) *Winchester*

A*, Gloucester Cathedral D & C, 'Register A.', no. 64, fo. 26; B, PRO C.150/1, no. DCXXXIV; C, PRO C.150/1, no. DCXLVIII; *Cart. Gloucester*, ii.

Ioh(an)nes[1] comes Moreton(ie)[2] omnibus ballivis et ministris suis Franc(is)[3] et Angl(is)[4] et Walensib(us),[5] salutem. Sciatis me divini amoris intuitu concessisse et presenti carta confirmasse ecclesie beati Pet(r)i Glouc(estrie) et ecclesie beatorum apostolorum Pet(r)i et Pauli et sancti Gutlaci[6] He(r)eford(ie)[7] et monachis ibidem deo servientibus quod ipsi et[8] homines et servientes eorum sint liberi et quieti imperpetuum[9] de tolneo[10] et passagio et summagio et carreagio[11] et conductu et pasnagio[12] et pontagio per totam terram meam,

[1] *Ioh(ann)es* in B and C.
[2] *Moretune* in B and C.
[3] *Francis* in B and C.
[4] *Anglis* in B.
[5] *Wal(ensibus)* in B; *Walensib(us)* in C.
[6] *Guthlaci* in B and C.
[7] *H(er)eford(ie)* in B and C.
[8] *et heredes homines* in C.
[9] *in perpetuum* in C.
[10] *tolneto* in B; *theloneo* in C.
[11] *cariagio* in B and C.
[12] *pannagio* altered to *paisnagio* in B.

scilicet apud Bristoll(iam)[13] et apud Kaerdifh[14] et Novu(m) Burgu(m)[15] et per totam aliam terram meam de omnibus rebus suis propriis quas vendiderint et de hiis que ad usus suos proprios emerint. Quare volo et firmiter precipio ne aliquam molestiam vel gravamen eis inde faciatis vel si[16] permittatis et eos manuteneatis et negotia eorum sicut mea propria promoveatis. T(este)[17] Rog(er)o de Plan(e) apud Wynton(iam).[18]

[13] *Bristollum* in C.
[14] *Kairdif* in B and C.
[15] *Novum Burgum* in B; *Novu(m) Burgum* in C.
[16] *si* seems to be an error for *fieri*; *aut fieri . . . sed eos* in B; *vel fieri . . . sed eos* in C.
[17] C ends with *T(estibus), etc.*'
[18] *Winthon(iam)* in B

The charter was issued before Roger de Planes's death in 1191 (no. 10 n.).

92. *Charter of Count John quitclaiming to the abbot and monks of St. Peter's Abbey, Gloucester, and their men, Woolridge Wood, within the limits of his forest of Malvern (Worcs.) (1189 to 1 November 1191)*

PRO C.150/1, no. CCCCLXI; *Cart. Gloucester*, ii.

Ioh(ann)es comes Mort(onie) iusticiariis et ballivis, vicecomitibus et forestariis et omnibus ministris suis, salutem. Sciatis me quietos clamasse abbatem et monachos Gloc(estrie) et homines suos et terram suam et totum boscum suum de Wivelrugge qui est infra metas foreste mee de Malv(er)nia quem dominus rex Hen(ricus) eis dedit et carta confirmavit de vastis et assartis et de regardo forestariorum et de omnibus aliis rebus et consuetudinibus que ad me vel servientes meos pertineant. Et concedo quod ipsi monachi et ballivi eorum de ipso bosco faciant omnino ad voluntatem suam absque visu et regardo forestariorum et servientium meorum. Concedo etiam eidem abbati et monachis warennam suam libere et plenarie per totam terram suam quam habent infra metas predicte foreste mee de Malv(er)nia. Et prohibeo ne aliquis ballivorum vel forestariorum vel servientium meorum aliquam molestiam vel gravamen eis faciat vel terre vel hominibus eorum contra prescriptas libertates. Teste Rog(er)o de Planes, W(illelmo) de Wenneval, etc.'

For the date, see no. 10 n.

93. *Charter of Earl Geoffrey confirming to St. Peter's Abbey, Gloucester, the churches of St. Michael, Ewenny, and St. Brigid, and land at Kenfig (Glam.) (1214 to 23 February 1216)*

Hereford Cathedral Library, no. 2304 ($7\frac{1}{10}$ in. × $3\frac{3}{16}$ in.); facsm. in Davies, 'Ewenny Priory', facing 132; transl. ibid., no. 13, 132.

Galfrid(us) de Mandevill(a) comes Essex(ie) et Gloucestr(ie) H(enrico) Landavensi episcopo et vicecomiti et ministris suis de Glamorgan et omnibus baronibus et hominibus suis Francis et Anglicis et Wallensib(us) Wallie, salutem. Sciatis quod ego pro salute anime mee et comitisse Ysabelle uxoris mee et heredum meorum et pro anima patris mei et antecessorum meorum concedo et confirmo elemosinam quam Maurici(us) de Lond(oniis) fecit in honore dei et sancti Michaelis et sancte Brigide deo et sancto Petro et monachis Gloucestr(ie), ecclesiam scilicet sancti Michaelis cum villa de Eweni et pertinentiis suis et cum molendino sicut idem Maurici(us) illam liberius tenuit et ecclesiam sancte Brigide cum terris et decimis et omnibus pertinentiis suis sicut carta ipsius Mauricii et carte Will(elm)i heredis sui testantur salvo meo servitio quod heredes eorum adquietabunt. Concedo etiam et confirmo eisdem monachis terram unam in villa de Kenefeg in vico occidentali usque ad aquam nigram liberam et quietam ab omni consuetudine et servitio. Concedo etiam priori et monachis de Eweni et servientibus suis ut libere ab omni consuetudine et theloneo per totam terram meam Wallie ad usum suum emant et vendant. Hiis testibus Nichol(ao) Poinz, Will(elm)o Blundo, Will(elm)o de Kaerdif, Gilb(er)to de Turbervill(a), Rad(ulfo) de Swinesheved, Herb(er)to de Haweie, Ric(ardo) Norrens(e), magistro Rad(ulfo) Mailoc, Thoma Pirun, et multis aliis.

Seal on tag, green wax, round, 1¼ in. diameter, damaged; a heater-shaped shield of arms; legend: ✠ SIGILL['] GAL[FRIDI DE] MAVNDEVIL.'

The charter is the work of Scribe **xxvii** (Plate XXIII*a*).

94. *Charter of Earl Amaury granting to Eustace de Grainville land at Mapledurham (Hants) for the service of one-third of a knight (1200 to 28 September 1210)*

Oxford, Magdalen College Muniments, Sherborne Priory Deeds, Petersfield Deeds, no. 149 (size: 10⅛ in. × 5¾ in.); cal. in *Selborne Charters*.

Omnibus ad quos presens carta pervenerit, Aumaric(us) comes Glocestrie filius Aumarici comitis Ebroic(ensis), salutem. Noverit universitas vestra quod ego dedi et concessi et presenti carta mea confirmavi Eustach(io) de Greinvill(a) pro homagio et servitio suo centum solidatas terre in manerio meo de Mapeldurha(m) cum omnibus pertinentiis suis, videlicet totum tenementum Will(elm)i de Felda cum omnibus pertinentiis suis et ipsum Will(elmu)m cum tota sequela sua. Et totum tenementum Will(elm)i de Bergha cum omnibus pertinentiis suis et ipsum Will(elmu)m cum tota sequela sua. Et totum tenementum Ade Le Carboner cum omnibus pertinentiis suis et ipsum Ada(m) cum tota sequela sua. Et totum tenementum Godwin(i) de Syeta cum omnibus pertinentiis suis et ipsum Godwin(um) cum tota sequela sua. Et totum tenementum Sewulfi de Syeta cum omnibus pertinentiis suis et ipsum Sewulf(um) cum tota sequela sua. Et totum tenementum Alani Le Carboner cum omnibus pertinentiis suis et ipsum Alan(um) cum tota sequela sua. Et totum tenementum Gileb(erto) de Gado cum omnibus pertinentiis suis et ipsum Gileb(ertum) cum tota sequela sua. Et totum tenementum Gaut(er)i Marescall(i) cum omnibus pertinentiis suis et cum toto servitio quod ipse Gaut(erus) debet. Et totum tenementum Alani Maresc(alli) cum omnibus pertin(entiis) suis et ipsum Alan(um) cum tota sequela sua. Et totum tenementum Ric(ardi) Molendinarii et molendinum quod ipse tenuit in villenagio cum omnibus pertinen(tiis) suis et ipsum Ric(ardum) cum tota sequela sua. Et preterea totam sectam et molturam hominum meorum de manerio de Mapeltreha(m) et Petresfeld' sicut idem molendinarius illam habuit et habere de iure debet sine ret[en]emento et impedimento de me et heredibus meis. Et preterea duas carocatas de busca et unam arborem competentem in bosco meo de eodem manerio per annum in festo sancti Ioh(ann)is Bap(tis)te ad sustentationem predicti molendin(i) habenda et tenenda ei et heredibus suis de me et heredibus meis in feodo et hereditate per servitium tertie partis feodi unius militis pro omni servitio. Quare volo et firmiter precipio quod predictus Eustach(ius) et heredes sui habeant et teneant omnia predicta tenementa de me et heredibus meis imperpetuum, bene et in pace, integre et plenarie cum omnibus pertinent(iis) suis, in bosco, in plano, in viis et semitis, in pratis et pasturis, in aquis et molendinis, in exitibus et introitibus et in omnimodis comunis et aisiamentis cum hominibus meis de Mapeltreha(m) et in omnibus aliis locis et rebus cum omnibus libertatibus et liberis consuetudinibus ad ea pertinentibus libera et quieta de theloneo et omni consuetudine in villa mea de Petresfeld' nisi aliquis de predictis tenementis sit mercator. Et ab omni secta hundredi mei et curie mee et ab omnibus placitis et querelis et exactionibus et omnimodis secularibus servitiis ad me et ad heredes meos pertinentibus per predictum servitium. Et ego et heredes mei warantizabimus eidem Eustach(io) et heredibus suis omnia predicta tenementa cum omnibus pertinent(iis) suis et liberis consuetudinibus contra omnes homines. Hiis test(ibus) Nichol(ao) capellano, Will(elm)o de La Faleis(e), Ric(ardo) Talebot, Rob(erto) de Perepont, Will(elm)o de Wesnevall', magistro Rob(erto) Basset senescallo domini Wint(oniensis) episcopi, Ioh(ann)e de Briwes, Mauric(io) de Turevill(a), Ioh(ann)e de La Mare, Rog(ero) Alis, Germano de Rainvill(a), et multis aliis.

Seal on plaited cords, white wax varnished brown, round, *c.* $2\frac{9}{16}$ in. diameter, damaged; a shield of arms curved top and sides, bendy; no counterseal visible and no indication that one was ever impressed.

Endorsements: (1) Alan(us) de Teppeha(m) ponendus est in carta ubi est Alan(us) marescall(us).
(2) Non est.

The charter must have been issued before Michaelmas 1210, when Amaury conceded the fee mentioned in this charter to the Bishop of Winchester for the bishop's surrender of any claim to pasture land at Great Marlow (Bucks.) (Oxford, Magdalen College Muniments, Sherborne Priory Deeds, Petersfield Deeds, no. 150; cal. in *Selborne Charters*, ibid., where the editor has erroneously transcribed the date and *M(er)lave*). It is the work of Scribe **xxvi** (Plate XXII).

95. *Treaty between Earl Robert and Miles Earl of Hereford (25 July 1141 to 22 December 1143; possibly July 1142)*

A*, Trustees of the Earl of Winchilsea, dep. in NRO, Finch Hatton MS. 170, fo. 46 (transcr. in facsm.; size: 8¾ in.×11⅝ in.); B, Bodl. Dugdale MS. 18, fo. 85–85b; facsm. of A in *BS*, no. 212; Round, *Geoffrey de Mandeville*, 381–3; *BS*, no. 212; Davis, 'Treaty', 145–6.

Noscant omnes hanc esse confederationem amoris inter Rob(ertum)[1] comitem Gloec(estr)ie[2] et Milone(m)[3] comitem Herefordie. Rob(ertus)[4] comes Gloec(estrie) assecuravit Milone(m)[5] comitem Herefordie fide et sacramento quod custodiet illi pro toto posse suo et sine ingenio suam vitam et suum membrum et terrenum suum honorem et auxiliabitur illi ad custodiendum sua castella et sua recta et sua hereditaria et sua tenementa et sua conquisita q(ue) modo habet et q(ue) faciet et suas consuetudines et rectitudines et suas libertates in bosco et in plano et aquis et quod sua hereditaria q(ue) modo non habet ei auxiliabitur ad conquirendum. Et si aliquis vellet inde comiti Hereford(ie)[6] malum facere vel de aliquo decrescere si comes Hereford(ie)[7] vellet inde guerreare quod Rob(ertus) comes Gloec(estrie) cum illo se teneret et quod ad suum posse illi auxiliaretur per fidem et sine ingenio. Nec pacem neque trewias cum illis haberet qui malum comiti Herefordie inferrent nisi per bonum velle et garantum[8] comitis Hereford(ie).[9] Et nominatim de hac guerra que modo est inter imperatricem et regem Steph(anu)m[10] se cum comite Hereford(ie)[11] tenebit at ad unum opus erit et de omnibus aliis guerris. Et in hac ipsa confederatione amoris affidavit comitissa Gloec(estrie) quod suum dominum in hac amore erga Milonem comitem Heref(ordie)[12] pro posse suo tenebit et si inde exiret ad suum posse illum ad hoc reponeret. Et si non posset legalem recordationem si opus esset inde faceret ad suum scire. Et de hac conventione firmiter tenenda ex parte comitis Gloe(cestrie)[13] sunt hii obsides per fidem et per sacramenta erga comitem Hereford(ie),[14] hoc modo quod si comes Gloec(estrie) de hac conventione exiret dominum suum comitem Gloec(estrie) requirerent ut se erga comitem Heref(ordie) erigeret, et si infra .xl. dies se nollet erga comitem Heref(ordie)[15] erigere, se comiti Heref(ordie)[16] liberarent ad faciendum de illis[17] suum velle, vel ad illos retinendum in suo servitio donec illos quietos clamaret, vel ad illos ponendum[18] ad legalem redemptionem ita ne terram perderent. Et quod legalem recordationem de hac conventione facerent si opus esset Guefrid(us) de Walterivill,[19] Ric(ardus) de Greinvill(a),[20] Osb(er)nus Octodeners,[21] Reinald(us)[22] de Cahagnis, Hub(ertus) dapifer, Odo Sorus, Gisleb(ertus) de Unfranvill(a),[23] Ric(ardus) de Sancto Q(u)intino.[24] Et ex parte Milonis comitis Heref(ordie)[25] ad istud confirmandum concessit Milo comes Hereford Rob(erto)[26] comiti Gloecest(r)ie[27] Mathielu(m) filium

1 *Rob(er)tum* in B.
2 *Gloecestriae* in B.
3 *Milonem* in B.
4 *Rob(er)tus* in B.
5 *Milonem* in B.
6 *Hereford* in B.
7 *Hereford* in B.
8 *grantam* in B.
9 *Herefordiae* in B.
10 *Stephanu(m)* in B.
11 *Hereford* in B.
12 *Hereford* in B.
13 *Gloecestr(iae)* in B.
14 *Hereford* in B.
15 *Hereford* in B.
16 *Hereford* in B.
17 *illos* in B.
18 *ponendos* in B.
19 *Guefridus de Waltervill* in B.
20 *Greinvill* in B.
21 *Osbernus Ottdeners* in B.
22 *Reinald* in B.
23 *Umfranvill* in B.
24 *Quintino* in B.
25 *Hereford* in B.
26 *Rob(er)to* in B.
27 *Glocestriae* in B.

suum tenendum in obsidem donec guerra inter imperatricem et regem Steph(anu)m[28] et Henricu(m) filium imperatricis finiatur. Et interim si Milo comes Heref(ordie) voluerit aliquem alium de suis filiis qui sanus sit in loco Mathieli filii sui ponere recipietur. Et postquam guerra finita fuerit et Rob(ertus)[29] comes Gloec(estrie) et Milo comes Hereford(ie)[30] terras suas et sua recta rehabuerint, reddet Rob(ertu)s[31] comes Gloec(estrie) Miloni comiti Hereford[32] filium suum. Et tunc de probis hominibus utriusque comitis considerabuntur et capientur obsides et securitates de amore ipsorum comitum tenendo in perpetuum. Et de hac conventione amoris Rogerus filius comitis Heref(ordie) affidavit et iuravit comiti Gloec(estrie) quod patrem suum pro posse suo tenebit. Et si comes Hereford[ie] inde vellet exire Rogerus filius suus inde illum requireret et inde illum corrigeret, et si comes Heref(ordie) se inde erigere nollet servitium ipsius Rog(er)i[33] filii sui prorsus perdet donec se erga comitem Gloec(estrie)[34] erexisset. Et de hac conventione ex parte comitis Heref(ordie)[35] sunt hii sui homines obsides erga comitem Gloec(estrie) per fidem et per sacramenta hoc modo, quod si comes Heref(ordie)[36] de hac conventione exiret dominum suum comitem Heref(ordie)[37] requirerent ut se erga comitem Gloec(estrie) erigeret, et si infra .xl. dies se nollet erga comitem Gloec(estrie) erigere, se comiti Gloec(estrie) liberarent ad faciendum de illis suum velle vel ad illos retinendum in suo servitio donec illos quietos clamaret vel ad illos ponendum ad legalem redemptionem ita ne terram perderent. Et quod legalem recordationem de hac conventione in curia facerent si opus esset Rob(er)tus Corbet, Will(elmu)s Mansel, Hugo de Lahese.

Tongue for seal.

[28] *Stephanu(m)* in B.
[29] *Robertus* in B.
[30] *Hereford* in B.
[31] *Rob(er)tus* in B.
[32] *Heref(ord)* in B.
[33] *Rogeri* in B.
[34] *Gloecestriae* in B.
[35] *Hereford* in B.
[36] *Hereford* in B.
[37] *Hereford* in B.

The elevation of Miles to the Earldom of Hereford, 25 July 1141, and his death on 22 December 1142, are the approximate limits for the charter (Round, *Geoffrey de Mandeville*, 379; Davis, 'Treaty', 139, 145). The treaty's reference to Miles's surrender of his son, Mahel, to Earl Robert as a pledge of his loyalty to Robert suggests a more precise dating. In June 1142, Earl Robert left England for the continent to obtain the help of Count Geoffrey of Anjou, the Empress Matilda's husband, for the war and took hostages from his allies in England as pledges for their behaviour in his absence (Round, *Geoffrey de Mandeville*, 379; Davis, 'Treaty', 145). This document makes it clear that Earl Robert's confederate had equal misgivings about the Earl of Gloucester's attention to the war. To what cause Miles was swearing loyalty is never clearly stated in the treaty, but it seems deducible from the document's wording that it was an alliance with Robert against his enemies, particularly against Stephen, since Robert was to hold his hostage for the duration of the civil war. In addition, Miles had already made such a promise in 1139, when Earl Robert and Matilda had first come to England to fight the king ('Milo constabularius regiae maiestati redditis fidei sacramentis, ad dominum suum comitem Claucestrensem cum grandi manu militum se contulit, *illi spondens in fide auxilium contra regem exhibiturum*', John of Worcester, 56—italics mine). Contrary to Miles's oath of 1139, this treaty makes no mention of Miles's vassalage to Robert. The most plausible explanation for this seems to have been Miles's rapid rise in the Angevin party capped by his elevation to the rank of earl. It even recognizes that the two men's relationship needed to be put on a permanent basis after the war. As a later treaty between the heirs of the principals shows, Miles sought Earl Robert's help to recover the part of the Lacy inheritance of the Honour of Weobly to which he had claim through his wife, Sibyl (no. 96). While

Miles's son and heir, Roger, was immediately responsible for his fulfilment of the agreement, Earl Robert's son and heir, William, was not—Countess Mabel was to be instead. In a time of crisis, Mabel's authority was great. In 1141, when her husband was a captive of the royalists, she controlled his affairs (*HN* 68). A and B were transcribed from the original (now lost) in the possession of John Philipot in 1640 (Bodl. Dugdale MS. 18, fo. 84b; *BS*, no. 212 n.).

96. *Treaty between Earl William and Roger Earl of Hereford (1147–50; probably before March 1148/9)*

PRO, D.L. 25/4 (size: $7\frac{1}{8}$ in. × $7\frac{7}{8}$ in.); facsm. in Davis, 'Treaty', facing 144; text ibid. 144–6; cal. in *The Thirty-Fifth Annual Report of the Deputy Keeper of the Public Records* (London, 1874), 2.

Hec est confederatio amoris inter Will(elmu)m comitem Gloec(estrie) et Rog(er)um comitem Herefordie. Rog(erus) comes Herefordie affidavit et iuravit Will(elm)o comiti Gloec(estrie) quod ei fidem tenebit et auxilium feret sicut domino contra omnes homines nisi contra corpus domini sui Henrici. Et Will(elmus) comes Gloec(estrie) affidavit et iuravit Rog(er)o comiti Herefordie quod ei fidem tenebit et auxilium feret sicut homini suo contra omnes homines nisi contra corpus domini sui Henrici, et nominatim ad exherandum Gilleb(er)tum de Lasci salvo hostagio in quo Rog(er)us comes Herefordie posuit Will(elmu)m comitem Gloec(estrie) erga Rob(er)tu(m) comitem Legrecestrie. Et prescripte confederationis firmiter tenende inter eos ad posse suum sunt isti sui homines obsides per fidem ita quod si aliquis eorum comitum inde exiret et se eorum admonitu infra quadraginta dies nollet corrigere in eorum servitiis utilitatem non haberet donec se corrigeret. Et isti sunt obsides ex parte Rog(er)i comitis Herefordie per fidem: Walt(er)us frater comitis Heref(ordie), Badero de Munemua, Elyas Gifford, Walt(er)us de Clifford, Rog(er)us de Stantona, Alan(us) filius Main, Rad(ulfus) de Baschervilla, Will(elmus) de Berchelai, Hugo forestarius, Rad(ulfus) Avenel, Ric(ardus) Talebot, Rob(ertus) de Cha(n)dos, Rob(ertus) de Bask(er)villa, Hugo de Heisa. Et isti sunt obsides ex parte Will(elm)i comitis Gloec(estrie) per fidem: Rob(er)t(us) frater suus, Hugo de Gunn(ovilla) constabularius, Gregori(us) filius Rob(er)ti, Rog(er)us de Berchelai, Rad(ulfus) de Hastingis, Ric(ardus) de Sancto Q(u)intino, Will(elmus) filius Ioh(ann)is de Molariis, Symon de Sancto Laudo, Fulcho filius Guarini, Will(elmus) filius Elye constabularius, Hub(er)t(us) dapifer, Rob(er)t(us) de Alm(ar)i dapifer, Rog(er)us dapifer, Rob(er)t(us) Norr(eis) vicecomes, Maurici(us) de Lundoniis.

HEC EST COMPOSITIO AMORIS

Endorsement: Confederatio amoris inter Will(elmu)m comitem Glouc(estrie) et Rog(eru)m comitem Hereford(ie).

Seal missing from tongue.

The charter is the work of Scribe **xii** (Plate XIV). For its dating, see Davis, 'Treaty', 139. This document does not mark the beginning of the house of Gloucester's campaign against the Lacys (no. 6

and n.); the charter is the final one in the series revealing the vassalage of the Constables of Gloucester/Earls of Hereford to the Earls of Gloucester (nos. 83, 95, 110). Earl Roger died after an unsuccessful rebellion against King Henry II which was due in part to the king's demand for Gloucester castle to be subject to royal authority. He was succeeded in 1155 by his brother, Walter, who inherited only Roger's lands (see Robert of Torigni, 184; *CP* vi. 454–6). The Earldom of Hereford lapsed and there was no further mention of vassalage to the Earl of Gloucester (*Regesta* iii. xxv and n.).

97. *Charter of Earl William granting to Hugh of Hereford land at Kenfig (Glam.) for forty days' castle-guard (1147–83)*

NLW, P & M MS. 1945 (size: $5\frac{13}{16}$ in. × $1\frac{3}{16}$ in.); Clark, *Cartae et alia*, vi, no. MDLI; cal. in Birch, *Catalogue*, 4th ser. 122.

W(illelmus) comes Gloec(estrie) vicecomiti suo et omnibus baronibus et hominibus suis Wal(ensibus), salutem. Sciatis me [dedisse] Hug(oni) de Hereford .c. acras terre in parrochia de Kenefech pro suo servitio existendi in uno meorum castellorum per quadraginta dies et volo et precipio quod ipse libere et in bona pace illas teneat per hoc servitium. T(estibus) Ham(one) filio Galfr(idi) constabulario et Will(elmo) filio Nic(holai) marescallo, Gill(eberto) de Turb(er)villa, Rob(erto) filio Ric(ardi), Rog(ero) de Sancto Mauro, Ric(ardo) filio Herv(ei), Galfr(ido) Sturmi, Henr(ico) Tusard, Gill(eberto) Croc, Herv(eo) clerico.

Seal on tongue with tie, white wax varnished brown, round, *c.* $2\frac{1}{2}$ in. diameter, damaged; a lion passant to the dexter, behind it a lily or conventional flower; counterseal, oval, $1\frac{1}{8}$ in. × $\frac{7}{8}$ in., illegible.

Endorsement: Carta Hugonis de Hereford.

Kenfig was one of Earl William's new boroughs (Beresford, *New Towns*, 555). This charter helps to establish that Earl William computed castle-guard uniformly throughout his lands on the basis of forty days' service for each 100 acres held (see also nos. 19, 30, 97). The charter is the work of Master Herveus (Plate VII*a*).

98. *Writ of Earl William confirming Robert de Reigny's gift of Richard Reigny and his land to the Hospital, Jerusalem (1147–83)*

Somerset Record Office; dep. from Somerset Archaeological Society Library, Buckland Cartulary, no. 299; cal. in *The Cartulary of Buckland Priory*, ed. F. W. Weaver [SRS xxv (1909)].

W(illelmus) comes Gloec(estrie) suo dapifero et W(altero) de Clavilla omnibusque suis probis hominibus de Devenescera, salutem. Sciatis me concessisse illam donationem quam Rob(er)tus de Renni fecit Hospitali de Ier(usa)l(e)m de Ric(ardus) Renni et de sua terra. Et ego accepi in mea protectione[1] ipsum Ric(ardu)m et terram suam. Test(ibus) Rob(er)to Dalm(ar)i dapifero et ipso Walt(er)o de Clavilla et Walt(er)o preposito et Rob(er)to de la Wera apud Bristou.

[1] *et in mea* repeated here; *in* superscript.

The de Reignys were important honorial vassals of the Honour of Gloucester, holding five knights' fees of the old enfeoffment in the *carta* of 1166 (*RBE* 289). Their quota in the thirteenth century was four knights (*PR 1 John*, 38; *RBE* 608). Some of the de Reigny estates are mentioned in inquests from the thirteenth century and later: Ashreigny, Upcot (in Bideford), and Iddesleigh (Devon; *BF* 778–9; *Feudal Aids*, i. 411, 422).

99. *Earl William's foundation charter for Keynsham Abbey* (*1166/7*)

MS. untraced; transcr. in Dugdale, *Monasticon*, vi, no. 1, 452; Clark, *Cartae et alia*, i, no. CXLVII.

Willielmus comes Glocestriae omnibus baronibus et hominibus suis Francis et Anglis atque Walensibus et universis Christi fidelibus tam presentibus quam futuris, salutem. Sciatis quod Robertus filius et haeres meus positus infirmitate qua deo ita volente ex hac vita subtractus est deo sibi inspirante coram viris religiosis postulavit ut pro salute animae ipsius domum religionis construerem. Quam petitionem et desiderium filii mei cum domino meo regi H(enrico) filio Matildis imperatricis significassem et ipse me de hac re sua gratia benigne audisset consilio domini Rogeri Wigornensis episcopi fratris mei et aliorum religiosorum et fidelium meorum pro salute domini mei regis et pro salute anime meae et Hawisiae comitissae uxoris meae et predicti filii Roberti et aliorum liberorum nostrorum et antecessorum ad honorem dei et beatae Mariae et sanctorum apostolorum Petri et Pauli abbatiam canonicorum regularium in manerio meo de Cheinesham fundavi, etc. Hiis testibus Rogero Wigornensi episcopo, Barth(olomeo) Exon(iensi) episcopo, Hamel(ino) abbate Gloec(estriensi), A(dam) abbate de Evesham, Roberto abbate Persorensi, Bald(wino) abbate Ford, C(onano) abbate de Margan, R(icardo) abbate de Nethe, R(icardo) abbate sancti Augustini de Bristoll(ia), Andr(ea) abbate de Wigornia, S(tephano) priore de Tantone, Philippo priore de Briwetone, Simone archidiacono Wigorniae, Matheo archidiacono Gloec(estriensi), S. et Silura clericis domini Wigorn(ensis) episcopi, Hawisa comitissa Gloecestriae, Ric(ardo) de Card(i) tunc dapifero, Ham(one) de Valoriis constabulario, Rogero Witheng, Sim(one) de Sancto Lando, Rogero de Berkes, Helia filio Roberti, Willielmo de Caril et Simone fratre eius, Gisleberto D'Aumarie, Willielmo filio Gregorii, Roberto fratre eius, Bartholomaeo de Sancto Mauro et aliis pluribus.

This charter probably establishes the date for Keynsham's foundation as 1166/7: it was issued after the death of Earl William's son, Robert, in 1166 and probably before the earl's brother, Roger, followed Archbishop Thomas Becket into exile by November, 1167 (see above, p. 4 and n., and Hall,

'Roger of Worcester', 128–9, 168). An *inspeximus* of Edward II provides some details of Earl William's endowment missing from this transcript (Dugdale, *Monasticon*, vi, no. II, 452–3). William seems to have turned over the actual work of establishing Keynsham to his brother, Bishop Roger. Since the bishopric of Bath was then vacant, Roger received Pope Alexander III's permission to function there. In fact, the bull which conveyed the necessary papal permission ignores Earl William and gives the impression that the foundation was Roger's doing (*Papsturkunden in England*, ed. Walther Holtzmann (3 vols.; Berlin and Göttingen, 1930–52), ii. 123). The charter's witness, Andrew Abbot of Worcester, may be an error for Andrew, Abbot of Wigmore; there are several errors in the transcription of the witnesses' names.

100. *Charter of Earl William granting to Keynsham Abbey St. John's, Eltham (Kent) (1166/7–83)*

Rochester D & C, Register I (1319–72), fo. 27b; cal. in *Registrum Hamonis Hethe Diocesis Roffensis A.D. 1319–1352*, transcr. and ed. by Charles Johnson (2 vols.; Oxford, 1948), i. 37.

Will(elmu)s comes Glouc(estrie) omnibus sancte ecclesie fidelibus, salutem. Sciatis me ad honorem dei dedisse, concessisse et presenti carta confirmasse ecclesie sancte Marie et sancti Petri de Chayn(esham) et canonicis regularibus ibidem deo servientibus pro salute anime Rob(ert)i filii mei et patris mei et matris mee et mei ipsius et Hawyse comitisse uxoris mee et liberorum et antecessorum meorum in perpetuam[1] et liberam elemosinam ecclesiam sancti Ioh(ann)is de Hauttham in quantum ius ad advocationem et dominium fundi pertinet. Quare volo et firmiter precipio quod predicti canonici habeant et teneant prenominatam ecclesiam bene et in pace, libere et quiete, inconcusse et honorifice sicut liberam elemosinam cum terris et decimis et aliis omnibus ad eandem ecclesiam pertinentibus. T(estibus) Ricardo abbate sancti Augustini de Bristol(l)e et Will(elm)o priore eiusdem ecclesie, Hawis(i)a comitissa Glouc(estrie), Gilb(e)r(to) capellano, magistro Ernisio, Iordan(o) de Hameled(ene), Ricard(o) de Card(i) dapifero, Hamon(e) de Valon(iis) constabulario, Simon(e) de Card(i), Regin(aldo) filio Simon(is), Henr(ico) Crasst',[2] Rob(ert)o filio Greg(orii), Rob(ert)o Bibois, Wid(one) de Rocca, Alex(andro) de Tichesia.

[1] MS. *in perpetuu(m)* [2] MS. *Crastt'* with ascender added to make *Crasst'*

101. *Charter of Earl William granting to Keynsham Abbey Brasted church (Kent) (1166/7–76; probably 1173/4–6)*

A*, Bodl. Tanner MS. 223, fo. 46b (mod. fol.); B, Lambeth Palace MS. 1212, fos. 77–77b.

Will(el)mus[1] comes Glocestr(ie) omnibus sancte ecclesie fidelibus, salutem. Noverit universitas vestra me ad honorem dei dedisse et concessisse et presenti carta mea confirmasse ecclesie beate Marie et sancti Petri[2] de Chainesham[3] et canonicis regularibus

[1] *Will(elmu)s* in B. [2] *Pet(ri)* in B. [3] *Cainesha(m)* in B.

ibidem deo servientibus pro salute anime Rob(ert)i filii mei et patris mei et matris mee et mei ipsius et uxoris mee et liberorum et antecessorum meorum in perpetuam et liberam elimosinam[4] ecclesiam de Bradsted[5] cum terris et decimis et cum[6] incretiamento[7] terre quod feci ipsi ecclesie de Bradsted[8] tempore magistri Thervei[9] clerici mei et cum aliis ad eandem ecclesiam pertinentibus in quantum ius ad advocationem et dominium fundi pertinet. Quare volo quod predicti canonici de Chein(esham) habeant et teneant prenominatam ecclesiam bene et in pace, libere et quiete, honorifice et integre cum omnibus pertinentiis suis. T(estibus) Rogero[10] episcopo Wigorn(ensi), Barthol(ome)o[11] episcopo Exon(iensi), Hamell(ino) abbate Glocest(riensi),[12] A(dam) abbate de Evesham,[13] Conano abbate de Margan, Baldwino abbate de Ford,[14] And(reo)[15] abbate de Cirecestr(ia), Ric(ardo) abbate sancti Augustini de Bristode,[16] And(reo)[17] abbate de Wigemor, Petro priore Bath[oniensi],[18] Steph[ano] priore Tanton[iensi],[19] Sim(one) archidiacono Wigorn(ensi), Math(e)o archidiacono Glocest(riensi),[20] [Gilebert(o)][21] capellano episcopi Wigorn(ensis), Gilebert(o) capellano comitisse Haw(isie) Glocestr(ie),[22] Ric(ard)o de Card[i][23] tunc dapifero, Ham(one) de Valoin(iis) constabulario, Rob(erto) de Meisy,[24] Alex(andro) de Munford, Rog(ero) Withars,[25] Ioh(ann)e de Sancto Laudo, Simon(e) de Card[i],[26] Regin(aldo) filio Simon(is), Gilbert(o)[27] de Aumar(i), Henr(ico) Crast,[28] Will(el)mo[29] filio Gregor(ii), et Roberto[30] fratre eius.

[4] *elemosinam* in B.
[5] *Bradested(e)* in B.
[6] Superscript in B.
[7] *incremento* in B.
[8] *Bradested(e)* in B.
[9] *Hervei* in B.
[10] *Rog(er)o* in B.
[11] *Barthol(omeo)* in B.
[12] *Hamel(ino) abbate Gloec(estriensi)* in B.
[13] *Evesha(m)* in B.
[14] *Baldewino abbate de Ford(e)* in B.
[15] *Andr(eo)* in B.
[16] *Ric(ard)o abbate sancti Augustini de Bristod(e)* in B.
[17] *Andr(eo)* in B.
[18] *Bath(oniensi)* in B.
[19] *Steph(ano) priore Tanton(iensi)* in B.
[20] *Gloec(estriensi)* in B.
[21] From B.
[22] *Gloecestr(ie)* in B.
[23] *Card(i)* in B.
[24] *Meysi* in B.
[25] *Witharis* in B.
[26] *Card(i)* in B.
[27] *Gilebert(o)* in B.
[28] *Craso* in B.
[29] *Will(elm)o* in B.
[30] *Rob(ert)o* in B.

The outer limits for the dates of the charter's issue are Keynsham's foundation and the death of Abbot Andrew of Cirencester (see no. 99 n.; *VCH Gloucestershire*, ii. 83). However, according to William de Northall, Bishop of Worcester (1186–90), Richard, Archbishop of Canterbury (1173/4–84), at William, Earl of Gloucester's initiative, granted Brasted church to Keynsham (Bodl. Tanner MS. 223, fo. 47 (mod. fol.); *HBC* 210, 260). If little time elapsed between the issue of the earl's and the archbishop's charters, William's could be dated 1173/4–6, after Richard's election or consecration and before the death of Andrew, Abbot of Cirencester. There may be an even narrower limit for the issue of William's charter. William de Northall also stated that he was Archdeacon of Gloucester when Richard granted Brasted church to Keynsham (Bodl. Tanner MS. 223, fo. 47). William did not become archdeacon until 1177, a date too late for the issue of Earl William's charter since Andrew of Cirencester died in 1176 ('Annales De Theokesberia', *Ann. Mon.* i. 52; *VCH Gloucestershire*, ii. 83). It is not unreasonable to believe that William de Northall's memory of the date of Richard's grant, at least a decade after the event, was somewhat faulty; assume that William de Northall's association of the archbishop's donation with his own tenure as archdeacon erred slightly, and again, that Richard's charter closely followed Earl William's, and *c.* 1176 would be a plausible date of issue for the earl's charter.

102. *Charter of Earl William granting to Keynsham Abbey land outside the north gate of Winchester (Hants) (1166/7–83)*

BM Harley MS. 1761, fo. 33b.

Will(elm)us comes Gloucest(rie) dapifero et baronibus suis et omnibus hominibus suis Franc(is) et Anglis et Wallensib(us), salutem. Sciatis quod ego pius caritatis intentu pro salute anime mee et comitisse Haw(is)ie uxoris mee et Rob(er)ti filii mei et aliorum liberorum meorum et antecessorum meorum dedi in puram et perpetuam elemosinam ecclesie beate Mar(ie) et beati Petri de Kainesh(am) et canonicis ibi regulariter viventibus totam terram meam de Wynton(ia) quam ibi habui extra portam septemtrionalem inter murum civitatis et abbatiam de Hyda. Quare volo et firmiter precipio quod illi eam habeant et teneant liberam et quietam ab omni seculari servitio et exactione seculari salvis meis [h]ospitiis cum Wynton(iam) venero. T(estibus) comitissa Haw(is)ia uxore mea, Ham(one) de Valon(iis), Odon(e) de Tiches(ia) et Alex(andro) fratre eius, Gylleb(erto) Dalm(ar)i, Rob(erto) Bibois, Rob(ert)o de Umframvill(a), Pagan(o) [de] Turb(er)vill(a), Vill(elmo) Morin et Rob(erto) Morin fratre eius, Alex(andro) de Ros, Rob(erto) de Breteill' filio comitis Le(gr)ec(estrie), David capellano magistro eius, Bertholomeo de Sancto Mauro, Ric(ardo) de Insula, Rog(ero) pincerna, Ioh(anne) de Sancto Neth', Galf(rido) Crocam, Osb(er)to clerico.

This and the following charter were probably issued on the same occasion (see no. 103 and n.).

103. *Charter of Earl William granting to Keynsham Abbey land as in no. 102 and property within Winchester (Hants) (1166/7–83)*

BM Harley MS. 1761, fo. 37.

Will(el)m(u)s comes Gloucestr(ie) dapifero suo et baronibus suis et omnibus hominibus suis Franc(is) et Angl(is), salutem. Sciatis quod ego pius caritatis intentu pro salute anime mee et Hawisie uxoris mee et Rob(ert)i filii mei et aliorum liberorum meorum et antecessorum meorum dedi in puram et perpetuam elemosinam ecclesie beate Marie et beati Petri de Keynsham et canonicis ibidem regulariter viventibus totam terram meam de Wynton(ia) quam ibi habui extra portam septemtrionalem inter murum civitatis et abathiam de Hyda. Preterea dedi predictis canonicis infra murum civitatis terram illam quam Galfrid(us) burgens[is] tenuit de comite Rob(ert)o patre meo et de me in magno vico iuxta domum Thome Oysun ex parte australi ipsius vici viginti solidis inde annuatim reddendis. Quare volo et firmiter precipio quod predicti canonici terram prenominatam habeant et teneant libere et quiete ab omni seculari servitio et exactione seculari salvo tenemento heredum predicti Galfr(idi) burgensis de terra intra civitatem per viginti solidos annuatim et salvis hospitiis meis in terra extra murum cum Wynton(iam) venero ad costamentum meum in omnibus rebus ita quod non oporteat canonicos in domibus sive novis faciendis sive aliis reparandis et cons(er)vandis aliquid de suo expendere. T(estibus) Hawisia comitissa uxore mea, Ham(one) de Valon(iis). Od[o]ne de Tiches(ia) et Alex(andro) fratre eius, Gilb(er)to de Almary, Rob(er)to Byboys, Rob(ert)o de Umframvill(a), Pagano de Tubervill(a), Gilb(erto) Morin et Rob(ert)o fratre eius, Alex(andro) de Ros, Rob(er)to de Bretoill', David capellano, magistro Ernisio, Osb(er)to clerico, Bartholomeo de Sancto Mauro.

Unfortunately, the details contained in the twelfth-century survey of Winchester in the *Liber Winton* do not mention the properties cited in this charter and in no. 102. The Earl of Gloucester's lands are in *LW* 536, 545, and 551; *c.* 1168 and after, the heir of the Earl of Leicester was styled 'Robert de Breteuil' (*CP* vii. 533).

104. *Charter of Earl William granting to Keynsham Abbey quittance from tolls, immunity from secular service, and legal privileges (1166/7–83)*

BAO, 'The Little Red Book of Bristol', fo. 183b; *The Little Red Book of Bristol*, ed. Francis B. Bickley (2 vols., Bristol and London, 1900), ii. 216.

Will(elmus) comes Gloec(estrie) dapifero suo et baronibus suis et ballivis suis et omnibus hominibus suis Francis et Anglis et Walensibus, salutem. Sciatis me pro salute domini mei regis et pro salute anime mee et patris et matris mee et uxoris mee comitisse et Rob(er)ti filii mei et aliorum liberorum meorum dedisse et hac mea carta confirmasse ecclesie beate Marie et beati Petri de Chainesham et canonicis ibi regulariter viventibus quietantiam omnium rerum per omnes terras meas Normann(ie), Angl(ie) et Wallie in mari et in terra, in burgis et extra, in nundinis et mercatis et in omnibus locis et rebus de teloneis, de passagiis et de omnibus consuetudinibus et querelis et exactionibus secularibus. Et omnes libertates et consuetudines eis dedi et concessi quas ego ipse habeo ad meam dominicam mensam et ad meum opus proprium. Et prohibeo quod nullus in omni terra mea ab eis exigat aliquod seculare servitium vel consuetudinem. Et precipio quod senescallus meus et baillivi mei eos et omnes res suas et possessiones suas protegant, manuteneant et defendant in placitis et loquelis in hundredis et in comitatibus et in omnibus locis sicut quos ego dei gratia in pura caritate fundavi. Et volo et precipio ut canonici prenominati libertates et q(u)ietantias omnes supradictas plene et integre habeant inperpetuum. T(estibus) Ham(one) de Valon(iis), Regin(aldo) filio Sim(onis), Rob(erto) Bibois, Gilb(ert)o de Aumari, Rob(erto) de Umfra(m)vill(a), Pagano de Turb(er)vill(a), Odone de Tiches[ia], et Alex(andro) fratre eius, Alex(andro) de Ros.

105. *Charter of Earl William declaring that he has granted land to Walter Lageles (1147–83) Cardiff*

A*, NLW, P & M MS. 20 (size: 7 in. × $4\frac{7}{16}$ in., damaged); B, NLW, P & M MS. 544/20; Clark, *Cartae et alia*, i, no. CLXX; cal. in Birch, *Catalogue*, 1st ser. 9, 2nd ser. 11, and Birch, *Margam Abbey*, 53.

W(illemus) comes Gloec(estrie) suo vicecomiti et omnibus baronibus suis atque hominibus et amicis suis de Gualis, Francis et Anglis atque Walensib(us), salutem. Sciatis me dedisse et concessisse Walt(er)o Lageles terram quam pater eius tenuit pro .viii. solidis singulis annis pro omni servitio tenendam de me et heredibus meis ei et heredibus suis et omnes libertates quas mei liberi homines habent in bosco et plano, in pasturis et in ceteris rebus. Et volo atque precipio quatinus illam bene et in pace et honorifice teneat. T(estibus)[1] Will(elmo) de Clif(or)d vicecomite, Will(elmo) filio Nichol(ai) marscallo, Will(elmo) de Bosco, Will(elmo) filio Henr(ici), Gilb(er)to de Tu(r)b(er)vill(a), Rodb(er)to filio Ric(ardi) Hug(one) de Her(e)f(ordia), [Wa]lt(er)o Luvel, Wakelin. Apud Card(if).

Seal on tongue, tie torn off, white wax varnished brown, round, $2\frac{15}{16}$ in. diameter; a lion passant to the dexter, behind it a lily or conventional flower; legend: ✠ SIGILLV[M] WIL[LEL]MI GLOENCESTRI[E C]ONSVLIS; counterseal, antique intaglio gem, oval, $1\frac{1}{8}$ in. × $\frac{15}{16}$ in., a helmeted bust to the dexter, at the dexter a figure of Nike, an eagle below, rising regardant between two standards; legend: ✠ AQVILA [SV'] ET [CVS]TOS [COMITIS] (Plate XXXI*a*).

Endorsement: Walt(er)i Lageles.

[1] B ends here with *etc.*

The charter is the work of Scribe **viii** (Plate IX*a*).

106. *Charter of Earl William giving notice that Avice, wife of Philip of Galway(?) and his heirs quitclaimed land at Aylworth (Glos.) to William de la Mare who had challenged their possession (1166–83)*

A*, PRO, C.115/K.1/6681, fo. 185b (mod. fol.); B, PRO, C.115/K.1/6679, no. 326, fos. 124–124b (med. fol.).

Will(elmu)s comes Glouc(estrie) dapifero suo et omnibus hominibus suis Francis et Anglicis et Walensib(us),[1] salutem. Sciatis quod Avicia que fuit uxor Philippi de Kayle-wey[2] et heredes sui clamaverunt quietam totam terram de Eylew[o]rthe[3] que est de feodo meo in curia mea quam Will(elmu)s de Mara[4] calumpniavit versus eos predicto Will(elm)o de Mara[5] et heredibus suis de ipsis et heredibus eorum et forisiuraverunt predictam

[1] *Walens(ibus)* in B.
[2] *Caillewey* in B.
[3] *Eyleworth'* in B.
[4] *la Mara* in B.
[5] *la Mara* in B.

terram coram me et curia mea. Et predictus Will(elmu)s dedit Avicie duodecim[6] marcas argenti et ad filiam suam maritandam quatuor marcas argenti et Philippo[7] filio predicte Avicie octo solidatas redditus. Et ideo hanc conventionem in curia mea factam et utrimque concessam hac presenti carta mea confirmavi. Hiis testibus[8] Hawisia[9] comitissa Gloec(estrie),[10] Henrico[11] de Monteforti, Gisleb(er)to[12] de Ameri, et aliis.

[6] *.xii.* in B.
[7] *Ph(ilipp)o* in B.
[8] *T(estibus)* in B.
[9] *Hawysia* in B.
[10] *Glouc(estrie)* in B.
[11] *Henr(ico)* in B.
[12] *Gileb(er)to* in B.

It is likely that the charter was issued after Earl William's *carta* of 1166, because the witness, Henry de Montfort, does not appear in seisin of his family's two fees in the *carta* (*RBE* 289, 608). The fees were attached to Farleigh-Hungerford, Wellow, and Peglinch (in Wellow parish) (Som.) (*Cal. IPM* iii. 249). Apparently before the occasion described in this charter, Avice and her son, Hugh, granted a virgate at Aylworth to Tewkesbury Abbey (Dugdale, *Monasticon*, i, no. LXVI, 74).

107. *Charter of Count John granting to Aniselise, wife of William de la Mare, the manors of Rendcombe and Hardwicke (Glos.) (1189 to 1 November 1191) Tewkesbury*

Margaret Lady Guise, dep. in GRO, D.326/T.3 (copy).

Ioh(ann)es comes Moret(onie) omnibus hominibus et amicis suis Franc(is) et Angl(is) presentibus et futuris, salutem. Sciatis me concessisse, reddidisse et hac mea carta confirmasse Aniselise uxori Will(elm)i Dalamar(e) et heredibus suis totam Ryndecombe et Herdewyk cum pertinentiis tenendam ei et heredibus suis de me et heredibus meis per servitium duorum militum[1] nobis faciendum pro omnibus servitiis. Quare volo et firmiter precipio quod eadem Aniselisa et heredes sui post ipsam Ryndecombe et Herdewyk habeant et teneant de me et heredibus meis per predictum servitium bene et in pace, libere et quiete, plenarie et integre cum omnibus pertinentiis[2] suis in bosco et plano, in viis et semitis, in stannis et aquis, in piscariis et vivariis, in moris et mariscis, in pasturis et pratis et molendinis et in omnibus libertatibus et liberis[3] consuetudinibus suis predicta[4] duo maneria[5] cum pertinentiis[6] suis sicut[7] perscriptum est concessi et confirmavi predicte Aniselise et heredibus suis sicut Rob(ertus) filius[8] Gregorii frater eius eadem ipsi rationabiliter dedit et confirmavit. Testibus Stephano Rid(el) cancellario meo, Will(el)mo de Wenn(eval), Rog(ero) de Plan(e), Rog(ero) de Novobur(go), Rog(ero) de Emundevill(a), Rog(ero) de Wassemill', Will(el)mo de Bochet(ot), Pet(r)o Libard', Iolant de Lapoma, Rob(erto) de Lamar(e), Hug(one) de Malalu', Rad(ulfo) Pluch(e)t, Ioh(a)n(ne) de Novill' et Will(el)mo de Novill', magistro Pet(r)o de Licelbr' apud Tekesber(iam).

[1] MS. *melitum*
[2] MS. *pertenentiis*
[3] MS. *leberis*
[4] MS. *predict(u)m*
[5] MS. *manerorum*
[6] MS. *pertenentiis*
[7] MS. *scicut*
[8] MS. *filiis*

The charter was issued before Roger de Planes's death in 1191 (no. 10 n.).

108. *Charter of Count John confirming to John la Ware Rowberrow* (*Som.*), *which he holds of Robert, son of Robert de S. Denis* (*1189–99*)

BCM, 'Cart. St. Augustine's Bristol', fos. 21b–22; facsm. in Bodl. MS. Film Dep. 912.

Ioh(anne)s comes Moret(onie) baronibus, iustic(iis), vic(ecomitibus), forestariis et omnibus ballivis suis, salutem. Sciatis me concessisse et presenti carta mea confirmasse Iohanni Werre de Bristoll(ia) totam illam terram de Rudeb'gia cum omnibus pertinentiis suis in ecclesie advocatione in hominibus, in redditibus, in boscis et planis, in pratis, in pascuis, in aquis, in vivariis, in molendinis, in viis, in semitis, in placidis, in querelis, in omnibus libertatibus et liberis consuetudinibus ad eandem terram pertinentibus quam videlicet tenet de Rob(er)to filio Rob(er)ti de sancto Dionisio habendam et tenendam prefato Io(hann)i et heredibus suis de prenominato Rob(er)to et de heredibus suis bene et in pace, libere, quiete, integre, finabiliter reddendo inde annuatim et cetera sicut in carta continetur.

Positive identification of this manor is provided by the account of the escheator of Somerset for 1194 which mentions that he owed two marks for Rowberrow for half a year (*PR 6 Richard I*, 19).

109. *Concord between Earl Robert and Urban, Bishop of Llandaff* (*1126*) *Woodstock*

NLW, Gwysaney MS. 1, fo. 38–38b; facsm. and text in *The Text of the Book of Llan Dav, Reproduced from the Gwysaney Manuscript*, eds. J. G. Evans and J. Rhys (Oxford, 1893), 27–9; Haddan and Stubbs, *Councils*, i. 318; Clark, *Cartae et alia*, i, no. L; *Cardiff Records*, ii. 286–8; transl. in *Episcopal Acts*, ii. L.45, 620–1; cal. in *Regesta* ii, no. 1466.

Anno ab incarnatione domini M°C°XX°VI° fuit hec concordia facta inter Urbanu(m) episcopum Land(avensem) et Rob(er)tu(m) consulem Gloecestrie de omnibus calumniis quas idem episcopus habebat adversus predictum consulem et suos homines in Ƿalis et de illis terris quas ab episcopo se non coȝnoscebant tenere. Idem consul concessit episcopo unum molendinum quod Ƿillelmus de Kardi fecit et terram eidem molendino pertinentem et unam piscariam in Eley per transversum ipsius fluminis et .c. acras terre in maresco deinter Taf et Eley ad arandum vel ad pratum et ita quod caput earundem .c. acrarum incipiat iuxta dominicam terram ipsius episcopi et continuatim in longum extendantur. Et communam pasturam cum hominibus consulis et in nemoribus consulis excepto Kybor materiam ad opus ecclesie de Land(avo) et ipsius episcopi et clericorum suorum et omnium hominum de feudo ecclesie et paissionem et pasturam. Ƿalenses episcopi cum Ƿalensib(us) consulis et Normanni et Anglici episcopi cum Normannis et Anȝlicis consul(is) extra Kybor et capellam de Stuntaf et decimam ipsius ville et terram quam comes eidem capelle donat unde sacerdos cum decima possit vivere ita quod parrochiani ad natale Christi et pasca et pent(ecosten) visitent matrem ecclesiam de Land(avo). Et de eadem villa corpora defunctorum ferentur humanda ad eandem matrem ecclesiam. Et propter hec predicta que consul episcopo donat et concedit remittit ipse episcopus et quietas clamat consuli omnes calumpnias quas habebat adversus eum et adversus homines suos de omnibus terris illis quas ad feudum consulis advocabant. Et si aliquis hominum consulis sua sponte sanus vel infirmus voluerit recoȝnoscere se terram ecclesie tenere et se velle eam reddere ecclesie et episcopo et hoc coram consule vel coram suo vicecomite vel preposito de Kardi recoȝnoverit, concedit consul quod ipsam terram ecclesie et episcopo reddat. Et episcopus sic sui molendini desubtus ponte episcopi exclusam admensurabit quod iter pervium semper sit nisi incremento aque vel fluctu maris impediatur et comes faciet destrui exclusam molendini sui de Eley. Et homines comitis et quilibet alii vendant et emant cybum et potum apud Land(avum) et ibi illos edant et bibant et nil inde portent tempore Ƿerre. Et omnes homines de feudo episcopi habeant quelibet commertia apud Land(avum) ad vendendum et emendum omnibus temporibus pacis. Et iudicia ferri portabuntur apud Landavu(m) et fossa iudicialis aque fiet in terra episcopi propinquiori castello de Kardi. Et si aliquis hominum episcopi calumpniabitur hominem consulis vel hominem baronum suorum de aliqua re unde duellum fieri debeat ipsorum curiis dabuntur vadimonia et tractabuntur iudicia et in castello de Kardi duellum fiat. Et si quisquam homo calumpniabitur hominem episcopi de re unde duellum fieri debeat vadimonia in curia episcopi dabuntur et iudicia fient et ipsum duellum in castello de Kairdi fiat[1] et ibi habeat episcopus eandem rectitudinem de illo duello quam haberet si fieret apud Landavu(m). Et si duellum agitur inter solos homines episcopi in eius curia de Landavo tractetur et fiat. Et ipse episcopus habeat suos proprios Ƿalenses in suo brevi scriptos per visionem et testimonium vicecomitis consulis et extramittatur[2] et ipse vicecomes consulis habeat suum contrascriptum de ipsis Ƿalensib(us). Et episcopus habeat contrascriptum de Ƿalensib(us) consulis similiter. Et consul clamat quietas episcopo et hominibus de feudo suo denarios et omnes consuetudines quas adversus eos calumpniabatur. Hec concordia facta fuit in presentia regis Henr(ici). Hiis testibus Will(elm)o Cantuar(iensi) archiepiscopo et Gaufr(ido) Rotomagensi archiepiscopo et Will(elm)o Ƿinton(iensi) episcopo et Rog(er)o Saresberiensi episcopo et Rann(ulfo) Dunelm(en)si episcopo et Ioh(ann)e Luxoviensi episcopo et Oino Ebroicensi episcopo et Gaufr(ido) cancellario et David rege Scotie et Rotrocho comite de P(er)tico et Rog(er)o comite de Ƿareƿic et Brient(e) filio comitis et Rob(ert)o Doilli et Milone de Ʒloec(estrie) et Edƿardo de Saresberiis et Walt(er)o filio Ricardi et Pag(ano) filio Ioh(ann)is et Rich(er)o de Aq(u)ila et Rob(erto) de Sigillo et Uchtredo archidiacono de La(n)d(avo) et Ysaac capellano episcopi et Rad(ulfo) vicecomite de Kardi et Pag(ano) de T(u)rb(er)tivilla et Rodb(erto) filio Rog(er)i et Ric(ardo) de Sancto Q(u)int(ino) et Maur(icio) de Lund(oniis) et Odone Soro et Gaufr(ido) de Maisi, Apud Ƿodest(oke). Et R(obertus) comes huius carte contrascriptum habet. Testibus eisdem.

[1] MS. *fient*; *en* underlined.

[2] MS. *extramittantur*

Endorsements: (1) Nota bene supra pro arboribus ac meremiis ad edificationem ecclesie Landaf' et ad opus episcopi Land(avensis) et clericorum suorum et omnium hominum de feodo ecclesie Land(avensis) ex antiqua laudabile consuetudine ac etiam ex debito, nota bene.

(2) Istud melius est scriptum in fine istius quaterni, videatur bene.} fo. 96.

In this charter, insular *r* and *s* are often used instead of Caroline *r* and *s*.

110. *Writ of Earl Robert granting to Llanthony Priory quittance from tolls* (c. *1136*) *Gloucester*

A, PRO C.115/K.2/6683, no. 145, fo. 47b (mod. fol.); B, PRO C.115/K.2/6683, no. 141, fo. 46b (mod. fol.); C, PRO C.115/L.1/6689, fo. 217b (mod. fol.); D, PRO C.115/K.1/6679, no. 125, fo. 70 (mod. fol.).

Robertus[1] regis Henrici[2] filius comes Glouc(estrie)[3] omnibus ministris suis per Angliam[4] et per Walliam,[5] salutem. Concedo et precipio super forisfactum meum ut ubicunque in tota terra mea tam in Anglia[6] quam in Wallia[7] canonici de Lanthon(ia)[8] aliquid emerint vel conduxerint sive per se sive per[9] suos quod affidare poterint esse ad necessitatem ecclesie sue sint quieti de theloneo et omni consuetudine. Nec sit aliquis qui eis faciat iniuriam aliquam vel disturbantiam. Hanc libertatem concessi eis pro amore dei et petitione[10] Milon(is)[11] constabularii. Teste[12] Gauf(r)ido[13] de Wat(er)vill(a)[14] apud Glouc(estriam)[15] valete.[16]

1 *Rob(er)tus* in B; *Rotb(er)t(us)* in C and D.
2 *Henr(ici)* in B, C, and D.
3 *Gloec(estrie)* in C.
4 *Anglia(m)* in B and C; *per Angliam* omitted in D.
5 *Waliam* in C; *Wallia(m)* in D.
6 *Angl(ia)* in C and D.
7 *Walia* in C; *Wall(ia)* in D.
8 *Lanthoeni* in C; *Lanth(onia)* in D.
9 *alio* interlined follows *per* in A.
10 Omitted in D.
11 *Mil(onis)* in C; *Milonis* in D.
12 *Test(e)* in B and C.
13 *Gaufr(ido)* in B; *Gauf(rido)* in C; *Gaufrido* in D.
14 *Walt(er)villa* in B and C; *Walt(er)vill(a)* in D; B ends here.
15 *Gloec(estriam)* in C.
16 Omitted in D.

This charter was probably issued after the translation of the Llanthony community from Wales to near Gloucester by Miles of Gloucester in 1136 (Knowles and Hadcock, 144). It cannot have been issued after Miles became Earl of Hereford in July 1141 because he is referred to as the constable (see no. 83). A date close to the new foundation would not seem unlikely. This charter is further evidence of Miles's vassalage to Robert (see also nos. 83, 95).

111. *Charter of Earl William granting to Llanthony Priory quittance from tolls* (c. *1150–65*)

A, PRO C.115/K.2/6683, fo. 46b (mod. fol.); B*, PRO C.115/L.1/6689, fo. 224 (mod. fol.); C, PRO C.115/K.1/6679, no. 126, fos. 70–70b (mod. fol.).

Will(elmus)[1] comes Gloec(estrie)[2] omnibus ministris suis per Anglia(m)[3] et Gwaliam,[4] salutem. Concedo et precipio super forisfactum meum ut ubicunque in tota terra mea tam in Anglia[5] quam in Walia[6] canonici[7] de Lanthoeni[8] aliquid emerint aut[9] vendiderint sive per se sive per suos quod affidare poterint esse ad utilitatem ecclesie sue sint quieti de teloneo[10] et omni consuetudine. Nec sit aliquis qui eis faciat aliquam iniuriam vel disturbationem.[11] Hanc libertatem concessi eis[12] pro amore dei et anima patris mei et animabus antecessorum meorum. Test(ibus)[13] Rob(erto)[14] comite Le(grece)s(t)r(ie),[15] Amicia comitissa Le(grece)s(t)r(ie),[16] Hath(ewisia) comitissa Gloec(estrie),[17] Hugone de Gundevilla,[18] Gaufr(ido) Abb(at)e, Rob(erto) de Am(ar)i, Rog(ero) dapifero, Adam de Ely, Picardo clerico.

1 *Will(elmu)s* in A and C.
2 *Glouc(estrie)* in A and C.
3 *Angl(iam)* in C.
4 *Wallia(m)* in A; *Wall(iam)* in C.
5 *Angl(ia)* in C.
6 *Wallia* in A; *Wall(ia)* in C.
7 *canoici* in C.
8 *Lanthon(ia)* in A and C.
9 *vel* interlined, with *aut* superscript in A.
10 *theloneo* in A and C.
11 *disturbantiam* in A and C.
12 Omitted in A.
13 *Teste* in A; *T(estibus)* in C.
14 *Rob(er)to* in C.
15 *Legr(ecestrie)* in A and C.
16 *Legr(ecestrie)* in A and C.
17 *Glouc(estrie)* in A and C; C ends here with *et aliis*.
18 *Gundevilla* in B; A ends here with *et aliis*.

The Earl and Countess of Leicester were Countess Hawisia's parents (see above, p. 5; Sanders, *English Baronies*, 61). The charter was issued before Adam de Ely's death in 1165 (see above, p. 12).

112. *Fragment of a charter of Earl William confirming a grant by Robert Fitz Gelran to Holywell Priory, London* (*1147–83*)

MS. untraced; transcr. in BM Additional MS. 5937, fo. 74.

W(illelmu)s comes Glowecestr(ie) dapifero suo et[1] civ(ibus)[2] et omnibus amicis suis et hominibus Lundini etc. conc(essionem)[2] etc. Rob(er)ti filii Gelerandi terr(am) de ballia etc. her(edibus) suis t(enendam) de me et her(edibus) meis etc.

1 MS. *etc.*, with *c* interlined.
2 Reading uncertain.

The donor became a canon of St. Paul's, London, and as Robert, son of Generannus, appears as Prebendary of Finsbury (Dugdale, *Monasticon*, iv. 393; London County Council, *Survey of London*, viii: *The Parish of St. Leonard, Shoreditch* (London, 1922), 153; *John Le Neve; Fasti Ecclesiae Anglicanae 1066–1300*, i: *St. Paul's London*, ed. Diana E. Greenway (London, 1968), 49, 87–8). A marginal notation locates the property in the parish of St. Martin's, Ludgate.

113. *Fragment of a Charter of Earl William confirming a grant by Robert de Rouen to Holywell Priory, London (1147–83)*

MS. untraced; transcr. in BM Additional MS. 5937, fo. 74.

W(illelmu)s comes Glouc(estrie) dapifero etc. confirm' etc. donationem Rob(er)ti de Rotomago etc. et pro hac dedit Rob(er)t(us) .7. marcas arg(enti) et Hawisie comitisse .2. bizantios'. Test(ibus) Ric(ardo) de Card(i), Sim(one) fratre suo, Rob(erto) filio Ric(ard)i, Henr(ico) Crass(o), etc.

A marginal note locates the property at Bammesgate (London). Robert de Rouen was also a tenant of the Honour of Gloucester at Camberwell (Surrey) (no. 252). There is a partial transcription of a charter of Robert's confirming donations from this Camberwell land to Holywell in Bodl. Dodsworth MS. 102, fo. 90b.

114. *Charter of Countess Isabel granting to Holy Trinity, London, one mark quitrent with the land and house which Godard of Antioch held in the parish of St. Lawrence Jewry on the street which leads to West Cheap (1217) London*

PRO E.40/A.2385 (size: $6\frac{5}{8}$ in. × $5\frac{1}{4}$ in.); cal. in *Cal. Ancient Deeds*, ii. 72.

Sciant presentes et futuri quod ego Ysabella comitissa Gloucest(r)ie dedi et concessi et presenti carta mea confirmavi deo et ecclesie sancte Trinitatis London(ie) et canonicis ibidem deo servientibus pro anima Galfridi de Mandevill(a) comitis Essex(ie) quondam viri mei et pro anima mea et pro animabus patris mei et matris mee et omnium antecessorum meorum in puram et perpetuam elemosinam unam marcatam quieti redditus in terra et managio cum pertinentiis. Quam videlicet terram et managium Godardus de Antiochia tenuit in parrochia sancti Laurentii apud Iudaysmu(m), in vico scilicet qui extenditur versus Westchep habendam predictis canonicis libere et quiete integre et pacifice inperpetuum. Recipiendo dictam marcam de tenentibus predicte terre ad duos terminos anni, scilicet ad festum sancti Michael(is) dimidiam marcam et ad Pascha dimidiam marcam. Volo autem ut marcata redditus distribuatur predictis canonicis ad pietantiam duobus terminis anni, scilicet dimidia marca die anniversarii predicti Galfridi viri mei. Et dimidia marca die obitus mei. Et quoad vixero, volo quod dimidia marca predicti redditus tribuatur ad pietantiam eorum canonicorum die sancte Kat(er)ine. Concessi etiam quod predicti canonici libere compellant tenentes eiusdem feodi ad redditum illum solvendum terminis statutis sine alicuius impedimento. Hanc autem marcatam quieti redditus ego Ysabella et heredes mei warantizabimus predictis canonicis contra omnes homines et feminas inperpetuum. Et ut hec donatio mea rata sit et stabilis eam presenti carta et sigilli mei munimine roboravi. Hiis test(ibus) Will(elm)o de Mandevill(a) comite Essex(ie), magistro Helya de Derham, Iacobo de Calceo, Egidio de Badelesm(er)e,

Ric(ardo) de Thany, Will(elm)o de Tichisie, Rog(ero) filio Rad(ulfi), Rad(ulfo) Alwy, Andr(ea) Buckerel, Rob(erto) de Antichia, Ric(ardo) Gowel, Ioh(ann)e de Sancto Neodo, Thom(a) Pirun, Ioh(ann)e de Swineshеved, Ioh(ann)e de Lyesne, Hug(one) de Sarterino, Thurg', Ioh(ann)e clerico, apud London(iam), anno domini m°.cc°. septimo decimo.

Seal missing from tag; remains of green wax.

Endorsement: S(ancti) Laur(entii) in Iudeismo scriptum.

The charter is the work of Scribe **xxx** (Plate XXIII*b*).

115. *Charter of Earl William enfeoffing Richard de Lucy with Greensted* (*Essex*) (c. *1167 to 1178/9*)

PRO C.52/33, no. 9; Round, 'The Honour of Ongar', 148.

W(illelmus) comes Glowec(estrie) omnibus hominibus suis amicis Francis et Anglis tam presentibus quam futuris, salutem. Sciatis me dedisse et concessisse et hac presenti carta mea confirmasse Ric(ardo) de Luci pro servitio et homagio suo totam villam meam de Grenested' cum omnibus pertinentiis suis et servitium Ric(ardi) de Marci quod mihi debebat de quatuor militibus et servitium Rad(ulfi) de Marci quod mihi debebat de duobus militibus et servitium Mauricii de Toheham quod mihi debebat de tribus militibus et servitium Manseri de Dan Martino quod mihi debebat de uno milite et quarta parte unius militis cum omnibus rebus que ad me inde pertinebant in feodo et hereditate sibi et heredibus suis ad tenendum de me heredibus meis faciendo inde mihi et heredibus meis servitium decem militum pro omni servitio. Et pro ista donatione et concessione homo meus devenit et de recognitione dedit mihi unum anulum aureum et domine uxori mee alterum anulum aureum. Testibus Os(ber)ton(e) de Sancto Audom(ar)o, Ric(ardo) de Cardi tunc senescallo, Alexandro de Mo(n)teforte, Simone de Sancto Laude, Will(elm)o de Clifdon(a), Rog(er)o de Wilers, Rob(erto) filio Greg(orii), Henr(ico) Crasso, Alexandro de Ticheseia, Will(elm)o Dalm(ar)i, Godefrido de Luci, Will(elm)o Croc, Widon(e) de Rocca, Regin(aldo) de Luci, Rog(er)o filio Reinfrei, Will(elm)o de Pi'chem,[1] Wille(lm)o filio Simonis.

[1] Small hole in MS. makes it doubtful if there were any further letters.

Richard de Lucy was shire justice in Essex and Middlesex and London from 1143 to 1154, and a consistent supporter of King Stephen (*Regesta* iii. xxxv). Under Henry II, he was joint justiciar with Robert Earl of Leicester, until Robert's death in 1168 and sole justiciar until his retirement in 1178. He died in 1179 (*HBC* 69; Sanders, *English Baronies*, 61; Round, 'The Honour of Ongar', 151). Earl William could not have made his grant to Richard before 1166 because Richard's name does not appear in the earl's *carta* (see *RBE* 290). For Round's reason for dating the issue of this charter 1167–74, see 'The Honour of Ongar', 148. Greensted formed part of Richard de Lucy's Honour of Ongar. As Round has pointed out, this honour, unlike others, was not held in chief of the king, but each of its portions remained dependent upon the honour from which it had been derived (ibid. 142).

116. *Charter of Earl William granting to Malmesbury Abbey quittance from tolls at Bristol* (*1164–79*)

A*, BM Lansdowne MS. 417, fo. 70; B, PRO E.164/24, fos. 170–170b; *Registrum Malmesburiense*, i, no. XCV.

Will(elmu)s comes Glouc(estrie)[1] prepositis et omnibus ministris suis de Bristoll(ia),[2] salutem. Sciatis quod ego pro salute animarum patris et matris mee et Rob(er)ti filii mei concedo imperpetuum monasterio sancti Aldhelmi de Malmesb(uria)[3] et fratribus ibidem deo servientibus quietantiam in villa mea de Bristoll(ia) de victu et vestitu fratrum et materie lignorum et ferri [et][4] que ad proprios usus emerint in villa de Bristoll(ia).[5] Abbas vero et conventus eiusdem loci concesserunt michi et comitisse et patri et matri mee et Rob(er)to[6] filio meo et aliis liberis meis omnibus participationem orationum et beneficiorum omnium que fient[7] in ecclesia sua imperpetuum et post obitum nostrum communionem tam in temporalibus quam in spiritualibus sicut uni fratrum eiusdem monasterii. T(estibus) Rog(er)o episcopo Wygorn(ensi), Hawysa comitissa, et aliis.

1 *Gloucest(rie)* in B.
2 *Brist(olliam)* in B.
3 *Malm(esburia)* in B.
4 Supplied from no. 117.
5 *Brist(ollia)* in B.
6 *Rob(erto)* in B.
7 Supplied from no. 117; MS. *fiunt*

The charter's limits are Roger's years as Bishop of Worcester (*HBC* 260).

117. *An* inspeximus *by Count John of Earl William's grant of quittance from tolls at Bristol to Malmesbury Abbey* (*1189–99*) *Winchester*

A*, BM Lansdowne MS. 417, fos. 69b–70; B, PRO C.164/24, fo. 170; Dugdale, *Monasticon*, i, no. XV, 261; *Registrum Malmesburiense*, i, no. XCIV.

Iohannes comes Moriton(ie)[1] omnibus hominibus et amicis suis Francis et Anglic(is) presentibus et futuris, salutem. Sciatis me vidisse cartam Will(elm)i comitis Glouc(estrie) in hec verba: Will(elmu)s comes Glouc(estrie) prepositis et omnibus ministris suis de Bristoll(ia),[2] salutem. Sciatis quod ego pro salute animarum patris et matris mee et Rob(erti) filii mei concedo imperpetuum monasterio sancti Aldhelmi de Malm(esburia) et fratribus ibidem de[o][3] servientibus quietantiam in villa mea de Bristoll(ia) de victu et vestitu fratrum et materie ligni et ferri et que ad proprios usus emerint in villa [de][4]

1 *Morit(onie)* in B.
2 *Brist(olliam)* in B.
3 Added from B.
4 Added from B.

Bristoll(ia). Abbas vero et conventus eiusdem loci concesserunt michi et comitisse et patri et matri mee et Rob(erto)[5] filio meo et aliis liberis meis omnibus participationem orationum et beneficiorum omnium que fient in ecclesia sua imperpetuum et post obitum nostrum communionem tam in temporalibus quam in spiritualibus sicut uni fratrum. T(estibus) Reg(e)[6] et ceteris. Ego autem hanc donationem Will(elm)i comitis Glouc(estrie) ratam habens et commendabilem eam presenti scripto confirmo et sigilli mei appositione communio. T(estibus) Will(elm)o comite Sar(esberiensi), Stephano Ridel,[7] et aliis, apud Wynton(iam).

[5] *Rob(erto)* in B. [6] *T(estimonio) regis et ceteris* in B. [7] *Sth'oridel* in A.

118. *Charter of Earl William to Little Malvern Priory, granting land in Malvern forest (Worcs.) to increase a grant from his father (thirteenth century)*

WRO, Bulk Accession no. 81, ref. 705:24/77 (size: $10\frac{1}{5}$ in. × $3\frac{9}{10}$ in.).

Will(elmus) comes Gloec(estrie) ministris suis et baronibus atque universis sancte ecclesie fidelibus, salutem. Sciatis me deo et sancte Marie et ecclesie sancti Egidii de Parva Malverna in elemosinam dedisse decem acras de Malverna in incremento super hoc quod pater meus monachis de predicto loco in eadem foresta donaverat. Concessi etiam et confirmavi dictis ecclesie et monachis et successoribus suis in perpetuum quedam assarta in foresta antedicta que venerabilis pater Silvest(er) Wygorn(ensis) episcopus eisdem monachis concessit et carta sua confirmavit ut dicti monachi predicta assarta claudere, assartare, excolere et facere possint de eis sicut sibi melius viderint expedir(e) sine cont(r)adictione mea heredum vel assingnatorum meorum in perpetuum. Ego autem Will(elmus) comes prefatus pro salute anime mee et pro quinquaginta et sex marcis quas mihi dederunt prefati monachi omnia predicta cum suis pertinent(iis) eisdem et successoribus suis warantizabo et heredes mei post me. In cuius rei testimonium sigillum meum presenti scripto apponi feci. T(estibus) H(awisia) comitissa Gloec(estrie), Will(elm)o filio Ioh(ann)is, Hamone filio Geuffridi constab(ulario), Fulcone filio Guarini apud Theochesb(eriam).

Seal tag with leather pouch; no trace of seal.

Endorsement: ac Confirmatio Willelmi comitis.

The charter is the work of a thirteenth-century forger. 'Biting' in *fidelibus* in line 1 (Plate XI*b*) shows that it was written at least after 1180 (Ker, *English Manuscripts*, 38–9). Furthermore, there was no Sylvester, Bishop of Worcester, until 1216–18; the scribe probably meant to write Simon, who was Bishop of Worcester from 1125 to 1150 (*HBC* 260–1). The striking similarity between this hand and that of Scribe **xii** suggests that the forger was either copying from the original which for some reason needed to be replaced, or that he had another sample of Scribe **xii**'s work available. The former theory seems more likely.

119. *Earl Robert's foundation charter for Margam Abbey* (*1147; perhaps 22 July to 31 October*) *Bristol*

A*, NLW, P & M MS. 212; B, NLW, P & M MS. 2089/9; transcr. NLW, P & M MS. 3534/1; Clark, *Cartae et alia*, iv, no. DCCCCLXVIII; cal. in Birch, *Catalogue*, 4th ser. 174, and *Margam Abbey*, 13–14.

Rob(ertu)s[1] regis filius Glouc(estrie) consul Rob(er)to Norr(ensi) vicecomiti et omnibus baronibus et hominibus et amicis suis Franc(is),[2] Anglis[3] et Gualensibus,[4] salutem. Sciatis me dedisse in elemosinam pro salute anime mee et uxoris mee et liberorum meorum monachis Clarevallens(ibus)[5] totam terram que est inter Kenefeg et Avenam[6] a cilio montium sicut predicte aque de montibus descendunt usque ad mare in bosco et plano et meas piscarias de Avena ad quandam abbatiam fundandam[7] de omni consuetudine liberam et quietam concedente Mabilia comitissa de cuius hereditate ipsa terra est. Test(ibus)[8] Hamone et Rog(er)o filiis comitis et domino Nivardo fratre abbatis Clarevallens(is)[9] in cuius manu data est elemosina ista et fratre Walt(er)o de Abbedestona socio suo,[10] Hub(er)to dapifero, Hugon(e) de Guminvilla constabulario, Radulph(o) de Hastyngis, Steph(an)o de Bellocampo, Ricardo de Sancto Remigio, Fulchone filio Guarini, Gregorio, Thom(a) nepote comitis, Rob(er)to filio Herdingi, Rob(er)to de Almeri, Adam de Ely clerico, Picoto medico, Henr(ico) Tusardo, et Elia clerico apud Brist(ou).

1 *Rob(ertus)* in B.
2 *F(r)ancis* in B.
3 *Anglicis* in B.
4 *Walensibus* in B.
5 *Clarevalensibus* in B.
6 *Avena(m)* in B.
7 *fundendam* in B.
8 *Testibus* in B.
9 No further witnesses in B.
10 Transcript ends here with *etc.*

The charter contains several unusual elements. One is the reference to Countess Mabel's consent to the foundation and the acknowledgement that the land being given was her patrimony. Another is explicit mention of the investiture of Nivard with some symbol of Robert's transfer of title; as Sir Frank Stenton has pointed out, charters at this time did not themselves convey title to a gift, but merely served as a notification, as this charter, that such a conveyance had been made. Actual transfer of title was accomplished through some symbolic act of investiture, which often was not mentioned (Stenton, *Transcripts*, xvi–xvii). The importance of Margam's foundation to St. Bernard and the Cistercians may be revealed, as Walter de Gray Birch suggested, by the Abbot of Clairvaux's dispatch of his own brother, Nivard, to receive seisin of the land from Earl Robert; but the event should also be viewed within the context of a rapprochement between two political enemies of King Stephen. Margam began as a cell located at a place called Pendar in Glamorgan. The cell was founded by a hermit, Meiler, who became Margam's first superior. Birch has speculated that Meiler's Cistercian influence came either from his having been a member of the Neath community or from Neath's example (Birch, *Margam Abbey*, 8–10, 14; Neath was founded in 1129/30 by Richard de Grainville, a vassal of Earl Robert: see Clark, *Cartae et alia*, i, no. XLVII). Earl Robert founded Margam Abbey in 1147, before his death on 31 October (Knowles and Hadcock, who give 21 November (111), are in error: 'Annales de Margam', *Ann. Mon.* i. 14; *CP* v. 686). It is even possible that the event occurred between 22 July and 28 October, foundation dates for two other monasteries between which Margam's is mentioned in a catalogue of Cistercian Abbeys preserved in the British Museum (W(alter) de G(ray) Birch, 'On the Date of Foundation ascribed to the Cistercian Abbeys in Great Britain', *JBAA* xxvi (1870), 287, and *Margam Abbey*, 14–15).

120. *Charter of Earl William confirming Griffin Fitz Ivor's grant to Margam Abbey* (c. *1150–3*)

A*, NLW, P & M MS. 23 (size: 7 in. × $3\frac{3}{4}$ in.); B, NLW, P & M MS. 544/18; Clark, *Cartae et alia*, i, no. CXLIX; cal. in Birch, *Catalogue*, 1st ser. 10, 2nd ser. 11, and *Margam Abbey*, 16.

W(i)ll(elmus) comes Glow(cestrie) dapifero suo et baronibus suis et omnibus hominibus suis Franc(is) et Angl(is) et Walensib(us), salutem. Sciatis me concessisse donationem quam Griffin(us) filius Ivor fecit abbatie de Marg(an) per manum fratris Meileri Awenet ad faciendum heremitagium sive abbatiam si fieri potest. Scilicet super aquam de Taf totam terram que vocatur Stratvaga in bosco et in plano et totam Brenkeiru et de Berkehu Taf usque Bargau Remni et totam Karpdawardmenet et totam Maislette et de Mauhanis capite usque Taf et piscarias in Taf quantum sua terra extenditur. Preterea omnem terram sancte Gladus in bosco et in plano et omnia pascua ab illa terra usque Bohrukarn et ex altera parte terre sancte Gladus usque Henglau, scilicet veterem fossam usque ad aquam que vocatur Kidliha et totam terram Masmawan in bosco et in plano tenendam in perpetuam elemosinam liberam et quietam ab omni seculari servitio et exactione. T(estibus) Haw(isia) comitissa,[1] Ham(one) de Valon(iis), Alexand(ro) de Tiches(eia), Widon(e) de Rupe, Will(elm)o de la Mare, magistro Ernesio, Osb(erto) clerico.

Seal on tag, white wax varnished brown, round, *c.* 3 in. diameter, damaged; partial image of a lion passant to the dexter; legend: ✠ SIGILLVM [WILLELMI GLOENCESTRIE CONSVLIS]; counterseal, antique intaglio gem, oval, $1\frac{1}{8}$ in. × $\frac{7}{8}$ in., a helmeted bust to the dexter between two figures of Nike, an eagle below rising regardant between two standards; legend: ✠AQVILA SV[?] ET C[VSTOS COMIT]IS (Plate XXXI*b*).

Endorsement: Donatio comitis G(riffini) de Meiler.

[1] B contains no further witnesses.

This charter must antedate the death of Margam's first abbot, William, who succeeded Meiler, in 1153 ('Annales de Margam', *Ann. Mon.* i. 14; Birch, *Margam Abbey*, 23). As Birch has pointed out, the language of the charter does not clarify whether 'Awenet' was part of Meiler's name or was the name of the land given to the abbey. Griffith ap Ivor Bach held the lordship of Senghenydd of the Honour of Glamorgan and married Mabel, an illegitimate daughter of Earl Robert (Clark, *Cartae et alia*, i. 149 n.). The charter explicitly mentions Griffin's investiture of Meiler. The places mentioned in the charter are in Glamorgan: Stratvaga may be Ystrad in Gelligaer; Brenkeiru, Bryncyriawg; Berkehu Taf and Bargau Remni were the Bargod branches of the river; Karpdaward-menet may be a corruption of K'arpedwar-mynydd (the field of four mountains) or Cae'r-bedwa'r-mynydd (the field of birch trees on the mountains); Maislette appears to be Maes-y-llech, but Birch thinks the form should be Maes-y-letty (the homestead meadow) or Maes-llaith (the wet meadow); Birch could not identify Mauhanis Head but speculated that it stood for Maes-ynys (a small island or holding adjacent to a river); St. Gladus is Capel Gwladys; Bohrucarn, Fochrhiw; Kidliha is Nant Cylla, north of Gelligaer (for these identifications and definitions, my indebtedness is complete to Birch, *Margam Abbey*, 17–18, and Clark, *Cartae et alia*, i. 149 n.). The charter is the work of Scribe **iii** (Plate II*a*).

121. *Charter of Earl William confirming Odo Sor's donation of houses, including a yard, in Bristol castle to Margam Abbey (1147–65)*

NLW, P & M MS. 544/5; Clark, *Cartae et alia*, i, no. CLXVII; cal. in Birch, *Catalogue*, 2nd ser. 9, and *Margam Abbey*, 40.

W(illelmus) comes Gloc(estrie) dapifero suo et omnibus baronibus et hominibus et ministris de Bristoll(iam), salutem. Sciatis quod ego illam donationem quam Odo Sorus fecit deo et ecclesie sancte Marie de Marg(an) de domibus que fuerunt Caterel in castello de Bristoll(ia) cum curtilagio concedo liberam et quietam. Testibus Adam de Eley, etc.

Walter de Gray Birch claimed that tenure of this property probably qualified its tenant to hold a seat at the Earl of Gloucester's council table—a point which I have been unable to verify (Birch, *Margam Abbey*, 40). The charter was issued before Adam de Ely's death in 1165 (see above, p. 12).

122. *Charter of Earl William granting to Margam Abbey land in Margam (Glam.) in exchange for land which had belonged to Baldwin the harper (1147–83) 'Newborough'*

A*, NLW, P & M MS. 22 (size: $7\frac{3}{8}$ in.$\times 3\frac{5}{16}$ in.); B, NLW, P & M MS. 544/7; Clark, *Cartae et alia*, i, no. CXVIII; cal. in Birch, *Catalogue*, 1st ser. 10, 2nd ser. 9, and *Margam Abbey*, 42.

W(illelmu)s comes Gloec(estrie) R(oberto) Norr(ensi) vicecomiti et baronibus et hominibus suis omnibus suis, salutem. Sciatis me ecclesie sancte Marie de Margan et eius conventii in excambio terre que fuit Bald(ewini) cithariste de Novo Burgo dedisse .c. acras in Margan ita quietas et liberas sicut terram Baldewini prius habuerunt. Et insuper do eis domos ipsius Bald(ewini) infra burgum cum curtillagio extra castellum et incrementum terre Siwardi palmarii de Cardif ad domum quandam faciendam et quoddam burgagium in burgo de Kenefe. T(estibus)[1] Rob(erto) Norr(ense) vicecomite, Greg(orio) filio Rob(erti) et Will(elm)o filio Steph(an)i, Will(elm)o filio[2] Nicol(ai), H(enrico) Tusard(o), Rad(ulfo) Prent'. Apud Novu(m) Burg(um).

Seal on tag, white wax varnished brown, round, fragment; partial image of a lion passant to the dexter, behind it a lily or conventional flower; legend: [✠] SIGI[LLVM WILLELMI GLOENCESTRIE CON]SVLIS; counterseal, antique intaglio gem, oval, $1\frac{1}{8}$ in.$\times\frac{7}{8}$ in., a helmeted bust to the dexter, at the dexter a figure of Nike holding a wreath towards the bust, an eagle below, rising regardant between two standards; legend: ✠ AQVILA SV' ET CV[STOS COMITIS].

Endorsement: Carta W(illelmi) comitis de excambio terre Bald(e)wini cithariste et de[3] masuagio S(iwardi) palmarii et de masuagio in Kenefeg.

[1] B ends with *Hiis t(estibus)*. [2] *filii* in A. [3] *de* superscript in A.

The place of issue appears to have been William's foundation near Cardiff (see no. 44). The charter is the work of Scribe **i** (Plate I*b*).

123. *Fragment of a charter of Earl William pertaining to Margam Abbey* (*1147–83*)

NLW, P & M MS. 544/14 (partly legible under ultra-violet ray).

W(i)ll(elmu)s [com]es Gloc(estrie) .... et Francis, Anglis atque Walensib(us), salutem. Sciatis me .... terram Os .... de .... et Amicia de Kevelechi eis .... Welethi .... assensu .... manu Conan ....

The text of the charter has been erased from the Margam Abbey roll.

124. *Charter of Earl William granting Siward the palmer to Margam Abbey* (c. *1150–65*) *Bristol*

A*, BM Harley Charter 75.A.8 (size: 7⅛ in.×3¼ in.); B, NLW, P & M MS. 544/6; Clark, *Cartae et alia*, i, no. CXVII; cal. in Birch, *Catalogue*, 2nd ser. 9, and *Margam Abbey*, 41.

Will(elmu)s comes Gloec(estrie) vicecomiti suo omnibusque baronibus suis et probis hominibus, salutem. Sciatis me dedisse monachis sancte Marie de Margan Siwardu(m) palmifer(um) cum domo suo et curtillagio ad hospitium per manum Rob(erti) filii mei liberum et quietum ab omni seculari servitio. T(estibus) H(awisia) comitissa Gloec(estrie),[1] Hamone filio Geuffridi constab(ulario), Hub(er)to dapifero, Rob(er)to de Almeri dapifero, Ada(m) de Eli, Alano de Warnesteda, Elia clerico. Apud Bristou.

Endorsement: Carta W(illelmi) comitis de domo S(iwardi) Pal'meri.

[1] B lacks further witnesses.

The charter was issued before Adam de Ely's death in 1165 (see above, p. 12): it is the work of Scribe **i** (Plate I*a*).

125. *Charter of Earl William declaring that his son, Robert, has given to Margam Abbey the land in Margam* (*Glam.*) *which has been in dispute between himself and the monks* (c. *1150–66*)

A*, NLW, P & M MS. 21 (size: 7½ in.×4$\frac{3}{10}$ in.); B, NLW, P & M MS. 544/1; Clark, *Cartae et alia*, i, no. CXLVIII; cal. in Birch, *Catalogue*, 1st ser. 9–10, 2nd ser. 9, and *Margam Abbey*, 40–1.

W(illelmus) comes Gloec(estrie) vicecomiti suo de Glamorgan et omnibus baronibus suis et hominibus Fra[n]cis et Anglis atque Walensib(us), salutem. Sciatis me dedisse

Rob(er)to filio meo illam terram in Margan que fuit in calumpnia inter me et monachos ecclesie sancte Marie de Margan, scilicet ab inferiori cilio montis usque ad superius cilium montium ad sursum de Kenefech inter Gethlifrith et Frudul usque in vadum Kewelethhi in Avena(m) in bosco et in plano. Et ipse Rob(er)t(us) filius meus coram me et meo assensu eandem terram totam in bosco et in plano dedit predicte ecclesie sancte Marie de Margan et monachis eiusdem loci in manu Conani abbatis in perpetuam elemosinam libere et quiete ab omni servitio et exactione seculari. T(estibus) Hawisa comitissa,[1] Conan(o) abbate Albe terre, Ric(ardo) abbate sancti Aug(ustini) de Brist(ou), Rad(ulfo) abbate de Neth, W(illelmo) de Bosco tunc vicecomite, Will(elmo) de Clif(or)d, Ric(ardo) de Cardi, Sim(one) de Cardi, Ioh(anne) de Sancto Laudo, Rob(erto) filio Ric(ardi), Galfr(ido) Sturmi, Regin(aldo) filio Sim(onis), Will(elmo) de Actona, Gill(berto) Croc, Wid(one) de Rocca, Rob(erto) capellano, Engelra(nno) Wal(ensi), Ioh(anne) et Ric(ardo) de Clif(ord), Ham(one) de Valon(iis), Herv(eo) clerico.

Seal missing from tag.

Endorsement: Carta W(illelmi) comitis de donatione terre super cilium montis de Margan.

[1] B contains no further witnesses.

The charter was issued before the death of the earl's son in 1166 (see above, p. 9). The charter is the work of Master Herveus (Plate VI*b*).

126. *Charter of Earl William confirming grants to Margam Abbey by Roger de Alberton, William Scurlage the younger, Geoffrey Sturmi, and his son, Roger* (c. *1150–83*)

NLW, P & M MS. 544/3; Clark, *Cartae et alia*, i, no. CVIII; transl. in *Episcopal Acts*, ii. L.167, 658; cal. in Birch, *Catalogue*, 2nd ser. 9, and *Margam Abbey*, 52.

W(illelmus) comes Gloc(estrie) episcopo Land(avensi) et vicecomiti suo de Glamarg(an) et omnibus baronibus suis et hominibus et amicis F(r)ancis et Anglis et Wall(en)sibus, salutem. Sciatis me concessisse ecclesie beate Marie de Marg(an) et monachis ibidem deo servientibus donationem terre quam Rog(erus) de Alb(er)tune fecit eis concessione Will(elm)i Scurlag' de quo tenuit illam terram apud Langewi. Concedo donationem terre quam Will(elmu)s Scurlag iunior fecit eis apud Langewi secundum quod carta illius testatur salvo meo servitio. Concedo quoque eisdem monachis donationem terre quam Gaufr(idus) Sturmy et Rogerus filius suus et heres dederunt eis sicut carte ipsorum testantur. Et concedo conventionem factam inter predictos monachos et Rog(erum) Sturmi de toto residuo terre ipsius Rog(er)i quam tenet de meo feodo in Marg(an) secundum quod carta ipsius testatur salvo meo servitio, scilicet quod si Rog(erus) Stu(r)my defecerit a servitio quod mihi debet facere de predicta terra in nullo alio me capiam adversus monachos nisi de dimidia marca argenti quam monachi debent reddere annuatim ipsi Rog(er)o. Concedo etiam donationem quam Odo Sor(us) fecit predictis monachis de domibus que fuerunt Canterel in baillio meo de Bristoll(ia) cum adiacente curtillagio sicut carta ipsius testatur. T(este) Hawisia comitissa.

Since this charter treats the Sturmi grants to Margam simply as one among several donations to be confirmed, it seems that it should follow no. 134 which was devoted exclusively to the Sturmi gift. But it is uncertain whether this charter, no. 126, should precede no. 135 or not: that depends upon the interpretation of the endorsement on no. 135 stating that it was the second confirmation. For the Scurlage grant, see no. 129; for Odo Sor's, see no. 121.

127. *Charter of Earl William confirming to the monks of Margam Abbey and to the men of their household quittance from tolls on what they buy and sell for their own use* (c. *1150–83*)

A*, NLW, P & M MS. 544/2; Clark, *Cartae et alia*, i, no. CVII; cal. in Birch, *Catalogue*, 2nd ser. 9, and *Margam Abbey*, 39.

W(illelmus) comes Gloc(estrie) dapifero suo et ministris suis de Brist(ou) et vicecomiti suo de Glamarg(an) et omnibus ballivis Angl(i)e et Wallie et omnibus hominibus suis F(r)ancis et Anglis atque Wallensibus, salutem. Sciatis me concessisse et presenti carta mea confirmasse deo et ecclesie sancte Marie de Marg(an) et monachis ibidem deo servientibus libertatem et quietantiam omnium que ipsi vel servientes sui que de suo manupastu sunt emerint ad suum proprium usum vel vendiderint de suis rebus. Et prohibeo super forisfactum meum ne quis super hoc illos vexet. T(este) Hawisa comitissa.

128. *Charter of Earl William granting permission to the monks of Margam to build a fishery in the waters of the Kenfig* (*Glam.*) *as long as it does not impede the mill the earl plans to build* (c. *1150–83*)

NLW, P & M MS. 544/13; Clark, *Cartae et alia*, i, no. CXII; cal. in Birch, *Catalogue*, 2nd ser. 10, and *Margam Abbey*, 39.

Will(el)m(us) comes Glocest(rie) vicecomiti suo omnibusque baronibus suis et probis hominibus de Gualis, salutem. Sciatis me concessisse deo et sancte Marie ut monachi de Marg(an) faciant et habeant unam piscariam in aqua de Kenefec si potest fieri in ea et esse ne molendinum quod in ipsa aqua facere volo impeioretur. Test(e) Hawisa comitissa.

129. *Charter of Earl William making known donations to Margam Abbey by William Scurlage* (c. *1150–83*)

NLW, P & M MS. 544/4; Clark, *Cartae et alia*, i, no. CIX; cal. in Birch, *Catalogue*, 2nd ser. 9, and *Margam Abbey*, 52.

W(illelmus) comes Gloc(estrie) dapifero suo et vicecomiti suo de Glamarg(an) et omnibus baronibus suis et hominibus Francis et Anglis atque Wall(en)sibus, salutem. Sciatis quod Will(elmu)s Scurlag' coram me et meo assensu dedit et concessit ecclesie sancte Marie de Marg(an) et monachis ibidem deo servientibus totam terram quam Rog(erus) de Alb(er)-tun(e) illis dedit concessione Will(elm)i patris sui et totam terram illam quam idem Will(elmu)s habuit ex parte occidentali illius strate publice[1] que vadit de Lagelest' in directum ad montana per fontem Ulfi et totam terram illam[2] quam clericus de Langewi tenuit ex parte occidentali ipsius strate unde ipse Will(elmu)s dedit eidem clerico ex-cambium iuxta gratum suum. Omnes has terras dedit prenominatus Will(elmu)s ecclesie et monachis de Marg(an) in perpetuam elemosinam liberas et quietas ab omni servitio et exactione seculari. Et ego petitione ipsius Will(elm)i hanc donationem concessi et presenti carta mea confirmavi salvo servitio meo. T(este) Hawisia comitissa, etc.

[1] MS. *puplice* [2] *illam* superscript.

According to the Extent of Glamorgan made in 1262, William Scurlage held one-quarter of a knight's fee worth 40*s*. at Llanharry (Clark, *Cartae et alia*, ii, no. DCXV, 651). This charter and others show that William also held land of the earl at Llangewydd (see also for example no. 137). In 1258, William was constable of Llangynwyd (Clark, *Cartae et alia*, ii. 625). David, son of this charter's William Scur-lage, was involved in a dispute over a fee at Llanharry with Nicholas Poinz who claimed it from him (*PR 4 John*, 178). A charter of Nicholas Bishop of Llandaff in 1218 refers to David's successful plea in the county court of Glamorgan to disseize his bastard brother, Raymond, of land at Llangewydd (Clark, *Cartae et alia*, i, no. CCXV, 220–1).

130. *Charter of Earl William confirming William Fitz Gregory's gift to Margam Abbey of one pound of cumin which Elias, clerk of Queen Eleanor, used to pay Gregory de Turri and William, his son, for the land which Elias held at Kenfig (Glam.)* (c. *1150–83*)

A*, NLW, P & M MS. 24 (size: $5\frac{3}{10}$ in. × $3\frac{1}{10}$ in.); B, NLW, P & M MS. 544/11; Clark, *Cartae et alia*, i, no. CXIX; cal. in Birch, *Catalogue*, 10, and *Margam Abbey*, 44–5.

W(illelmus) comes Gloec(estrie) omnibus hominibus suis et amicis Fra(n)cis et Angl(is) atque Wale(n)sib(us), salutem. Sciatis me petitione Will(elm)i filii Greg(orii) concessisse et hac carta mea confirmasse donationem illam quam predictus Will(elmus) fecit ecclesie beate Marie de Margan et monachis ibidem deo servientibus, scilicet de una libra cumini quam Helyas clericus domine Alienor[is] regine Angl(ie) reddere solebat Greg(orio) de

Turri et Will(elmo) filio suo pro servitio terre quam predictus Helyas clericus de illis tenuit apud Chenefech desicut carta predicti Will(elm)i quam ipsi inde habent testatur salvo servitio meo quod predictus Will(elmus) mihi inde facere debet. T(estibus) Haw(isia) comitissa Gloec(estrie), Ricard(o) de Cardif senescallo, Sym(one) fratre suo, Rob(erto) filio Greg(orio) dapifero, Will(elmo) et Drugon(e) fratribus suis, Ham(one) de Valon(iis), Reg(inaldo) filio Sym(onis), magistro Herev(eo) clerico, Iord(ano) clerico.

Seal missing from tongue; tie torn away.

Endorsement: Confirmatio com(itis) et quietantia cimini.

The charter is the work of Scribe **v** (Plate III*c*). A genealogical chart of the de Turri family may be found in Clark, *Cartae et alia*, i. 195.

131. *Charter of Earl William granting Sker (Glam.) to Margam Abbey* (c. *1150–83*)

NLW, P & M MS. 544/17; Clark, *Cartae et alia*, i, no. CCXXXV; cal. in Birch, *Catalogue*, 2nd ser. 11, and *Margam Abbey*, 49.

Will(elmu)s comes Glouc(estrie) vicecomiti suo de Kard(if) et omnibus baronibus suis et hominibus Wallie, salutem. Notum fiat vobis quod terram de Blakescerra unde controversia est inter abbatem de Margan et Ric(ardum) de Kardif donavi in puram elemosinam et perpetuam deo et beate Marie et monachis de Marg(an) libere et quiete sine omni seculari exactione in excambium terre sue de Novo Burgo multis annis et plurimis diebus antequam Ric(ardus) de Kard(if) ullam terram haberet in Wallia per me. Et ideo warantizo abbatie de Marg(an) donationem quam ego feci Ricard(o) autem de Kard(if) nichil dedi[1] nisi hoc quod ibi tunc habuit. Test(ibus) Hawisa comitissa Gloc(estrie), magistro Samson(e), David capellano.

[1] *di* superscript.

For identification of Sker, see Birch, *Margam Abbey*, 48–9; see also no. 47.

132. *Charter of Earl William confirming donations to Margam Abbey* (c. *1150–83*)

A*, NLW, P & M MS. 230; B, NLW, P & M MS. 293/32; C, NLW, P & M MS. 2089/10; D, NLW, P & M MS. 212B; Clark, *Cartae et alia*, iv, nos. DCCCCLXIX, MXIX (in part); cal. in Birch, *Catalogue*, 1st ser. 78–9, 121, 4th ser. 174, and *Margam Abbey*, 20–1; *Episcopal Acts*, ii, L.168, 658.

Will(elmu)s[1] comes Glouc(estrie) Nich(ola)o[2] Land(avensi)[3] episcopo et vicecomiti suo de

[1] *Will(el)m(us)* in B; *Will(elmus)* in D. [2] *N(icholao)* in C. [3] *Landav(ensi)* in C; *Landaven(si)* in D.

Glamorg(an)[4] et omnibus baronibus suis et hominibus[5] et amicis Francis[6] et[7] Anglis et Wallens(ibus),[8] salutem. Sciatis me concessisse et hac mea carta confirmasse illam donationem quam Rob(er)tus[9] comes Glouc(estrie) pater meus et Mab(i)lia[10] comitissa mater mea pro sua suorumque salute dederunt monachis de Claravall(e),[11] scilicet totam terram que est inter Kenefeg[12] et Avene[13] ulteriorem que est ad occidentem heremitagii Theodorici sicut predicte aque descendunt de montanis. Hanc totam terram concedo predictis monachis[14] sicut vadit per montana, a sursa scilicet[15] aque de Kenefeg'[16] inter sursam Fridulf'[17] et Gethlifreth'[18] usque in Redkewelthi, id est in vadum Kewelthi in Avena(m)[19] in bosco et in[20] plano, in pratis et pascuis et aquis, in moris et mariscis, piscarias etiam de Avene[21] totas ut nemo ex altera parte eas[22] impediat nec mittat manum ad piscandum in tota Avena nisi per illos. Piscariam quoque de[23] aqua de[24] Kenefeg'[25] eis concedo ita quod molendinum meum de K(e)ne(feg)[26] ex ea non impeioretur. Totum etiam wrek'[27] super terram ipsorum veniens eisdem monachis concedo et precipio quod nemo super illud wrek'[28] manum mittat[29] nisi per ipsos monachos nec quicquam se inde intromittat. Set et burgagium quoddam in villa de Kenefeg'[30] in elemosinam et aliud burgagium in villa de Kaerdif',[31] scilicet Siwardu(m) Palmer(um) cum domo sua et curtilagio[32] libera et quieta ab omni exactione et servitio seculari. Centum quoque acras terre in Marg(an)[33] in excambium terre quam habuerunt mea concessione a Baldewino[34] Cithered(o)[35] iuxta Novu(m) Burgu(m) quam ipse Baldewin(us)[36] dedit predictis monachis in elemosinam cum quodam burgagio in Novo Burgo quod ipsi monachi habent et tenent mea concessione. Hec omnia predicta concedo et presentis sigilli mei attestatione confirmo[37] abbatie de Margan[38] in elemosinam[39] libera et quieta ab aliquo[40] servitio et[41] consuetudine et exactione seculari in perpetuum possidenda.[42] Preterea concedo eis libertatem et quietantiam de theloneo[43] per omnes meos burgos de omnibus rebus quas ipsi vel homines qui sunt ad eorum manupastum vendiderint[44] vel emerint ad usus proprios.[45] Test(ibus) Hawis(ia)[46] comitissa Glouc(estrie), fratre Hosto de Sancto Audomero, fratre Baldewino, Hamon(e) de Valon(iis), Reginaldo filio Simonis,[47] Rob(er)to Bibois, Rob(er)to de Hu(m)fravill(a),[48] Will(elm)o de la Mare, Widone[49] de Rupe, Odone[50] de Thichesia, Alex(andro) fratre suo, Gilb(er)to Crock',[51] magistro Sampson(e) clerico,

[4] *Glammorg(an)* in C; *Glamorgan* in D.
[5] *heredibus* interlined with *hominibus* superscript in B.
[6] *F(r)ancis* in C; *Franc(is)* in D.
[7] Omitted in C.
[8] *Wallenc'* in B; *Wal(en)sib(us)* in C.
[9] *Rob(ertus)* in C; *Rob(ertu)s* in D.
[10] *Mabilia* in C.
[11] *Clar(a)vall(e)* in C.
[12] *Kenef(eg)* in C.
[13] *ulteriorem Avena(m)* in C; *Aven'* in D.
[14] B ends here with *etc.*
[15] Omitted in C.
[16] *Kenef(eg)* in C.
[17] *Frudel'* in C; *Frudelf'* in D.
[18] *Gethilfreth* in C.
[19] *Avenam* in D.
[20] Omitted in C.
[21] *Avena* in C; *Aven'* in D.
[22] *eos* for *eas* in C.
[23] *in* in C and D.
[24] Omitted in D.
[25] *Kenef(eg)* in C.
[26] *Kenef(eg)* in C.
[27] *wrec* in C.
[28] *wrec* in C.
[29] *imponat* in C.
[30] *Kenef(eg)* followed by *eis dedi* in C.
[31] *Kardif* in C.
[32] *curtillagio* in C.
[33] *Margan* in D.
[34] *Baldewyno* in C and D.
[35] *citharedo* in C.
[36] *baldewyn(us)* in C; *Baldewinus* in D.
[37] Followed by *predictis monachis et* in C.
[38] *Marga(n)* in C.
[39] *puram elemosinam* in C.
[40] *omni* in C and D.
[41] Omitted in C.
[42] *possidendam* in C.
[43] *quietantiam thelonei* in C.
[44] From *vendid* C has been erased.
[45] C ends with apparent abbreviation of *proprios*.
[46] *s(ia)* uncertain reading.
[47] *Symonis* in D.
[48] *Hu(m)fravilis* in D.
[49] *Wydone* in D.
[50] *Odon(e)* in D.
[51] *Crok'* in D.

magistro Ernisio, Osb(er)to clerico, Vincentio monacho de Margan, Rog(er)o capellano comitis Glouc(estrie), Simone[52] coco, Adam accipitrario, Iordano converso.

[52] *Symon(e)* in D.

The charter must have been issued after nos. 115–16, 119–20 which it mentions.

133. *Fragment of a charter of Earl William in favour of Margam Abbey* (c. *1150–83*)

NLW, P & M MS. 544/19 (partly legible under ultra-violet ray).

Will(elmu)s comes Glouc(estrie) .... vicecomiti suo de Glamorg(an) et omnibus hominibus suis Angl(is) et W[a]ll(e)n(sibus), salutem. Sciatis me concessisse monachis de Margan totam donationem quam fec ....s .... Com̄' ....p' .... possessionu' ....
Huius rei testes sunt hii Hawisa comitissa, etc.

The text of the charter has been erased from the roll.

134. *Charter of Earl William confirming to Margam Abbey the donation of Geoffrey Sturmi and his son, Roger, and the convention made between Roger and the monks* (c. *1150–83*)

A*, BM Harley Charter 75.A.9 (size: 8⅕ in. × 5 1/16 in.); B, NLW, P & M MS. 544/15; Clark, *Cartae et alia*, i, no. CL; cal. in Birch, *Catalogue*, 2nd ser. 10, and *Margam Abbey*, 50.

Will(elmus) comes Gloec(estrie) vicecomiti suo de Glam(organ) et baronibus suis et omnibus hominibus suis Franc(is) et Anglis et Walensib(us), salutem. Sciatis me concessisse monachis sancte Marie de Marg(an) donationem terre quam Galfr(idus) Sturmi et Rog(erus) filius suus et heres dederunt eis, sicut carte eorum testantur. Preterea concedo conventionem factam inter predictos monachos et Rog(erum) Sturmi de toto residuo terre ipsius Rog(er)i quam tenet de feudo meo in Marg(an), scilicet quod ipsi monachi teneant totam terram illam de Rog(er)o ad perpetuam firmam pro dimidia marca argenti annuatim reddenda pro omni servitio Rog(er)o Sturmi et post decessum Rog(er)i heredibus suis ita quod Rog(erus) Sturmi faciat mihi servitium quod facere debet ipse et ante ipsum pater eius de terra illa. Hanc conventionem concessi et atestatione sigilli mei confirmavi assensu et petitione Galfr(idi) fratris Rog(er)i cui abbas dedit marcam argenti et unum pullum pro assensu illius Galfr(idi). Et si Rog(erus) defecerit de servitio quod debet mihi de terra facere in nullo alio me capiam ad monachos nisi de illa dimidia marca quam ipsi monachi debent dare annuatim Rog(er)o pro firma. T(estibus) Hawisia[1]

[1] B contains no further witnesses.

comitissa, Ham(one) de Valoniis tunc constabulario, Odon(e) de Tichesia, Sym(one) de Cardif, Rob(erto) filio Greg(orii), Gileb(erto) Almari, Rob(erto) Bibois, Wid(one) de Rupe, Gileb(erto) capellano, Will(elmo) de Sud(e)wic', Eglin(o) de Purb(ic).

Seal missing from tag.

Endorsement: [Carta] W(illelmi) comitis Gloc(estrie) de concessione terre Galf(ridi) Sturmi concessu G(alfridi) fratri[s] sui.

This charter may be Earl William's first confirmation of Geoffrey's and Roger's donation (see nos. 126, 135). The place referred to in this charter, Sturmieston (Glam.), was between Margam and Pyle and is represented by modern Stormy Down in Pyle (Clark, *Cartae et alia*, ii. 494 n.). Geoffrey Sturmi's original grant to Margam was made some time before 1166, because before that date Bishop Nicholas of Llandaff confirmed it (ibid. i, no. CXXXIV; vi, no. MDCVIII). Some time later, Roger Sturmi granted the monks the remainder of what his father had held of Earl William (ibid. vi, no. MDCIX). Clark, apparently followed by Birch, mistakenly believed that the Sturmi family held of the Honour of Gloucester in England, through misreading a reference in the *Red Book* for Wiltshire (*RBE* 485, 495). The charter is the work of Scribe **v** (Plate IV).

135. *Charter of Earl William confirming Geoffrey Sturmi's donation of land at Margam (Glam.) to Margam Abbey* (c. *1150–83*)

A*, NLW, P & M MS. 1944 (size: $7\frac{1}{2}$ in.$\times 4\frac{9}{16}$ in.); B, NLW, P & M MS. 544/16; Clark, *Cartae et alia*, i, no. CXIV; cal. in Birch, *Catalogue*, 2nd ser. 11, 4th ser. 122.

W(illelmus) comes Gloec(estrie) dapifero suo et vicecomiti suo de Glamorgan et omnibus baronibus suis et hominibus Francis et Angl(is) atque Walensib(us), salutem. Sciatis me petitione Rog(er)i et Ric(ardi) heredum Galfr(idi) Sturmi concessisse et presenti carta mea confirmasse donationem quam Galfr(idus) Stu(r)mi fecit ecclesie et monachis de Margam secum quando ipse in eadem ecclesia frater conversus devenit de quadam parte terre sue in Margan sicut carta ipsius Galfr(idi) quam monachi illi inde habent distinguit et testatur salvo servitio meo. T(estibus) H(awisia) comitissa,[1] Gill(eberto) de Turb(er)-vill(a), Sim(one) de Cardi, Gill(eberto) Dalm(ar)i, Hen(rico) Crasso, Will(elmo) de Actona, Regin(aldo) filio Sim(onis), Pagano filio Gill(eberti) de Turb(er)vill(a), Herv(eo) clerico, Alex(andro) de Tichesia, Gill(eberto) Croc, Rob(erto) de Meisi, Iord(ano) Lawerr(e).

Seal on tag, red wax, round, fragment; a lion passant to the dexter; legend: [✠ SIGILLVM WILLELMI GLOENCEST]RIE [CONSVLIS]; counterseal, antique intaglio gem, oval, $1\frac{1}{8}$ in.$\times\frac{7}{8}$ in., a helmeted bust to the dexter, an eagle below, rising regardant, at the dexter a standard; legend illegible.

[1] Only witness in B.

Endorsement: Confirmatio comitis Gloec(estrie) de donatione quam Gaufr(idus) Sturmi fecit ecclesie et monachis de Margan .ii.°

See nos. 126, 134; the charter is the work of Master Herveus (Plate VI*a*).

136. *Charter of Earl William confirming Margam Abbey's lands (thirteenth century)*

A*, NLW, P & M MS. 1943 (size: 9 in. × 5 7/16 in.); B, NLW, P & M MS. 212; C, NLW, P & M MS. 2089/11; Clark, *Cartae et alia*, vi, no. MDLII; cal. in Birch, *Catalogue*, 1st ser. 78–9, 4th ser. 121, 174–5; *Episcopal Acts*, ii, L.147, 652.

Will(elmu)s comes Glouc(estrie) Nicholao Landavens(i) episcopo et vicecomiti suo de Glammorg(an) et omnibus baronibus et hominibus suis et amicis Francis et Anglis et Walensib(us), salutem. Sciatis me dedisse et concessisse et istis litteris meis confirmasse deo et ecclesie beate Marie de Margan et monachis ibidem deo servientibus totam terram in montanis per has divisas, scilicet ab inferiori cilio montium usque ad superius cilium montium ad sursam de Kenefeg et a sursa de Kenefeg usque ad sursam de Frudel et a sursa de Frudel in transverso per montes usque in vadum Kewekethi in Avenam et inde sicut aque descendunt usque ad mare in bosco et plano, in moris et pasturis in perpetuam elemosinam libere et quiete ab omni seculari servitio possidendam. Et ego et heredes mei omnia predicta predictis monachis abbatie de Margan contra omnes homines imperpetuum warantizabimus. Huius rei testes sunt hii Hawisia comitissa, Conan(us) abbas Albe Terre, Ricard(us) abbas sancti Aug(us)tini de Bristoll(ia), Radulfus abbas de Neth, Will(elmu)s de Boscho tunc vicecomes, Symon de Kard(i), Ioh(anne)s de Sancto Laudo, Rob(er)tus filius Ricardi, Galf(r)id(us) Sturmy, Reginald(us) filius Symonis, Will(elmu)s de Actona, Gilleb(er)t(us) Croc, Guuydo de Rocca, Rob(er)t(us) capellanus, Hereveus clericus.

Seal on tag, red wax, round, *c.* 3 in. diameter, damaged; a lion passant to the dexter, behind it a lily or conventional flower; legend chipped away; counterseal, antique intaglio gem, oval, 1 1/8 in. × 7/8 in., a helmeted bust to the dexter, an eagle below, rising regardant between two standards; legend: [✠ AQVI]LA SV' ET CV[STOS COMITIS].

Endorsement: W(illelmi) comitis de montanis.

The earliest this charter could have been issued is some time after 1180, on the basis of 'biting' in *Guuydo* in line 12 (Plate XII; Ker, *English Manuscripts*, 38–9). But the hand is thirteenth-century. The seal, which is genuine, has been attached to the tag with great skill; a copy was even made from this charter (Plate XIII). One can only wonder why Margam Abbey needed a copy when it already had the 'original'.

137. *Charter of Countess Isabel confirming extensive donations in Glamorgan to Margam Abbey* (*1189–99*)

NLW, P & M MS. 2092/1 (damaged); cal. in Birch, *Catalogue*, 1st ser. 39.

Sciant omnes presentes et futuri quod ego Isabel(a) comitissa Glouc(estrie) et M[ortonie ....] deo et beate Marie de Marg(an) et monachis ibidem deo servientibus in puram et [perpetuam elemosinam has terras in feudo de Kenefeg, scilicet totam terram de] Peiteiv(in) per divisas suas cum pertinentiis suis et totam terram Hug(onis) de He[r]ef(ordia) per divisas [suas cum pertinentiis suis et totam terram Wallensium pro qua solebant] reddere annuatim .xxx.ii. solidos ballivis de Kenef(eg) et totam moram de Hevedhalok inter duas aq[uas, scilicet Kenefeg et Barchan tenendas de me] et heredibus meis libere et quiete ab omni servitio et seculari exactione sicut ulla elemosina liberius et quiet[ius potest teneri. Preterea concessi] eisdem monachis et confirmavi omnes donationes quas eis fecerunt Rob(ertus) comes avus meus et Will(elmus) comes pater meus, [scilicet omnes terras cum pertinentiis suis] inter Kenef(eg) et ulteriorem ripam aque de Avene ulterioris que est ad occidentem hermitagii Theodor(ici). Et sicut montana [tend]unt a sursa aque de Kenef(eg) usque ad locum Midelcros et inde in transversum usque ad Blaina(n)t disculva et inde usque ad Ridekevely et inde [sicut Avena] descendit in mare. Et totum wrek inter Avene et Kenef(eg). Et unum burgagium in Kenef(eg) et [unum] burgagium in Kaerd(if) et unum bu[rgagium] in Novo Burgo et unum burgagium in Bristoll(ia). Insuper etiam concessi eis omnes donationes liberorum hominum meorum, scilicet terram Stur[mi per divisas] suas [cum] pertinentiis suis unde habent confirmationem patris mei. Et quicquid habent ex dono G(illeberti) G(ra)mus et heredum eius. Et quicquid habent ex dono liberorum hominum in villa de Kenef(eg) vel extra in eodem feudo. Et de dono Morg(ani) filii Owen(i) Hevedhaloc. Et totum feudum de La(n)dgewi [ex] dono D(avi)d Scurl(ag) et antecessorum et heredum eius. Et concessionem N(icholai) Puinz sicut carte ipsorum testantur. Et quicquid habent ex dono Pag(ani) d[e Turbervilla] et heredum eius in Koitcarth et ex dono filiorum H(er)berti Killecullu(m) per divisas suas. Et quicquid habent ex dono Morg(ani) et heredum eius i[n marisco] de Avene et Berchis et Rossault et Pultimor apud Ladmeuth(in) et communam pasturam in montanis inter Taf et Neth. Et terra W(alteri) Lacheles apud Lachelest'. Et ex dono Will(elm)i de Lond(oniis) et heredum eius totam terram de Egliskein(wi)r cum pertinentiis suis sicut carte ipsorum testantur. Et quicquid habent ex dono H(en)r(ici) de U(m)fra(m)vill(a) et heredum eius apud La(n)dmeita . . . et .xii. acras quas ibidem habent ex dono Urb(ani) sacerdotis de Pe[ndevlin] et ex dono Hug(onis) de Ladkarv(an) et heredum eius .xxx.iii. acras et ex dono Ade de Sum(er)i .xii. acras et ex dono Iorvarth ab Iust(ini) .ii. acras. [Et] quicquid habent ex dono Ioh(ann)is de Bonevill' et heredum eius apud Bonevill' et ibidem ex dono Te(m)plariorum .xl. acras. Et ex dono Mored(uh) [et h]eredum eius communam terre sue in boscis et pasturis quantum opus habuerint ad grangiam suam de Ladmeuth. Et q(uo)d habent ex dono Rob(erti) Sa(n)son(is) in feudo sancti Nichol(ai). Et quicquid habent ex dono burgensium de Kaerd(if) vel liberorum hominum in eadem villa vel extra. Hec omnia concessi predictis monachis et confirmavi habenda et tenenda imperpetuum sicut carte donatorum quas inde habent testantur. Quare volo [et] firmiter precipio quod predicti monachi de Marg(an) habeant et teneant omnia predicta bene et in pace, libere et quiete, integre et plenarie et honorifice, in bosco et plano, in viis et semitis, in aquis et molendinis, vivariis et stagnis, in moris et mariscis, in turbariis et piscariis, in pratis et pasturis et omnibus aliis locis et rebus cum omnibus libertatibus et liberis consuetudinibus suis. Concessi etiam eis confirmationes omnes alias donationes, venditiones et invadiationes eis rationabiliter factas vel faciendas sicut carte donatorum, venditorum et invadiatorum quas inde habent vel habituri sunt testantur vel testabuntur. Hiis t(estibus).

Portions of this text from a badly damaged charter roll have been reconstructed by collating it with nos. 138–9. The *M* of *Mortonie* in Countess Isabel's title has survived; this enables the charter to be dated 1189–99 (Birch, *Catalogue*, 1st ser. 39, overlooking this, has claimed it to be a copy of no. 140). Much of the charter's wording seems to have been the basis of a number of Isabel's later charters (nos. 140, 144–5, 148–9).

138. *Charter of Count John confirming to Margam Abbey the donations of the burgesses of Kenfig in Kenfig (Glam.) and the service of Hugh of Hereford (4 March 1193) Cardiff*

NLW, P & M MS. 1947 (size: $5\frac{15}{16}$ in. × $6\frac{1}{8}$ in.); Clark, *Cartae et alia*, i, no. CCIII; cal. in Birch, *Catalogue*, 4th ser. 123.

Ioh(ann)es comes Moreton(i)e omnibus hominibus et amicis suis Francis Anglic(is) et Walen(sibus), salutem. Sciatis me pro amore dei et salute anime mee et antecessorum nec non successorum meorum concessisse et hac carta mea confirmasse deo et monasterio sancte Marie de Margan' et monachis ibidem deo servientibus terram quam habent ex donatione burgensium de Kenefeg' in terra de Kenfeg' habendam et tenendam ipsis monachis de me et heredibus meis in liberam, puram et perpetuam elemosinam. Concessi etiam eisdem monachis servitium Hugon(is) de Hereford(ia) de terra sua quantum ad me pertinet si idem Hug(o) id concedere voluerit. Quare volo et firmiter precipio quod idem monachi habeant et teneant predicta bene et in pace, libere et quiete, plenarie et integre cum omnibus libertatibus et liberis consuetudinibus ad illa pertinentibus. Hiis testibus Will(elmo) de Braos(a), Ham(one) de Valoin(iis), Engelr(anno) de P(r)atell(is), Alan(o) Bassett', Petr(o) Cabillon, Werreis' de Valoin(iis), Ric(ardo) Walen(se), et multis aliis. Anno regni domini regis Ric(ardi) quarto die Martis proxima ante festum sancti Hilarii apud Kaerdif'.

Seal on plaited cords, red wax, round, *c.* 3 in. diameter, damaged; equestrian figure to the dexter, in hauberk of mail with surcoat, cap-shaped helmet and nasal, sword, shield of arms slung around the neck, horse galloping; legend: [✠ SIGILLVM: IOHANNIS:

FILII: REGI]S[:] ANGLIE[: DOMINI:] HIB['NIE]; counterseal, antique intaglio gem, oval, $\frac{15}{16}$ in. × $\frac{13}{16}$ in., female bust to the dexter; legend illegible (Plate XXXII *a* and *b*).

Endorsement: Confirmatio I(ohannis) comitis de Moreton(ie) de donationibus burgensium de Kenefec.

The charter is the work of Scribe **xviii** (Plate XIX).

139. *Charter of Earl Geoffrey confirming donations and privileges granted to Margam Abbey (1214 to 23 February 1216)*

A*, NLW, P & M MS. 113b (size: 10$\frac{3}{8}$ in. × 6$\frac{3}{8}$ in.); B, NLW, P & M MS. 2092/7; Clark, *Cartae et alia*, ii, no. CCCXXVI; cal. in Birch, *Catalogue*, 2nd ser. 99, 4th ser. 180, and *Margam Abbey*, 211; *Episcopal Acts*, ii, L.281, 690.

Sciant omnes presentes et futuri quod ego Gaufr(idus) de Mandevill(a) comes Gloucest(rie) et Essex(ie) consensu et consilio Isabel uxoris mee comitisse Gloucest(rie) concessi et dedi et hac presenti carta mea confirmavi pro salute anime mee et antecessorum et successorum meorum deo et beate Marie de Margan et monachis ibidem deo servientibus in puram et perpetuam elemosinam has terras in feudo de Kenef(eg), scilicet totam terram Peitevini per divisas suas cum pertinentiis suis. Et totam terram Wallensiu(m) pro qua solebant reddere annuatim .xxx.ii. solidos baillivis de Kenef(eg). Et totam terram Hugon(is) de Hereford(ia) per divisas suas cum pertinentiis suis. Et totam moram de Havedhaloc inter duas aquas, scilicet Kenef(eg) et Baithan tenendas de me et heredibus meis libere et quiete ab omni servitio, consuetudine et exactione seculari sicut ulla elemosina liberius et quietius potest teneri. Preterea concessi eisdem monachis et confirmavi omnes donationes quas eis fecerunt Rob(ertus) et Will(el)mus comites Gloucest(rie), scilicet omnes terras cum pertinentiis suis inter Kenef(eg) et ulteriorem ripam aque de Avene ulterioris que est ad occidentem hermitagii Theod(or)ici. Et sicut montana tendunt a sursa aque de Kenef(eg) usque ad locum Middelcros et inde in transversum usque ad Blainant disculva et inde usque ad Ridkevelechi et inde sicut Avene descendit in mare. Et totum wrek inter Avene et Kenef(eg). Et unum burgagium in Kenef(eg) et unum burgagium in Kaerdif et unum burgagium in Novo Burgo et unum burgagium in Bristoll(ia). Insuper concessi eisdem monachis et confirmavi donationes liberorum hominum meorum, scilicet terram Sturmi per divisas suas cum pertinentiis suis unde habent confirmationem Will(el)mi comitis Gloucest(rie). Et quicquid habent ex dono Gilleb(erti) Gramm(us) et heredum eius. Et quicquid habent ex dono burgensium de Kenef(eg) et liberorum hominum in villa de Kenef(eg) vel extra in eodem feudo. Et ex dono Morgani filii Oweni Havedhaloc. Et totum feudum de Langewi ex dono David Scurlag et antecessorum et heredum eius et concessione Nichol(ai) Puinz sicut carte ipsorum testantur. Et quicquid habent ex dono Pagani de Turb(er)vill(a) in Coithcarth et ex dono filiorum Hereb(er)ti Killeculu(m) per divisas suas. Et terram Lageles apud Lagelestun'. Et quicquid habent ex dono Morgani filii Caradoci et heredum eius in marisco de Avene et Bereghes et Rossaulin et communam pasturam in montanis inter Thaf et Neth et Pultimor apud Lanmeuthin. Ex dono Will(el)mi de Lond(oniis) et heredum eius totam terram de Egliskeinwir cum pertinentiis suis sicut carte ipsorum testantur. Et quicquid habent ex dono Henr(ici) de Umfra(m)vill(a) et heredum eius apud Lanmeuthin. Et .xii. acras quas ibidem habent ex dono Urbani sacerdotis de Pendevlin. Et ex dono Hugon(is) de Lancarvan et heredum eius .xxx.iii. acras. Et ex dono Ade de Sum(er)i .xii. acras. Et ex dono Iorvard(i) filii Iustini duas acras. Et quicquid ex dono Ioh(ann)is de Bonevilest' et heredum eius apud Bonevillestun' et ibidem ex dono Templarior(um) .xl. acras. Et ex dono Mareduth et heredum eius communam terre sue in boscis et quantum opus habuerint ad grangiam suam de Lanmeuthin. Et quod habent ex dono Rob(erti) Sanson(is) in feudo sancti Nichol(ai). Et quicquid habent ex dono burgensium de Kardif vel liberorum hominum in eadem villa vel extra. Quare volo et firmiter precipio quod predicti monachi habeant et teneant omnia predicta bene et in pace, libere et quiete, integre et plenarie et honorifice, in bosco et plano, in viis et semitis, in aquis et molendinis, in vivariis et stagnis, in moris et mariscis, in turbariis et piscariis, in pratis et pasturis et in omnibus aliis locis et rebus cum omnibus libertatibus et liberis consuetudinibus suis. Hec omnia concessi et confirmavi predictis monachis de Marg(an) habenda et tenenda imperpetuum sicut carte donatorum quas inde habent testantur. Concessi etiam eis et confirmavi omnes alias donationes eis rationabiliter factas vel faciendas sicut carte donatorum, venditorum et invadiatorum quas inde habent vel habituri sunt testantur vel testificabuntur. Hiis t(estibus)[1] domino Henr(ico) Land(avensi) episcopo, Urbano Land(avensi) archidiacono, Nichol(ao) Poinz, Henr(ico) de Umfra(m)vill(a), Ioh(ann)e de Sancto Q(u)intino, Walt(er)o de Sullie, Rad(ulfo) de Suuinesheved' tunc vicecomite, Ricardo Flamango, Gilleb(erto) de Tu(r)bervill(a), Will(el)mo de Cantilupo, Reimund(o) de Sullie, Rad(ulfo) Mayloc, Will(elm)o le Sor, Radulfo de Clivedun(a), et multis aliis.

Seal on tag, green wax, round, $1\frac{3}{8}$ in. diameter; a heater-shaped shield of arms: quarterly, 1 and 4 plain, 2 and 3 vair; legend: ✠ SIGILL' GALFR[IDI] DE MAVNDEVIL' (Plate XXXI*f*).

Endorsement: Carta G(alfridi) de Mandevilla generalis.

[1] B ends here.

The charter is the work of Scribe **xxviii** (Plate XXV).

140. *General confirmation by Countess Isabel of donations to Margam Abbey (1214 to 23 February 1216)*

NLW, P & M MS. 113 (size: 10$\frac{4}{5}$ in.×8$\frac{1}{2}$ in.); Clark, *Cartae et alia*, ii, no. CCCXLII; cal. in Birch, *Catalogue*, 1st ser. 39, and *Margam Abbey*, 211–12; *Episcopal Acts*, ii, L.280, 690.

Sciant omnes presentes et futuri quod ego Isabel comitissa Gloucest(rie) et Essex(ie) consilio et consensu domini mei Gaufridi de Mandevill(a) comitis Gloucest(rie) et Essex(ie) concessi et dedi et hac presenti carta mea confirmavi pro salute animarum nostrarum et antecessorum et successorum nostrorum deo et beate Marie de Margan et monachis ibidem deo servientibus in puram et perpetuam elemosinam has terras in feudo de Kenef(eg), scilicet totam terram Peitevini per divisas suas cum pertinentiis suis. Et totam terram Hugon(is) de H(er)eford(ia) per divisas suas cum pertinentiis suis. Et totam terram Wall(en)siu(m) pro qua solebant reddere annuatim .xxx[a].ii. solidos baillivis de Kenef(eg). Et totam moram de Havedhaloc inter duas aquas, scilicet Kenef(eg) et Baithan tenendas de me et heredibus meis libere et quiete ab omni servitio, consuetudine et exactione seculari sicut ulla elemosina liberius et quietius potest teneri. Preterea concessi eisdem monachis et confirmavi omnes donationes quas eis fecerunt Rob(ertus) comes avus meus et Will(el)mus comes pater meus, scilicet omnes terras cum pertinentiis suis inter Kenef(eg) et ulteriorem ripam aque de Avene ulterioris que est ad occidentem hermitagii Theod(or)ici. Et sicut montana tendunt a sursa aque de Kenef(eg) usque ad locum Middelcros. Et inde in transversum usque ad Blainnant disculva. Et inde usque ad Ridkevelechy. Et inde sicut Avene descendit in mare. Et totum wrek inter Avene et Kenef(eg). Et unum burgagium in Kenef(eg) et unum burgagium in Kard(if) et unum burgagium in Novo Burgo et unum burgagium in Bristoll(ia). Insuper etiam concessi eisdem monachis et confirmavi omnes donationes liberorum hominum meorum, scilicet terram Sturmy per divisas suas cum pertinentiis suis unde habent confirmationem patris mei. Et quicquid habent ex dono Gilleb(erti) Gramm(us) et heredum eius. Et quicquid habent ex dono burgensium de Kenef(eg) et liberorum hominum in villa de Kenef(eg) vel extra in eodem feudo. Et ex dono Morgani filii Oweni, Havedhaloc. Et totum feudum de Langewi ex dono David Scurlag et antecessorum et heredum eius et concessione Nichol(ai) Poinz sicut carte ipsorum testantur. Et quicquid habent ex dono Pagani de Tu(r)bervill(a) et heredum eius in Koithkarth et ex dono filiorum H(er)eb(er)ti Killeculu(m) per divisas suas. Et quicquid habent ex dono Morgan(i) filii Caradoci et heredum eius in marisco de Avene et Bereges et Rossaulin et Pulthimor apud Landmeuthin. Et communam pasturam in montanis inter Thaf et Neth et terram Walt(er)i Lageles apud Lagelest'. Et ex dono Will(el)mi de Lond(oniis) et heredum eius totam terram de Egliskainwir cum pertinentiis suis sicut carte ipsorum testantur. Et quicquid habent ex dono Henr(ici) de Umfra(m)vill(a) et heredum eius aput Landmeuthin. Et .xii. acras quas ibidem habent ex dono Urbani sacerdotis de Pendivelin. Et ex dono Hugon(is) de Landkarvan et heredum eius .xxx.iii. acras. Et ex dono Ade de Sum(er)y .xii. acras. Et ex dono Iorvarth filii Iustini .ii. acras. Et quicquid habent ex dono Ioh(ann)is de Bonevilest' et heredum eius aput Bonevilest'. Et ibidem ex dono Te(m)plarior(um) .xl[a]. acras. Et ex dono Maredu et heredum eius communam terre sue in boscis et pasturis quantum opus habuerint ad grangiam suam de Landmeuth(in). Et quod habent ex dono Rob(erti) Sanson(is) in feudo sancti Nichol(ai). Et quicquid habent ex dono burgensium de Kard(if) vel liberorum hominum in eadem villa vel extra. Hec omnia concessi predictis monachis et confirmavi habenda et tenenda imperpetuum sicut carte donatorum quas inde habent testantur. Quare volo et firmiter precipio quod predicti monachi de Margan habeant et teneant omnia predicta bene et in pace, libere et quiete, integre et plenarie et honorifice, in bosco et plano, in viis et semitis, in aquis et molendinis, in vivariis et stagnis, in moris et mariscis, in turbariis et piscariis, in pratis et pasturis et in omnibus aliis locis et rebus cum omnibus libertatibus et liberis consuetudinibus suis. Concessi etiam et confirmavi eis omnes alias donationes, venditiones et invadiationes eis rationabiliter factas vel faciendas sicut carte donatorum, venditorum et invadiatorum quas inde habent vel habituri sunt testantur vel testabuntur. Hiis t(estibus) domino H(en)r(ico) Land(avensi) episcopo, Urban(o) Land(avensi) archidiacono, Nichol(ao) Poinz, Henr(ico) de Umfra(m)vill(a), Ioh(ann)e de Sancto Quintin(o), Walt(ero) de Sullie, Rad(ulfo) de Suuynesheved' tunc vicecomite, Ricard(o) Flamang', Gilleb(erto) de Tu(r)bervill(a), Will(el)mo de Cantilupo, Will(el)mo le Sor, Rad(ulfo) Mailok, et multis aliis.

Seal on tag, dark green wax, pointed oval, *c.* $3\frac{3}{8}$ in.×$2\frac{1}{8}$ in., damaged; full standing female figure to front, gowned, girt at the waist, forearms extended with long hanging manches, flower or fleur-de-lis in right hand, left hand missing; legend: ✠ [SIGILLVM ISABEL' C]OM[ITISSE: GLOECESTRIE ET MOR]ETV[NE]; counterseal, antique intaglio gem, oval, $1\frac{1}{8}$ in.×1 in., a helmeted bust to the dexter between two figures of Nike, an eagle below, rising regardant between two standards; legend: [✠] EGO SV['] AQILA [:] CVSTOS D[']NE ME[E].

Endorsement: Confirmatio generalis Y(sabelle) comitisse de Gloecest(rie) de omnibus tenementis nostris.

The charter is the work of Scribe **xxviii** (Plate XXVI).

141. *Charter of Countess Isabel confirming to Margam Abbey donations made by Earls Robert and William and Geoffrey (23 February 1216 to 14 October 1217)*

NLW, P & M MS. 2089/13; cal. in Birch, *Catalogue*, 4th ser. 175.

Sciant omnes presentes et futuri quod ego Ysabell(a) comitissa Gloc(estrie) et Essex(ie) in libera viduitate mea concessi et hac presenti carta mea confirmavi deo et ecclesie beate Marie de Margan et monachis ibidem deo servientibus in puram et perpetuam elemosinam omnes donationes et concessiones et confirmationes quas eis fecit Rob(ertus) comes Gloc(estrie) avus meus et Will(elmu)s comes pater meus, scilicet omnes terras cum pertinentiis suis inter Kenefeg(h) et ulteriorem ripam aque de Avene ulterioris que est ad occidentem hermitagii Theodorici et sicut montana tendunt a sursa aque de Kenefegh usque ad locum Middelcros et inde in transversum ad Blainant disculva et inde usque ad Radkevelichi et inde sicut Avene descendit in mare. Et totum wrek inter Avene et Kenefeg et cetera que in carta G(aufridi) comitis continentur.

142. *Charter of Countess Isabel confirming various grants in Glamorgan to Margam Abbey (23 February 1216 to 14 October 1217)*

NLW, P & M MS. 2092/6; Clark, *Cartae et alia*, vi, no. MDCV; cal. in Birch, *Catalogue*, 4th ser. 180.

Sciant omnes tam presentes quam futuri quod ego Isabell(a) comitissa Gloc(estrie) et Essexie in libera viduitate mea dedi et concessi et hac presenti carta mea confirmavi pro salute anime mee et patris mei et matris mee et omnium antecessorum et successorum meorum deo et beate Marie de Marg(an) et monachis ibidem deo servientibus in puram et perpetuam elemosinam has terras per divisas suas cum pertinentiis suis in feudo de Kenef(eg) et in feudo Novicastell(i) et totam terram Peitevin et terram Hug(onis) de Hereford(ia) et totam terram Wallensiu(m) pro qua reddere solebant annuatim .xxxii. solidos baillivis de Kenef(eg) et totam moram de Havedhaloc inter duas aquas Kenf(eg) et Baithan et quinquies .xx. et .x. et .vii. acras de dominico mense mee in Novocastell(o) et in eodem feudo Novicastell(i) moram ad aquilonarem partem montis qui dicitur Bridewdecastel et ad orientalem partem eiusdem et terram que dicitur Seietteslond et terram Kederec que iacet ad australem partem iuxta magnam viam que tendit versus Lagelestun' et terram que dicitur Rofleslond ex altera parte eiusdem magne vie. Habendas et tenendas cum omnibus libertatibus et aisiamentis suis de me et heredibus meis libere et quiete ab omni servitio, consuetudine et exactione seculari sicut ulla elemosina integrius, liberius et quietius teneri potest. Preterea dedi eisdem monachis in puram et perpetuam elemosinam et quietum clamavi et remisi imperpetuum totum forinsecum servitium de feudo de Langewi quod ad me vel ad antecessores meos pertinere solebat vel quod ad me vel ad heredes pertinet preter dimidiam marcam solummodo quam mihi et heredibus meis reddent tam pro warda quam pro omni alio servitio de eodem feudo ad nos pertinente. Preterea de omnibus tenementis que prefati monachi tenent totum forinsecum servitium quod ad antecessores meos pertinere solebat vel quod ad me vel ad heredes meos pertinet sive sit servitium militis sive venatoris vel alterius cuiuslibet servientis sive etiam servitium coquine seu quodcunque aliud forinsecum servitium ad nos pertinens totum illud servitium eisdem monachis dedi imperpetuam elemosinam et quietum clamavi et relaxavi totaliter imperpetuum preter dimidiam marcam de Langewi. Preterea .xx^ti^. et .viii. denarios de Killeculu(m) et. xiiii. denarios de terra Gillemichel quos solebant reddere ad coquinam et redditum .iiii^or^. solidorum et trium obolorum quos solebant annuatim reddere de terra que fuit Ioaf Toidcam iuxta Catteput similiter prefatis monachis in puram et perpetuam elemosinam dedi et relaxavi imperpetuum et totam communam pasture in toto marisco meo ad occidentalem partem ville de Kard(if) inter Thaf et Eley concessi et dedi eisdem imperpetuum reddendo mihi inde vel heredibus pro singulis capitibus averiorum suorum quantum burgenses de Kard(if) reddere solebant pro singulis capitibus averiorum suorum in predicto marisco pascentium tempore Will(elm)i comitis patris mei. Ut autem hec predicta donatio mea rata et firma sit imperpetuum eam presenti carta mea confirmavi et sigillo meo munivi. His t(estibus).

143. *Charter of Countess Isabel confirming donations and privileges to Margam Abbey* (*23 February 1216 to 14 October 1217*)

NLW, P & M MS. 2092/3; Clark, *Cartae et alia*, vi, no. MDCIII; cal. in Birch, *Catalogue*, 4th ser. 180.

Sciant omnes tam presentes quam futuri quod ego I(sabella) comitissa Glouc(estrie) et Essex(ie)[1] in libera viduitate mea dedi et concessi et hac presenti carta confirmavi et cetera donec veniatur ad feudum Novi Cast(e)lli ubi sic habetur. Et dedi eisdem monachis quinquies .xx. et decem et septem acras de dominico mense mee in Novo Cast(e)llo et in eodem feudo Novi Cast(e)lli moram ad aquilonarem partem montis qui dicitur Bridewdecastel et ad orientalem partem eiusdem et terram que dicitur Seiteland et terram de Ketherech que iacet ad australem partem vie magne qui tendet versus Lachelest' et terram que dicitur Roflesla(n)d ex altera parte eiusdem magne vie. Habendas et tenendas libere et quiete et cetera. Preterea dedi eisdem monachis et confirmavi in puram et perpetuam elemosinam et quietum clamavi et remisi imperpetuum totum forinsecum servitium de La(n)dg(ewy) quod ad me vel heredes meos pertinere solebat preter dimidiam marcam argenti solummodo quam mihi et heredibus meis annuatim reddunt tam pro warda quam pro omni alio servitio de eodem feudo ad nos pertinente. Preterea de omnibus aliis tenementis que prefati monachi tenent totum forinsecum servitium quod ad antecessores meos pertinere solebat vel quod ad me vel heredes meos pertinet sive sit servitium militis sive venatoris vel alterius cuiuslibet servientis sive etiam servitium coquine seu quodcunque aliud servitium forinsecum ad nos pertinens totum illud servitium eisdem monachis dedi in perpetuam elemosinam et quietum clamavi et relaxavi totaliter imperpetuum unde .xx. et .viii. denarii de Killecullu(m) et .xiiii. denarii et terra Gillemich(elis) quos solebant reddere ad coquinam et redditum .iiii. solidorum et .iii. obolorum quos solebant annuatim reddere de terra Iohaf Troingha(m) iuxta Cattepit prefatis monachis in puram et perpetuam elemosinam dedi et relaxavi imperpetuum et omnia alia forinseca servitia ad me vel ad heredes meos pertinentia predictis monachis sicut predictum est omnino remisi imperpetuum preter prefatam de La(n)dgewy. Et totam communam pasture in toto marisco meo ad occidentalem partem ville de Kaerd(if) inter Taf et Eley concessi et dedi eis in perpetuam elemosinam reddendo mihi inde annuatim et heredibus meis pro singulis capitibus averiorum suorum quantum burg(enses) de Kaerd(if) reddere solebant pro singulis capitibus suorum averiorum in predicto marisco pascentium tempore W(illelmi) comitis Glouc(estrie) patris mei. Hec omnia concessi eisdem monachis et confirmavi ut supra.

[1] *et Essex*(*ie*) erased.

144. *General confirmation by Countess Isabel of donations to Margam Abbey (23 February 1216 to 14 October 1217)*

NLW, P & M MS. 113c (size: 12¾ in. × 6⅗ in.); Clark, *Cartae et alia*, ii, no. CCCXLIX; cal. in Birch, *Catalogue*, 2nd ser. 99, and *Margam Abbey*, 213–15.

Sciant omnes tam presentes quam futuri quod ego Ysabell(a) comitissa Gloucestr(ie) et Essex(ie) in libera viduitate mea concessi et hac presenti carta mea confirmavi deo et ecclesie beate Marie de Margan et monachis ibidem deo servientibus in puram et perpetuam elemosinam omnes donationes, concessiones et confirmationes quas eis fecerunt Rob(ertus) comes Gloucestr(ie) avus meus et Will(elmus) comes Gloucestr(ie) pater meus, scilicet omnes terras cum pertinentiis suis inter Kenefeg et ulteriorem ripam aque de Aven(e) que est ad occidentem hermitagii Theodorici et sicut montana tendunt a sursa aque de Kenefeg usque ad locum Middelcros et inde in transversum Blaina(n)t disculva et inde usque ad Rikevelechi et inde sicut Aven(e) descendit in mare et totum wrec inter Aven(e) et Kenefeg et unum burgagium in Kaerdif et unum burgagium in Novo Burgo et unum burgagium in Bristoll(ia). Concessi etiam predictis monachis et confirmavi donationes liberorum hominum meorum, scilicet terram Sturmy per divisas suas cum pertinentiis suis unde habent confirmationem patris mei et totum forinsecum servitium eiusdem terre Sturmy ad me vel ad heredes meos pertinentes eisdem monachis dedi in puram et perpetuam elemosinam et relaxavi imperpetuum. Et quicquid habent ex dono Gileb(er)ti Gram(us) et heredum eius. Et quicquid habent ex dono burgensium de Kenefeg et liberorum hominum in villa de Kenefeg vel extra in eodem feodo. Et totum feodum de Langewi ex dono David Scurlagge et antecessorum eius. Et concessionem Nich(olai) Puinz. Et totum forinsecum servitium eiusdem feodi de Langewi ad me vel ad heredes meos pertinentes prefatis monachis dedi in perpetuam elemosinam. Et quietum clamavi et relaxavi imperpetuum preter dimidiam marcam argenti quam pro warda et omni alio servitio ad me vel ad heredes meos pertinente annuatim nobis reddent. Et terram Walt(er)i Lageles et quicquid habent ex dono liberorum hominum meorum vel antecessorum suorum in feodo Novi Castelli. Et quicquid habent ex dono Pagan de Turb(er)vill(a) aut heredum eius in Koithkarth. Et ex dono filiorum Herb(er)ti Kithleculu(m) per divisas suas cum pertinentiis suis et forinsecum servitium, scilicet tres solidos et sex denarios qui de eadem terra reddi solebant ad coquinam cum omni alio servitio ad me vel ad heredes meos pertinente eisdem monachis dedi et relaxavi in puram et perpetuam elemosinam. Et ex dono Morgan filii Oen(i) Hevedhaloc. Et quicquid habent ex dono Morgan filii Caradoc(i) vel heredum eius in marisco de Aven(e) et Berghes et Roshaulin. Et communem pasturam in montanis in Thaf et Neth et terram que appellatur Pultimor apud Landmeuthin. Et si aliquod forinsecum servitium pertinuerit mihi vel antecessoribus meis de ipsa terra de Pultimor illud totaliter dedi et remisi prefatis monachis in puram et perpetuam elemosinam et quietum clamavi imperpetuum. Et ex dono Will(elmi) de Lond(oniis) vel heredum eius totam terram de Egleskeinwer cum pertinentiis suis sicut carte quas inde habent testantur. Et decem solidatas terre apud Marcros ex dono Philippi de Marc(r)os. Et quicquid habent ex dono Henr(ici) de Umf(r)amvill(a) vel heredum eius apud Landmeuthin et Bradinton'. Et duodecim acras quas habent ex dono Urbani sacerdotis de Pe(n)divelin et ex dono Hug(onis) de Lankervan triginta tres acras. Et ex dono Ade de Sumery duodecim acras. Et ex dono Iorevarch(i) filii Iustini duas acras. Et quicquid habent ex dono Ioh(annis) de Bonevill(a) et heredum eius apud Bonevill' et ex dono Te(m)plarior(um) quadraginta acras ibidem. Et ex dono Moreduh communam terre sue in boscis et pasturis quantum opus habuerint ad usum grangie sue ad Landmeuthin. Et quicquid habent ex dono Rob(erti) Sansun in feodo sancti Nich(olai). Et quicquid habent ex dono burgensium de Kaerdif vel liberorum hominum in eadem villa vel apud Listelebon. Preterea dedi eisdem monachis communam in toto marisco meo ad occidentalem partem ville de Kaerdif inter Taf et Eley ita quod pro singulis capitibus animalium suorum tantum reddent mihi et heredibus meis annuatim quantum burgenses de Kaerdif pro singulis capitibus animalium suorum reddere solebant baillivis de Kaerdif tempore patris mei. Hec omnia concessi et hac carta confirmavi prefatis monachis habenda et tenenda imperpetuum per omnia. Concessi etiam eis et confirmavi omnes alias donationes, venditiones et invadiationes eis rationabiliter factas vel faciendas. Quare volo et precipio quod dicti monachi habeant et teneant omnia predicta bene et in pace, libere et plenarie et honorifice, in bosco et plano, in viis et semitis, in aquis et molendinis, in vivariis et stangnis, in moris et mariscis, in turbariis et piscariis, in pratis et pasturis cum omnibus pertinentiis et libertatibus suis sicut predictum est. Hiis testibus Henr(ico) de Furneaus, Will(elm)o de Tiches(ie), domino Will(elm)o canonico de Kainesham, Nich(olao) priore de Margan, Ioh(ann)e monacho de Neth, Ernaldo converso de Margan, Martino hostiario, Ioh(ann)e de Swinesheved, et multis aliis.

Seal on plaited cords, dark green wax, pointed oval, *c.* $3\frac{1}{2}$ in. $\times$ $2\frac{1}{4}$ in., damaged; full standing female figure to front, gowned, girt at the waist, forearms extended with long hanging manches; legend: [✠ SI]GILL[VM ISABEL' COMITISSE] : [GL]OEC[ESTRIE ET MORETVNE]; counterseal, antique intaglio gem, oval, $1\frac{1}{8}$ in. $\times$ $\frac{15}{16}$ in., mostly illegible except for an eagle rising regardant; legend: [✠ EGO SV' AQI]LA : CVST[OS] D'NE MEE.

Endorsement: Ysabele Generalis.

The charter is the work of Scribe **xxix** (Plate XXVIII).

145. *General confirmation by Countess Isabel of donations to Margam Abbey (23 February 1216 to 1217)*

A*, NLW, P & M MS. 2043 (size: $12\frac{7}{8}$ in. $\times$ $7\frac{3}{8}$ in.); B, NLW, P & M MS. 2092/5; cal. in Birch, *Catalogue*, 4th ser. 156–8, 180.

Sciant omnes tam presentes quam futuri quod ego Ysabell(a) comitissa Gloucestr(ie) et Essex(ie) in libera viduitate mea concessi et hac presenti carta mea confirmavi deo et ecclesie beate Marie de Margan et ibidem monachis deo servientibus in puram et perpetuam elemosinam omnes donationes, concessiones et confirmationes quas eis fecerunt Rob(ertus) comes Gloucestr(ie) avus meus et Will(elmus) comes Gloucestr(ie) pater meus, scilicet omnes terras cum pertinentiis suis inter Kenefeg et ulteriorem ripam aque de Aven(e) que est ad occidentem heremitagii Theodorici et sicut montana tendunt a sursa aque de Kenefeg usque ad locum Middelc(r)os et inde in transversum Blainant[1] disculva et inde usque ad Rikeverethi et inde sicut Aven(e) descendit in mare. Et totum wrec inter Aven(e) et Kenefeg. Et unum burgagium in Kaerdif et unum in Novo Burgo et unum in Bristoll(ia). Concessi etiam predictis monachis donationes liberorum hominum meorum, scilicet terram Sturmy per divisas suas cum pertinentiis suis unde habent confirmationem patris mei et totum forinsecum servitium eiusdem terre Sturmy ad me vel ad heredes meos pertinens eisdem monachis quietum clamavi et relaxavi in perpetuum et dedi in puram et perpetuam elemosinam. Et quicquid habent ex dono Gileb(erti) Gram(us) et heredum eius. Et quicquid habent ex dono burgensium de Kenefeg et liberorum hominum in villa de Kenefeg vel extra in eodem feodo. Et totum feodum de Langewi ex dono David Scurlagge et antecessorum eius et totum forinsecum servitium eiusdem feodi ad me vel ad heredes meos pertinens prefatis monachis dedi in perpetuam elemosinam et quietum clamavi imperpetuum preter dimidiam marcam argenti pro warda et omni alio servitio ad me vel ad heredes meos pertinente annuatim nobis reddendam. Et terram Walt(er)i Lageles. Et quicquid habent ex dono liberorum hominum meorum in feodo Novi Castelli. Et concessionem Nich(olai) Puinz de feodo de Langewi eis concessi et confirmavi. Et quicquid habent ex dono Pagani de Turb(er)vill(a) aut heredum eius in Koetkarth. Et ex dono filiorum H(er)berti Killekulu(m) per divisas suas cum pertinentiis suis et totum forinsecum servitium, scilicet quod ad coquinam reddi solebat eisdem monachis dedi in perpetuam elemosinam. Et ex dono Morgan(i) filii Oen(i) Hevedhaloc. Et quicquid habent ex dono Morgan(i) filii Caradoc(i) vel heredum eius in marisco de Aven(e) et Berges et Roshaulin. Et communem pasturam in montanis inter Thaf et Neth et terram que appellatur Pultimor apud Landmeuthin. Et si aliquod forinsecum servitium pertinuerit mihi vel antecessoribus meis de ipsa terra de Pultimor illud totaliter dedi et remisi prefatis monachis in puram et perpetuam elemosinam et quietum clamavi imperpetuum. Et ex dono Will(elmi) de Lond(oniis) vel heredum eius totam terram de Egleskeinwer cum pertinentiis suis. Et decem solidatas terre apud Marc(r)os ex dono Philippi de Marc(r)os. Et quicquid habent ex dono Henr(ici) de Umfranvill(a) vel heredum eius apud Landmeuthin et Bradinton'. Et duodecim acras quas habent ex dono Urbani sacerdotis de Pendivelin et ex dono Hug(onis) de Lankervan triginta tres acras. Et ex dono Ade de Sumery duodecim acras. Et ex dono Iorevarch(i) filii Iustini duas acras. Et quicquid habent ex dono Ioh(annis) de Bonevill(a) et heredum eius apud Bonevill' et ex dono Templarior(um) quadraginta acras ibidem. Et ex dono Moreduh communam terre sue in boscis et pasturis quantum opus habuerint ad usum grangie sue de Landmeuthin. Et quicquid habent ex dono Rob(erti) Sansun in feodo sancti Nich(olai). Et quicquid habent ex dono burgensium de Kaerdif vel liberorum hominum in eadem villa vel apud Listelebon. Preterea dedi eisdem monachis communam in toto marisco

[1] *Glainant* probable reading in B.

meo ad occidentalem partem ville de Kaerdif inter Taf et Eley ita quod pro singulis capitibus animalium suorum tantum reddent mihi et heredibus meis annuatim quantum burgenses de Kaerdif pro singulis capitibus animalium suorum in eadem mora pascentium reddere solebant tempore patris mei. Hec omnia concessi et hac carta confirmavi predictis monachis habenda et tenenda imperpetuum. Et remisi eis imperpetuum redditus coquine de terra Gillemichel et redditus quatuor solidorum et trium obolorum de terra que fuit Ioaf Trainga(m). Concessi etiam eis omnes alias donationes, venditiones, invadiationes eis rationabiliter factas vel faciendas. Quare volo et precipio quod dicti monachi habeant et teneant omnia predicta bene et in pace, libere et quiete, integre et plenarie et honorifice, in bosco et plano, in viis et semitis, in aquis et molendinis, in vivariis et stangnis, in moris et mariscis, in turbariis et piscariis, in pratis et pasturis cum omnibus pertinentiis et libertatibus sicut predictum est. Hiis testibus[2] Henr(ico) de Furnell(is), Will(elm)o de Tichesie, Will(elm)o canonico de Kainesham, Nich(olao) tunc priore de Margan, Ioh(ann)e monacho de Neth, Ernaldo converso de Margan, Martino hostiario, Ioh(ann)e de Swinesheved, et multis aliis.

Seal on plaited cords, dark green wax, pointed oval, *c.* 3¼ in. × 2 in., damaged; full standing female figure to front, gowned, girt at the waist, forearms extended with long hanging manches, flower or fleur-de-lis in right hand, a bird in left hand; legend: ✠ SIGIL[LVM ISABEL'] COMIT[ISSE : GLOECESTRIE ET] M[O]RETVN[E]; counterseal, an antique intaglio gem, oval, 1⅛ in. × *c.* 1 in., damaged; helmeted bust to the dexter barely visible; legend: ✠ EGO SV' AQI[LA] CVSTO[S] D'NE MEE.

Endorsement: Confirmatio Y(sabelle) comitisse in libera viduitate sua de terris omnibus quas nobis dedit avus eius et pater eius et quietantia de totali forinseco servitio comitis excepta dimidia marca de Landgewi et communa pasture inter Taf et Ne.

[2] B ends here.

The charter is a variant of no. 144 and the work of Scribe **xxix** (Plate XXIX).

146. *General confirmation by Countess Isabel of donations to Margam Abbey (23 February 1216 to 14 October 1217)*

NLW, P & M MS. 2042 (size: 8 9/10 in. × 5⅞ in.); Clark, *Cartae et alia*, ii, no. CCCL; cal. in Birch, *Catalogue*, 4th ser. 155, and *Margam Abbey*, 212–13.

Sciant omnes tam presentes quam futuri quod ego Ysabell(a) comitissa Gloucestr(ie) et Essex(ie) in libera viduitate mea dedi et concessi et hac presenti carta mea confirmavi deo et ecclesie beate Marie de Margan et monachis ibidem deo servientibus pro salute anime mee et antecessorum et successorum meorum et domini comitis Galfridi de Mandevill(a) quondam mariti mei in puram et perpetuam elemosinam has terras in feodo de Kenefeg, scilicet totam terram Peitevin per divisas suas cum pertinentiis suis. Et totam terram Hug(onis) de H(er)eford(ia) cum pertinentiis suis per divisas suas. Et totam terram

Walensiu(m) pro qua solebant reddere annuatim triginta duos solidos baillivis de Kenefeg. Et totam moram de Hevedhaloc inter duas aquas, scilicet Kenefeg et Baithan habendas et tenendas de me et heredibus meis imperpetuum libere et quiete ab omni servitio, consuetudine et exactione seculari sicut ulla elemosina liberius et quietius potest teneri. Preterea remisi eis et quietum clamavi imperpetuum totum forinsecum servitium de feodo de Langewy in omnibus rebus que ad me vel heredes meos vel antecessores de eodem servitio pertinent vel pertinere solebant preter dimidiam marcam argenti quam solummodo pro omni forinseco servitio ad nos pertinente reddent annuatim mihi et heredibus meis. Preterea de omnibus tenementis que prefati monachi tenent de liberis hominibus meis tam militibus quam aliis totum forinsecum servitium sive sit servitium militis sive venatoris vel alterius servientis quod ad antecessores meos pertinere solebat vel quod ad me vel heredes meos pertinet eisdem monachis relaxavi et quietum clamavi imperpetuum. Preterea dedi eisdem monachis imperpetuam elemosinam communem pasturam in toto marisco meo ad occidentalem partem ville de Kaerdif ita quod pro singulis capitibus animalium suorum tantum michi reddent annuatim et heredibus meis quantum burgenses de Kaerdif reddere solebant pro singulis capitibus animalium suorum annuatim baillivis de Kaerdif tempore Will(elm)i comitis Gloucestr(ie) patris mei. Ut autem hac mea donatio firma et stabilis sit imperpetuum eam presenti carta mea confirmavi et sigilli mei appositione munivi. Hiis testibus Saihero de Quency comite Winton(ie), Henr(ico) de Furnell(is), Will(elm)o de Tiches(ie), Martino hostiario, Ioh(ann)e de Swinesheved, Will(elm)o canonico de Kainesha(m), Nichol(ao) priore de Margan, fratre Thoma converso, Thoma Pirun, et multis aliis.

Seal on plaited cords, dark green wax, pointed oval, *c.* 3¼ in. × 2⅛ in., damaged; full standing female figure to front, gowned, girt at the waist, forearms extended with long hanging manches, flower or fleur-de-lis in right hand, a bird in left hand; legend: [✠ SIG]ILLVM ISABEL' COMITIS[SE] : [G]LOECESTRIE ET MORET[VNE]; counterseal, antique intaglio gem, oval, 1⅛ in. × 1 in., a helmeted bust to the dexter between two figures of Nike each holding a wreath towards bust, an eagle below, rising regardant between two standards; legend: ✠ EGO SV' AQILA : CVSTOS D[']NE MEE (Plate XXXI *d* and *e*).

Endorsement: Ysabele de terris de Kenefeg.

The charter is the work of Scribe **xxvii** (Plate XXIV).

147. *Charter of Countess Isabel confirming various grants in Glamorgan to Margam Abbey (23 February 1216 to 14 October 1217)*

NLW, P & M MS. 2092/2; Clark, *Cartae et alia*, vi, no. MDCIV; cal. in Birch, *Catalogue*, 4th ser. 179.

Sciant omnes presentes et futuri quod ego Isabel comitissa Glouc(estrie) in libera viduitate mea concessi et hac carta confirmavi et cetera omnia sicut supra donec veniatur ad terram

Sto(r)my ubi sic habetur. Et totum forinsecum servitium eiusdem terre ad me vel ad heredes meos pertinens eisdem monachis quietum clamavi et relaxavi imperpetuum et dedi in puram et perpetuam elemosinam. Et totum feudum de La(n)dg(ewi) ex dono D(avi)d Scurl(ag) et antecessorum eius et totum forinsecum servitium eiusdem feudi ad me vel ad heredes meos pertinens prefatis monachis dedi in perpetuam elemosinam et quietum clamavi imperpetuum preter dimidiam marcam argenti pro warda et omni alio servitio ad me vel ad heredes meos pertinente annuatim nobis reddendam. Et terram W(alteri) Lacheles et quicquid habent ex dono liberorum hominum meorum in feudo Novi Cast(e)lli et concessionem N(icholai) Puinz de feudo de La(n)dg(ewi) eis concessi et confirmavi. Et ex dono filiorum H(er)berti Killeculu(m) per divisas suas cum pertinentiis suis et totum forinsecum servitium, scilicet quod ad coquinam reddi solebat eisdem monachis dedi in perpetuam elemosinam et cetera omnia sicut supra donec veniatur ad Pultim(or) ubi sic habetur. Et terram que appellatur Pultimor apud La(n)dmeuth(in). Et si aliquod forinsecum servitium pertinuerit mihi vel antecessoribus meis de ipsa terra de Pultimor illud totaliter dedi et remisi prefatis monachis in puram et perpetuam elemosinam et quietum clamavi imperpetuum. Et .x. solidatas terre aput Marecros ex dono Philippi de Marecros. Et remisi eis redditum coquine de terra Gillemich(elis) et redditum .iiii[or]. solidorum et .iii. obolorum de terra que fuit Ioh(ann)is Troingam. Preterea dedi eis communam in toto marisco meo ad occidentalem partem ville de Kaerdif inter Taf et Eley ita quod pro singulis capitibus animalium suorum tantum reddent mihi et heredibus annuatim quantum burgenses de Kaerd(if) pro singulis capitibus animalium suorum in eadem mora pascentium reddere solebant tempore patris mei. Hec omnia concessi eisdem monachis et confirmavi et cetera ut supra.

The text is an abbreviated version of no. 142.

148. *General confirmation by Countess Isabel of donations to Margam Abbey* (c. *1217*)

NLW, P & M MS. 2041 (size: $8\frac{7}{10}$ in. × $6\frac{9}{10}$ in.); cal. in Birch, *Catalogue*, 4th ser. 154–5.

Sciant omnes presentes et futuri quod ego Isabel comitissa Gloucest(rie) concessi et dedi et hac presenti carta mea confirmavi pro salute anime mee et antecessorum et successorum meorum deo et beate Marie de Marg(an) et monachis ibidem deo servientibus in puram et perpetuam elemosinam has terras in feudo de Kenef(eg), scilicet totam terram Peitevini per divisas suas cum pertinentiis suis et totam terram Hugon(is) de H(er)eford(ia) per divisas suas cum pertinentiis suis et totam terram Wall(e)nsiu(m) pro qua solebant reddere annuatim .xxx[a]. duos solidos ballivis de Kenef(eg) et totam moram de Havedhaloc inter duas aquas, scilicet Kenef(eg) et Baithan tenendas de me et heredibus meis libere et quiete ab omni servitio, consuetudine et exactione seculari sicut ulla elemosina liberius et quietius potest teneri. Preterea concessi eisdem monachis et confirmavi omnes donationes quas eis fecerunt Rob(ertus) comes avus meus et Will(el)m(us) comes pater meus, scilicet omnes terras cum pertinentiis suis inter Kenef(eg) et ulteriorem ripam aque de Avene ulterioris que est ad occidentem hermitagii Theod(or)ici et sicut montana tendunt a sursa aque de Kenef(eg) usque ad locum Middelcros et inde in transversum usque ad Blainant disculva et inde usque ad Ridkeveleky et inde sicut Avene descendit in mare et totum wrec inter Avene et Kenef(eg). Et unum burgagium in Kenef(eg) et unum burgagium in Kard(if) et unum burgagium in Novoburgo et unum burgagium in Bristoll(ia). Insuper concessi eisdem monachis et confirmavi donationes liberorum hominum meorum, scilicet terram Sturmi per divisas suas cum pertinentiis suis unde habent confirmationem patris mei. Et quicquid habent ex dono Gilleb(erti) Gra(m)m(us) et heredum eius. Et quicquid habent ex dono burgensium de Kenef(eg) et liberorum hominum in villa de Kenef(eg) vel extra in eodem feudo. Et ex dono Morgani filii Oweni Havedhaloc. Et totum feudum de Landgewi ex dono David Scurlag et antecessorum et heredum eius et concessione Nichol(ai) Poinz sicut carte ipsorum testantur. Et quicquid habent ex dono Pagan(i) de Turb(er)vill(a) et heredum eius in Coithcarth. Et ex dono filiorum H(er)eb(er)ti Killeculu(m) per divisas suas et terram Lageles aput Lagelest'. Et quicquid habent ex dono Morgan(i) filii Caradoci et heredum eius in marisco de Avene et Berges et Rossaulin. Et communam pasturam in montanis inter Taf et Neth. Et Pulthimor aput Landmeuth(in). Et ex dono Will(el)mi de Lond(oniis) et heredum eius totam terram de Egliskeinwir cum pertinentiis suis sicut carte ipsorum testantur. Et quicquid habent ex dono Henr(ici) de Umfra(m)vill(a) et heredum aput Landmeuth(in). Et duodecim acras quas ibidem habent de dono Urbani sacerdotis de Pendevlin. Et ex dono Hug(onis) de Landkarvan et heredum eius .xxx[a]. acras. Et ex dono Ade Sum(er)y .xii. acras. Et ex dono Iorvard(i) filii Iustini duas acras. Et quicquid habent ex dono Ioh(ann)is de Bonevill(a) et heredum eius aput Bonevilest' et ibidem ex dono Te(m)plarior(um) .xl[a]. acras. Et ex dono Mareduth et heredum eius communam terre sue in boscis et pasturis quantum opus habuerint ad grangiam suam de Landmeuth(in). Et quod habent ex dono Rob(erti) Sanson(is) in feudo sancti Nichol(ai). Et quicquid habent ex dono burgensium de Kenef(eg) vel liberorum hominum in eadem villa vel extra. Et ex dono burgensium de Kard(if) vel liberorum hominum in eadem villa vel extra. Quare volo et firmiter precipio quod predicti monachi habeant et teneant omnia predicta bene et in pace, libere et quiete, integre et plenarie et honorifice, in bosco et plano, in viis et semitis, in aquis et molendinis, in vivariis et stagnis, in moris et mariscis, in turbariis et piscariis, in pratis et pasturis et in omnibus aliis locis et rebus cum omnibus libertatibus et liberis consuetudinibus suis. Hec omnia concessi et confirmavi predictis monachis de Marg(an) habenda et tenenda imperpetuum sicut carte donatorum quas inde habent testantur. Concessi etiam eis et confirmavi omnes alias donationes eis rationabiliter factas vel faciendas sicut carte donatorum, venditorum et invadiatorum quas inde habent vel habituri sunt testantur vel testabuntur. Hiis t(estibus) domino Henr(ico) Land(avensi) episcopo, Nichol(ao) Puinz, H(e)nr(ico) de Umfra(m)vill(a), Ioh(ann)e de Sancto Q(u)intin(o), Walt(er)o de Sullia, Ric(ardo) Flamang', Gilleb(erto) de Tu(r)bervill(a), Will(elm)o de Cantilupo, Reimundo de Sullia, Radulfo Mayloc, Will(elm)o Le Sor, Radulfo de Clivedune, et multis aliis.

Seal on tag, dark green wax, pointed oval, $2\frac{2}{5}$ in. × $1\frac{7}{8}$ in., damaged; full standing female figure to front, gowned, girt at the waist, forearms extended with long hanging manches; legend: ✠ SIGILL[VM ISABEL' COMITISSE : GLOECESTRIE ET MORETVNE]; counter-seal, an antique intaglio gem, oval, $1\frac{1}{8}$ in. × 1 in.; a helmeted bust to the dexter between two figures of Nike each holding a wreath towards the bust, an eagle below, rising regardant between two standards; legend: ✠ EGO SV' AQILA[: C]VSTOS D'NE MEE.

Endorsement: Confirmatio plenaria Y(sabelle) comitisse Glouecest(rie) de omnibus tenementis nostris.

For the charter's dating, see above, p. 23; it is the work of Scribe **xxviii** (Plate XXVII).

149. *General confirmation by Countess Isabel of donations to Margam Abbey* (c. *1217*)

NLW, P & M MS. 104 (size: $11\frac{9}{10}$ in. × $8\frac{1}{2}$ in.); Clark, *Cartae et alia*, ii, no. CCCXXV; cal. in Birch, *Catalogue*, 4th ser. 154–5 and *Margam Abbey*, 209–10; *Episcopal Acts*, ii, L.279, 689–90.

Sciant omnes presentes et futuri quod ego Isabel comitissa Gloucest(rie) concessi et dedi et hac presenti carta mea confirmavi pro salute anime mee et antecessorum et successorum meorum deo et beate Marie de Margan et monachis ibidem deo servientibus in puram et perpetuam elemosinam has terras in feodo de Kenef(eg), scilicet totam terram Peitevin(i) per divisas suas cum pertinentiis suis et totam terram Hugon(is) de H(er)eford(ia) per divisas suas cum pertinentiis suis et totam terram Wall(e)nsiu(m) pro qua solebant reddere annuatim .xxx.ii. solidos ballivis de Kenef(eg) et totam moram de Hevedhalok inter duas aquas, scilicet Kenef(eg) et Baithan tenendas de me et heredibus meis libere et quiete ab omni servitio, consuetudine et exactione seculari sicut ulla elemosina liberius et quietius potest teneri. Preterea concessi eisdem monachis et confirmavi omnes donationes quas eis fecerunt Rob(er)t(us) comes avus meus et Will(el)mus comes pater meus, scilicet omnes terras cum pertinentiis suis inter Kenef(eg) et ulteriorem ripam aque de Avene ulterioris que est ad occidentem hermitagii Theodorici et sicut montana tendunt a sursa aque de Kenef(eg) ad locum Middelcros et inde in transversum usque ad Blainnant disculva et inde usque ad Ridkevelechy et inde sicut Avene descendit in mare et totum wrek inter Kenef(eg) et Avene. Et unum burgagium in Kenef(eg) et unum burgagium in Kaerdif' et unum burgagium in Novo Burgo et unum burgagium in Bristoll(ia). Insuper etiam concessi eisdem monachis et confirmavi donationes liberorum hominum meorum, scilicet terram Sturmy per divisas suas cum pertinentiis suis unde habent confirmationem patris mei. Et quicquid habent ex dono Gilleb(erti) G(r)amus et heredum eius. Et quicquid habent ex dono burgensium de Kenef(eg) et liberorum hominum in villa de Kenef(eg) vel extra in eodem feudo. Et ex dono Morgani filii Oweni Hevedhalok. Et totum feudum de Landgewy ex dono David Scurlag et antecessorum et heredum eius et concessione Nichol(ai) Puinz sicut carte ipsorum testantur. Et quicquid habent ex dono Pagani de Turb(er)vill(a) et heredum eius in Koithkarth. Et ex dono filiorum H(er)berti Kithlecullu(m) per divisas suas. Et terram Lacheles et alias[1] donationes ibidem sicut carte donatorum testantur. Et quicquid habent ex dono Morgani filii Caradoci et heredum eius in marisco de Avene et Berchis et Rossaulin. Et communem pasturam in montanis inter Taf et Neth. Et Pultimor aput Landmeuthi(n). Et ex dono Will(el)mi de London(iis) totam terram de Egliskainwyr cum pertinentiis suis sicut carte quas inde habent testantur. Et quicquid habent ex dono H(e)nr(ici) de Umfra(m)vill(a) et heredum eius aput Landmeuthi(n) et Bradi(n)gton'. Et .xii. acras quas ibidem habent ex dono Urbani sacerdotis de Pendivelin'. Et ex dono Hugon(is) de Landkarvan et heredum eius .xxx[ta]. iii. acras. Et ex dono Ade de Sum(er)y .xii. acras. Et ex dono Iorvarth filii Iustini .ii. acras. Et quicquid habent ex dono Ioh(ann)is de Bonevil(la) et heredum eius aput Bonevillest' et ibidem ex dono Templarior(um) .xl. acras. Et ex dono Maredu et heredum eius communam terre sue in boscis et pasturis quantum opus habuerint ad grangiam suam de Landmeuthi(n). Et quod habent ex dono Rob(erti) Samson(is) in feudo sancti Nichol(ai). Et quicquid habent ex dono burgensium de Kaerdif vel liberorum hominum in eadem villa vel extra. Hec omnia concessi et confirmavi predictis monachis de Marg(an) habenda et tenenda inperpetuum sicut karte donatorum quas inde habent testantur. Concessi etiam eis et confirmavi omnes alias donationes eis rationabiliter factas vel faciendas simul et venditiones et invadiationes sicut carte donatorum, venditorum et invadiatorum quas inde habent testantur vel testabuntur. Quare volo et firmiter precipio quod predicti monachi habeant et teneant omnia predicta bene et in pace, libere et quiete, integre et plenarie et honorifice, in bosco et plano, in viis et semitis, in aquis et molendinis, in vivariis et stagnis, in moris et mariscis, in turbariis et piscariis, in pratis et pasturis et in omnibus aliis locis et rebus cum omnibus libertatibus et liberis consuetudinibus suis sicut predictum est. Hiis t(estibus) domino H(e)nr(ico) Land(avensi) episcopo, Urbano Land(avensi) archidiacono, Nichol(ao) Puinz, H(e)nr(ico) de Umfra(m)vill(a), Ioh(ann)e de Sancto Q(u)intin(o), Walt(er)o de Sulie, Rad(ulfo) de Swinesheved tunc vicecomite, Gilleb(erto) de Turb(er)vill(a), Ricardo Flam(m)ang', Will(el)mo de Cantelw, Rad(ulfo) Mailok, Reimu(n)d(o) de Suly, Will(el)mo le Sor, Rad(ulfo) de Clivedun(a), et multis aliis.

Seal on tag, dark green wax, pointed oval, *c.* $3\frac{1}{4}$ in. × $2\frac{1}{8}$ in., damaged; full standing female figure to front, gowned, girt at the waist, forearms extended with long hanging manches; legend: [✠ SIGILL]VM ISAB[E]L['] COM[ITISSE]: [G]LOECESTRIE ET MOR[ETVNE]; counterseal, antique intaglio gem, oval, $1\frac{1}{8}$ in. × 1 in., a helmeted bust to the dexter, an eagle below, rising regardant between two standards; legend: ✠ EGO SV' AQ[ILA: CVSTOS] D[']NE MEE.

Endorsement: Confirmatio generalis Y(sabelle)[2] comitisse de Gloescestr(ia) de omnibus tenementis nostris.

[1] MS. ailias [2] MS. superscript *Ysabele* above *.I.*

The charter is the work of Scribe **xxxi** (Plate XXX).

150. *Charter of Countess Isabel confirming donations in Kenfig (Glam.) to Margam Abbey (1216–17)*

NLW, P & M MS. 293/30; Clark, *Cartae et alia*, ii, no. CCXXIV; cal. in Birch, *Catalogue*, 1st ser. 121, and *Margam Abbey*, 208–9.

Sciant omnes presentes et futuri quod ego Isabel comitissa Glouc(estrie) concessi et dedi et hac presenti carta mea confirmavi pro salute anime mee et antecessorum et successorum meorum deo et beate Marie de Margan et monachis ibidem deo servientibus in puram et perpetuam elemosinam has terras in feudo de Kenef(eg), scilicet et totam terram Petetevini per divisas suas cum pertinentiis suis et totam terram Hugonis de H(er)eford(ia) per divisas suas cum pertinentiis suis et totam terram Wall(e)nsiu(m) pro qua solebant reddere annuatim .xxx. duos solidos ballivis de Kenef(eg) et totam moram de Havedhaloc inter duas aquas, scilicet Kenef(eg) et Baithan tenendas de me et heredibus meis libere et quiete ab omni servitio, consuetudine et exactione seculari sicut ulla elemosina liberius et quietius potest teneri. Et ex dono Will(elm)i de Lond(oniis) et heredum eius totam terram de Egleskeynwir cum pertinentiis suis sicut carte ipsorum testantur et quicquid habent ex dono Henr(ici) de Umfra(m)vill(a) et heredum apud Landmeuth(in). Testibus etc.

151. *Charter of Earl William declaring that before his court at Bristol, Peter, son of Matthew, granted to Elias of Marlborough (?) a tenement and land in Bristol market for the rent of half a mark annually (1147–83)*

'Cart. St. Augustine's Bristol', fo. 24; facsm. in Bodl. MS. Film Dep. 912.

Will(elmus) comes Gloec(estrie) dapifero suo et omnibus baronibus suis et omnibus probis hominibus suis de Brist(ou), salutem. Sciatis quod Petrus filius Math(aei) coram me in curia mea apud Brist(ou) concessit Helie de Merleb(erge) terram suam et domum que est in foro de Brist(ou) tenendam de ipso Petro et de heredibus suis Helye de Merleb(erge) et heredibus suis in feodo et hereditate singulis annis reddendo dimidiam marcam arg(enti) pro omni servitio ad pascha .xl. denarios et ad festum sancti Michael(is) .xl. denarios et pro hac concessione Helyas de Merleb(erge) dedit Petro .xl. marcas argenti. Et ego pro petitione ipsius Petri hanc concessione ipsi Helye et heredibus suis carta mea confirmavi et concessi et cum tempus relevaminis mihi inde evenerit, Elyas vel heredes sui dabunt mihi vel heredibus meis de relevamine unum Bisantium auri. T(estibus) etc.

152. *Writ of Robert the king's son to William de Eynsford and his wife informing them that he has conceded to William Mauduit the land his brother, Robert, held, and commanding them to do the service for it as they had done to Robert (25 November 1120 to* c. *March 1121) London*

BM Additional MS. 28024, fo. 28b; *Regesta* ii. 340.

R(obertus) regis filius W(illelmo) de Ainesford(e) et sue uxori H(awisie), salutem. Sciatis me reddidisse Will(elm)o Maledocto terram quam Rob(er)tus Maledoct(us) suus frater a me tenuit. Et precipio quod ei[1] inde respondeatis et serviatis et Rob(er)to eius fratri serviebatis. T(este) Ric(ardo) constabulario apud London(iam).

[1] MS. *eum*

Robert Mauduit perished in the White Ship on 25 November 1120 (*OV* iv. 411, 419); about March 1121, Henry I issued a charter to Robert's brother, William, granting him, among other things, Fyfield (Hants) which his father (and presumably Robert's) had held from Robert Fitz Hamon and which had been conceded to William Mauduit by the king's son, Robert (*Regesta* ii, no. CXXXI (text), no. 1225 (cal.)); between the White Ship incident and March 1121, January is the earliest Robert Fitz Roy can be placed in London; but since Robert followed his father's court away from London after January, this month seems a likely date of issue for Robert's writ (ibid. xxx, nos. 1241, 1243, 1245, 1247–9); Henry I's charter not only provides the latest date by which Robert Fitz Roy's could have been issued, but also identifies the land (Fyfield) which Robert Mauduit had held; from the wording of this charter, William Mauduit was mesne lord of Fyfield with William de Eynsford and his wife as undertenants; Robert Fitz Roy's charter is an interesting example of a baron employing his authority to enforce the service owed an honorial vassal by an undertenant; I cannot explain why William Mauduit, who was alive in 1166, does not appear in Earl William's *carta* as a tenant; a William de Einesford (Ainesford?) does, as tenant of one knight's fee (*RBE* 289); if this William is identical with the William of this charter or a descendant of his, perhaps he had somehow replaced Mauduit in the Fyfield tenure; the omission of *Henrici* in the superscription of this charter may be due to a copyist's error; since there is only one other extant example of Robert's charters for the period before he became an earl (no. 166), one cannot be certain; however, the *Textus Roffensis*, the source of this other charter, enjoys a reputation for accuracy in transcription, while the charter above contains an error in transcription and evidence of haste in its abbreviations (Peter Sawyer, in *Textus Roffensis*, ii. 13–14).

153. *Charter of Earl Amaury granting to Missenden Abbey one mark and one hundred eels annually from the income of his mill at Great Marlow (Bucks.) (1200–*c. *1213)*

BM Harleian MS. 3688, fo. 141; transcr. in Bodl. Brown-Willis MS. 5, fo. 74 (abbreviated version); *Cart. Missenden Abbey*, iii, no. 705.

Sciant omnes tam presentes quam futuri quod ego Aumaricus comes Gloucestrie dedi et concessi et presenti carta mea confirmavi deo et ecclesie sancte Marie de Messend(ene) et canonicis ibidem deo servientibus in liberam et puram et perpetuam elemosinam pro salute mea et uxoris mee et omnium antecessorum et successorum nostrorum unam marcam argenti et centum anguilla[s] annuatim de redditu molendini mei in Merlawe quod vocatur Gosenha(m), videlicet dimidiam marcam argenti et quinquaginta anguillas ad festum sancte Marie in Marc(i)o et dimidiam marcam et quinquaginta anguillas ad festum sancti Mich(ael)is. Test(ibus) Hugo(n)e de Gurnay, Will(elm)o archidiacono de Bukingham, Rob(er)to de Burnham, Nich(ol)o capellano comitis, Ric(ard)o Thalebot, Ric(ard)o de Kakerlun.

154. *Charter of Earl Amaury granting to Missenden Abbey a mill in Burford (Oxon.) (1200–c. 1213)*

BM Harleian MS. 3688, fo. 145 (mod. fol.); printed (in part) in *Cart. Missenden Abbey*, iii, no. 725.

Sciant presentes et futuri quod ego Amalricus comes Glouc(estrie) dedi, concessi et hac presenti carta mea confirmavi canonicis ecclesie sancte Marie de Messendene ibidem deo servientibus molendinum meum de Bureford quod Albre relicta Willelmi Gudrich tenuit pro salute anime mee et antecessorum meorum in puram et perpetuam elemosinam tenendum et habendum. Et ego Almaricus comes Gloucestrie et heredes mei debemus warantizare predictum molendinum cum pertinentiis predictis canonicis contra omnes homines et feminas. Et quia volo quod hec mea donatio concessio et carte mee confirmatio rata sit et stabilis permaneat eam sigilli mei munimine corroboravi. Hiis testibus domino Hugone de Gurney, domino W(illelmo) priore de Hurley, domino Odone de Bramouster, Engera(nno) Pointel, Ricardo Thalebot, Gwidone camerario et aliis.

155. *Charter of Earl William granting to Monkton Farleigh Priory quittance from tolls on what they buy for their own needs at Bristol (1147–65) Bristol*

BM Harley Charter 43.C.16 (size: $5\frac{1}{2}$ in. $\times$ $2\frac{15}{16}$ in.); transcr. in facsm., Trustees of the Earl of Winchilsea, dep. in NRO, Finch Hatton MS. 170, fo. 40; *BS*, no. 171; Birch, 'Original Documents', no. 176.

Will(elmu)s comes Glouc(estrie) dapifero suo et hominibus suis omnibus Francis et Anglis et preposito de Bristou et ministris, salutem. Sciatis me concessisse pro salute mea et mee uxoris et antecessorum meorum ut prior et monachi de Ferlega emant sibi necessaria apud Bristou sine theloneo et omni consuetudine quam ulli inde dent. T(estibus) Greg(orio) de Turri, Adam(o) de Eli, Henrico Tusardo, apud Bristou.

Seal on tongue, tie torn away, green wax, round, fragment; partial image of a lion passant to the dexter, behind it a lily or conventional flower; no counterseal visible because of mounting.

Endorsement: W(illelmus) comes de Bristeu de tholoneo.

The charter was issued before the death of Adam de Ely in 1165 (see above, p. 12); it is the work of Scribe **iv** (Plate III*a*).

156. *Charter of Earl Robert confirming to Montacute Priory (Mon.) gifts of Malpas village and Malpas marsh (1132) Cardiff*

Trinity College, Oxford, MS. 85, fos. 86b–87; cal. in *Cart. Montacute*, no. 165.

Sciant presentes et futuri quod ego Rob(ertu)s regis filius comes Glocestrie pro salute mea et Mabilie comitisse uxoris mee et omnium antecessorum et successorum meorum concessi et dedi et hac presenti carta mea confirmavi deo et sancte Marie et sancte Triace et monachis de Monte Acuto apud Malpas deo servientibus omnes donationes quas eis antea dederat Rob(ertu)s de Haia ad sustentationem eorum scilicet villam de Malpas cum ecclesia et omnibus aliis pertinentiis suis et terras quas habent in marisco de Mendelgif ex dono Rannulfi[1] medici regis qui postea monachus illorum fuit. Preterea concessi eis triginta et sex solidos singulis annis in die sancti Michael(is) de castello meo de Novo Burgo precipiendos de decimis reddituum de Gunlion. Volo autem et precipio ut predicti monachi habeant et teneant hec omnia predicta de me et heredibus meis in liberam, puram et perpetuam elemosinam inperpetuum. Et ut habeant curiam suam liberam sicut ego meam in omnibus placitis. Et si opus fuerit, precipio ut habeant auxilium de ballivis meis de Novo Burgo ad curiam suam tenendam. Concedo etiam eis pro deo omnes libertates quas ego habeo et donare possum, in terris et in aquis, in bosco et in plano et in omnibus locis ubicumque dominium habeo. Et ut homines eorum liberi sint ab omni exactione et servitio et ut quieti sint in omnibus feriis meis et mercatis ab omni consuetudine et theloneo. Ut autem hee omnes mee donationes rate permaneant illas presenti carta et sigilli mei munimine roboravi. Hiis testibus Mabilia comitissa, Rob(ert)o Norense, Will(elm)o de Berkerole, vi°. Kalendas Augusti anno M.'C.'XXX°.II°. ab incarnatione domini, apud Kaerdyf.

[1] MS. *Rannulfo'*

Robert de Haia held the lordship of Bassaleg or Wentloog as a vassal of the earl (Dugdale, *Monasticon*, iv, no. I, 633–4; *Cart. Gloucester*, ii, no. DIX; Clark, *Cartae et alia*, i, no. XXIV). It was centred about the church of St. Gwynllyw and included the cantref of Gwynllwg from the river Rhymney to the Usk (Mon.) (*Regesta* ii, no. 1307; John Edward Lloyd, *A History of Wales*, ii. 442; *Episcopal Acts*, ii, L.13, 612). Robert de Haia founded Malpas as a cell of Glastonbury Abbey some time before 1122 (Knowles and Hadcock, 98). During this period, Rannulf, King Henry I's physician, who had received lands in Wentloog from the king, donated his fee to Malpas and retired to the community (Trinity College, Oxford, MS. 85, fos. 86–86b; *Regesta*, ii, no. 1307 and n.). This charter contains some of the earliest references to the Earl's new borough, Newport, in St. Woolos parish, and to Robert's castle there (see also Beresford, *New Towns*, 560–1).

157. *Charter of Earl Robert confirming to Montacute Priory all the land at Malpas (Mon.)* (c. *1135*) *Cranborne*

Trinity College, Oxford, MS. 85, fo. 87; cal. in *Cart. Montacute*, no. 166.

Robert(us) regis filius Gloec(estrie) consul omnibus hominibus suis Francis et Angl(ic)is et Gualensibus, salutem. Sciatis quod ego pro salute anime mee et pro anima uxoris mee Mabil(ie) et pro animabus omnium parentum meorum dono, concedo, et confirmo ecclesie sancti Pet(r)i et monachis de Monte Acuto totam terram de Malo Passo et ecclesiam eiusdem loci et ducentas et triginta acras terre in moris de Gunlioc' sicut R(obertus) de Haia hec omnia eis antea dederat. Iccirco volo et precipio quod monachi qui ibidem deo serviunt habeant et teneant hec omnia supradicta in liberam et puram elemosinam cum omnibus libertatibus quas idem R(obertus) ibi habuit. Preterea concedo totam decimam omnium meorum reddituum de Gunlion preter decima[s] placitorum et decimas quas ecclesia de Baselet habet. Test(ibus) Mabil(ia) comitissa, Guill(elm)o dapifero, Ric(ardo) constabulario, Rob(ert)o Soro, Guar(ino) clerico apud Craneb(ur)nam.

This, like no. 156, involves the earl's lands subinfeudated to Robert de Haia in the lordship of Wentloog. Even though the charter identified the immediate donor as Robert de Haia, the ultimate donor was Rannulf, court physician to Henry I—de Haia had only confirmed Rannulf's gift (Trinity College, Oxford, MS. 85, fos. 86–86b); *Cart. Montacute*, no. 164; also see above, no. 156). This charter probably followed no. 156 because its terms provided an apparent increase from no. 156's allowance of 36*s*. from the earl's revenues from Newport to a tithe of all his income from Wentloog, except tithes from the proceeds of justice and tithes which Bassaleg Priory held.

158. *Charter of Earl William granting William de Mulesham land at Great Baddow (Essex) for one-fifth of the service of a knight* (*1147–83*) *London*

BM Additional Charter 56236 (a) (size: $9\frac{9}{10}$ in. $\times$ $5\frac{13}{16}$ in.).

W(illelmus) comes Gloec(estrie) dapifero suo et omnibus baronibus suis et hominibus atque fidelibus et omnibus ministris suis Anglie, salutem. Sciatis me dedisse et concessisse Will(elm)o de Mulesha(m) et heredibus suis tenendas de me et de heredibus meis in feudo et hereditate et per servitium quinte partis unius militis inde mihi et heredibus meis pro omni re faciendo illas terras quas idem Will(elmus) tenebat apud Badoena(m) quando ego primo fui saisitus de manerio de Badoena et de quibus tunc reddidit per annum .xxiii. solidos, scilicet terram quam Safredus tenuit unde predictus Will(elmus) reddebat .xiii. solidos et terram que fuit Gilleberti unde reddebat .viii. solidos et terram que fuit Aedwini fabri unde reddebat .xviii. denarios et terram Alfwini iuvenis unde reddebat .vi. denarios. Quare volo et precipio quatinus illas bene et in pace et ita honorabiliter teneat et cum talibus libertatibus sicut aliquis de meis militibus liberius et honorabilius tenet. T(estibus) Ham(one) filio Guefridi conestabulo, Rual(one) de Val(l)oniis, Ric(ardo) de Sancto Q(u)int(ino), Rob(erto) de Vallerodolii, Rann(ulfo) filio Geroldi,

Will(elm)o filio Nicholai marescallo, Ada(m) de Sum(er)io, Will(elm)o de Topesfelda, Elia de Ka(m)b(er)wella, Rob(erto) de Bretingeh(am)sta. Apud Lundonias.

Seal on plaited cords, possibly remounted, white wax varnished brown, round, *c.* $2\frac{1}{2}$ in. diameter, damaged; very worn image of a lion passant to the dexter; counterseal, oval, $1\frac{1}{8}$ in. × $\frac{15}{16}$ in., illegible.

Endorsement: Carta comitis Glowecestre.

The charter is the work of Scribe **xiii** (Plate XV).

159. *Earl William's Charter of Liberties for the burgesses of Neath* (*Glam.*) (*1147–83*)

MS. untraced; transcr. in *Original Charters and Materials for a History of Neath and its Abbey*, ed. Geo(rge) Grant Francis (Swansea, 1845) [no. 11]; Clark, *Cartae et alia*, iv, no. MLXXV.

Willielmus comes Gloucestrie dapifero suo et vicecomiti suo de Glamorgan et omnibus baronibus suis et ministris Francigenis, Anglis atque Wallensibus, salutem. Sciatis me dedisse et concessisse burgensibus de Neeth omnes libertates et consuetudines quas burgenses mei de Kardiffe habent per omnes burgos meos Angliae et Walliae et per totam terram meam Angliae et Walliae. Test(ibus) h(iis) domino Ricardo de Kardiffe dapifero, Hum(one)[1] de Valonis, Wid(one) de Regni, fil(ippo)[1] [de] Sum(eri), Gilberto Croke, Henrico Crasse, Hern[1] clerico, Rogero Fili[1] de Neeth.

[1] Transcr. *sic*.

The manuscript upon which Francis based his text was an *inspeximus* of Thomas Le Despencer dated 1397; the editor stated that this charter was in his own possession; I have found no trace of it. It is clear that Francis's transcription was a poor one, particularly in his rendering of proper names in the list of witnesses; *Hern clerico* should probably be *Herv(eo) clerico*. Neath's customs descended ultimately from Breteuil in Normandy through two intermediates, Cardiff and Hereford (Beresford, *New Towns*, 199); it is possible that the town existed before Richard de Grainville founded the abbey (1129/30) as Beresford has suggested, but this charter is the earliest diplomatic evidence of it (ibid. 556). I cannot accept Beresford's dating of 1147–73 for this charter on the basis of the witnesses' *vitae*. For the foundation charter of Neath, see Clark, *Cartae et alia*, i, no. LXVII.

160. *Countess Hawisia's Charter of Liberties for the burgesses of Petersfield* (*Hants*) (*1183–9*)

Petersfield Urban District Council, Charter no. 1 (size: $6\frac{9}{10}$ in. × $2\frac{5}{8}$ in., damaged); transcr. in facsm. in *Report of Petersfield*, frontispiece; text and transl. ibid. 202; Gross, *Gild Merchant*, ii. 387.

Sciant presentes et futuri quod ego Hawis comitissa Gloec(estrie) c[o]ncessi et confirmavi b[u]rgens[i]bus meis de Peteresfeld qui in burgo de Peteresfeld edificaverunt et manen[t] et qui in illo edif[ic]ab[u]nt omnes libertates et liberas consu[e]tudines in e[o]dem burgo quas cives W[in]tonie habent in civ[i]tate sua qui sunt in gilda mercatorum et easdem habeant in gilda mercatorum de P[etere]sfeld [quas dominu]s meus W[il]l(elmu)s comes Gloec(estrie) eis per cartam suam concessit. Hiis testibus Will(elm)o abb[ate] de [Du]re-ford, Will(elm)o abbate de Cheinesha(m), Gwidone priore de Suwich, Henrico Hosato, Will(elm)o de Fal[e]sia, Rob(erto) de Sancto Rumi, Will(elmo) de Sunewrd(e), Radulfo Ferre, Hereb(erto) et Rob(erto) filiis eius, Gilib(erto) de De[na], Rob(erto) de Bera, Ric(ardo) Kamerario, Will(elmo) de Linford, Gregorio capellano, magistro Andrea.

Seal on plaited cords, green wax, fragment; partial image of a gowned, full standing female figure.

The charter was probably issued after Earl William's death in 1183 and before Count John became Earl of Gloucester in 1189 (see no. 161). What Winchester's privileges, on which Petersfield's were based, were at this early date is difficult to perceive. One scholar, by making use of the *LW*, has been able to identify ingredients of burgage tenure such as payment of landgavel, the right to lease property and joint tenancy (Morley De Wolf Hemmeon, *Burgage Tenure in Medieval England* (Cambridge, Mass., 1914), 65, 71, 89, 110, 150 n., 168). In addition, members of the guild merchant possessed freedom from tolls throughout England by a grant of King Henry II dating from 1155/8 (Gross, *Gild Merchant*, i. 252; *EHD* ii, no. 302); the charter is the work of Scribe **xvi** (Plate XVII*b*).

161. *Count John's Charter of Liberties for the burgesses of Petersfield (April 1198)*

Petersfield Urban District Council, Charter no. 2 (size: $6\frac{3}{10}$ in. × $4\frac{5}{8}$ in., damaged); transcr. in facsm. in *Report of Petersfield*, facing 5; transl. (in part) ibid.

Ioh(anne)s comes Moret(onie) omnibus hominibus et amicis suis Franc(is) et An[glis] et Walensib(us), salutem. Sciatis me dedisse et concessisse et hac carta mea confir[m]asse burgensibus meis de Pet(r)esfeld(a) qui in burgo de Pet(r)esfeld(a) edificaverunt et ma[nent qui]que in illo edificabunt omnes libertates et co[n]sue[tud]i[ne]s in eodem burgo [meo] quas cives W[intonie] habent in civitate sua sicut Will(elmus) comes Gloec(estrie) pater uxoris mee ei[s c]oncessit et carta sua confirmavit. [Hiis testibus Seffr]id(o) episcopo, A(lano) de Teok(esbiria), Will(elm)o de [K]ainesham' abbatibus, Petro de P(r)atell(is), Hug(one) d[e Br(?)]eoisa, Rad(ulfo) Morin, Will(elm)o de F[ale]-sia, Hug(one) de Gundevill(a), Ric(ardo) ··········· Will(elm)o de Col········· de Stu············ de Liniford(e), apud ··················· [di(?)]e Ap[ri]l(is) anno ······· Ric(ardi) nono.

A reissue of no. 160, the charter is the work of Scribe **xxi** (Plate XX*a*).

162. *Writ of Earl Robert to Robert Norreys, sheriff of Cardiff (Glam.) and* prepositus *of Newport (Mon.), that the earl's chaplain, Picot, is to have his land and church within the earl's borough (1121/2 to 1147)*

PRO C.150/1, no. DII; *Cart. Gloucester*, ii.

R(obertus) regis filius Glouc(estrie) consul R(oberto) Norr(ensi) vicecomiti et preposito de sancto Gundleo, salutem. Sciatis me concessisse Picoto capellano meo quod hospitetur terram suam que est inter burgum meum et ecclesiam. Et si burgenses mei quieti sunt de consuetudine[1] et sui homines sint quieti. Et ecclesia habeat inde censum suum sicut habeo de burgensibus meis. T(estibus) etc.'

[1] MS. *consuetuetudine*

This charter gives further evidence of Newport's early-twelfth-century constitution as a borough. The references to burgesses with freedom from fiscal exactions, but subject to burgage rents are hints that Newport may have been subject to the same customs as Cardiff (see nos. 46, 87, and 156). This would be logical since this charter shows that the jurisdictional structure of Newport was subordinate to Cardiff's. The dating of the charter is uncertain.

163. *Charter of Count John granting to S. Stephen's, Plessis, the church of Wimborne Minster (Dorset), but reserving the right to present the first priest after the death of Peter de Meulan (1189–99) La Délivrande (Calvados)*

Arch. Dép. du Calvados, 2.H.1, 1, no. 30; transcr. in PRO 31, 8/140 B, iii. 20; cal. in D'Anisy, *Extraits des chartes*, ii. 64 and *CDF*, no. 565.

Universis sancte matris ecclesie filiis ad quos presens scriptum pervenit Iohannes comes Moreton(ie) et Gloucestri[e], salutem. Noveritis me dedisse et concessisse et hac presenti carta mea confirmasse pro salute anime mee et domini H(enrici) regis patris mei et omnium antecessorum meorum ecclesiam de Winburn(a) ministr(o) cum decanatu et omnibus pertinentiis suis deo et sancto Stephano de Plessicio et R. priori et canonicis ibidem deo servientibus in puram et perpetuam elemosinam tenendam imperpetuum. Reservavi tamen michi quod licebit mihi presentare personam primam post destitutionem Petri de Mellent(o). Et ut donatio et concessio rata habeatur in posterum sigilli mei attestatione illud confirmare dignum duxi. Hiis testibus Rogero de Amundevilla, Thoma de Ru'da, Rogero de Montebegon, Gaufrido Esturmi, magistro Benedicto, Hub(erto) de Burgo, Iohanne de Gray, et multis aliis apud Iverandam.

La Délivrande was a pilgrimage place for the cult of the Virgin (Hippeau, 98). John was in Normandy in 1190–1, but not again until 1193, by which time he had sworn to marry Alice of France. It hardly seems likely that he and Isabel would have been travelling together in Normandy after 1191, so 1190–1 seems the most likely date of issue (see no. 164; see also above, pp. 5–6 and n.). On John's title, see above, p. 23.

164. *Charter of Countess Isabel in favour of S. Stephen's, Plessis (1189–99)*

Arch. Dép. du Calvados, 2.H.1, 1, no. 33; transcr. in PRO 31, 8/140 B, iii. 21; cal. in D'Anisy, *Extraits des chartes*, ii. 64 and *CDF*, no. 565 n.

Universis sancte matris ecclesie filiis ad quos presens scriptum pervenerit Ysabel' comitissa Gloec(estrie) et Moreton(ie), salutem. Noveritis me dedisse et concessisse et hac presenti carta mea confirmasse pro salute anime mee et patris mei Willermi comitis Gloec(estrie) et omnium antecessorum meorum ecclesiam de Wabana ministr(o) cum decanatu et omnibus pertinentiis suis deo et sancto Stephano de Plesseio et regularibus canonicis ibidem deo servientibus in puram et perpetuam elemosinam teneri. Reservavi tamen mihi quod licebit michi presentare personam primam primo destitutionem Petri Mellent. Et ut hec donatio et concessio rata in posterum habeatur sigilli mei attestatione illud confirmare dignum duxi. Hiis testibus Rogero de Amundevilla, Thoma de Ru'da, Rogero de Montebugun, Galfr(ido) Estormi, magistro Benedicto, Huberto camerario, Iohanne de G(r)ai, Bartholomeo capellano meo et Iohanne clerico, et multis aliis.

The charter was probably issued at the same time as no. 163.

165. *Writ of Count John to his seneschal of the Honour of Gloucester to cause the monks of Reading to have a mark of gold every year from his revenues of Tewkesbury (1189–99)*

A*, BM Harleian MS. 1708, fo. 35; B, BM Cotton MS. Vespasian E. xxv, fo. 10; Dugdale, *Monasticon*, iv, no. xx, 44 (in part).

Ioh(anne)s[1] comes Moret(onie) senescallo suo honoris Gloec(estrie), salutem. Precipio tibi quod facias habere monachis Rading'[2] singulis annis de redditu meo Teok(es)bir(ie) unam marcam auri quam eis dedi ad manum sancti Iac(obi)[3] cooperiendam ad terminum in carta mea constitutum et tibi computabitur. T(estibus).

[1] *Iohannes* in B. [2] *Radyng* in B. [3] *Iacobi* in B.

The relic of St. James the Greater was brought from Germany by the Empress Matilda and donated to Reading by Henry I (Dugdale, *Monasticon*, iv, no. III, 41; *Regesta* ii, no. 1448). Evidently another charter, now lost, established the date for payment.

166. *Charter of Robert the king's son confirming to the monks of Rochester land at Great Marlow (Bucks.) given them by Robert Fitz Hamon* (c. *1107 to 1121/2*)

A, Rochester D & C, Muniments A.3.5, fos. 192–192b; B*, facsm. in *Textus Roffensis*, ii; transcr. in BM Stowe MS. 940, fos. 95–95b; Dugdale, *Monasticon*, i, no. XXI, 164–5.

Ego Rodb(er)tus Henrici regis filius concedo ecclesie et monachis Rovrecestre pro mee animе et Rob(er)ti Hamonis filii anime salute terram illam et consuetudinem ac quietudines quas idem Rob(ertus) filius Hamonis eis apud Merlavam in elemosina dedit et concessit. Et volo ac precipio quod eas ita libere et quiete teneant sicut eas tempore predicti Rob(er)ti liberius, quietius, melius, tenuerunt. Testim(onio) Gisleb(erto) dapifero.

Robert's title indicates that this charter antedated 1121/2 when he became Earl of Gloucester, but by how long it is difficult to determine. While it is well known that Robert's father-in-law Robert Fitz Hamon died in 1107, it is not certain that the king's son married Mabel Fitz Hamon in the same year, which would have been the earliest in which the charter could have been issued (K(ate) N(orgate) in *The Dictionary of National Biography* (66 vols.; London, 1885–1901), xvi. 1242). Furthermore, even if Robert did marry Mabel in 1107, it is quite possible that King Henry I did not immediately grant him seisin of the Honour of Gloucester. In 1114, Henry confirmed Tewkesbury Abbey, of which the lord of the Honour of Gloucester was *patronus*, in exemptions it had enjoyed during the lordship of Robert Fitz Hamon, but then (in 1114) under the lordship of Robert the king's son (*Regesta* ii, no. 1069). The possible implication of the king's charter that Robert had only recently acquired lordship over Tewkesbury is strengthened by the fact that the king's son only began to attest his father's charters in 1113 (ibid., no. 1015a). The fifteenth-century tradition that Robert enjoyed his earldom for forty winters, which would mean that he had acquired seisin in 1107 (considering the date of Robert's death), could mean no more than that he had acquired title to the Honour of Gloucester by marriage to Mabel in 1107 (*Ricart's Kalendar*, 19). Actual seisin could have followed by 1113/14. For Great Marlow, see *VCH Buckinghamshire*, iii. 70.

167. *Charter of Countess Mabel granting land in Rumney marsh (Mon.) to St. John's, Rumney, with the permission of Earl William (1147–57)*

BCM, 'Cart. St. Augustine's Bristol', fo. 27b; facsm. in Bodl. MS. Film Dep. 912.

M(abilia) comitissa Gloec(estrie) W(illelmo) filio Steph(an)i constabulario et ministris suis de Gunlion et omnibus baronibus et hominibus et amicis suis Wallie Francis et Angl(is) atque Walensibus, salutem. Sciatis quia dominus meus Rob(ertus) comes Gloec(estrie) dedit mihi .lx. acras terre quietas in marisco Rom[n]ie iuxta monasterium sancti Petri de Mora et nemus versus aquilonem quas Gilb(ertus) presbiter de Romnia de me tenebat tempore predicti comitis domini mei et ego pro salute anime domini mei Rob(erti) comitis et Rob(erti) filii Hamonis patris mei et meorum antecessorum et pro mea salute et nostrorum filiorum illas .lx. predictas acras terre dedi et concessi ecclesie sancti Ioh(ann)is Bapt(iste) de Rom[n]ia in elemosinam Will(elmo) comite Gloec(estrie) meo filio concedente liberas, solas et quietas ab omnibus exactionibus. Et volo et precipio quod predictus sanctus Ioh(anne)s illas .lx. acras habeat et teneat bene et in pace, libere et quiete et honorifice in elemosinam sicut predictum est. T(estibus) etc.

The charter was issued before the countess's death in 1157 (no. 86 n.). For Rumney and St. Augustine's, Bristol, see BRS xxii (1960), 195.

168. *Charter of Earl William stating that he has remitted the service of one-half knight owed by St. Albans for Luton, Houghton, Battlesdon, and Potsgrove (Beds.), and Hartwell (unident.) (1151–4) Bristol*

BM Cotton MS. Otho D. III, fo. 115b (damaged by fire).

W(illelmus) comes Gloce(strie) Hamoni filio Guefridi constabulario suo et Rualavi dapifero suo ceterisque omnibus hominibus tam Francis quam Anglis, salutem. Sciatis quod ego acceptis .xxx. marcis arg(enti) ab ecclesia sancti Albani remisi eidem ecclesie et monachis ibidem deo servientibus servitium dimidii militis quod Will(el)m(u)s Cam(er)arius solebat facere patri meo de feodo quod tenebat de eo in soca de Lintonia,[1] in villa de Hoghtona et in Herteswella et in Badelesdona et in Potesg(r)ava. Volo itaque quod libere et quiete in perpetuam elemosinam teneant tenuram predictam de cet(er)o nisi quod volo in signum donationis a me facte[2] singulis annis a predicta ecclesia bovem[3] unam recipere. T(estibus) H(awisia) comitissa, p(re)p(osit)o Ham(one) constabulario, Gregorio filio Roberti, Rob(erto) Dalmari dapifero, Rogero dapifero, Rob(erto) filio Hardingi, Pontio filio Sim(onis), Alano de Warneford, Ada(m) de Ely clerico, Gisleb(er)to Croc, Ric(ardo) de Modb(ur)ia, Hug(one) deodato monachis, Will(el)mo de Modb(ur)ia, Odone cognato abbatis, Alex(andr)o, apud Bristou.

[1] *MS. Luitonie* [2] Reading uncertain. [3] MS. *bovas*

The limiting dates of this charter are 1151–4, because the *Gesta Abbatum S. Albani* states that Earl William made this gift in the time of Abbot Robert (1151–66) and because William's charter was confirmed by King Stephen (d. 1154) (*Gesta Abbatum S. Albani*, i. 117; *Regesta* iii, no. 746 and n.; below, no. 254). If the *Gesta*'s account is correct, this charter of William was actually his second in connection with the estates of William the chamberlain. In the first, William granted these estates to Abbot Robert and his community in consideration of eighty marks, but on condition that Countess Hawisia was to hold the lands for life. Supposedly a few days after issuing this charter, Earl William, for thirty marks, remitted all military service due him from the fee and placed his charter stating so on St. Albans altar (*Gesta Abbatum S. Albani*, i. 117; see also no. 253 and n.). If Earl William did issue such a charter at St. Albans, the original of this charter, issued at Bristol, would be a copy. The text of another charter which seems to have been issued by Earl William is too fragmentary to determine if it is the first referred to, a variation of the second, or a new third (no. 282).

169. *Charter of Earl William confirming to St. Albans Elias de Sumery's grant of All Saints' church and the tenements belonging to it in Sudbury (Suffolk) free of all service (1166–83)*

PRO E.42/394.

Will(elmu)s comes Glouc(est)r(ie) omnibus baronibus suis et omnibus sancte matris ecclesie fidelibus, salutem. Sciant omnes quod ego pro salute mea et omnium parentum et amicorum meorum et pro animabus patris et matris mee et Rodb(er)ti filii mei et omnium antecessorum et successorum parentum meorum concessi et presenti carta confirmavi donationem quam H(ely) de Sum(er)i facit deo et ecclesie sancti Albani m(arti)ris de ecclesia o(mniu)m s(an)c(tor)um de Sub(er)ia cum omnibus tenementis suis que de meo feodo sunt in villa Sub(er)ie et extra cum hominibus et omnibus pertinentiis, in terris et redditibus, in pratis et pascuis, in bosco et in aquis, in viis et semitis. Quare volo et firmiter precipio quod monachi ipsius loci perpetuo iure teneant et habeant in liberam et perpetuam elemosinam predictam ecclesiam cum predictis tenementis et hominibus liberam et quietam omni tempore ab omnibus servitiis et consuetudinibus et ausil(iis) vel exactionibus et quibuscumque querelis et cum omni libertate erga me et omnes heredes et successores meos et erga Hely et omnes heredes et successores eius et erga regem et omnes ministros eius et erga omnes homines. Prohibeo igitur ne alius meorum vel heredum aut successorum meorum ullo modo de tenementis aut de hominibus illorum se intromittad vel ab eis pro ulla re aliud exigad. Ego W(illelmus) et heredes mei illos defendemus contra omnes homines sicut nostram liberam et perpetuam elemosinam. Volumus igitur ipsam tam liberam esse ut ante erat vel erit post liberior. T(estes) sunt Ricard(us) de Card(if), Phill(i)p(us) de Tamar', Hamo(ne) de Valun(iis), et multi alii barones mei.

Elias's charter, which immediately precedes Earl William's in this *inspeximus*, indicates that Earl William's son was dead by including mention of im with the deceased Robert Earl of Gloucester; so this charter was issued after 1166 (see above, p. 9). A charter of Henry II confirming Elias's grant identifies what was granted outside Sudbury as a chapel at Ballingdon-cum-Brundon (Suffolk) and land at Middleton (? Essex) which belonged to Earl William's fee (Chatsworth House, MS. 73.A, fo. 10 (mod. fol., fo. 30); see also Dugdale, *Monasticon*, ii. 229). Earl William gave Sudbury to his daughter, Amice, as her *maritagium* when she married Richard de Clare (*Curia Regis Rolls*, i. 186).

170. *Charter of Earl William granting the hermits of SS. Michael, Cadoc, and Dolfin on the island off Penarth (Glam.) three acres of land at 'Londohhan' (unident.) (1147–66)*

'Cart. St. Augustine's Bristol', fo. 27; facsm. in Bodl. MS. Film Dep. 912.

Will(elmus) comes Gloec(estrie) Rob(er)to Norr(ensi) vicecomiti et omnibus baronibus suis et probis hominibus Angl(ie) et Wallie, salutem. Sciatis me dedisse in elemosinam deo et sancto Michaeli et sancto Cadoco et Dolfino et eius fratribus et aliis eorum subsequentibus qui deo et sanctis predictis in insula maris iuxta Pennard serviunt et servient tres acras de Londohhan' habendas et tenendas liberas et quietas sicut ego meam terram melius et liberius teneo. T(estibus) etc.

From the charter's description, the island in question would seem to have been located in the mouth of the Severn; it is possible, but by no means certain, that the island was Flat Holm (Som.) which Earl William gave to St. Augustine's (no. 15). This charter must antedate Robert Norreys's death which occurred in or before 1166 (*RBE* 291).

171. *Charter of Countess Mabel and Earl William, her son, announcing restorations made to Jocelin, Bishop of Salisbury* (c. *1147–8*)

A, Salisbury Diocesan Registry, 'Liber Evidentiarum B.', fo. 246; B*, Salisbury D & C, 'Liber Evidentiarum C.', fo. 286; C, Salisbury Diocesan Registry, 'Registrum Ruber', fo. 246; D, London, Inner Temple, Petyt MS. 511.18, fos. 38b–39; *Sarum Charters*, no. XXXIX.

M(abilia)[1] comitissa Gloec(estrie) et Will(elmu)s[2] filius eius Gloec(estrie) consul omnibus ad quos ista carta pervenerit, salutem. Scire vos volumus quod nos reddidimus Ioc(elino) Sar(um) episcopo hundredum suum de Syreburna[3] et hundredum de Eccemenistre[4] et mercatum suum de Syreburna[5] et teloneum[6] et omnes thedingas[7] de manerio de Syreburne[8] et omnes libertates et consuetudines et iustitias suas et iudicia sua[9] tam belli quam aque vel ferri et omnia placita ad idem manerium pertinentia salvis rectitudinibus corone. Reddidimus ei preterea omnes terras suas et homines suos[10] et inter ceteras, nominatim istas terram Hildebrandi,[11] terram de Aultona,[12] terram de Rima, terram de Pinefort[13] et de Pidela[14] et pratum quod iacet inter magnum vivarium et Woburna(m)[15] et omnia servitia omnium militum suorum et omnium Francelengor(um)[16] quecumque intra posse nostrum sunt. De reliquis vero que intra posse nostrum non sunt, sive terris sive hominum servitiis adquirendis et in pace tenendis, nullum ei faciemus aut fieri concedimus impedimentum. Concessimus etiam tam episcopum quam canonicos suos dominium suum et rusticos suos sine omni molestia et vexatione[17] habere et tenere nec ullo modo aliquibus[18] operibus aut[19] exactionibus, angariis aut assisis[20] aliquibus homines episcopi seu[21] canonicorum gravare aut aliquid ab eis exigere nisi ipsius episcopi permissu et licentia. Sed[22] eum omnia que iuris ecclesie Sar(um) sunt tam in hominibus quam in terris ita libere et quiete tenere concessimus sicut predecessores sui Osm(u)ndus[23] et Rog(erus)[24] episcopi unquam liberius et melius et quietius tenuerunt. Hec autem omnia ego M(abilia) comitissa et filii mei Will(elmu)s consul et Rob(ertus)[25] nos per omnia servaturos et firmam pacem tam episcopo quam hominibus[26] suis et[27] corporibus [eorum][28] et de rebus eorum[29] nos exhibituros et servaturos fide interposita sine malo ingenio

1 *Matildis* in C.
2 *Will(elmus)* in A.
3 *Schireborn(a)* in A; *Schireburn(a)* in C; *Schyreburn(a)* in D.
4 *Eccemi(n)str(e)* in A; *Ecem(in)str(e)* in D.
5 *et hundredum . . . de Schireburn(a)* omitted in C.
6 *toloneum* in C; *theolonium* in D.
7 *tythingas* in A; *tithingas* in C; *tithyngas* in D.
8 *Schireborn(a)* in A; *Schirburn(a)* in C; *Schyreburn(a)* in D.
9 Omitted in A, C, and D.
10 *suorum* in A; *hominum suorum* in C and D.
11 *Hyldebrandi* in D.
12 *Aulton(a)* in A, C, and D.
13 *Pineford* in A and C; *Pyneford* in D.
14 *Pydela* in D.
15 *Woborna(m)* in A and C; *Wobornam* in D.
16 *Frankelengor(um)* in C.
17 *exactione* in A, C, and D.
18 Omitted in A, C, and D.
19 Omitted in A.
20 *assissis* in A, C, and D.
21 *sive* in A, C, and D.
22 *set* in C and D.
23 *Edmundus* in C; *Osmundus* in D.
24 *Rog(eru)s* in A and C; *Rogerus* in D.
25 *Rob(er)t(u)s* in A; *Rob(er)tus* in C; *Rob(ertu)s* in D.
26 *omnibus* in A, C, and D.
27 *de* added here in A, C, and D.
28 Omitted in B.
29 *et de rebus eorum* omitted in C.

assecuravimus. Et conestabilis[30] de Syreburne[31] quicunque fuerit idem iuramento[32] assecurabit quam diu prefatus episcopus nobis super castro[33] Syreburn'[34] et tota insula et vinea et molendino[35] uno quod est ante portam castelli et super avalatione anguillarum et super piscata vivariorum omnium que nobis et episcopo est communis et super parco quod nobis et episcopo est commune controversiam nullam movebit. Si vero, quod absit, episcopo aut suis per ministros nostros aut per aliquem de nostris facta fuerit iniuria nos infra .xl^a^.[36] dies postquam summoniti fuerimus omnia in misericordia episcopi emendaturos eadem fide assecuravimus. Et hec omnia quamdiu nos aut aliquis per nos de eodem castro tenentes et potestativi erimus. Valete.

30 *cunestabilis* in A and C.
31 *Schireborn(a)* in A; *Schireburn(a)* in C; *Schyr(e)burn(a)* in D.
32 Superscript in C.
33 *crastro* in A.
34 *Schireborn(a)* in A; *Schireburn(a)* in C; *Schyreborn(a)* in D.
35 *molendinio* in A.
36 *.xl.* in A, C, and D.

Several features of this charter suggest a date of issue very soon after Earl Robert's death on 31 October 1147. It is issued in the names of both Mabel and William, but Mabel's has priority; the charter's restorations to the Bishop of Salisbury, representing a significant policy decision, were primarily the responsibility of the countess; the use of *consul* as William's title is a continuation of the form most favoured by Earl Robert. The charter was thus issued when it was politic for Countess Mabel's authority to be stressed and for her son's status to be linked to the dignity of her husband (William's age does not seem to have been a factor: see *GS* 140; *LCGF*, no. 88). In addition, the charter mentions two elements which aid in dating it: the lands and men which were and were not in Mabel's and William's power to restore, and certain declared restorations. The first indicates a time before 1154 when parts of Wiltshire were divided between Angevins and royalists; the second, a time close to the restorations made by the Empress Matilda in 1148 (Salisbury D & C, no. 136793; *Sarum Charters*, no. xv). Elsewhere, Bishop Jocelin appears as Earl William's *cognatus* (no. 263).

172. *Writ of Earl William granting protection to Savigny Abbey* (1147–57)

Archives Nationales, L.976, no. 1165 (size: 6⅝ in. × 1¾ in.); transcr. in BN MS. Nouvelle Acquisition 1428, fo. 24.

W(illelmus) comes Gloecest(rie) M(abilie) matri sue et omnibus bailivis et hominibus suis de Norm(annia), salutem. Mando vobis et precipio ut terra abbatie Savigneii de Thaum et omnes possessiones quas habet ecclesia Savigneii in mea potestate manuteneatis et custodiatis libere et quiete ab omnibus sicut mea propria dominia. Preterea firmiter precipio si quis voluerit rebus suis adversari et nocere non permittatis et si quis voluerit contra adversantes eandem ecclesiam iuvare non impediatis. Valete.

Seal on tongue with tie, white wax varnished brown, round, fragment; partial image of front right foot of an animal passant to the dexter; legend: [✠ SIG]ILL[VM WILLELMI GLOENCESTRIE CONSVLIS]; formerly[1] round, fragment; partial image of a lion passant

[1] Photograph of seal and counterseal in Archives Nationales, D.10.137*, to illustrate Archives de l'Empire. *Collection de Sceaux*, ed. M. Douët d'Arcq (3 vols.; Paris, 1863–8), iii, no. 10137.

to the dexter, head, front of torso with two front legs; legend: [✠ SIG]ILLVM [WILLELMI GLOENCESTRIE CONSVLIS]; counterseal, antique intaglio gem, oval, a helmeted bust to the dexter, at the dexter an indistinguishable figure, an eagle below, rising regardant between two standards; legend: ✠ [AQ]VILA SV' ET [CVSTOS COMIT]IS.

Endorsement: Carta de comite Gloencest(rie) de Taun.

The charter was written by Scribe **ii** before Countess Mabel's death in 1157 (no. 86 n.). It is important evidence that at the time of its issue Mabel was administratively responsible for the Earldom of Gloucester's Norman lands. (Plate I*c*.)

173. *Charter of Earl William granting a burgage rent in Cardiff (Glam.) to Stemorus (1147–83)*

BM Cotton MS. Vitellius A. XI, **fo.** 103b; Clark, *Cartae et alia*, i, no. CVI.

W(illelmus) comes Glouc(estrie) vicecomyti sui de Glamarg(an) et prepositis de Kardid et omnibus[1] hominibus suis Francis et Anglicis atque Valensib(us), salutem. Notum vobis facio quod ego concessi Stemoro et heredibus suis burgagium suum in Kardif tenendum pro .xii. denariis per annum de quo prius solebat reddere .ii. solidos. T(estes) Ric(ardus) abbas de Neth et Will(elmu)s[2] de Bosco tunc vicecomes et Rob(er)t(us) filius Ric(ardi) et G(ilbertus) Croc et Hamundo de Valoniis et Rog(erus) filius Sim(onis) et Will(elmu)s filius Esmundi tunc prepositus de Kardif et Ric(ardus) filius Godm(un)di et Walt(eru)s filius suus et Rad(ulfus) filius Edwak' et Rob(ertus) de Dunstor.

[1] MS. *hominibus* [2] MS. *Will(elm)o*

174. *Charter of Earl William confirming to Stoke-by-Clare Priory Robert de Grainville's gift of Stambourne church (Essex) (1173–83)*

BM Cotton MS. Appendix XXI, fos. 28b–29.

Will(elmu)s comes Glocest(rie) omnibus hominibus et amicis suis Francis et Angl(i)s presentibus et futuris, salutem. Sciatis me concessisse et hac mea carta confirmasse deo et ecclesie sancti Ioh(ann)is Bapt(iste) de Stok(e) et monachis ibidem deo servientibus ecclesiam de Stamburne cum omnibus pertin(entibus) suis in perpetuam et liberam elemosinam pro salute mea et heredum meorum pro anima Rob(er)ti comitis patris mei et omnium antecessorum et successorum meorum sicut eam Rob(er)tus de Grei(n)villa predictis monachis donavit et carta sua confirmavit. T(estibus) Ric(ardo) comite de Clar(e), Ric(ardo) fratre eius, Guidone filio D(avi)d(i), Symo(n)e de Kardif et aliis.

Richard de Clare became Earl of Clare in 1173, the earliest date this charter could have been issued (*CP* vi. 501–3). He was Earl William's son-in-law (see above, p. 5).

175. *Charter of Count John confirming no. 174 to Stoke-by-Clare Priory (1189–99)*

BM Cotton MS. Appendix XXII, fos. 104–104b.

Ioh(anne)s comes Moreton(ie) omnibus hominibus et amicis suis Franc(is) et Angl(is) presentibus et futuris, salutem. Sciatis me pro amore dei et salute anime mee et antecessorum meorum necnon successorum meorum concessisse et hac presenti carta mea confirmasse deo et ecclesie sancti Ioh(ann)is de Stok(e) et monachis ibidem deo servientibus ecclesiam de Stamburne quam W(illelmus) comes Glouc(estrie) dedit eisdem monachis et carta sua confirmavit habendam et tenendam inperpetuum in liberam et puram et perpetuam elemosinam. Quare volo et firmiter precipio quod idem monachi habeant et possideant predictam ecclesiam libere et quiete, honorifice et pacifice, plenarie et integre in decimationibus et obventionibus et omnibus aliis ad eandem ecclesiam pertinentibus. Hiis testibus Steph(ano) et aliis.

176. *Charter of Earl Amaury in favour of Richard Talbot (1200–c. 1213)*

BM Cotton MS. Vespasian E. XXIII, fos. 101b–102.

Almaricus comes Glocestr(ie) omnibus hominibus Franc(is) et Anglic(is) ad quos presens scriptum pervenerit, salutem. Sciatis me concessisse et donasse et hac presenti carta mea confirmasse Ric(ard)o Talebot et heredibus suis pro homagio et servitio suo totum illud tenementum quod Godwyn(us) de Sandhurst de me tenuit in manerio meo de Mapulderham cum omnibus pertinentiis suis et etiam eundem Godwynu(m) cum omni sequela sua et cum omnibus catallis suis similiter et undecim acras terre quas Ric(ardu)s filius Hunfridi de me tenuit apud Sandhurst. Et quatuor acras terre et dimidiam quas Levena de La Forde de me tenuit que iacent inter prefatam terram quam Ric(ardu)s filius Hundrid(i) tenuit et magnam viam que vadit de Shietesbrigge versus ecclesiam de Scupe. Et unam acram terre de P'prekura quam Vivian(us) de Sondhurst de me tenuit iuxta easdem predictas quatuor acras et dimidiam. Et preterea dedi et concessi eidem Ric(ard)o Talebot et heredibus suis plenarie totum molendinum meum cum pertinentiis apud Chalfversh' et totum illud tenementum quod Warin(us) de Chalfversh' de me tenuit et etiam eundem Warinu(m) cum omni sequela sua et omnibus catallis suis. Et totum illud tenementum quod Sigar(us) de Chalfversh' de me tenuit. Concessi etiam et dedi prefato Ric(ard)o Talebot et heredibus suis unum fustum quolibet anno habendum ad prefatum molendinum suum sustinendum de bosco meo de Mapuldreham et decem porcos de paynagio quietos in pastu[ra] in omnibus boscis meis de Mapuldreham. Habendum et tenendum ipsi Ric(ard)o et heredibus suis de me et heredibus meis iure hereditario libere, quiete, honorifice, integre in omnibus libertatibus et liberis consuetudinibus infra villam et extra reddendo mihi annuatim unam libram cymini in curia mea de Mapuldreham ad festum sancti Mich(ael)is pro omnibus servitiis et omnibus demandis. Et ego Almaric(us) comes et heredes mei volumus et debemus warantizare prefato Ric(ard)o et heredibus suis totas predictas terras et donationes contra omnes homines et feminas. Et quare volo ut hec mea concessio et donatio firma et stabilis permaneat sigilli mei appositione eam confirmavi. Testibus.

This charter is noted in *VCH Hampshire*, iii. 117, where the identification of *Chalfversh'* with Heath House, Petersfield (Hants), is convincingly argued. *Shietesbrigge* probably should be identified with Sheet, Petersfield (ibid. 116).

177. *General confirmation by Earl William of Gloucester to Tewkesbury Abbey (1147–83)*

BM Additional MS. 36985, fos. 6b, 7, 7b.

Willielmus comes Glowcestriae omnibus hominibus suis Anglicis et Wallensibus, salutem in domino. Noverit universitas vestra me pro salute animae meae et Hawisae uxoris meae et omnium antecessorum et successorum meorum dedisse concess[iss]e et hac presenti charta mea confirmasse deo et ecclesiae beatae Marie de Theokusburiae et monachis ibidem deo servientibus manerium de Kingston cum Wyka quod est membrum eiusdem manerii cum pratis et pasturis, pascuis et assartis et omnibus ad ea pertinentibus. Concessi etiam et confirmavi praedictis monachis imperpetuum manerium de Stanwey, Wasburne, Prescote, Tadyntun et Lemyntun cum suis pertinentiis; maneria de Amnell, Astona et Lega quod est membrum de Aston cum suis pertinentiis; maneria in Dorsettiae comitatu, scilicet Upwynburne, Tarenta monachorum, Chetell' et Bowrugge cum suis pertinentiis; inde vero duo maneria, Midland et Losberge cum omnibus libertatibus et liberis consuetudinibus ad omnia maneria praedicta pertinentibus tam in boscis quam in planis et assartis locis. Praeterea concessi et confirmavi dictae ecclesiae et monachis praedictis omnes donationes meas redditus quas habent et habere poterunt infra manerium Theokusburiae vel extra ubicunque in feodo meo; et etiam omnes donationes meas et concessiones in terris et redditibus et in omnibus aliis rebus factis et faciendis tam ab antecessoribus meis quam a militibus et aliis liberis hominibus in Anglia et Wallia ita ut dicti monachi omnia sibi collata et conferenda habeant et possideant in puram et liberam elemosinam, quiete et integre, plenarie et pacifice. Et ad hoc tempus praefatis monachis concessi molendinum viis et semitis et omnibus aliis locis; concessi vero et confirmavi etiam ut omnia pecora et animalia sua sint ubique in pascuis et pasturis cum dominicis animalibus et pecoribus meis; et quietum pannagium in bosco meo de Maliverna et decimam de venatione capta; et decimam pannagii ibidem; dedi et confirmavi eisdem licentiam venandi in toto dominio meo de Theokusburia, videlicet pro vulpibus, leporibus, et mureligis. Concessi et confirmavi cum libertatibus quas idem monachi habent quod ubicunque terras et possessiones de feodo meo habent vel habebunt de omni placito et forisfacto quod in terris ipsorum evenerit suam habeant decimam toll' et tem et infangenethefe; et si dicti monachi vel ipsorum homines pro aliqua forisfactura in mea curia ceciderint, eisdem monachis amerciamenta remaneant; et si aliquis de tenentibus ipsorum pro felonia vitam forisfecerit et placitum extra curia ipsorum fuerit heredibus meis pertient. Et omnes emendationes et meliorationes quae in feodo praedicto ad me pertinent facere possunt tam in terris quam in aquis, molendinis, vivariis, in stangnis et piscariis sive in rebus aliis concessi ut ipsi et omnes[1] illorum famulorum et omnes eorum tenentes quiete et sine telonis exactione emant et vendant ubique quaecunque voluerint. Haec autem omnia praedictis in ecclesiis, terris, redditibus, libertatibus et liberis consuetudinibus et omnibus aliis rebus praescriptis, dedi, concessi, et confirmavi predictae ecclesiae et monachis praedictis ut ea habeant, teneant et possideant in propriam et liberam elemosinam sicut liberius et quietius possint aliqua a viris religiosis possideri et sicut liberius et quietius potest ab homine dici vel excogitari vel intelligi. Omnes etiam possessiones et libertates ecclesiae de Theokusburiae sicut eas pure pro amore dei concessi et confirmavi heredibus et successoribus meis conservandas et manu tenendas causa dei commendo. Ut autem haec mea donatio, concessio et confirmatio perpetuam firmitatem obtineant eam presenti scripto cum sigilli mei appositione roboravi.

[1] MS. *omnis*

The Sussex locations appear to be Kingston-Buci and Southwick (*VCH Sussex*, i. 447b and n.; confirmation of Sussex as the proper shire is in Dugdale, *Monasticon*, ii. 87). Stanway, Washbourne, Prescott, Toddington, Lower Lemington, Ampney St. Mary, Cold Aston, and Leigh Lane are in Gloucestershire; Boveridge, Chettle, Monkton Up Wimborne, and Tarrant Monkton in Dorset; 'Losberge' and 'Midland' in Devon; and Malvern in Worcestershire. See *VCH Gloucestershire*, ii. 65; *Feudal Aids*, i. 356. In l. 29 of the text on p. 159, *viis . . . locis* seems out of place.

178. *Charter of Earl William confirming to Tewkesbury Abbey grants made by Robert Fitz Hamon and Earl Robert (11 January 1148) Wareham*

*A, PRO E.40/A.942; B, PRO C.66/379, m. 3; C, PRO C.66/580, m. 3; D, PRO C.66/580, m. 2.

Will(elmu)s comes Gloucest(ri)e[1] baronibus et ballivis[2] et omnibus amicis et fidelibus suis, salutem. Sciatis me in honore dei et sancte dei genitricis ac perpetue virginis Marie concessisse et concedendo confirmasse inperpetuum[3] ecclesie sancte Marie de Theukesburia[4] omnes donationes et elemosinas quas Rob(ert)us[5] filius Heymonis[6] et Rob(er)t(u)s[7] consul pater meus eidem ecclesie fecerunt, videlicet in ecclesiis et in[8] terris et decimis, in pasturis[9] et molendinis, in pratis et pasturis[10] et in bosco et in plano et in omnibus locis.

[1] *Gloucestr(ie)* in B; *Glouc(estrie)* in C; *Gloecest(r)ie* in D.
[2] *baillivis* in D.
[3] *imperpetuum* in B, C, and D.
[4] *Theukesburya* in B; *Teukesburya* in C; *Teokesb(ur)ia* in D.
[5] *Rob(er)tus* in B and C; *Rodb(er)tus* in D.
[6] *Haym(onis)* in B and C; *Hamonis* in D.
[7] *Rob(er)tus* in B and C; *Rodb(er)tus* in D.
[8] Omitted in B, C, and D.
[9] *piscariis* in B and C; *pischaris* in D.
[10] *pascuis* in B and C; *et in pasturis* in D.

Volo itaque et precipio quod abbas et monachi omnes libertates et liberas consuetudines illas habeant de omnibus[11] rebus quas predicti[12] avus meus[13] et pater meus eis dederunt et quod teneant meo tempore et inperpetuum[14] omnia tenementa sua cum omnibus aysamentis[15] ita bene et quiete et honorifice sicut melius et quietius et honorificentius temporibus predictorum meorum antecessorum tenuerunt et sit dominium illorum liberum ubique sicut dominium meum et homines illorum sicut homines mei. Testibus[16] hiis Reginaldo[17] de Chainn',[18] Fulcone filio Warini,[19] Roelando[20] de Viloniis,[21] Rog(er)o de Guuyz,[22] Pycardo[23] clerico, Pet(r)o[24] de Saltemar(eis), Agellyno[25] de Purbyka,[26] Ernaldo[27] Brythono[28] apud Warham anno ab incarnatione domini m°.c.xl. octavo,[29] ii idas Ianuar(ii).[30]

[11] *domibus* in C.
[12] *prenominati* in B, C, and D.
[13] Omitted in C.
[14] *imperpetuum* in B, C, and D.
[15] *aisiamentis* in B, C, and D.
[16] *Test(ibus)* in B.
[17] *Reginald(o)* in B; *Regim(aldo)* in D.
[18] *Chaynn'* in B and C; *Shainn'* in D.
[19] *Gwarini* in B, C, and D.
[20] *Boelondo* in B; *Roelondo* in C; preceded by *et* in D.
[21] *Valoinis* in B, C, and D.
[22] *Gowiz* in B and C; *Guuiz* in D.
[23] *Picardo* in B, C, and D.
[24] *Petro* in B, C, and D.
[25] *Agellino* in B, C, and D.
[26] *Po(r)biga* in B; *Purbica* in C; *Purebica* in D.
[27] *Arnaldo* in B; *Arnoldo* in C.
[28] *Britono* in B, C, and D.
[29] *millesimo C.^mo^.xlviii.°* in B and C; *millesimo C.°.xlviii.* in D.
[30] *idus Ianuarii* in B, C, and D.

179. *Confirmation to Tewkesbury Abbey by Earl William of churches given by Robert, chaplain of Robert Fitz Hamon (11 January 1148) Wareham*

BAO 5139 (238).

W(illelmus) comes Glouc(estrie) omnibus baronibus suis et amicis, salutem. Sciatis me concessisse deo et ecclesie sancte Marie de Theokesbyr(ia) pro anima mea et pro anima patris et matris mee omniumque parentorum meorum omnes ecclesias que fuerunt Rob(er)ti capellani[1] Rob(er)ti filii Haym(onis) avi mei et quas dederat predicte ecclesie sancte Marie. In primis ecclesiam sancti Pet(r)i de Brist(ou) cum omnibus pertinentiis suis infra burgum et extra et in eadem villa ecclesiam sancte T(r)initatis et ecclesiam sancti Michael(is) et ecclesiam sancti Iacobi extra burgum suum,[2] ecclesiam de Tornebyr(ia) cum pertinentiis suis, ecclesiam de Meresf(elda), ecclesiam de Sopelb(iria), ecclesiam de Feirf(orda) cum pertinentiis, ecclesiam de Leche, ecclesiam de Shened(ena), ecclesiam Om(n)ium S(anc)tor(um) in Lond(onia), ecclesiam de Merelawe, ecclesiam de Hameld(ene) cum pertinentiis suis, ecclesiam de Pentrix, ecclesiam de Essemer(e), ecclesiam de Froma, ecclesiam de Chedesl(ia) cum pertinentiis suis, ecclesiam de Winkel(eia), ecclesiam de Edwitleya, ecclesiam de Chetelha(m)pt(onia), ecclesiam de Budif', ecclesiam de Liddeam, ecclesiam de Kilketon', ecclesiam de Umberleg(a), ecclesiam de Bechintona, apud K(ar)dif ecclesiam sancte Marie et capella de castello cum pertinentiis suis, ecclesiam de Landiltuto cu[m pertinentiis][3] suis, ecclesiam de Novo Castello, ecclesiam de Lanbled(ona) cum pertinentiis suis. Has omnes concessi et

[1] *Rob(er)ti capellani* inserted above the line in same hand.
[2] *suam* in MS.
[3] Text obscured by stain.

confirmavi ecclesie sancte Mar[ie de][3] Theok(esbyria) ita liberas et quietas cum omnibus appenditiis suis sicut unquam melius et quietius et honorificentius tenuit illas [capellanus][4] Rob(er)ti filii Haym(onis) avi mei et tempore patris mei et tempore Henr(ici) regis. T(estibus) Reyn(aldo) de Chahan', Fulc(one) filio Guar(ini), R[ualo][4] de Valuin(iis), Rog(ero) de Guuiz, Rad(ulfo) de Hasting(is), Agelin(o), Rob(ert)o filio Seward(i) et Warin(o) de Caneb' apud Warha[m in][4]carnationis dominice anno m°.c°.xlviii. .ii. Id(us) Ianuar(ii).

[3] Text obscured by stain. [4] Hole in MS.

For the location of Chittlehampton in Buckinghamshire, see *VCH Gloucestershire*, ii. 65.

180. *Writ of Earl William addressed to his bailiffs and ministers of Bristol that the monks of Tewkesbury Abbey were to have their revenues from Bristol and from the earl's market at Michaelmas as they did in the time of Earl Robert* (c. *1150–83*)

BAO 5139 (486) (size: $5\frac{3}{5}$ in. × $6\frac{1}{10}$ in.); Birch, 'Original Documents', no. 178; Nicholls and Taylor, i. 33 n.

Will(elmu)s comes Gloec(estrie) baillivis et prepositis suis de Brist(ou), salutem. Mando vobis et precipio quod faciatis habere monachis de Theokesbi(r)i(a) per singulos [terminos][1] suas [decimas][1] de villa de Brist(ou) et de feria mea ad festum sancti Michael(is) sicut melius habuerunt tempore comitis Rodb(er)ti patris mei. Et inde non disturbentur sed sine dilatione et occasione solvantur. Testibus comitissa Hawisia, Hamone de Valon(iis), Odone de Tich(esia), Osb(ert)o clerico.

Endorsement: Carta W(illelmi) comitis de redditu de Bristoll(ia).

[1] Supplied from Birch, 'Original Documents'.

The charter is the work of Scribe **xi** (Plate XI*a*).

181. *Notification by Earl William that he has confirmed a grant by Gregory de Turri to Reginald Safredus of land at Blacksworth* (*Bristol*) (*1147–83*)

BCM, 'Cart. St. Augustine's Bristol', fo. 24; facsm. in Bodl. MS. Film Dep. 912.

Will(elmus) comes Gloec(estrie) dapifero suo et omnibus baronibus suis et hominibus Francis et Angl(is), salutem. Sciatis me concessisse illam donationem quam Greg(orius) de Turri fecit Regin(aldo) Safrei[do][1] de terra quam Luvesi et Lewinus Lira tenuerunt apud Blakenesw[o]rdam et quam terram ego dedi ipsi Greg(orio). Et volo et precipio quod supranominatus Regin(aldus) Safrei[dus] illam teneat libere et quiete et honorifice per quatuor corcellas singulis annis mihi inde reddendas pro omni servitio. T(estibus) etc.'

[1] Supplied from Gregory's charter of enfeoffment to Reginald in 'Cart. St. Augustine's Bristol', fo. 56.

Gregory's charter of enfeoffment to Reginald declares that he held the land from Earl William for one pound of cumin per year and demanded the same of Reginald as his service ('Cart. St. Augustine's Bristol', fo. 56); for the de Turri family, see no. 130n.

182. *Charter of Earl William granting to Gregory Fitz Robert land at Kenfig (Glam.) and declaring that Gregory has given the land to his clerk, Elias* (c. *1150–66*) *Bristol*

A*, NLW, P & M MS. 1946 (size: $8\frac{7}{10}$ in.×$5\frac{1}{8}$ in.); B, NLW, P & M MS. 544/8; Clark, *Cartae et alia*, i, no. cv (cited as the text of the charter, but the text is that of the roll copy); cal. in Birch, *Catalogue*, 2nd ser. 10, and *Margam Abbey*, 43.

W(illelmus) comes Gloec(estrie) dapifero suo et suo vicecomiti et omnibus suis baronibus et hominibus atque fidelibus suis Francis, Anglis atque Walensib(us) de Walis, salutem. Sciatis me dedisse Gregorio filio Rob(er)ti .iii. solidatas terre in Margan, scilicet .xx. acras terre et unum burgagium apud villam de Kenefech in feodo et hereditate et liberam atque quietam. Et ipse Gregori(us) hanc predictam terram concessu mei dedit Elye suo clerico pro servitio suo ita liberam et quietam sicut ego eam illi dederam. Et ego volo et precipio quatinus Elyas[1] hereditarie, bene et in pace, libere atque quiete teneat. T(estibus) Hath(ewisia) comitissa,[2] ipso Gregorio, Roberto Dalm(ar)i dapifero, Rob(erto) Norr(ense) vicecomite, Will(elm)o filio Steph(an)i constabulario, Walt(er)o de Wicha, Iord(ano) Le Werre, Lewino camerario, Picardo clerico, apud Bristou.

Seal on tongue with tie; fragment of upper part of a round seal, white wax varnished brown, showing head and forelegs of a lion passant to the dexter with a portion of a stem of a lily or conventional flower behind; counterseal, illegible portion.

Endorsements: (1) Confirmatio carte Greg(orii).
(2) Kenfig.

[1] *Elia* in A, with superscript added *s*, perhaps in same hand. [2] B contains no further witnesses.

Robert Norreys was dead by 1166 (*RBE* 291). The charter is the work of Scribe **vii** (Plate VIII). For Elias, see above, p. 12.

183. *Charter of Earl William granting land at Kenfig (Glam.) to Elias the clerk* (c. *1150–66*)

NLW, P & M MS. 544/9; Clark, *Cartae et alia*, i, no. cxv; cal. in Birch, *Catalogue*, 2nd ser. 10, and *Margam Abbey*, 43.

W(illelmus) comes Gloc(estrie) vicecomiti suo de Glamorg(am) et omnibus baronibus suis et hominibus Francis et Anglis atque Walensib(us), salutem. Sciatis me dedisse

Helie clerico in feodum et hereditatem .v. acras terre apud Kenef(eg) que sunt inter terram que fuit Rob(erti) Passelewe et terram quam dedi Gregorio de Tu(r)ri et ipsi Helie. Et ipse Helias dabit pro eis Roberto filio meo singulis annis .iii. decios eburneos pro omni servitio. T(este) Hawisia comitissa.

Robert, Earl William's son, died in 1166 (see above, p. 9).

184. *Charter of Earl William confirming an agreement between William Fitz Gregory and Aelric concerning the land belonging to Einulf the goldsmith in Bristol* (c. *1166–83*)

BCM, 'Cart. St. Augustine's Bristol', fo. 23b; facsm. in Bodl. MS. Film Dep. 912.

Will(elmus) comes Gloec(estrie) dapifero suo et omnibus ministris suis et omnibus hominibus suis Francis et Angl(is), salutem. Sciatis quod ego concedo et sigilli mei attestatione confirmo conventionem que facta est inter Will(elmu)m filium Gregor(ii) et Eilricu(m) generum Arfari iuvenis de terra que fuit Einalfi aurifabri apud Bristou iuxta molendinum. Et volo et precipio quod firmiter teneatur sicut cyrographum inter illos scriptum testatur. T(estibus) etc.

William Fitz Gregory was the son of Gregory de Turri (no. 130 n.). Since William appears as a proprietor in this charter, he may have succeeded to his father's estates. If so, the charter would have been issued after 1166, when Gregory de Turri appeared as Earl William's tenant in his *carta* (*RBE* 291).

185. *Charter of Earl William declaring that in his presence William Fitz Gregory gave to his brother, Robert Fitz Gregory, various properties in Bristol* (c. *1166–83*)

BCM, 'Cart. St. Augustine's Bristol', fos. 23b–24; facsm. in Bodl. MS. Film Dep. 912.

Will(elmus) comes Gloec(estrie) dapifero suo et omnibus hominibus suis Francis et Angl(is), salutem. Sciatis quod Will(elmus) filius Greg(orii) de Turre coram me et meo concessu dedit Rob(er)to filio Greg(orii) fratri suo domos et terram que fuit Einulphi aurifabri inter castellum de Bristou et aquam et domum monete iuxta ecclesiam sancti Audoeni et domum Edwini fabri in prato iuxta molendinum meum et terram Rob(er)ti parmentarii et Alfini ubi bracinum meum fuit et terram Rad(ulphi) de Costentin iuxta furnillum meum et dimidium burgagium in feria quod Gileb(ertus) filius Theod(o)rici de Rugweia tenet tenendas sibi et heredibus suis de Will(elm)o et de heredibus suis libere et quiete singulis annis pro una libra piperis pro omni servitio. T(estibus) etc.

For the dating, see no. 184 n.

186. *Charter of Earl William announcing an agreement made in his court between Hamo de Valognes and Durand, son of Robert de Torigni concerning the inheritance of Hamo at 'Voisses' (unident.) and at 'Plasci' (unident.) which Durand held* (c. *1155–60*) *Torigni-sur-Vire* (*Manche*)

BM Harley Charter 57.B.41 (size: $6\frac{3}{5}$ in. × $6\frac{9}{10}$ in.); Warner and Ellis, Plate XXXII; ibid., no. 50.

CIROGRAPHUM EST HOC

Notum sit omnibus tam presentibus quam futuris quod hec concordia facta fuit inter Hamone(m) de Valonis et Durandu(m) filium Rob(erti) de Toren(eia) coram Will(elm)o comite Gloec(estrie) apud Toren(eiam) de heritagio ipsius Hamonis apud Voisses et apud Plasci quod idem Durand(us) tenuit. Durand(us) in curia comitis recognovit has terras de Voisses et de Plasci esse rectum heritagium ipsius Hamonis et illas reddidit in manum Will(elm)i comitis Gloec(estrie). Et comes illas reddidit Ham(oni) et ipsum idem seisiavit sicut de heritagio suo et humagium ipsius inde recepit. Et Hamon receptis humagiis hominum suorum ipsius feudi et retentis in manu sua rewardis ipsarum t(e)rrarum concessit Durando in vita ipsius Durandi redditus et ceteras iustas exutas ipsarum terrarum pret(er) rewardas sicut supradictum est quas ipse Ham(on) in manu sua retinuit. Mortuo autem Durando recipiet ipse Hamon et heredes sui omnes redditus prememoratarum terrarum et omnes exutas et consuetudines sicut de heritagio suo. Et hanc concordiam firmit(er) et sine dolo tenendam uterque et Ham(on) et Durand(us) manibus suis affidaverunt. Et pro hac recognitione quam Durandus fecit Hamoni, dedit Ham(on) Durando .x. libras Andegavenses et .ii. marcas argenti. Testibus his Will(elmo) comite Gloec(estrie) coram quo hoc factum fuit, H(awisia) comitissa, Will(elmo) Crasso tunc dapifero, Will(elmo) de Guuiz, Graver' de Ebret', Rob(erto) de T(r)ibus Montibus, Hug(one) de Haia, Hug(one) Malerb', Ric(ardo) de Fornaus, Ric(ardo) de Cardi, Sim(one) de Cardi et Will(elmo) de Acton(a) et Henr(ico) Crasso et Reg(inaldo) filio Sim(onis) et Rob(erto) filio Gregor(ii) et Iacobo et Petro filio Walt(er)o et Walt(er)o lu Ferun' de Toren(eia).

Sealed chirograph; seal missing from tag.

For dating, see Warner and Ellis, no. 50 and n. This is the work of Master Herveus (Plate VII*b*).

187. *Charter of Earl William granting land at Brasted (Kent) to Hamo de Valognes (Surrey)* (*1166–83*)

PRO C. 146/C.10365 (size: $5\frac{3}{4}$ in. × $2\frac{9}{16}$ in.).

Will(elmus) comes Gloec(estrie) dapifero suo et baronibus suis et omnibus hominibus suis et amicis, salutem. Sciatis me dedisse Hamon(i) de Valoniis in acresco servitii sui de Tichesia illas .x. solidatas terre apud Bradsted(e) quas Rob(ertus) de Valoniis avunculus suus tenuit, terram scilicet que fuit Loevine vidue sibi et heredibus suis tenendas de me et heredibus meis hereditarie infra servitium de Tichesia. T(estibus) comitissa Haw(is)ia uxore mea, Ric(ardo) de Kardif et Symon(e) fratre eius, Rob(erto) filio Ric(ardi), Regin(aldo) filio Symo(n)is, Rob(erto) filio Gregorii, Widon(e) de Rupe, Al(e)x(an)d(ro) de Tichesia, Pic[o]t medico, Herevico clerico, Henr(ico) clerico.

Seal missing from remains of plaited cords.

Endorsement: Bradsted(e).

The association of Hamo de Valognes with tenure of Titsey (Surrey) appears to place this charter's issue after 1166 when Hamo's father, Geoffrey de Titsey, was still listed responsible for the family's two knights' fees in Earl William's *carta* (*RBE* 190; for Hamo as the son of Geoffrey, see for example no. 36; for the family's tenure of Titsey, see *BF* i. 69; *VCH Surrey*, iv. 330). Hamo himself was already a tenant of the Honour of Gloucester in 1166, but there is no evidence for his holding any estates at Titsey in his own right (*RBE* 291). This charter is the work of Scribe **v** (Plate III*b*).

188. *Charter of Earl William granting Walter the harper some land for a full dish of beans rendered annually at the earl's exchequer in Bristol (1173–83)*

A, BM Stowe MS. 925, fo. 122; B*, BM Cotton MS. Vitellius A. xi, fo. 38; C, BM Cotton MS. Vitellius A. xi, fo. 103b.

W(i)ll(el)m(u)s[1] comes Gloc(estrie)[2] senescallo suo et omnibus[3] ministris suis[4] et[5] fidelibus suis, salutem. Sciatis me dedisse et concessisse et hac carta mea[6] confirmasse Walt(er)o[7] citharedo meo pro homagio et servitio suo terram que fuit Chinemeri[8] bovarii iuxta terram Gilb(er)ti de Ruggweia[9] in vico ubi faciunt heras tenendam libere et quiete sibi et heredibus suis de me et heredibus meis pro disco[10] pleno fabis reddendo annuatim pro omni servitio in die sancti Ioh(ann)is[11] ad scaccarium meum apud Bristoll(iam). Hiis testibus[12] H(awisia) comitissa, H(amone) de Valoign(iis),[13] Ricardo de Kardif,[14] Symo(n)e[15] de Kardif, Comite de Clare,[16] Reg(inaldo) filio Symo(nis),[17] Widon(e)[18] de Roche, Gilb(er)to[19] de Amari, Gilb(er)to[20] Croc, Gilb(er)to[21] de Sancto Mauro, Gilb(er)to[22] capellano,

1 *Will(el)m(u)s* in A; *W(illelmus)* in C.
2 *Glouc(estrie)* in A; *Gloec(estrie)* in C.
3 *hominibus* in C.
4 *suis* omitted in C.
5 Blotted out in B.
6 *hac mea carta* in C.
7 *W(altero)* in C.
8 *Chimeri* in C.
9 *Ruggeweie* in A; *Rugwey(i)e* in C.
10 *diesco* in C.
11 *Ioh(annis)* in C.
12 *t(estibus)* in C.
13 *Voloniis* in C.
14 *Ric(ard)o de Kardyf* in A; *Ric(ard)o de Kardif* in C.
15 *Simone* in A; *Sim(one)* in C.
16 *Clar(e)* in C.
17 *Symo(n)e* in B; *Regin(aldo) filio Simon(is)* in A; *Reg(inaldo) filio Sim(onis)* in C.
18 *Wydon(e)* in C.
19 *G(ilberto)* in C.
20 *Gilb(er)t(o)* in A; *G(ilberto)* in C.
21 *G(ilberto)* in C.
22 *Gilb(er)t(o)* in A; *G(ilberto)* in C.

Rob(er)to filio Gregor(ii),[23] Orewone filio Gregor(ii),[24] Will(el)mo filio Gregor(ii),[25] Iordano[26] clerico qui scripsit hanc cartam, magistro Henrico.[27]

[23] *Rob(erto) filio G(regorii)* in C.
[24] *Orewon(e) filio Gregor(ii)* in A; *Orewon(e) filio G(regorii)* in C; A. concludes here with *et multis aliis*.
[25] *Will(elm)o filio G(regorii)* in C.
[26] *Iord(ano)* in C.
[27] *Hervico* in C.

Hitherto the charter has been known only in the abbreviated version published by Sir Frank Stenton. There is no reason to reject the more ample versions of B and C for A: although C is interlined, this probably resulted from C's being regarded as a needless repetition of B; and comparison of the charter's three versions reveals only minor variations in orthography and abbreviations. Stenton believed that the term *scaccario* did not necessarily mean a financial bureau, only a reckoning board (Stenton, *First Century*, 70). I can see little value in this distinction: such a board would surely imply the existence of some kind of bureau of receipts. Furthermore, this agency probably was connected with the central administration of the Honour of Gloucester since it was located at Bristol (*ad scaccarium meum apud Bristoll(iam)*). Attestation of Richard Earl of Clare, who succeeded to the Earldom of Hertford in 1173, limits the charter's date of issue to 1173–83. Richard was Earl William's son-in-law (see above, p. 5).

189. *Charter of Earl William granting to Winchcombe Abbey quittance from tolls* (c. *1150–66*)

A, Lord Sherborne, dep. in GRO, D.678, I, fo. 122b; B*, GRO, D.678, II, fo. 131; *Landboc sive Registrum Monasterii Beatae Mariae Virginis et Sancti Cenhelmi de Winchelcumba*, ed. David Royce (2 vols.; Exeter, 1892, 1903), i. 138, ii. 137.

Will(elmu)s[1] comes Glouc(estrie) dapifero suo et baronibus suis et omnibus hominibus suis Francis et Angl(is)[2] et[3] Wal(en)tii(s),[4] salutem. Sciatis me dedisse et presenti carta confirmasse pro salute anime mee et pro salute anime Haw(is)ie comitisse mee et liberorum meorum et predecessorum meorum deo et sancte Marie[5] et sancto Kenelmo et ecclesie de Winchec(umba)[6] et monachis ibidem deo servientibus quietantiam de theloneo[7] per totam terram meam de omnibus que fuerint ad victum et vestitum eorum vel ad materiam eiusdem abbatie vel ad plumbum vel ad liminaria predicte ecclesie. T(estibus) Haw(is)ia[8] comitissa, Rob(erto)[9] de Hunfranvill(a),[10] Oliv(er)o de Berkel(eia), Will(elmo) de Lingere, Will(elmo) de Mara, Sym(one) Puinz, Gill(eberto) capellano, Gurg' clerico, Laur(entio) de Beofre, Ioh(ann)e de Sancto Neito, Gocel' coco, Will(elmo) de Sudleg(a), Sym(one) de Culunce, Will(elmo) de Sireburne, Ric(ardo) filio Alan(i).

[1] *Will(elmus)* in A.
[2] *Anglis* in A.
[3] Omitted in A.
[4] *Walens(ibus)* in A.
[5] *Mar(ie)* in A.
[6] *Wynch(ecumba)* in A.
[7] *theoloneo* in A.
[8] *Hedwisia* in A.
[9] *Rob(er)to* in A.
[10] *Umframvill(a)* in A which ends here with *et aliis*.

The charter was issued after Earl William's marriage and probably before 1166 when Robert de Umframville's place among the earl's vassals was occupied by his heir, Gilbert (*RBE* 288).

190. *Charter of Earl William granting to Peter of Winchester a burgage outside the north gate of Winchester (Hants) (1147–83)*

BM Additional MS. 15314, fo. 122.

Will(elmu)s comes Glou(cestrie) dapifero suo et omnibus hominibus suis et amicis Franc(is) et Angl(is), salutem. Sciatis me reddidisse et concessi Pet(r)o de Wint(onia) filio Reinmu(n)di illud burgagium extra portam septentrionalem Wint(onie) quod Rigar de me tenuit. Tenendum de me et heredibus meis sibi et heredibus suis sicut predictus Rigar illud de me tenuit die qua fuit vivus et mortuus et per idem servitium quod ille inde facere solebat, scilicet singulis annis pro .xviii. denariis pro omni servitio. Test(ibus) etc.

There are several Peters mentioned in the contemporary survey, the *Liber Winton*, but none appears as tenant of Earl William. The only holders of burgages who can be identified as the Honour of Gloucester's tenants from the survey are John de Port, Osbert Waspail, and Alwin de Hodiam (*LW* 531, 536).

191. *Charter of Earl William granting to St. Mary's Priory, Worcester, quittance from tolls at Bristol (1180–3)*

Worcester D & C, A.4 (Registrum 1), fo. 7; *Registrum sive Liber Irrotularius et Consuetudinarius Prioratus Beatae Mariae Wigorniensis*, ed. William Hale Hale. Camden Society, O.S. xci (1895), 30b–31; *The Cartulary of Worcester Cathedral Priory (Register I)*, ed. R. R. Darlington [PRS, N.S. xxxviii (1962–3)], no. 49.

Will(elmus) comes Gloec(estrie) dapifero suo et baronibus suis et omnibus hominibus suis Franc(is) et Angl(is), salutem. Sciatis quod ego pro salute domini Wigorn(ensis) episcopi Rog(er)i fratris mei et pro salute patris et matris mee et pro salute anime mee et comitisse Haw(is)ie uxoris mee et pro salute Rob(er)ti filii mei et aliorum liberorum meorum et pro salute antecessorum meorum dedi et hac mea carta confirmavi monachis ecclesie beate Marie Wigorn(ensis) quietantiam eorum que illi emerint apud Bristoll(iam) ad victum suum vel vestitum quod homines sui pot(er)unt affidare ad suos proprios usus pertinere. Et ideo volo et precipio quod illi in perpetuum habeant predictam libertatem quietantie apud Bristoll(iam). Et quod nullus super hoc eis iniuriam vel molestiam inferat. T(estibus) Baldewino episcopo, comitissa Haw(is)ia uxore mea, Hamon(e) de Valon(iis) constabulario, Odon(e) de Tichesia dapifero, Rob(er)to Bubois, Rob(er)to de Winf', etc.

The charter must have been issued between the consecration of Bishop Baldwin in 1180 and the death of Earl William in 1183 (*HBC* 260).

APPENDIX

CALENDAR OF REFERENCES TO OTHER GRANTS

c. 1107–1217

THE following table records evidence of grants for which charter texts do not survive. These references have been collected in the course of searching for charters. Some refer to actual charters which are no longer extant; others simply establish that an earl or a countess made a grant. The sum of the entries cannot be counted as precise quantitative evidence of the Earldom of Gloucester's diplomatic activities: donations were not always accompanied by charters recording them. Furthermore, it is often difficult to detect the number of original grants represented by a reference in a royal charter confirming them. Ambiguity of language in a royal confirmation charter also occasionally prevents distinguishing individual from joint donations and vice versa; for the same reason, references in royal confirmation charters can obscure the exact nature of the original donations. For example, when royal charters confirm successive gifts by Earls Robert and William to some donee, they often do not make it clear whether William simply confirmed his father's grant or added to it.

	Donor	*Date*	*Beneficiary*	*Description*	*Source*
192	Earl Robert	1138	St. Mary's, Ardennes	Gift of a prebend from the district of Caen for the soul of King Henry I	*NP* 703; D'Anisy, 'Notice Historique', 109
193	,,	1140	Aunay	Not specified	Ibid.
194	,,	*c.* 1107–47	William de Berkeley	Land at Eldersfield (Worcs.) for the service of one knight	*BF* 139; *Rot. Chart.* 28b; *Cal. Patent Rolls, 1461–7*, 259–60
195	Earl William	1147–83	,,	Confirmation of no. 194	Ibid.
196	,,	1154	Bermondsey Priory	Camberwell church (Surrey)	*Ann. Mon.* iii. 439; *Cal. Charter Rolls*, iv. 184; Dugdale, *Monasticon*, v. 97, 101
197	Countess Hawisia	*c.* 1150–97	Bindon Abbey	Grant of a mill at Cranborne (Dorset) which Edmer held with the adjoining land and moor and the land called 'Hopehull' with the moor and the land Ralph Burbik held and all the holding of Ralph de Newland and his service with two crofts	*Cal. Charter Rolls*, ii. 241
198	,,	,,	,,	Gift of all the land which Geoffrey de Castello held in Wareham (Dorset) and the meadow called 'Twelve Acres'	Ibid.
199	Earl Robert	*c.* 1137	St. James's, Bristol	Foundation as a cell of Tewkesbury Abbey	BM Additional MS. 36985, fo. 14b
200	,,	*c.* 1137–47	,,	Tithe of stone from Bristol castle to construct St. Mary's chapel	Ibid., fo. 15.

	Donor	Date	Beneficiary	Description	Source
201	Count John	23 Nov. 1192		Plea in Bristol hundred court between Thomas Abbot of Gloucester and Richard Coffin junior, initiated by writ *de recto*	*Cart. Gloucester*, i. 173
202	Earl William	1147– *c.* 1155	St. James's, Bristol	Notice of a charter stating that Earl Robert had given all his churches in Cornwall to Picard,[1] his clerk (as in no. 249). After Earl Robert's death, Picard asked for them to be given for the support of St. James's where the earl was buried. Picard stated that he had given the churches to St. James's before giving the lands attached to them to Robert of Ilchester, his brother	BM Cotton MS. Cleopatra A. VII, fo. 76; Dugdale, *Monasticon*, ii. 69
203	,,	1147–83	,,	Notice of a charter similar to no. 202, but specifying that the Cornish churches had been given to Picard[1] in alms for his living	BM Cotton MS. Cleopatra A. VII, fo. 76; Dugdale, *Monasticon*, ii. 69, iv. 335
204	,,	,,	,,	100 acres; 20 in Redland (Bristol) with 16 head of cattle	BM Additional MS. 36985, fos. 4–4b
205	,,	,,	,,	Grant that the new borough, *de Prato*, at Bristol, be the parish of St. James's	*Monasticon*, iv, 335
206	,,	,,	,,	Notice of a charter confirming Thurstan the priest's gift of St. Owen's, Bristol[2]	Ibid. ii. 70
207	,,	,,	,,	Confirmation of the priory's possession of thirty-one houses in Bristol market, twelve by the priory's cemetery, and twenty in St. Peter's parish, contained in a charter of the earl in the priory's possession	*The Great Red Book of Bristol*, ed. E. W. W. Veale [BRS iv (1933)], 98–9
208	Count John	1189–99	Monks of Caerleon	Quittance from tolls at Bristol	*Cal. Charter Rolls*, i. 402
209	Earl Robert	*c.* 1107–47	St. Stephen's, Caen	Confirmation of a donation by William de Magneio of two mills at Montaigu (Calvados)	*NP* 631; *CDF*, no. 453
210	Earl William	1147–83	Clerkenwell Priory	Confirmation of Rueta Ouitdeniers's gift of land in London	Dugdale, *Monasticon*, iv. 85; *The Cartulary of St. Mary, Clerkenwell*, ed. W. O. Hassal [Camden Society, 3rd ser. lxxi (1949)], no. 10, 12
211	Earl Robert	*c.* 1107–47	William de Cardiff	Grant of Cook Hill (Worcs.) in sergeanty	*BF* 139
212	Earl William	1166		*Carta Baronis* for the earl's knights, excepting those of Kent	*RBE* 288–92

[1] *P* has been transcribed *R* in Dugdale, *Monasticon*, ii. 69, resulting in erroneous references to a clerk, Richard.
[2] See also nos. 75–6.

	Donor	*Date*	*Beneficiary*	*Description*	*Source*
213	Earl William	1166		*Carta Baronis* for the earl's knights of Kent	*RBE* 189–90
214	Earl Amaury	1200–c. 1213	Hugh de Dicham	Grant of a tenement in Mapledurham (Hants)	Dugdale, *Monasticon*, vi. 453
215	"	"	Durford Abbey	Grant in Mapledurham (Hants)	No. 64
216	Earl Robert	*c.* 1107–47	Richer of Eldersfield	One hide at Eldersfield (Worcs.) for service at the earl's table in red stockings at Christmas	*BF* 139
217	"	"	Nigel Fitz Arthur	Land at Combe (Devon)	GRO D.471/T.1, no. 2
218	Earl William	1147–83	Thomas Fitz Geoffrey, goldsmith of Tewkesbury	Notice of a charter confirming possession of a house and messuage in Tewkesbury which his family had held	Dugdale, *Monasticon*, ii. 74
219	Earl Robert	*c.* 1107–47	Robert Fitz Harding	Bedminster (Som.) with all appurtenances	*Rot. Chart.* 51–51b; *Cal. Charter Rolls*, iv. 178–9
220	Earl William	1147–83	Robert, son of Robert Fitz Harding	Charter promising to repay a loan of 60 marks	No. 72
221	"	"	William Fitz Henry	Grant of land between the Avan and Neath Rivers (Glam.)	Dugdale, *Monasticon*, ii. 67.
222	"	"	"	Chapel of St. Thomas in the land described in no. 221	*Episcopal Acts*, ii. L.170, 659
223	"	*c.* 1155–83	Nuneaton (cited as Fontevrault)	Land at Radnage (Bucks.)	Dugdale, *Monasticon*, vi. 1085
224	"	"	"	Charter granting the church of St. Gregory, Sudbury (Suffolk)	*Curia Regis Rolls*, iv. 139
225	"	1147–83	Gerbod, father of William Fitz Gerbod	One hide at Great Gransden (Hunts.)	Ibid. ii. 83; *VCH Huntingdonshire*, ii. 299
226	Earl Robert	Before 1135	Matilda, the earl's daughter	Chipping Campden (Glos.)	*Misc. D. M. Stenton*, 26
227	Earl William	1147–83	St. Peter's, Gloucester	Grant of land at Corse and 'Corswelle' (Glos.)[1]	*Cart. Gloucester*, i. 100
228	"	"	"	A messuage, carucate, and revenue of 40*s.* in Newport and the parish of St. Gwynllyw (Mon.) for a chantry and three priests to celebrate mass in the church of Newport for the souls of the earl and his family	Gloucester Cathedral D & C, 'Register A', fo. 124b
229	"	"	Goldcliff Priory	Freedom from tolls at Caerleon and Chepstow (Mon.)	BM Additional MS. 36985, fo. 16b
230	Unident.	Before 1199	Hospitallers	Grant of land at Shingay (Cambs.) and Quenington (Glos.)	*Rot. Chart.* 16; *VCH Cambridge*, ii. 266
231	Earl William	1166/7–83	Keynsham Abbey	Grant of a saltpan with land and revenues at Wick (unident.)	Dugdale, *Monasticon*, vi. 453

[1] 'Corswelle' was a field-name: PNS, xl (1964), 146–7; see also *VCH Gloucestershire*, viii. 274.

	Donor	Date	Beneficiary	Description	Source
232	Earl William	1166/7–83	Keynsham Abbey	Grant of Holy Sepulchre and St. John the Baptist churches, Burford, with the chapel of Fulbrook (Oxon.), the churches of Pimperne (Dorset), Littleton (Som.), St. Werburgh (Bristol), and the chapel of St. Peter, Soulbury (? Bucks.)	Dugdale, *Monasticon*, vi. 453
233	,,	,,	,,	Grant of undesignated nature	*PR 30 Henry II*, 111
234	Countess Isabel	1189–1217	,,	Confirmation of Earl William's grants (?)	Dugdale, *Monasticon*, vi. 453
235	Earl Amaury	1200–*c.* 1213	,,	,,	Ibid.
236	Earl William	1147–83	Philip de Kyme	Confirmation of Philip's possession of Kyme and Marston (Lincs.) as Ralph de Kyme held them of Robert Fitz Hamon and Earl Robert	*Curia Regis Rolls*, i. 263
237	Count John	1189–99	Jordan La Warre	Brislington (Som.) except for the count's forest, at the request and with the assent of Countess Isabel	PRO C.52/12/6, no. 3
238	Earl William	*c.* 1183	Lawrence	Land (? at Bristol)	*PR 30 Henry II*, 111
239	Earl Robert	*c.* 1107–47	Great Malvern	Confirmation of Robert Fitz William's gift of the church of 'Lanrieragh' (unident.)	Dugdale, *Monasticon*, iii. 448
240	,,	,,	Little Malvern	Grant from Malvern forest	No. 118
241	Earl William	1147–83	Margam Abbey	Grant of a burgage in 'Lan . . .'	Dugdale, *Monasticon*, v. 741
242	Earl Robert	1129/30–47	Neath Abbey	Land at Briton Ferry (Glam.)[1] with the church which Ralph the Hermit had held	Ibid. v. 259; *Rot. Chart.* 174
243	Earl Robert and William, his son	1129/30–83	,,	A tenement in Cardiff and land at Sker (Kenfig, Glam.)	Dugdale, *Monasticon*, v. 259; *Rot. Chart.* 174; *Walter Map's 'De Nugis Curialium'*, transl. by M. R. James and ed. by J. E. Lloyd (London, 1923), 56
244	Earl William	1147–83	,,	Confirmation of no. 243	*Rot. Chart.* 174
245	,,	,,	,,	Confirmation of the abbey's exchange of Littleham (near Bideford, Devon) for Samson de Allweia's land at Kilticar (Glam.)	Ibid.: Dugdale, *Monasticon*, v. 259
246	,,	,,	,,	Right of wreck	Ibid.
247	,,	,,	Petersfield (Hants)	Liberties of Winchester (Hants)	Nos. 160–1
248	Count John	1189–99	Reading Abbey	A mark annually on a specified date from Tewkesbury's revenues	No. 165 and n.

[1] Transcr. *Ponte*; identification from Birch, *Margam Abbey*, 327.

	Donor	Date	Beneficiary	Description	Source
249	Earl Robert	c. 1107–47	Picard the clerk[1]	Grant of all his churches in Cornwall: the church of St. Breock, the church of Connerton, the church of Egloshayle, the church of Crowan, the chapel of Binnerton, the church of Trevelga, and the chapels of St. Germoe and 'Egglossant'	BM Cotton MS. Cleopatra A. VII, fo. 76; Dugdale, *Monasticon*, ii. 69
250	,,	,,	Reginald Poinz	Part of Camberwell (Surrey) for half a gold mark per year	Ibid., iv. 339–40
251	,,	,,	Alexander de Prechesland	Part of Camberwell (Surrey) for half a gold mark per year	Ibid.
252	,,	,,	Robert de Rouen	100 acres at Camberwell (Surrey) for half a gold mark per year	Ibid., 393–4.
253	Earl William	1151–4	St. Albans Abbey	Notice of a charter in favour of Abbot Robert concerning land William the chamberlain held[2]	Chatsworth House, MS. 73.A, fo. 259b
254	,,	,,	,,	Notice of a petition by the earl for King Stephen to confirm William's gift of William the chamberlain's land	Ibid.
255	Earl Robert	c. 1107–47	Savigny Abbey	Confirmation of a donation at Basseneville (Calvados)	*Rot. Chart.* 63
256	Earl William	c. 1151–83	Stanley Abbey	Quittance from tolls at Bristol	PRO C.52/30, no. 6; PRO C.52/12/5, no. 5; Dugdale, *Monasticon*, v. 565; Birch, 'Stanley Charters', 250[3]
257	,,	,,	,,	Repetition of the preceding	Ibid.
258	Earl Robert	c. 1128–47	Templars	Grant of land in the Temple Combe district of Bristol[4]	Dugdale, *Monasticon*, vi. 838–9
259	Count John	1189–99	,,	A house in Bristol	*Rot. Chart.* 3
260	Earl Robert	Before 1137	Tewkesbury Abbey	Donation of St. James's, Bristol	BM Additional MS. 36985, fo. 14b; Dugdale, *Monasticon*, ii. 70
261	,,	c. 1107–1121/22	,,	Grant described in no. 268	Ibid. 69
262	Earl William	1147–83	,,	Notice of a charter confirming Richard Fitz Nigel's grant of one virgate in his will. Richard's son, Roger, in the earl's presence, added twenty-two acres; Roger and his heirs acquitted this land of all service owed to the earl and all others	Ibid. 71

1 See nos. 202, 203 and n.

2 This may refer to the earl's first charter, to a variation of the second, or to an unknown third (nos. 168 n., 282).

3 A calendar of Stanley Abbey's charters (BM Harleian MS. 6716) lists two charters of Earl William. The first (cal. as no. 13) granted quittance from tolls at Bristol; the second (cal. as no. 14) apparently repeated the exemption. I am indebted to Mr. Adam Bearman for this reference. I have attributed the royal confirmations of Earl William's grant found in the PRO manuscripts to the earl's first donation; these confirmations mention only William's gift, not how many times he repeated it.

4 For identification, see John Taylor, 'The Church of Holy Cross, Temple, Bristol', *JBAA* xxxi (1875), 275–8.

	Donor	Date	Beneficiary	Description	Source
263	Earl William	1147–83	Tewkesbury Abbey	Notice of a charter certifying to his *cognatus*, Jocelin Bishop of Salisbury, that the Abbot of Tewkesbury pleaded in his court for the advowson of Pentridge church (Dorset) against Hamo Fitz Geoffrey. The court decided in favour of the abbey; the bishop should not allow the abbey to be vexed further	Dugdale, *Monasticon*, ii. 74
264	,,	,,	,,	Notice of a charter declaring that Ralph Chamel, a man of the abbot, had quitclaimed before the earl and his men at Tewkesbury his claim to one hide and admitted that he had proceeded unjustly against the abbey	Ibid.
265	,,	,,	,,	Notice of a charter confirming Thomas Fitz Geoffrey's gift of the property in no. 218	Ibid.
266	,,	,,	,,	Notice of a charter confirming the gift of seven acres of arable and one acre of meadow from Richard, son of Hugh Grossus (Crassus?)	Ibid. 75
267	,,	,,	,,	Notice of a charter addressed to the king's justices. Richard de St. Quintin, having heard the abbey's charters regarding Frome St. Quintin church and tithes of 'Caldwell' (unident.) and Fifehead St. Quintin (Dorset), recognized in the earl's court that the church and tithes belonged to the monks and that he had no right of advowson[1]	Ibid. 73
268	,,	,,	,,	Confirmation of donations; from Robert Fitz Hamon, tithes of his churches in Cardiff and of his demesne in Wales; from Robert the king's son,[2] tithes of his revenue from Cardiff fair, from Llantwit and elsewhere in Wales, except from the land of Morin	Ibid. 69
269	,,	1151–7[3]	,,	Notice of a charter confirming the gift of Philip, priest of Holy Trinity church, Bristol, of his part of the church and of himself to Tewkesbury	Ibid. 70–1

[1] At some time, the monks used their right of advowson to present Master Herveus to Frome St. Quintin church and 'Caldwell' chapel (see above, p. 17).

[2] *fil' Rog'* in BM Cotton MS. Cleopatra A. VII, fo. 75b, a copyist's error.

[3] For the date, see *HBC*. 260.

	Donor	Date	Beneficiary	Description	Source
270	Earl William	1151–7	Tewkesbury Abbey	Charter requesting the Bishop of Worcester to confirm to Tewkesbury that part of the church of Holy Trinity, Bristol, which Philip the priest had given with himself and the earl had confirmed	Dugdale, *Monasticon*, ii. 71
271	,,	,,	,,	Request for Henry Tusard to be allowed to build a church at Kenfig (Glam.) to be held for annual rent of 2*s*.; upon Henry's death, the church and virgate to revert to the abbey; in war-time, should the earl's bailiffs remove sheep or cows so that none remain, Henry is to have the tithe	Ibid. 67; Clark, *Cartae et alia*, i, no. CX
272	Count John	1189–99	,,	An *inspeximus* of charters of Robert Fitz Hamon, Robert the king's son,[1] and of Earl William, confirming no. 268	Dugdale, *Monasticon*, ii. 69
273	Earl Robert	*c*. 1107–47	Thomas the doorkeeper	Grant of lands at Redland and Ashley (Glos.)	Ibid. 75
274	Earl William	1147–83	,,	Confirmation of no. 273[2]	Ibid.
275	Earl Robert	*c*. 1107–47	Thurstan the priest	St. Owen's church, Bristol, for one life (Bristol)	Ibid. 70
276	Earl William	1147–50	,,	Notice of a charter informing Simon, Bishop of Worcester, that he had confirmed Thurstan's possession of St. Owen's, Bristol, as in no. 275	Ibid.
277	Count John	1189–99	Robert Toppe	Sergeanty tenure in Bristol	*PR 1 John*, 34
278	Earl Robert	*c*. 1107–47	Hamo Fitz Geoffrey (Valognes)	Pentridge (Dorset)	Dugdale, *Monasticon*, ii. 74
279	Earl William	1147–83	William the chamberlain	One carucate at Great Marlow (Bucks.)	PRS xiv (1891), 126

[1] See p. 174, n. 2.

[2] Thomas also held property by the meat market in Bristol, later given by his wife Matilda and his son Hamo to St. James's Priory (Dugdale, *Monasticon*, iv. 335).

ADDENDA

The following texts came to the notice of the editor too late to be included at the appropriate places in this book. The number in brackets after the serial number indicates in each case, where this would have been.

280 (93*a*). *Charter of Earl William granting quittance from tolls to Goldcliff Priory especially at Bristol, Cardiff (Glam.), and Newport (Mon.) (1147–63/4)*

A*, PRO, C.53/76, m. 10; B, PRO C.53/76, ibid.; C, PRO C.53/107, m. 3; D, PRO C.53/107, ibid.; *Cal. Charter Rolls*, ii. 360; cal. in ibid. iii. 435.

Will(elmu)s comes Glouc(estrie)[1] omnibus amicis suis et hominibus F(r)ancis[2] et Anglis et Walen(sibus),[3] salutem. Sciatis me dedisse et concessisse domui sancte Mar(ie) Magd(alene)[4] de Goldecl(iva)[5] omnes libertates per totam terram meam sicut dominium meum in passagio, in pontagio, in teloneo[6] et in omnibus libertatibus ut ipsi et homines eorum vendant et emant quod eis necessarium fuerit, scilicet in Bristowe, in novo Burgo[7] et Cardif.[8] Et nullus de ministris meis audeat inquietare res suas. Insuper dedi eis mesuagium extra murum in novo Burgo.[9] Hec omnia eis concessi pro anima patris mei et matris mee et heredum meorum in perpetuam elemosinam. Hiis testibus[10] Rog(er)o fratre meo, Gregor(io)[11] de Turre, Hub(er)to dapifero, Rob(er)to de Amari, Rob(er)to filio Herdig[12] et multis aliis. Valete.

[1] *Gloucestr(ie)* in C and D.
[2] *Francis* in C and D.
[3] *Walensib(us)* in B, C, and D.
[4] *Marie Magdalene* in C and D.
[5] *Golcliva* in C; *Godcl(iva)* in D.
[6] *theloneo* in B; *theoloneo* in C; *et theoloneo* in D.
[7] *Novo Burgo* in C and D.
[8] *et in Cardif* in B and D.
[9] *de Novo Burgo* in B; *Novo Burgo* in C and D.
[10] B and D end here with *et cetera*.
[11] *Gregorio* in C.
[12] Supplied from C; *he(re)dis* in A.

281 (108*a*). *A confirmation by Earl William of donations to Lire Abbey made by William Fitz Osbern (1147–83)*

MS. untraced; Dugdale, *Monasticon*, vi. no. XXIV, 1095.

Willielmus comes Gloecestriae omnibus baronibus &. salutem. Sciatis quia ego concedo &. in terris et decimis ecclesiae sanctae Mariae de Lira, donationes quas comes Willielmus filius Osberti fecit eidem ecclesiae; scilicet, ecclesiam de Hanlega cum pertinentiis suis, et xx^{s}. de redditu eiusdem villae. Decimam totius dominii eiusdem villae et unum hominem cum dimidia virgata terre; decimam de foresta de Malvernia, preter venationem. Decimam totius dominii de Cuhulla et unum hominem cum dimidia virgata terrae, decimam totius dominii de Bisselega et unum hominem cum una virgata terrae. Decimam totius dominii de Eldresfeld, et unum hominem cum una virgata terrae. Et ideo praecipio, &.

282 (168*a*) *Fragment of a charter, probably of Earl William, granting to St. Albans Abbey land at Houghton and Potsgrove (Beds.) and Hartwell (Bucks).* (*1151–4*) *Bristol*

BM Cotton MS. Otho D. III, fo. 116 (damaged by fire).

········ [Glo]ucestr(ie) Om(nibus) ········ elib(us) tam ········ quam futuris, salutem. ···· universitatis vestre quod ········ salute anime mee et ········ mee et filiorum meorum cet(er)orum ········ et amicorum meorum ··················· lorum ··· concessi et dedi deo et ecclesie [sancti] Albani et Rob(er)to abbati et ········ ···· [per]petuam ······················· quam Will(el)m(u)s Cam[erarius] ···· ···· de feudo meo in ········ et in villa H·················wella et ··········a ················ [P]otesgr(a)va et ····················· et decimas et ·········· ······ ad eas pertinentibus ········ omnia concessi et dedi ········ monachis sancti Alba[ni] ···················· ab omnibus ········is, consuetudinibus et exactio[nibus] ············ et perpetuam elemo[sinam] ········ cunctis [re]bus possiden···· ···· cum libertatibus et liberis con[suetu]dinibus ··· bene et in pace ··· [h]onorifice sicut [ali]qua e[lemosina] ········ melius et lib··· et hon······················ ······ Rob(er)to de·············· clerico, G·············· de Modb(ur)ia et ···· ···· monachis, Will···················· Odone cognato abb[atis] ····· apud Bristo[u].

Enough of the text survives, particularly its references to Abbot Robert and the fee at Potsgrove, to indicate that the charter was issued in Earl William's name; however, details are inadequate to determine if this is the first of Earl William's grants to the abbey (see above, no. 168 and n.).

283 (176*a*). *Charter of Earl Robert granting to Tewkesbury Abbey tithes of market tolls at Bristol, Cardiff, and Llandwit (Glam.)* (*10 March 1121/2–1147*) *Cranborne*

PRO, C.66/580, m. 1; *Cal. Patent Rolls, 1494–1509*, 95.

R(obertus) regis filius Gloec(estrie) consul omnibus suis baronibus et amicis, salutem. Karitatis vestre fidelitate benigna dilectione notifico pro dei et sancte Marie honore ac pro meorum et mee uxoris parentum et nostris animabus me concessisse concedendoque donasse, donandoque scripto et sigillo meo firmasse ecclesie beate et semper virginis Marie de Teochesb(er)ia totam decimam redditus cellar(iorum) ferie qui me(us)[1] de Bristou' et decimam redditus calceie quem pro coriis extra latis quadrige michi reddunt ac totam decimam redditus et telonei ferie de Cardi et Landiduit totamque decimam omnium emolumentorum et reddituum meorum et molendinorum in Walis que facta sunt mihi vel fient michi postquam terram habui omniumque mearum emendationum et incrementorum et exartorum et terrarum preter t(er)tia[2] morum, decimam et ovium et porcorum et pullorum in Gaulis. T(estibus) Mabilia coniuge mea, Gill(eberto) dapifero, Ric(ard)o constabulario, Rob(erto) de Clavilla, Will(elm)o de Monfichet, Will(elm)o Vavasore, Will(elm)o Ioh(ann)is filio, Guarino capellano, Rob(ert)o Ech(ivardi) filio apud Crenebornam, .vi. idus Martii.

[1] *qui me(us)* defective. [2] MS. *t(er)tie*

284 (176*b*). *Charter of Earl William confirming to Tewkesbury Abbey a fishery at Tewkesbury (Glos.) which Robert Fitz Hamon had given (1147–65) Cranborne*

PRO, C.66/580, mm. 1–2; *Cal. Patent Rolls, 1494–1509*, 95.

Will(elmu)s comes Gloec(estrie) omnibus baronibus suis hominibus et ministris tam futuris quam presentibus, salutem. Sciatis quia concedo et confirmo ecclesie sancte Marie de Theochesb(ur)ia et monachis piscariam de Teokesb(ur)ia et aquam super piscariam et subtus quantum terra mea durat liberam et quietam sicuti Rob(er)tus filius Haimonis eis dedit. Volo igitur et precipio quod ecclesia[1] et eiusdem conventus plenarie, honorifice et quiete perpetualiter hanc piscariam in elemosina possideat. Et omnino prohibeo ne aliquis presumat in illa aqua piscari nisi monachi tantummodo et eorum iussio. T(estibus) H(awisia) comitissa Gloec(estrie), Hamone constabulario, Adam de Ely, Rog(er)o camerario, Rob(er)to de Granevilla, Henr(ico) de Tusardo, Elia clerico apud Craneburnam.

[1] Repeated in MS.

The charter was issued before Adam de Ely's death (see above, p. 12).

285 (176*c*). *General confirmation to Tewkesbury Abbey by Earl William (1147–83)*

PRO, C.66/580, m. 2; *Cal. Patent Rolls, 1494–1509*, 95–6.

Will(elmu)s comes Gloecestrie omnibus hominibus suis Anglicis et Wallensib(us), salutem in domino. Noverit universitas vestra me pro salute anime mee Hawyse uxoris mee et omnium antecessorum et successorum meorum dedisse, concessisse et hac presenti carta mea confirmasse deo et ecclesie beate Marie de Theokesburia et monachis ibidem deo servientibus manerium de Kyngeston' cum Wyka quod est membrum eiusdem manerii et totum manerium de Forthamtona cum Swynleg' quod est membrum dicti manerii de Forthampton(a) cum pratis et pasturis, pascuis et assartis et omnibus ad ea pertinentibus. Concessi etiam et confirmavi predictis monachis imperpetuum maneria de Staneweia, Wasseburn(e), Prestecot(e), Tadinton' et Lemein(g)ton' cum suis pertinentiis, maneria de Amenel, Aixtona et Lega quod est membrum de Ayxton(a) cum suis pertinentiis, maneria de Dorset', scilicet Up Winburn(e), Tarenta Monachor(um), Chetel et Bogerugg(e) cum suis pertinentiis, in Devon' duo maneria Middelande et Losberg(e) cum omnibus libertatibus et liberis consuetudinibus ad omnia maneria predicta pertinentibus tam in boscis quam in planis et assartis, in pratis et pasturis, in aquis et stagnis, in vivariis et piscariis, in molendinis, viis et semitis et omnibus aliis locis. Preterea concessi et confirmavi dicte ecclesie omnes libertates, donationes et concessiones in terris et redditibus et omnibus aliis rebus factas et faciendas tam ab antecessoribus meis quam a militibus et aliis liberis hominibus de me tenentibus in Angl(ia) et Walliis, ita ut dicti monachi omnia sibi collata et conferenda habeant et possideant in puram et liberam elemosinam, quiete et integre, plenarie et pacifice, sine contradictione aliquali. Ut autem hec mea donatio, concessio, confirmatio perpetuam firmitatem optineant, presenti scripto cum sigilli mei appositione roboravi.

286 (176*d*). *General confirmation to Tewkesbury Abbey by Earl William* (*1147–83*)

PRO, C. A*, PRO C. 66/379, m. 2; B, 66/580, mm. 2–3; cal. in *Cal. Patent Rolls, 1405–8*, 430.

Will(elmu)s comes Glouc(estrie) omnibus hominibus suis Anglicis et Wallensibus, salutem in domino. Noverit universitas vestra me pro salute anime mee et Hawysie uxoris mee et omnium antecessorum et successorum meorum dedisse, concessisse et hac presenti carta mea confirmasse deo et ecclesie beate Marie de Teukesburya et monachis ibidem deo[1] servientibus maneria in Dors', scilicet Up Wynbo(r)ne,[2] Tarenta monachor(um), Chetel et Bowerugge, in Devon' duo maneria Middellond'[3] et Losebere cum omnibus libertatibus et liberis consuetudinibus ad omnia maneria predicta pertinentibus tam in boscis quam in planis et assartis, in pratis et pasturis, in aquis, in[4] stagnis, in vivariis et piscariis, in molendinis, viis et semitis et omnibus aliis locis ita[5] dicti monachi omnia sibi collata et conferenda habeant et possideant in puram et liberam elemosinam quiete et integre, plenarie, pacifice. Concessi vero et confirmavi eisdem ut omnia pecora et animalia sua sint ubique in pascuis et pasturis cum dominicis animalibus et pecoribus meis et quietum pannagium et decimam de venatione captam et decimam pannagii. Concessi etiam et confirmavi simul cum libertatibus quas iidem monachi habent quod ubicumque terras et possessiones de feodo meo habent vel habebunt de omni placito et forisfacto quod in terris ipsorum evenerint suam habeant curiam. Et si dicti monachi vel ipsorum homines pro aliqua forisfactura in curia mea ceciderint eisdem monachis amerciamenta remaneant. Et si aliquis de tenentibus ipsorum per feloniam vitam forisfecerit et placitum extra curiam ipsorum fuerit terra et catalla eorum sine contradictione monachis remaneant quantum ad me et heredes meos pertinet. Et omnes emendationes et meliorationes quas in feodo predicto ad me pertinentes facere possunt tam in terris quam in aquis, molendinis, vivariis, in stagnis et piscariis sive in rebus aliis concessi ut libere et sine vexatione faciant. Preterea concessi ut ipsi et omnis eorum[6] familia et omnes eorum tenentes quieti[7] sine theolonii[8] exactione emant et vendant ubicumque voluerint. Hec autem omnia predicta in ecclesiis, terris, redditibus, libertatibus et liberis consuetudinibus et omnibus aliis rebus prescriptis dedi, concessi et confirmavi predicte ecclesie et monachis predictis ut ea habeant et teneant et possideant in puram,[9] perpetuam et liberam elemosinam sicut unquam[10] liberius et quietius possint aliqua a viris religiosis[11] possideri. Et sicut liberius et quietius potest ab[12] homine dici vel excogitari vel intelligi. Omnes etiam possessiones et libertates ecclesie de Teukesbury sicut eas pure pro amore dei concessi et confirmavi

[1] Superscript in same hand in A.
[2] *Up Wymborne* in B.
[3] *Middeland'* in B.
[4] *et* in B.
[5] *ita ut* in B.
[6] *illorum* in B.
[7] *quieti* from B; *quiete* in A.
[8] *tolonii* in B.
[9] *et* follows *puram* in B.
[10] *umquam* in B.
[11] *relegiosis* in B.
[12] A corrected by erasure.

heredibus et successoribus meis omnibus conservandas et manutenendas causa dei commendo. Ut autem hec mea donatio, concessio et confirmatio perpetuam firmitatem optineant eam presenti scripto cum sigilli mei appositione roboravi. Hiis test(ibus)[13].

[13] *testibus* in B.

287 (176*e*). *General confirmation to Tewkesbury Abbey by Earl William* (*1147–83*)

PRO, C.66/580, m. 2; *Cal. Patent Rolls, 1494–1509*, 96–7.

Will(elmu)s comes Glouc(estrie) omnibus hominibus suis Anglicis et Wallensib(us), salutem in domino. Noverit universitas vestra me pro salute anime mee et Hawise uxoris et omnium antecessorum et successorum meorum dedisse, concessisse et hac presenti carta mea confirmasse deo et ecclesie beate Marie de Theuk(esburia) et monachis ibidem deo servientibus manerium de Kyngeston' cum Wica quod est membrum eiusdem manerii cum pratis et pasturis, pascuis et assartis et omnibus ad ea pertinentibus. Concessi etiam et confirmavi predictis monachis imperpetuum maneria de Stanweia, Wasseb(ur)ne, Prestecote, Tadintone et Lemynton' cum suis pertinentiis, maneria de Amenel, Ayrtona et Lega quod est membrum de Ayzton(a) cum suis pertinentiis, maneria[1] in Dorsete, scilicet Up Wymb(ur)ne, Tarenta Monachor(um), Chetel et Bobrugge cum suis pertinentiis, in Devon' duo maneria Middelande et Losberge cum omnibus libertatibus et liberis consuetudinibus ad omnia maneria predicta pertinentibus tam in boscis quam in planis et assartis, in pratis et pasturis, in aquis et stagnis, in vivariis et piscariis, in molendinis, viis et semitis [et] in omnibus aliis locis. Preterea concessi et confirmavi dicte ecclesie et monachis predictis omnes redditus et terras quas habent vel habere pot(er)unt infra manerium Theuk(esburie) vel extra ubicumque in feodo meo et etiam omnes donationes meas et concessiones in terris et redditibus in omnibus aliis rebus factas et faciendas tam ab antecessoribus meis quam a militibus et aliis liberis hominibus in Angl(ia) et Walliis ita quod dicti monachi omnia sibi collata et conferenda habeant et possideant in puram et liberam elemosinam, quiete et integre, plenarie et pacifice. Concessi vero et confirmavi ut omnia pecora et animalia sua sint ubique in pascuis et pasturis cum dominicalibus animalibus et pecoribus meis et quietum pannagium in bosco meo de Malv(er)nia et decimam de venatione capta ac decimam pannagii ibidem. Dedi etiam et confirmavi eisdem licentiam venandi in toto dominio meo de Theuk(esburia), videlicet pro vulpibus, leporibus et murelegis. Concessi etiam et confirmavi simul cum libertatibus quas iidem monachi habent quod ubicumque terras et possessiones de feodo meo habent vel habebunt de omni placito et forisfacto quod in terris ipsorum evenerit suam habeant curiam et tol vel tem et infangenethef. Et si dicti monachi vel ipsorum homines pro aliqua forisfactura in curia mea ceciderint eisdem monachis amerciamenta remaneant. Et si aliquis de tenentibus ipsorum per feloniam vitam forisfecerit et placitum extra curiam ipsorum fuerit terra et catalla eorum sine contradictione dictis monachis remaneant quantum ad me et heredes meos pertinet. Et omnes emendationes et meliorationes quas in feodo predicto ad me

[1] Followed by *de* in MS.

pertinente[s] facere possunt tam in terris quam in aquis, molendinis, vivariis et stagnis et piscariis sive in rebus aliis concessi vel libere et sine vexatione faciant. Preterea concessi ut ipsi et omnis illorum familia et omnes eorum tenentes quieti et sine telonei exactione emant et vendant ubique quecumque voluerint. Hec autem omnia predicta in ecclesiis, terris, redditibus, libertatibus et liberis consuetudinibus et omnibus aliis rebus prescriptis dedi, concessi et confirmavi predicte ecclesie et monachis predictis ut ea habeant, teneant et possideant in puram, perpetuam et liberam elemosinam sicut umquam liberius et quietius possint aliqua a viris religiosis possideri et sicut liberius et quietius potest ab homine dici vel excogitari vel intelligi. Omnes etiam possessiones et libertates ecclesie de Theuk(esburia) sicut eas pure pro amore dei concessi et confirmavi heredibus et successoribus meis omnibus conservandas et manutenendas causa dei commendo. Ut autem hec mea donatio, concessio et confirmatio perpetuam firmitatem optineant eam presenti scripto cum sigilli mei appositione roboravi.

288 (179*a*). *Letter of Earl William confirming to Tewkesbury Abbey possession of St. Mary's, Cardiff, the chapel of Cardiff castle, tithes of Cardiff's revenues and of those from the earl's demesne in Wales, the church of Llandwit and the church of St. Leonard* (*Glam.*) (*1148–83*)

PRO, C.66/580, m. 2; *Cal. Patent Rolls, 1494–1509*, 97–8; transl. in *Episcopal Acts*, ii. L.182, 662.

Venerabili domino et patri in Christo karissimo N(icholao) dei gratia Landavensi episcopo, Will(elmu)s comes Gloec(estrie) eternam in domino salutem. Inspecta bone memorie avi mei Rob(erti) filii Ham(onis) qui monasterium Teokesb(ur)iensem pia devotione fundavit carta qua eidem ecclesias et decimas subscriptas concedit et confirmat, ego in honore dei ac beate et perpetue virginis Marie predicto monasterio sancte Marie de Teokesb(ur)ia concedo et confirmo ad sustentationem monachorum et hospitum et pauperum susceptionem et ceteras necessitates domus dei regendas in Walis, ecclesiam parochialem sancte Marie de Cairdif cum una carucata terre et cum omnibus pertinentiis, capellam de castello de Cairdif cum una carucata terre, decimas omnium reddituum meorum de Cairdif et de toto dominio meo in Walis, ecclesiam de Landilcuit, ecclesiam sancti Leonardi, tenendas in perpetua elemosina libere et quiete absque omni reclamationis obstaculo unde supplico sanctitate vestre quatinus hanc meam concessionem et confirmationem auctoritate qua decet episcopali corroboretis. Et ut hec mea voluntas nulla imposterum contradictione possit refragari subscriptorum testimonii attestatione et sigilli mei impressione eam duxi corroborandam. Testibus Reg(inaldo) filio Sim(onis) Pontii, Rog(er)o de Berchel, Rog(er)o et Olivero filiis eius, Rob(er)to de Umframvill(a), Elia de Cliftuna, Elia filio Rob(erti), Gill(eberto) de Ameri, Ioh(anne) de S(anc)to Laudo, Ioh(anne) de Bolev(i)ll(a), Will(elm)o de Cairdif, Gill(eberto) Croc, Toma Baiocensi, Ioh(anne) Eskelyng.

The charter's limiting dates are those of Nicholas of Llandaff's pontificate (*HBC*, 276).

INDEX OF PERSONS AND PLACES

Arabic numerals refer to charter numbers or to entries in the Appendix; numbers in italics to pages in the Introduction. Welsh place-names provided the greatest challenge for identification; many of these have been located with the aid of Birch, *Margam Abbey*. Wherever possible, the spelling of these has been brought into conformity with that of the one-inch Ordnance Survey Map, sheets 153–5.

Aaron, Richard, *15*, 31
Abbedestona, Walter de, 119
Abbot (*Abbate, Labbate, Labbe*), Geoffrey (sheriff of Leics. and War. 1154–5), 66, 111
Aberavon (Glam.), 46 n., 47 & n., 131 & n.
Actona, William de, 44, 75, 125, 135–6, 186
Adam the falconer (Ada), 71, 132
Adelelmus, *see* Fécamp, Adelelmus
Afon Cynffig River (Glam.), 119, 125, 128, 132, 136–7, 139–42, 144–6, 148–50
Agelinus, *see* Purbic, Agelinus
Ailward *iuvenis*, 39
Ainesforde, William de, *see* Eynsford, William de.
Alan, *see* Mortain, Count of, John, chamberlain
Alard, *magister*, *11*, 72–3
Alberton (*Albertune*), Roger de, 126, 129
— William, father of, 129
Albinus, deacon, 5
Aldelane, Gilbert de, 31
Alis, Roger, 94
Alleti, Roger, 2
Allweia, Samson de, 245
Almondsbury (*Aumodesbiria*) (Glos.), 11 & n.
Alnoio, Alexander de, 5 & n.
— Beatrice, mother of, 5 & n.
— brothers of, 5 & n.
Alweiscnappe (Glam.) (unident.), 47
Alwy, Ralph, 114
Ampney St. Mary (*Amenel*) (Glos.), 177 & n., 285, 287
Amundeville, Ide, 70, n. 49
— Roger, *see* Mortain, John, Count of, steward, Roger Amundeville
— Walter, 70, n. 49
Anagni, John of (papal legate), 6
Andrew, clerk, 2–3
— *magister*, *11*, *27*, 67, 78, 160
Angoulême, Isabel of, *6*
Anjou, Count of, Geoffrey V le bel (1128–51), 95 n.
Antioch, Godard of, 114
— Robert of, 114
Aquila, *see* Laigle, Richer de
Ardene, Ralph de, 72
Ardennes Priory (Calvados), 1 & n., 192
— Prior of, Gilbert, 6
Arundel (*Arundel'*), W. de, sergeant, 2–3
Ashley (*Asselega, Esselega, Esselega, Esslega*) (Glos.), 35–7, 258
Ashmore (*Eissemore, Essemere, Essemora, Essemore*) (Dorset), 31, 33
— church, 179
Ashreigny (Devon), 98 n.
Asnières (*Anaerie*) (Calvados), 6
Aunay Abbey (Calvados), 193
Avan river (*Avena, Avene*) (Glam.), 119, 125, 132, 136–7, 139–41, 144–5, 148–9, 221
Avenel, Ralph, 96
Avon river (*Afna, Avena*) (Glos.), 23, 28
Avranches (Manche), Bishop of, Michael (*c.* 1068–94), 70
— bishopric of, *13*
— Viscount of, 70 n.; *see also* Goz family
'*Awenet*' (unident.) (Glam.), 120 & n.
Axminster (*Eceminstre, Eccemenistre, Eccem'stre*) hundred (Devon), 171
Aylworth (*Aisselesworde, Esseleswrde, Eyleworthe, Eylewrthe*) (Glos.), 31, 33, 106 & n.

Baaloc, Gocelin, 84
Baalon, Ernald de, 5
Bach, Griffin ap Ivor, 120 & n.
Badelesmere, Egidius de, 114
'*Baeian*' (unident.) (Glam.), 47
'*Baithan*' (*Baidan, Baithan, Barchan*) (Nant Craig-yr-aber, branch of the Afon Cynffig by Aber-baiden?), 47, 75, 137, 139–40, 142, 146, 148–50
Baldwin, *frater*, *see* Margam Abbey, Baldwin, *frater*
Baldwin, harper, 122, 132
Ballingdon-cum-Brundon (Suff.), 169 n.
Bampton (*Bantona*), Juliana de, 74
Bangor (*Pangor*), Bishop of, Maurice (1139/40–1161), 66
Barnage, Hamlein, son of Ralph, 67
Barnsley (*Bernalis*) (Glos.), 85 & n.
Barrow (*Berue*) (Som.), 73
Bartholomew the chaplain, 164
— John de, chaplain of Countess Isabel, *15*, 164
Baskerville (*Baschervilla Baskervilla*), Ralph de, 96
— Robert de, 96
Bassaleg (Mon.)
— Priory, 4, 156
— lordship of, 156 n.
— Travail, John, 4

Basseneville (Calvados), 255
Basset (*Basset, Bassett'*), Alan, 138
— Gilbert, 10
— Robert, *magister*, 94
Bath (*Batha*) (Som.), Abbey and bishopric, 5
— bishopric of, 99 n.
— Martin, archdeacon (?), 5
— Prior of, Peter, 101
Battlesden (*Badelesdona*) (Beds.), 168
Bayeux (*Baieus, Baiocas*) (Calvados), 6
— Alan de, 67
— Bishops of: Richard II Fitz Samson (1108–34), 70; Richard III (1135–42), 1 n., 6 & n.; Philip de Harcourt (1142–63), *14*, 6 & n.
— bishopric of, 1 n., 6
— chapter, 6
— Thomas of, 288
Beauchamp (*Bello Campo*), Stephen de, 6, 119
Beaumont family, *3*, *5*, 66 n.; *see also* Leicester, Earls of
Beauvais (Oise), Bishop of, Philip (1175–1217), 79
Bedminster (*Bedministra*) (Som.), 31, 33, 219
Benedict, *magister*, *11*, 10, 45, 163–4
Beofre, Lawrence de, 189
Bera, Richard de, 53, 160
Berceroles (*Berceroie, Berceroles, Berkerole*), William de, 4, 84, 156
'*Bercrofta*' (field name associated with Rendcomb, Glos.), 40
Bergha, William de, *see* Mapledurham, Bergha, William de
Berkeley (*Berchelai, Berkeleia*), Maurice de, 10
— Oliver de, 189, 288 (?)
— Robert de, 10
— Roger de, 96, 288 (?)
— William de, 96, 194–5
Berkes, Roger de, 99
Bermondsey Priory (Surrey), 196
Berum', Hugh de, constable, 85; *see also* Gundeville, Hugh de, constable.
Bessin (Calvados), 1 n., 6 n.
Bibois (*Bubois, Byboys*), Robert, 100, 102–4, 132, 134, 191
Bickington (*Bechintona*) (Devon), 179
Bindon Abbey (Dorset), 197–8
— Abbot of, Henry, 67, 78
Binnerton (Corn.), church, 249
Biritona, Alan de, 53
Blaen-nant Dysgwylfa (*Blainant, Blainnant, Glainant, Disculva*) (Glam.), 137, 139–40, 144–5, 148–9
Blagdon (*Blakedon' Blakerdon'*) (Som.), 31
Blanche, niece of King John, *6*
Blanford, *see* Pimperne
Bletchingdon (Oxon.), 16 n.
Blois, Count of, Louis, 79
Blund (*Blundo*), William de, 4, 93
Boarstall (Bucks.), *12*
Bohun family, 85 n.
— Humphrey de, 83
Boleville, John de, 288
Bondus, *see* Bristol, Bondus
Bonesboz, Robert de, 5
Bonitus, *see* Bristol, Bonitus, wife of
Bonvilston (*Bonavill', Bonevilest', Bonevill', Bonevillest', Bonevillestun'*) (Glam.), 137, 139–40, 144–5, 148–9
— John de, 74, 137, 139–40, 144–5, 148–9
Bordeaux (Gironde), Archbishop of, Elias (1188–1207), 79
Bordesley (*Bordesleia*) (War.):
— Abbey, Abbot of, Hamo, 66
— . . . tin, de, 41
Bosco, Ralph de, 44
— William de, 44, 75, 105; *see also* Glamorgan, sheriffs, William de Bosco
Bosvilers, Richard de, 70
Boveridge (*Bobrugge, Bogerugg, Bowerugge*) (Dorset), 177, 285–7
Bradenstoke Priory (*Bradenest', Bradenstoca, Bradenstoke, Bradenestoke*) (Wilts.), 7–9
'*Bradinton*' (*Bradington'*) (possibly Broughton, near Bridgend, Glam.), 144–5, 149
Bramouster, Odo de, 154
Braose, Hugh de (?), 161
— William de, 138
Brasted (*Bradestede, Bradsted, Bradstede*) (Kent), 187
— church, *17*, *26*, 101 & n.
— Leovine, widow of, 187
Bréauté, Falkes de, *7*
Breteuil (Eure), 159 n.
— Robert de, *see* Leicester, Earls of, Robert IV
Bretingehamsta, Robert de, 158
Briddewodes castle (*Bridewdecastel*) (Glam.), 142–3
Brislington (*Bristelton'*) (Som.), 237
— forest, 237
Bristol (*Bristallium, Bristallum, Bristold, Bristold', Britsollia, Bristeu, Bristou, Bristou', Bristow, Bristow', Bristowe*), *3–5*, *7*, *9–10*, *13*, *16–19*, *26–7*, *29* & n., 7, 10–17 & n., 18–23, 25–8, 30–6 & n., 37–9, 48, 69, 71–3, 81, 85, 88–91, 98, 106, 116–17, 119, 124, 127, 137, 139–40, 144–5, 148–9, 151, 155, 168 & n., 180, 182, 184, 188 & n., 191, 199–208, 256 & n., 259, 277, 280, 283
— Adela, 28
— Aldebury, *see* Bristol, boundaries of
— Arfarus the elder, 17
—— the younger, 184
——— Aelric, *generus* of, 184
— Ashley, *see* Ashley; *see also* Thomas the doorkeeper
— Barton Hill, see Bristol, Earldom of Gloucester, Earl's Barton
— beacon light, 17
— Bewell, *see* Bristol, boundaries of
— Bilswick, 17 & n., 23 & n.
—— garden by the road to, 17 & n.
— Blackswarth, 13 & n., 31, 33, 181

— Bondus, 17
— Bonitus, wife of, 28
— boundaries of, 10
— Brightneebridge, *see* Bristol, boundaries of
— burgesses of, *4–5*, 10
— Caneva', Jordan, 17
— Cannons Marsh, 23 & n.
— castle, *3–5*, *28*, 39 n., 121, 185, 200
—— bailey, 126
——— houses in, called Caterel (*Canterel*, *Caterel*), 121, 126
— Channel, 14 n.
— churches:
—— All Saints, 21, 31, 33
—— Holy Trinity, 179, 255
——— Philip, priest of, 269–70
—— St. George's, 13 n.
—— St. Leonard's, 17 & n., 31, 33
—— St. Michael's, 28, 179
—— St. Nicholas's, 31, 33
—— St. Owen's, *13*, 185, 206, 275–6
—— St. Peter's, 179, 207.
—— St. Werburgh's, 17
— Earldom of Gloucester:
—— bailiffs, *see* Index of Selected Subjects, bailiffs
—— barton, *see* Earl's Barton
—— brewery, 185
——— Alfinus, land of, near the brewery, 185
——— Eva, wife of Waremannus, land of, near the beacon, 17
——— Robert, *parmentarius*, land of, near the brewery, 185
—— *dapifer*, *see* Index of Selected Subjects, stewards
—— Earl's Barton, or Barton Hill, 36 & n.
—— exchequer or fiscal bureau, 188
—— fairs:
——— Michaelmas, 28, 78, 180
———— stall fees, 28
——— Pentecost, 35–7
—— manor, 90
—— mill:
——— '*Leowenath*', on the Frome River, 36
———— by the market, 185
—— oven, 185
——— Ralph de Coutances, land of by the oven, 77, 185
—— *prepositus*, Walter, 98
— Edwin, *faber*, 185
— Einulf, *aurifaber*, land of, between Bristol castle, the water, and the mint (?) (*domum monete*) by St. Owen's church, 184–5
— Ely, ward (*consta[bularium]*) of Adam de, 77
— Finepd, Walter, 28
— Fitz Harding family, *see* Fitz Harding entries
— Geoffrey, chaplain, 28
— Hambroc, Henry de, *14*
— hundred jurisdiction, 10
— Knowle, *see* Bristol, boundaries of
— Leigh, *see* Leigh (Som.)
— Lira, Lewin, 77, 181
—— Luvesi, 181
— maps of: Benjamin Donne, 23 n.; James Millerd, 23 n.
— market, located by the earl's mill, 185
—— Aedwin, *faber*, house of, 185
—— Blackman, house and land of, 77
—— Gilbert, son of Theodoric of Rugway, half burgage of, 185
—— Helie de Marlborough (?), house and land of, 151
—— Hugh Morgan, house and land of, 77
—— Lewin Larus, house and land of, 77
—— St. James' Priory, houses of, 207
—— William Trane, house of, 77
——— long house with land near, 77
—— ward (*constabulario* ?) of Adam de Ely, 77
— meat market, 274 n.
— mint (?) (*domum monete*), located by St. Owen's church, 185
— new borough, *de Prato*, 39 & n., 205
— Nicholas, clerk, son of Henry de Hambroc, *14*
— Ogier, Roger, 28
— Peter *Anglicus*, 28
—— *parmentarius*, 28
— Redland, 204; *see* Thomas the doorkeeper
— Richard, *cementarius*, 28
—— recorder (*imbreviator*), *14*
— Roger, *potarius*, 28
— Roscelin, *parmentarius*, 28
— Safredus, Reginald, 181 & n.
— St. Augustine's Abbey, 11 & n., 12–13 & n., 14–16 & n., 17–19 & n., 20–3 & n., 24–33, 167 n., 170 n.
—— Abbot of, 29–30, 32
——— Richard, 34, 99–101, 125, 136
——— John, 67
—— Prior of, William, 100
— St. James's Priory, *10*, *13*, *18*, *26*, *28*, 34–9 & n., 179, 199–207, 260, 274 n.
—— cemetery of, 200
—— St. Mary's chapel, 200
— Sandbrook, *see* Bristol, boundaries of
— Sebastian, 28
— Sor, Odo, 121, 126 & n.
— Sprud, Robert, 17
— Stapleton, 36 & n.
— streets:
—— St. Augustine's (lost), 17 & n.
—— street where copper pans were made (unident.), 188
——— Chinemer, *bovarius*, land of, 188
——— Gilbert de Rugway (*Ruggweia*), land of, 188
—— Winch Street, 17 & n.
—— suburb of, across the Frome River, containing orchards, gardens, and lands belonging to the Earl of Gloucester's fee, 28; *see also* Bristol, Bilswick
— Temple Combe, 258 & n.

Bristol (*cont.*):
— Thomas the doorkeeper, 273 & n., 274
—— Hamo, son of, 273 n.
—— Matilda, wife of, 273 n.
— Toppe, Robert, 277
— Turri family tenures, 181, 184–5
— unidentified tenures, 28
— walls, 17 & n.
— Walter the harper, 188.
— Wardwell, 17 & n.
— Waremannus, Eva, wife of, 17
— Wlfredus, 17
Briton Ferry (Glam.), 242 & n.
Brittany, Arthur of, 7
Briwes, John de, 94
Broc, William, 70, n. 49
Bruern Abbey, 40–1
Brunswick, Otto of; Otto IV, Emperor (1208/9–1215), 7
Bruton Priory (Som.), Prior of, Philip, 99
Bryncyriawg (*Brenkeiru*) (Glam.), 120 & n.
Brythono (*Britono*), Ernald, 178
Buckerel, Andrew, 114
Buckingham, Archdeacon of, William, 153
Budif' (Bideford, Devon?), church, 179
Buktot (*Bochetot, Buchetot, Buketot, Buktot*), William de, 31, 74, 107
'*Bulluchesbruhe*' (unident.) (Glam.), 47
Burbik, Ralph, *see* Cranborne, Burbik, Ralph
Burdet, William, 66
Burford (*Bureford, Rureford'*) *Burford, Burford'*, (Oxon.), 40, 42, 154
— churches: Holy Sepulchre, 232; St. John the Baptist, 232
— mill, 154
—— Goodrich, William, 154
———Albre, widow of, 154
Burgh, Hubert de, *see* Mortain, Count of, John, chamberlains
Burlescombe (*Burewoldescumbe*) (Devon), 44
— church of, 44
— mill and multure, 44
Burnham, Robert de, 153
Bushley (*Bisselega*) (Worcs.), 281

Cabillon, Peter, 138
Caen (Calvados), 192
— St. Stephen's Abbey, 209
Caerleon (Mon.), 229
— monks of (Llantarnam), 208
— Morgan de, *see* Fitz Caradoc
Cahaines (*Cahagnis, Chahan', Chainn', Chaynn', Shainn'*), Reginald de, 95, 178–9
Calceo, Jacob de, 114
'*Caldwell*' (unident.):
— chapel, *17*, 67, 253 n.
—— tithes of, 267
Camberwell (Surrey), church, 195
— Elias of, 158
Cambrum', John de, 53
Campeaux (*Campels*), 6
Candelanus (forester), 36
Caneb', Warin de, 179
Caneva', Jordan, *see* Bristol, Caneva', Jordan
Canonsleigh Abbey (Devon), 44
Canterbury:
— Archbishops of: William of Corbeil (1123–36), 109; Theobald of Bec (1138–61), *10*, *13*; Thomas Becket (1162–70), *4–5*, *13*; Richard of Dover (1173/4–84), 101 n.; Baldwin (1184–90), *6*, *11*; Hubert Walter (1193–1205), *12*, *16*, 79; Stephen Langton (1206/7–1213), 7 n., *12*
— election of, 45
— Christ Church, Chapter, *11*, 45
Cantilupe, William de, 139–40, 148–9
Capel Gwladys (Sancta Gladus) (Glam.), 120 & n.
Cardiff (*Cairdif, Cardif, Kaerdif, Kaerdifh, Kaerdivium, Kaerdivum, Kaerdyf, Kairdi, Kairdif, Kardi, Kardid, Kardif, Kardiffe, Kardyf, Kayrdif, Kerdif*; *see also* the de Cardiff family) (Glam.), *9*, *12*, *16–17*, *19–20*, *26*, *28*, *29* n., 46 & n., 49, 88–9, 91, 105, 122, 132, 137–40, 142–9, 156, 159 n., 162 n., 173, 179, 243, 280, 283, 288
— burgesses of, 159
—— gift of, inside and outside of the borough, 137, 139–40, 144–5, 148–9
— castle, 19 n., 109, 122, 179, 288
—— chapel, *15*, 179, 288
— court of the shire, view of the sheriff, 109
— fair, 268
— marsh of Countess Isabel on the West side between the Taff and Ely Rivers, 142–7
— mill of the earl on the Ely River, 109
— Newborough, 49 & n., 122 & n.; *see also* Crockherbtown
— *prepositus* of, 109
—— William Fitz Esmund, 173
— Ralph, sheriff, 107; *see also* Glamorgan, sheriffs
— Richard de (Cardi, Cardif, Kardif, Kaerdif, Kaerdyf, Kardiffe, Kardyf, Kerdyf), seneschal, steward, 7, 34, 36–7, 39, 44, 47, 49, 66, 71, 75, 77, 99–101, 113, 115, 125, 130–1, 159, 169, 186–8
— Robert Fitz Hamon, churches belonging to, 268
— St. Mary's church, 288
— St. Mary's and St. Thomas's church, 49, 179
— sheriff, unnamed, 131; *see also* Glamorgan, sheriffs
— Simon de, brother of Richard, 36–7, 39, 71, 77, 100–1, 113, 125, 130, 134–6, 174, 186–8; *see also* Caril, Simon de
— Siward the palmer, house of, 122, 124, 132
— Stemorus, burgess, 173
— William de, *11*, 8–9, 51–2, 93, 109, 288, *see also* Caril, William de
Caril (de Cardiff?), Simon de, 99
— William de, 99, 211

Cartae Baronum of 1166, 71 n., 98 n., 106 n., 115 n., 152 n., 184 n., 187 n., 212–13.
Castello, Geoffrey de, *see* Wareham, Geoffrey de Castello
'*Catteput*' (*Cattepit*) (unident.) (Glam.), 142–3
'*Catteshole*' (unident.) (Glam.), 47
Celt, John, *see* Fécamp, Celt, John
Chaddesly Corbet (*Chedeslia*), 179
Chamel, Ralph, 264
Champagne, Count of, Thibaut, 79
Chanceaus, Piers de, *7*
Chandos, Robert de, 96
Chaourches (Cadurcis), Hugh de, 8–9
Chaworth, *see* Mapledurham, Chaworth, Sigar and Warin de
Chepstow, (Mon.), 229
Chester, Earls of: Rannulf 'de Gernon' (*c.* 1129–53), 5, 6 & n., 31; Hugh 'of Cyveiliog' (*c.* 1153–74; 1177–81), 66
— Countess of, Matilda, *5*
Chesterton (Cambs.), *12*
'*Chetelhamptonia*' (unident.) (Bucks.), church, 179 & n.
Chettle (unident.) (*Chetell'*) (Dorset), 176, 285–87
Chichester, Bishop of, Seffrid II (1180–1204), 161
Chipping Campden (Glos.), 226
Cirencester Abbey, Abbots: Andrew, 101 & n.; Richard, 41
— abbot and community, 50
Cistercians, Clairvaux, Abbot of, Bernard, 119 & n.
—— brother of, Nivard, 119 & n.
—— monks of, 119 & n., 132
Clare family, 7, 9; *see under* Hertford, Earls of
Claville, Robert de, 283
— Walter de, 44, 98
—— William de, son of, 44
Clerkenwell Priory (London), 210
Clevedon (*Clifdona*, *Clivedona*; *see also* Clevedon family) (Som.), church, 20, 31, 33
Clevedon (*Clifdona*, *Clivedona*, *Clivedune*), John de, son of William, 208 n.
— Ralph de, 139, 148–9
— William de, 20 & n., 31, 48, 115
Clifford (*Cliford*, *Clifford*), John de, 125
— Richard de, 125
— Walter de, 96
— William de, *see under* Glamorgan, sheriffs of
Clifton (*Cliftuna*), Elias de, 288
Coed-y-garth (*Coithcarth*, *Koetkarth*, *Koitcarth*, *Koithcarth*, *Koithkarth*) (Glam.), 137, 139–40, 144–5, 148–9
Coffin, Richard junior, 201
Cogan, John de, 31, 33 & n.
— Miles de, 14
Col . . . , William de, 161
Cold Aston (*Aixtona*, *Aston*, *Astona*, *Ayxtona*, *Ayzton*) (Glos.), 177 & n., 285, 287
Combe (Devon), 217
Congresbury (Som.), *12*
Connerton (Corn.), church, *10*, 249
'Constitutio Domus Regis,' *28* & n.
Cook Hill (Worcs.), 211, 281
Corbet, Robert, 84, 95
Cornelly (*Corneli*) (Glam.), 47
Cornwall: churches belonging to Earl Robert's fee in, *10*, 202–3, 249
—— estates belonging to, *10*, *15*, 196
— Earl of, Reginald (1141–75), 6
Corse (Glos.), 227
'*Corswelle*' (Glos.), 227
Courri, Richard de, 70, n. 40
Coutances, Bishop of, Geoffrey (1049–93), 70
Coventry (or Lichfield), Bishop of, Walter Durdent (1149–59), 66 & n.
Cranborne (*Craneburna*, *Creneborna*) (Dorset), *9*, *19*, 74, 157, 197, 283–4
— Burbik, Ralph, tenure of, 197
— chapel, *15*
— Edmer, tenure of, 197
— '*Hopehull*', 197
— Newlaund, Ralph de, tenure of, 197
— Priory, 51 & n., 52
—— Abbot Gerald, 51 n.
Crassus (*Crasus*, *Crasse*, *Crassus*, *Crasst'*, *Grossus*), Henry, 49, 100–1, 113, 115, 135, 159, 186
— Hugh, 266 (?)
— William, *dapifer*, 186
Crespi, Richard de, 53
Creully (*Croelei*, *Croelli*, *Croilei*, *Croiley*, *Croilli*) (Calvados), 70 & n.
— family, 70 & n.
—— Turstin I de, 70 n.
——— Turuvias, wife of, 70 n.
——— Richard, son of, 70 & n.
———— Turstin de, son of, 70 n.
——— Turstin de, son of, 70 & n.
——— Vitalis de, son of, 70 & n.
Crèvecœur (*Crevequor*) (Calvados), mill, 6
Crispin, William, 70 & n. 40
Croc (*Croc*, *Crocam*, *Crocke*, *Croke*), Gilbert, 40, 89, 97, 125, 132, 135–6, 159, 168, 173, 188, 288
— William, 115
Croceus, 70 & n. 40–n. 41
Crockherbtown (Glam.), 49 n.; *see also* Newborough
Crowan (Corn.), church, *10*, 249
Culunce, Simon de, 189
Curcy, Simon de, 70

Dalmary family (*Almari*, *Dalmari*, *Dalmeri*, *Damari*, *D'Aumarie*, *de Almary*, *de Almeri*, *de Amari*, *de Ameri*, *de Aumari*)
— Gilbert, 71, 88–9, 99, 101–4, 106, 134–5, 188, 283, 288
— Hubert *dapifer*, 5, 12, 16 & n., 71, 84–5, 95–6, 119, 124, 280
— Robert *dapifer*, 5, 7, 34–7, 39, 43, 66, 69, 71, 96, 98, 111, 119, 124, 168, 182, 280
— William, 16 n., 77, 115

Danmartin (*Dan Martino*), Manserus de, 115
David, chaplain, *14*, 102–3, 131
— *magister*, *14*, 102
Dene (*Dena*), Gilbert de, 67, 78, 160
Deodatus, Hugh, *see* St. Alban's, monks of, Hugh Deodatus
Dereham (*Derham*), Elias, *magister*, *12*, 114
Deserto, Hugh de, 70
Devizes (*Devise*) (Wilts.), *9*, 6
Devonshire (*Devon*', *Devenescera*), 98, 285–7
'*Dewiscumbe*' (unident.) (Glam.), 47
Dicham, Hugh de, 214
Dionysius, canon, 70
Dives Abbey, Abbot of, Robert, 70 & n.
'*Dodenestoct*' (*Doddestoct*, *Donestoct*) (Glam.), 18, 31
Dorset (*Dorsete*, *Dorsettia*), 285–7
Douvres (*Dobra*), William de, 70
Dowlais (*Duveleis*) River (Glam.), 18, 31
Dowland (*Duhelande*) (Devon), church, 44
Dreux, Count of, Robert, 79
Du, Caradoc Fitz John, 75
Dublin, Archbishop of, John Cumin (1181/2–1212), 79
Dunstor, Robert de, 173
Durford Abbey (Sussex), 54 & n., 55–64, 215
— Abbot of, William, 2, 160
Durham, Bishop of, Rannulf Flambard (1099–1128), 109

Eastbrook (*Byhestebrok*) (Devon), no. 44
Eastleach Turville (*Estlech*, *Estleche*, *Lech*, *Leche*) (Glos.), 41
— church, 41, 179
—— vicar of, Robert, 41
— Richard de, 41
East Morden (*Mordona*) (Devon), 44
— church, 44
Ebbw River (*Ebod*, *Ebot*, *Eboth*) (Mon.), 4, 86
— mills, 36
Ebret', Graver' de, 186
Écrammeville (*Escremovilla*) (Calvados), church, *10*, *26*, *29*, 38
Edmer, *see* Cranborne, Edmer
'*Edwitleya*' (unident.), church, 179
Egleskeinwir (*Egleskeinwer*, *Egleskeinwir*, *Egleskeynwir*, *Egliskainwir*, *Egliskainwyr*, *Egliskeinwir*) (Glam.), 137, 139–40, 144–5, 148–50
Egloshayle (Corn.), church, *10*, 249
Eldersfield (Worcs.), 194, 216, 281
— Richer de, 216
Elias, clerk, *12*, *25*, *29*, 65; *see also* Turri, Elias Fitz Robert
— Dean of Newcastle (Glam.), *12*
Eltham (*Hauttham*) (Kent), church, 100
Ely (*Elay*, *Elei*, *Eley*) River (Glam.), 14 n., 31, 33, 109, 142–5, 147
Ely, Bishop of, Eustace (1197/8–1215), 79
Ely (*Eley*, *Eli*, *Ely*, *Hely*, *Helya*), Adam de, clerk, *12*, *24*, *25*, *28–30*, 35–6 & n., 37, 51 & n., 52 & n., 66, 71, 77 & n., 111 & n., 119, 121 & n., 124 & n., 155 & n., 168, 284 & n.
Emodesham (*Edmodeisham*, *Emodesham*), Stephen de, 44, 66
Emundeville, *see* Mortain, Counts of, John Lackland, steward, Roger Amundeville, 170, 177–8 & n.
England, *13*, *16*, 31–2, 43 n., 66, 83, 89, 95 n., 104, 110–11, 127, 159, 285, 287
— Kings of, William I (1066–87), *23*, 70; Henry I (1100–35), *3*, *22–4*, 6 & n., 43 n., 57, 83 n., 109, 152 n., 156 n., 157 n., 166 & n., 179, 192; Stephen of Blois (1135–54), *3–4*, *23*, 6 n., 95 & n., 115 n., 119 n., 168 n., 254 & n., *see also* Mortain, Count of, Stephen; Henry II (1154–89), *3–5*, *13*, *28–9*, 1, 19 n., 31, 43 n., 48 n., 54 n., 57–8, 61, 63, 71 n., 73–4, 92, 96 & n., 99, 104, 115 n., 160 n., 163, 169 n., *see also* Normandy, Dukes of, Henry; Henry the younger (1170–83), 30 & n.; Richard I (1189–99), *5*, *11*, *16*, 45, 57 & n., 58–9, 61 & n., 63, 67 n., 138, 161; John (1199–1216), *6–9*, *12*, *16*, 62 n., 79–80, *see also* Mortain, Count of, John; Henry III (1216–72), *8–9*
— king of, 169
—— sons of: William (Rufus), 70; Robert (Curthose), 70; *see also* Gloucester, Earls of, Robert the king's son
— Matilda Empress, *3–4*, *13*, 6 & n., 94 & n., 165 n., 171 n.
— Queen of, Eleanor of Aquitaine (1154–89), Duchess of Aquitaine, (1137–1204), *12*, 65 & n., 130
Engliscombe (*Inglescum*') (Som.), 73
Erncsius, *magister*, *10*, *26*, *28*, 40, 78, 100, 103, 120, 132
Eskelyng, John, 288
Essex (*Essexia*), 71 n., 115 n.
— Earls of, Geoffrey Fitz Peter (1199–1213), 64, 80, 93; Geoffrey de Mandeville (*Mandevilla*, *Mannde-vill*, *Maundevil*), self-styled (1214–16, *also* Earl of Gloucester 1214–16), *1*, 7 & n., *8*, *11*, *20*, *22–3* & n., *24–7*, *29* & n., *30*, 4, 8, 9 n., 64, 93, 114, 139–41, 146; William de Mandeville (1217–27), 114
— Countess of, mother of Earl Geoffrey (unnamed), 64
Eudes Dapifer, 6 & n.
Eva, wife of Waremannus, *see* Bristol, Waremannus, Eva, wife of
Everci, Robert de, 71
— Robert de, brother of Robert, 71
Evesham, Abbot of, Adam, 99, 101
Évrecy (*Evercia*, *Hebreceio*) (Calvados), castlery, 1
— honour, *3* & n., 1 n., 6 & n.
Évreux (*Ebroice*) (Eure), 6, 79
— County (*Ebroicae*, *Ebroicinum*), *6–7*, *20*, 79 & n., 80
— Bishops of, Gilbert Maminot (1071–1112), 70; Audoin (1113–39), 109
— Counts of, Amaury V (1181–91), *5*, 94; Amaury VI (1191–1200; Earl of Gloucester, 1200–*c.* 1213), *6–8*, *16*, *20*, *22–3*, *25*, *27*, 41, 53, 64, 79–80, 94 & n., 153–4, 176, 214–15, 235; *see also* Gloucester, Earls of, and Montfort

Ewenny (*Eweni, Ewenny, Eweny*) (Glam.), St. Brigid's church, 93
— St. Michael's church, 93
— manor, 93
— mill, 93
— Priory, 68, 93
—— Prior of, 68, 84 & n., 93.
Exeter (Devon), Bishop of, Bartholomew (Bartholomeus) (1161–84), 99, 101
— St. Nicholas's church, 69
Eynsford (*Ainesforde*), William de, 152 & n.

Fairford (*Fareforde, Feireford, Feireforde, Feirf', Ferreford*), 2–3, 8–9
— church, 178
—— Robert, chaplain, *15*, 2–3
— Gundewin (*Gundewinius*) de, 2–3
— reeve (*prepositus*), Edwin, 2
Falaise (*Falesia, La Faleise, La Faleyse*), William de, 10, 31, 94, 160–1
Farleigh (*Ferlegh'*), Philip de, 8
Farleigh Hungerford (Som.), 106 n.
Farmborough (*Fenenberge, Ferenberge, Ferneberga*) (Som.), 31, 33
Fécamp (*Fiscannum*) Abbey (Seine-Maritime), 70 & n.
— Abbot of (William de Ros), 70
—— Roger, 70 & n.
— Adelelmus, 70
— chapter, 70
— Celt, John, 70
— *dapifer* of, Engelran, 70
— Gernet, Robert, 70
— Haimeric, 70
— William, 70
Ferre, Ralph, 53, 160
— Herbert, son of, 160
— Hubert, son of, 53
— Robert, son of, 160
Fifehead Magdalen (*Fifhide*) (Dorset), 31
Fifehead St. Quintin, 267
— William de (unident.), 41
Finmere (*Finemere*) (Oxon.), 31, 33
Finsbury (Middlesex), 112 n.
Fitz Agatha, John, 17
Fitz Alan, Richard, 77, 189
Fitz Albert, John, 14
Fitz Arthur, Nigel, 48, 217
Fitz Ascius, Geoffrey, 31
— William, brother of, 31
Fitz Bernard, Robert, 70
Fitz Caradoc, Morgan 137, 139–40, 145, 148–9
Fitz Count, Brian, Lord of Wallingford, 109
Fitz David, Guido, 174
Fitz Echivard, Robert, 283
Fitz Edwak', Ralph, 173
Fitz Elie, William, constable of Earl William, 96
Fitz Esmund, William, *see* Cardiff, *prepositus* of
Fitz Exuperii, Robert, 6
Fitz Fardini, Jacob, 36–7
Fitz Gelerand, Robert, son of Generannus, 112 & n.
Fitz Geoffrey, Hamo, constable, 5, 35–7, 43, 48, 51–2, 97, 118, 124, 158, 168, 263, 278; *see also* Valognes, Hamo de
— as *prepositus*, 168
— Thomas, *see* Tewkesbury, Thomas Fitz Geoffrey
Fitz Gerbod, Gerbod, father of William, 225
Fitz Gerold, Rannulf, 71 & n., 158
— Warin, 71 n.
Fitz Gregory (de Turri?), William, 31
Fitz Hamon family, 70 n.
— Haimo 'Dentatus' (d. 1047), 70 n.
— Haimo II, Sheriff of Kent (d. *c.* 1130), *3* n.
— Robert, *3* & n., *9*, 6 n., 42–3 & n., 51 & n., 52, 70 n., 166 & n., 167, 178–9, 236, 268, 284, 288
—— Robert, chaplain of, *15*, 179
Fitz Harding family, 17 n.
— Robert, 11 & n., 12 & n., 28, 31, 48 & n., 72, 85, 119, 168, 219, 280
—— Maurice, son of, 28 & n.
—— Nicholas, son of, 17, 31
—— Robert son of, 31, 72–4, 220
—— Cecily, sister of Robert, 28
Fitz Henry, William, 5, 105, 221
Fitz Herbert family, Godwinet, 75
— Herbert, son of, 75
—— Blethein, son of, 75
—— Keinwrec, son of, 75
—— Kenaithur, son of, 75
—— Rigered, son of, 75
—— William, son of, 75
Fitz Herveus, Richard, 97
Fitz Hugh, Richard, 67
Fitz Humphrey, Richard, *see* Mapledurham, Fitz Humphrey, Richard
Fitz John (of Hanley, Worcs.), Gilbert, 48 & n.
— father of, 48
Fitz John, Payn, 109
— William, 43, 74, 118, 283
Fitz John de Molariis, William, 96
Fitz Main, Alan, 96
Fitz Martin, William, son of Robert, 31
Fitz Matthew, Peter, 151
Fitz Mauger, Roger, 27 & n.
Fitz Merewith, Luarch, 75
Fitz Nicholas, William, marshal, 34, 69, 97, 105, 122, 158
Fitz Nigel, Richard, 82 & n., 262
— Emma, wife of, 82
— Roger, son of, 262
— sons, 82
Fitz Osbern, William, *see* Hereford, Earls of, William
Fitz Owen, Morgan, 137, 139–40, 144–5, 148–9
Fitz Peter, Geoffrey, 6
— Robert, chaplain, *15*, 35–7; *see also* Robert, chaplain; Ilchester, Robert of; Fairford, Robert, chaplain

Fitz Ralph, Roger, 76, 114
Fitz Reinfrey, Roger, 115
Fitz Richard, Rannulf, 71
— Robert, 36–7, 44, 66, 77, 97, 105, 113, 125, 136, 173, 187
— Walter, 109
Fitz Roger, Robert, 109
Fitz Serun, Elwin, 7, 36–7
Fitz Seward, Robert, 179
Fitz Simon, Pontius, 35, 168
— Reginald, 77, 88–9, 100–1, 104, 125, 130, 132, 135–6, 186–8, 288
— Roger, 173
— William, 115
Fitz Stephen, William, constable, 86, 122, 167, 182
Fitz Swein, Robert, 77
Fitz Walter, Jacob, 186
— Peter, 186
Fitz Warin, Fulk, 43, 96, 118–19, 178–9
Fitz William, Alard, 31
— Robert, 239
Flanders, Count of, Baldwin, 79
Flat Holm (*Plata Holma, Platta Holma*) (Som.), 15 & n., 24, 31, 33, 170 & n.
Fleming (*Flamango, Flammango, de Flandrense*), Richard, 31, 139–40, 148–9
'Florence of Worcester', 83 n.
Fochrhiu (*Bohrukarn*) (Glam.), 120 & n.
Foliot, Gilbert, *see* Gloucester, St. Peter's Abbey, Abbots of, Gilbert
Fontevrault Abbey (Maine-et-Loire), 66, 78
— Order of, 67
Forde Abbey, Abbot of, Baldwin, 99, 101; *see also* Worcester, Bishops of, Baldwin
Fornham (Suff.), *3*
Forthampton (*Forthamtona*) (Glos.), 285
France, King of, Philip II Augustus (1180–1223), *6–7*, *19*, 79–80
— Alice, sister of, *6*, 163 n.
— Louis (VIII), son of, *6*, *12*
Frome River (*Froma*) (Glos.), 17 & n., 28, 36
Frome St. Quintin (*Froma*) (Dorset), church, *17*, *28*, 179, 267 & n.
Frwd-wyllt (*Frudel, Frudelf, Frudul*) (Glam.), 125, 132, 136
Fulbrook (Oxon.), chapel, 232
Furneaus (*Fornaus, Furneaus, Furnellis*), Henry de, 144–6
— Richard de, 186
Fyfield (Hants), 151 n.

Gado, Gilbert de, 94
Gall-y-cwm (*Kelleculum, Killeculum, Kithleculum, Kithlecullum*) (in Hafod-y-Porth, Glam.), 75, 137, 139–40, 142–4, 147, 149
Galway (?) (*Cailloei*), Philip de, 48, 106
— Avice, wife of, 106 & n.
— Hugh, son of, 106 n.
— heirs of, 106
Gardinus, chaplain, *13*
Garendon (*Gerwedona*) Abbey (Leics.), Abbot of, Thurstan, 66.
Garland', W. de, 79
Gelligaer (Glam.), 120 n.
Gelli Michael (untraced) (*Gillemichael*) (Glam.), 142–3, 145, 147
Gelli-Vrith (*Gethilfreth, Gethlifreth, Gethlifrith*), (Glam.), 125, 132
Geoffrey, Chancellor of Henry I, 109
— chaplain, *13*, 28
Gerin, *see* Great Gransden, church, vicar
Gesta Abbatum S. Albani, 168 n.
Giffard, Elias, 5, 96
Gilbert, chaplain of Countess Hawisia, *14*, 40, 100, 101, 134, 188–9
— *dapifer*, 166; *see also* D'Almary, Gilbert
— tenant of Great Baddow, *see* Great Baddow
— vicar of Rumney, *see* Rumney, Gilbert, priest of
Glamorgan, (*Clammorgan, Glamargan, Glammorgan, Glamorgan*), *11*, 46 n., 89, 93
— chancery, *29* n.
— chapel, *12*
— county court, *28*, 129 n.
— Extent of Glamorgan, 129 n.
— Honour of, *2–3*, *8*, *12*, *20*, 16 n., 86 n., 120 n.
— sheriffs: Ralph (1126), 109; Robert Norreys (1140–83; probably not after *c.* 1166; possibly not after *c.* 1150), 68, 84, 96, 119, 122, 170, 182; William de Clifford (1147–83), 105; William de Bosco (1147–83; probably *c.* 1150–66), 125, 136, 173; Ralph de Swinner (*Swinesheved, Swinesheved', Swinner*) (1214–17), 4, 139–40, 149; unnamed, 14, 18–19, 47, 49, 75, 97, 124–9, 132–5, 159, 183; *see also* Cardiff, Ralph, *and* sheriff
Glastonbury Abbey (Som.), *9*, 156 n.
Gloucester (*Glocestria. Gloecestra, Gloecestria, Gloencestria, Gloescestria, Gloucestera, Gloucestria, Glouecestra, Glouscestria, Glovernia, Glowcestria, Glowecestra*) (Glos.), *9*, 46, 82 n., 83 & n., 110 & n.
— castle, *4*, 96 n.
—— Walter, constable of, 83 & n.
——— Adeliza, mother of, 83 & n.
—— Miles, constable of, 83 & n., 109–10 & n.; *see also* Hereford, Earls of, Miles
— Hugh of, 36–7
— Norman (or the), tenement of, 82
— St. Mary de Lode's parish, 82
— St. Peter's Abbey, *11*, 82–93, 227
—— Abbots of: Walter de Lacy (1130–9), 84 n.; Gilbert Foliot (1139–48), 84 n., 85 & n.; Hamelin (1148–79), 99, 101; Thomas (1179–1205), 201; unnamed, 84, 89–90, 92
—— Cartularies of, 83 n.
—— garden of the alms house, 82 & n.
—— messuages donated by Adeliza, mother of Walter

the constable, 83
—— mill near the ford (of the Severn?), 82 & n.
—— priories, 89
——— priors, 89
— Earldom of, *3*, *5–8*, *11–12*, *14*, *15*, *19–20*, *22*, *25–30*, 1 n., 16 n., 19 n.
— Countesses of: Mabel Fitz Hamon (d. 1156), *1*, *3*, *21–3*, *29*, 21, 23–5, 31, 35–7, 54 & n., 68, 70 n., 84, 86 & n., 90, 95 & n., 101, 104, 116–17, 119 & n., 132, 156–7, 166 n., 167 & n., 169, 171 & n., 172 & n., 179, 191, 283; Hawisia de Beaumont (d. 1196), *1*, *5*, *10*, *14–15*, *18*, *22–4*, *26–7*, *29–30*, 2–3, 5, 7, 21–6, 30, 34–9, 44, 47, 49, 51 & n., 52 & n., 54–5 & n., 56–8 & n., 59–63 & n., 64–6 & n., 67 & n., 69, 71 & n., 77–8 & n., 86 n., 88–9, 99–104, 106, 111, 113–14, 116–18, 120, 127–36, 142, 155, 160, 168 & n., 177, 180, 182–3, 186–9, 191, 284–87; Isabel (1189–1217; Countess of Mortain, 1189–99; self-styled Countess of Essex, 1214–17), *5–12*, *15*, *20–4*, *26–7*, *29* & n., *30*, 4, 8–9 & n., 33, 57, 60, 62 & n., 64, 76, 93, 114, 137 & n., 139–50, 163 n., 164, 234; unnamed, *8*, 153
— countesses of, *28–30*.
— Earls of: Robert the king's son (born *c.* 1092; earl, 1121/2–1147), *3* & n., *4–5*, *10–15*, *21–7*, *30*, 1 n., 6 & n., 10, 12 n., 21–5, 34–8, 42–3, 46, 48, 54, 68 & n., 70 & n., 82–3 & n., 84 & n., 85 & n., 87, 90, 95 & n., 101, 103–4, 109, 110–11, 116–19 & n., 132–3, 137, 139–41, 144–5, 148–9, 152 & n., 156 & n., 157 & n., 166 & n., 167–9 & n., 171 n., 174, 178–80, 192–4, 199–200, 209, 216–17, 219, 226, 239–40, 242–3, 249–52, 255, 258, 260–1, 273 & n., 275, 278, 283; William (1147–83), *3–6*, *9–18*, *21–30*, 2 n., 5, 6 n., 7, 10–12 & n., 13 & n., 14–15 & n., 16 & n., 17–19 & n., 20 & n., 21 & n., 22–3 & n., 24–7 & n., 28–31, 33–9 & n., 40, 43 & n., 44, 46–8 & n., 49, 51 & n., 52, 54 & n., 55 n., 56 & n., 57–60, 62, 64–5 & n., 66–7 & n., 69 & n., 70–1 & n., 72, 77–8, 85 & n., 86 & n., 87–8 & n., 89–90, 95 n., 96 & n., 97 & n., 98–9 & n., 100–1 & n., 102–6, 111–15 & n., 116–18, 120–2 & n., 123–5 & n., 126–34 & n., 135–7, 139–46, 148–9, 151, 152 n., 155, 158–60 & n., 161, 164, 167–8 & n., 169 & n., 170 & n., 171 & n., 172 & n., 173–4 & n., 175, 177–81 & n., 182–3 & n., 184 & n., 185–7 & n., 188 & n., 189 & n., 191 & n., 195–6, 202–7, 210, 212–13, 218, 220–5, 227–9, 231–6, 238, 241, 243–7, 253–4, 256–7, 262–71, 274, 276, 279–82, 284–8; John Lackland (1189–99), *see* Mortain, Counts of, John Lackland; Amaury de Montfort (1200–*c.* 1213), *see* Évreux, Counts of, Amaury; Geoffrey de Mandeville (Earl of Gloucester and Essex, 1214–16), *see* Essex, Earls of, Geoffrey de Mandeville; Hubert de Burgh (*iure uxoris*, 1217), *8* & n., *9*; Thomas Le Despencer (1397–9), 159 n.
— earls of, *15*, *24*, *28–30*, 83 n., 96 n., 103 n., 121 n., 220
—— family, 70 n., 228
——— Earl Robert, relatives of, 157
———— children of, 119, 167
————— Hamo, 71 & n., 119
————— Mabel, 120 n.
————— Matilda, *see* Chester, Countess of, Matilda
————— Richard Fitz Count, (lord of Creully, Calvados), 70 n.
————— Robert, 48, 96, 171
————— Roger, 34–5 & n., 119, 280; *see also* Worcester, Bishops of, Roger
————— William, 70; *see also* Gloucester, Earls of, William
———— nephew, Thomas, 119
——— Earl William, relatives of, 169, 179
———— children of, 21 & n., 22–6, 35–8, 58–9, 66–7, 90, 99–104, 116–17, 189, 191
————— Amicia, *5*, *7*, *9*, 169 n.
————— Mabel, *5–6*; *see also* Évreux, Countesses of, Mabel
————— Robert (d. 1166), *9*, *12*, 7, 21 n., 30, 34, 54 & n., 57, 65 n., 69 & n., 77 & n., 88–90, 99 & n., 100–4, 116–17, 125 & n., 169 & n., 183 & n., 191
— Honour of, *3* & n., *4* & n., *6–7*, *10*, *16*, *26*, 82 n., 98 n., 113 n., 134 n., 165, 166 n., 187 n., 188 n., 190 n.
Gloucestershire:
— Archdeacons: Matthew (d. 1177), 99, 101; William de Northall (1177–86), 101 n.
— sheriffs of, 83 n., 95 n.; *see also* Gloucester, castle, Walter and Miles constables of, *and* Hereford, Earls of
Gocol', cook, 3, 189
Goldcliff Priory (Mon.), 229, 280.
Gosenham, *see* Great Marlow, mill
Gowel, Richard, 114
Goz family, Viscounts of Avranches, 70 n.
Grainville (*Granevilla*, *Greinvilla*), Eustace de, 94
— family, 70 n.
— Richard de, 70 n.
—— Richard de, son of, 70 & n., 95, 119 n., 159 n.; *see also* Neath Abbey
— Robert de, 51–2, 70–1, 174, 284
Gramus (*Grammus*, *Gramus*), Gilbert, 137, 139–40, 144–5, 148–9
Gray (*Grai*, *Gray*), John de, 163–4
Great Baddow (*Badoena*) (Essex), 158
— Aedwin, *faber*, 158
— Alfwin the younger, 158
— Gilbert, 158
— Safredus, 158
Great Gransden (*Grantedene*, *Grantendena*) (Hunts.), 71
— church, *14*, 22, 31, 33, 71
—— vicar of, 22
Great Marlow (*Merlava*, *Merlawe*) (Bucks.), *7*, 94 n., 153, 166 & n., 279
— church, 179
— mill called Gosenham, 153
Gregory, *15*, 5, 84, 119
— chaplain, *15*, *27*, 67, 78, 160
Grensted (*Grenested'*) (Essex), 115

Gudrich, see Burford, Goodrich
Guer . . . , Robert de, 41
Guido, chamberlain, 154
Gundeville (*Guminvilla, Gundevilla, Gunnovilla*), Hugh de, 161; constable, 96, 111, 119; *see also* de Berum', Hugh de
— Robert de, 71
Gunlion, *see* Newport
Gurel, Roger, 8
Gurg', clerk, 189
Gurnay (*Gurnay, Gurney, Hornai*), Hugh de, 153–4
— Robert de, 5
Guuiz (*Gowiz, Guuiz, Guuyz*), Roger de, 34, 178–9
— William de, 186
Gwynllwg, cantref of (Mon.), 156 n.
Gyfylchu (*Kevelechhi, Kevelechi, Keweketh, Kewelethhi, Kewelthi*) (ford on the Avan River, Glam.), 18, 31, 125, 132, 136
— Amicia de, 123

Hafod-heulog (*Havedhaloc, Hevedhaloc, Hevedhalok*) (Glam.), 137, 139–40, 142 144–6 148–50
Haia, Hugh de, 186
— Robert de, 156 & n., 157 & n.
Haimeric, *see* Fécamp, Haimeric
Halberton (*Albertonia, Halbertonia*), 31, 33
— church, 25, 31, 33
Hambledon (*Hameldene*) (Bucks.), church, 179
— Jordan de, 100
Hanley (*Hanlega*) (Worcs.), *8*, 48 & n., 281
Hanville, Ralph de, 8
Harcourt, Ivo de, 66; *see also* Ivo, knight
Hardwicke (*Herdewyk*) (Glos.), 107
Harting (*Herting'*) (Sussex), 54–5, 64
Hartwell (unident.) (*Herteswella*) (Bucks.), 168, 282
Hastings (*Hastingis, Hastyngis*), Ralph de, 6, 96, 119, 179
Haweie, Herbert de, 93
Heisa, Hugh de, 96
'*Henglau*' (unident.) (Glam.), 120
Henry, clerk, *9–10. 25–6*, 66, 187; *see also* Henry Tusard
— *magister*, 188 & n. 27; *see also* Henry Tusard
Herbert, precentor of Bayeux, 6
— chaplain, *13, 15, 29*, 66 (?)
— uncle of the rector of Petersfield church, *see* Petersfield, church, Thomas, rector of, Herbert
Hereford (*Hereford, Herefordia*) (Heref.), 46 n., 159 n.
— Bishop of, Gilbert Foliot (1148–63), 85 n.; *see also* Gloucester, St. Peter's Abbey, Abbot of, Gilbert
— Earldom of, 95 n., 96 n.
— Earls of: William Fitz Osbern (1067–71), 282; Miles (1141–3), 95 & n., 110 n.; *see also* Gloucester, castle, Miles, constable; Roger (1143–55), 6 n., 95 & n., 96 & n.; Henry de Bohun (1200–20), 4
— earls of, *18*, 95 n., 96 n.
—— family of Earl Miles:
——— Mahel, son of, 95 & n.
——— Roger, *see* Hereford, Earls of, Roger
——— Sibyl, wife of, 95 n.
——— Walter, son of, 96 & n.
— Hugh de, 97, 105, 137–40, 142, 146, 148–50
— St. Guthlac's church, 88, 91
— William de, 77
Herluin, John, 4
Hertford, Countess of, Amicia (d. 1224/5); *see* Gloucester, Earls of, family, Earl William, children of, Amicia
— Earls of: Richard (1173–1217), *5*, 169 n., 174 & n.; Gilbert (1217–30), *7–9*; *see also* Clare family
Herveus, *magister*, *10, 17, 26, 27* n., *28–30*, 7, 39, 44, 75 & n., 77 & n., 97 & n., 101, 125 & n., 130, 135 & n., 136, 159 & n., 186 n., 187, 188 n. 27, 267 n.
Historia Novella, *23*, 83 n.
Hodiam, Alwin de, 190 n.
Holywell Priory (London), 112–13 & n.
Hommet (*Humetus*), Richard de, 6
'*Hopehull*', *see* Cranborne, '*Hopehull*'
Hose (*Hosatus, Hose*), Henry, 8, 160
Hospitallers, 46, 98, 230
Houghton (*Hoghtona*) (Beds.), 168
Hugh, forester, 96
Humphrey, clerk, 6
Huring, William, 53
Hurley (*Hurley*) Priory (Berks.), Prior of, William, 154

Iddesleigh (Devon), 98 n.
Ilchester, Richard of, clerk, *13, 29*; *see* Winchester
— Robert of, brother of Picard, *15*, 202
Insula, Richard de, 102
Ireland, 32
Isaac, *see* Salisbury, Bishops of, Isaac, chaplain of
Ivo, knight, 5; *see also* Harcourt, Ivo de

Job, *see* Newcastle, Job, priest of
John, *see* Mapledurham, John, chaplain of
John, chaplain, *16*
John, clerk, *15*, 114; *see also* Rumney, John, clerk of
Jordan, clerk, *14*, 44, 49, 130, 188
Justin, Jorvarth ab, 137, 139–40, 144–5, 148–9

Kakerlun, Richard de, 153
Karentuem, Henry de, 67
K'arpedwar-mynydd or Cae'r-bedwa'r-mynydd (*Karpdawardmenet*) (Glam.), 120 & n.
'*Kederec*' (unident.) (Glam.), 142–3
Kenfig (*Chenefech, Kenefe, Kenefec, Kenefech, Kenefeg, Kenefeg', Kenefeke, Kenfech, Kenf'*), *10, 12*, 46 n., 65, 68, 93, 97 & n., 122, 130, 132, 137–40, 142, 144–6, 148–50, 182–3, 271
— bailiffs of, 137–40, 142, 146, 148–50
— Passalewe, Robert, 183
Kenilworth (*Keneldeworth*) Priory (War.), Prior of, Robert, 66
Kent, the Honour of Gloucester's knights, 212–13
Kewelthi, *see* Rhyd-Gyfylchi

Keynsham (*Cainesham, Chainesham, Chayn', Cheinesham, Kainesham, Kainesham', Keinesham, Keynsham*), 99
— Abbey, 99 & n., 100–1 & n., 102–4, 231–5
—— Abbot of, William, 2, 40, 67, 160–1; as canon, 144–6
'*Kilketon*'' (unident.), 179
Kilticar (Glam.), 245
Kingston, Peace of, *12*
Kingston-Bucy (*Kingston, Kyngeston'*) (Sussex), 177 & n., 285, 287
Kingswood (*Kingeswda*) (Glos.), 36 & n.
Kiwel, William, *see* Pimperne, Kiwel, William
Komon', Richard, 53
Kybor or Cibwyr (*Kibur, Kiburg', Kybor*) (Glam.), 18 n., 31, 33, 109
Kyme (Lincs.), 236
— Philip de, 236
— Ralph de, 236

L'abbate, *see* Abbot, Geoffrey
Lacy (*Lasci, Laceium*) family, 6 n., 95 n., 96 n.
— Gilbert de, 6, 96
— Ilbert de, 6
— Walter, *see* Gloucester, St. Peter's Abbey, Abbots, Walter
La Délivrande (*Iveranda*), *9*, 163 & n.
La Dene (*La Dena*), Gilbert de, 2
La Forde, Levena de, *see* Mapledurham, La Forde, Levena de
Lageles (*Lacheles, Lageles*), 139, 148–9
— Walter, 105, 137, 140, 144–5, 147
Lahese, Hugo de, 95
Laigle (*Aquila*), Richer de, 109
Laleston (*Lachelest', Lagelestun'*) (Glam.), 129, 137, 139–40, 142, 148
La Mare (*dalamar', de la Mar', de la Mara, de la Mare, de Mara*), . . . ma de, 41
— John de, 94
— Robert de, 40, 107
— William de, knight, 3, 40, 83, 106–7, 120, 132, 189
—— Aniselise, wife of, sister of Robert Fitz Gregory, 107
'*Lan . . .*' (unident.) (Glam.), 241
'*Lanrieragh*' (unident.), 239
Lapoma, Iolant de, 107
Lassy (*Laceium*) (Calvados), 6 & n.
La Werre (*la Wera, la Werra, la Werre, le Werra, le Werre, Warra, Werre*), Herbert, 17
— John, 72–3, 108
— Jordan, 7, 17, 36–7, 135, 182, 237
— Robert de, *10*, 98
La Witrowe (*La Wytrewe, Wytrowe*) Robert de, 56, 63–4
— Thomas, son of Ailwin de, 57–8, 62, 64
Lawrence, 238
Le Carboner, Adam, *see* Mapledurham, Le Carboner, Adam
— Alan, *see* Mapledurham, Le Carboner, Alan
Le Francois, Robert de, 74
Le Goulet (Eure), *19*, 79
— Treaty of, *6*, 79 n.
Leicester (*Le's'r, Legrecestria, Leicestria, Lergrecestria*) (Leics.): Abbey, Abbot of, Richard, 66
— Countess of, Amicia, wife of Earl Robert II and mother of Hawisia, Countess of Gloucester, 78, 111 & n.
— Earls of: Robert II (*c.* 1118–68), *5*, *14*, 66 & n., 67 and n., 78, 96, 111 & n., 115 n.; Robert III (1168–90), *3*; Robert IV 'Fitz Pernel')1191–1204), as Robert de Breteuil (before 1191), 102–3 & n., as earl, 80; *see also* Beaumont family
Leigh (*Lega*) (Devon), 44
Leigh (*Lega*) (Som.), 12, 31, 33
Leigh Lane (*Lega*) (Glos.), 177 & n., 268, 270
Leke, John de, 2
— Richard de, 2
Lemington (*Lemein'ton', Lemynton'*) (Glos.), 285, 287
Leuffremonte, Richard de, 5
Lewin, chamberlain, 7, 36–7, 182
Libord, Peter, 107
Liber Winton, 103 n., 190 n.
Liesne, John de, 114
Limphord, William de, 2
Lincoln (*Linc'*), Bishop of, Robert de Chesney (1148–66), 66
— bishop of, unnamed, 79
Linford, . . . de, 161
— Simon, brother of William, 78
— William de, 53, 78, 160
Lingere (*Linguir?*), William de, 189
Linguir, Ralph de, 44
Linor (*Lunor*) (Devon), 44
Lion-sur-Mer (Calvados), *14*, *29*
Lira, Lewin, see Bristol, Lira, Lewin
— Luvesi, *see* Bristol, Lira, Luvesi
Lire (*Lere, Lira*) (Eure), *9*, 1
— Abbey, 281; Abbot of, William, 66
Lisieux (Calvados), Bishops of: Gilbert Maminot (1077–1101), 70; John (1107–41), 109
Listelebont (*Listelebon*) (Glam.), 144–5
Littleham (Devon), 179, 245
Littleton (Som.), 232
Llanblethian (*Lanbledon*) (Glam.), *11*, 179
Llancarfan (*Ladkarvan, Lancarvan, Landkarvan, Lankarvan, Lankervan*) (Glam.), 84, 86, 89
— Hugh de, 137, 139–40, 144–5, 148–9
Llandaff (*Landavum*) (Glam.)
— Archdeacons: Uchtred, 109; Urban, 139–40, 149
— Bishops of: Urban (1107–1133/4), 109; Uchtred (1140–8 ?), 68 & n., 84 & n.; Nicholas ap Gwrgant (1148–83), 129 n., 132, 134 n., 136, 288 & n.; Henry de Abergavenny (1193–1218), *11*, 93, 139–40, 148–9
— bishop of, unnamed, 46, 126
—— court of, 109
— canon of, Ralph Mailoc, *11*
— mother church, 109

Llandon (Glam.), 16 n.
Llangewydd (*Landgewi, Landgewy, Langewi, Langewy*) (Glam.), 47, 126, 129, 137, 139–40, 142–9
— clerk of, 129
Llangunyth (Glam.), 129 n.
Llaneothin (*Ladmeuthin, Landmeuthin, Lanmeuthin*) (Glam.), 137, 139–40, 144–5, 147–50
Llanharry (Glam.), 129 n.
Llanthony Priory (Glos.), no. 83 n., 110–11
Llantrissant (Glam.), 46 n.
Llantwit (*Landiduit, Landileuit, Landiltuto*) (Glam.), church, 179, 254, 283, 288
Llystalybont (Glam.), *12*
'*Londohhan*' (Llondochan?) (Glam.), 170
London (*Londonia, Lundonia, Lundinum*), *4*, *8–9*, *18*, *20*, *26*, 112 & n., 114, 152 & n., 158
— Bammesgate, 113 n.
— Bishop of, William (1198/9–1221), 80
— city jurisdiction, 115 n.
— churches: All Saints, 179; St. Lawrence Jewry (*Sanctus Laurentius apud Iudaysmum*), 114; St. Martin's Ludgate, 112 n.
— Earldom of Gloucester, fee of, 210
— Holy Trinity Priory, 114
— St. Paul's, 112 n.
— Westchep, 114
Londres, (*Londoniis, Lundoniis*), John de, 34
— Maurice de, 68, 84 & n., 93, 96, 109
— William de, 13, 31, 93, 137, 139–40, 144–5, 148–50
Longchamp, William de, Chancellor of Richard I (1189–97), *11*, *16*, 10 n.
'*Losebere*' (*Losberge*) (unident.) (Devon), 177 & n., 285–6
Lower Lemington (*Lemyntun*) (Glos.), 177
Lucetter (*Licelbr', Lucetter*), Peter de, *magister*, *11*, 74, 107
Lucy (*Luci*), Godfrey de, 115
— Reginald de, 115
— Richard de, 115 & n.
Luton (*Luitonia*) (Beds.), 168
Luvel, Walter, 105
Lydney (?) (*Liddeam*) (Glos.), church, 179

Maes-y-llech (*Maislette*) (Glam.), 120 & n.
Magna Carta, *8*, *12*
Magneio, William de, 209
Mailoc, (*Mailoc, Mailok, Mayloc*), Ralph, *magister*, *11–12*, *26*, *28*, 4, 93, 139–40, 148–9
Maisi (*Maisi, Meisi, Meisy, Meysi*), Geoffrey de, 109
— Robert de, 39, 47, 71, 101, 135
Maisnil, Geoffrey de, 70
Makuhus, Richard, 58, 62, 64
Malalu, Hugh de, 107
Malconductus, William, 70 & n. 44
Malcovenant, Hubert, 8
Malerb', Hugh, 186
Malfiliastre (*Malifiliaster*), (Malfillâtre, Calvados), Roger, land of, 6 & n.
Mallevrer, fee of, 6
Malmesbury Abbey (Wilts.), 116–17
— Abbot of, 116–17
— William of, *23*, 83 n.
Malpas (Malpas, Malus Passus), 156–7
— church, 157
— marsh, 156
Malvern (*Maliverna, Malverna, Malvernia*) (Worcs.), 48 & n.
— forest, 48 & n., 92, 118, 177 & n., 240, 281, 287
—— foresters, 48 & n., 92
—— Woolridge, 92
— priories: Great, 229; Little, *18*, 118, 230
Maminot, Walchelin, 6
Mamistra (Misis, Turkey), Archbishop of, William Fitz Theodoric, 70
Mandeville (*Mannavilla*), Stephen de, 6
Mansel, William, 95
Mapledurham (*Mapeldresham, Mapeldurham, Mapeltreham, Mapulderham, Mapuldreham*) (Hants), *11*, 64, 94, 176, 214–15
— Bergha, William de, 94
— Chaworth, Sigar de, 176
—— Warin de, 176
— church, 66
— court, 176
— Fitz Humphrey, Richard, 176
— La Forde, Levena de, 176
— Le Carboner, Adam, 94
—— Alan, 94
— Marshal, Alan, 94
—— Walter, 94
— Miller, Richard, 94
— '*P'perkure*' (unident.), 176
— '*Sandhurst*' (*Sondhurst*) (unident.), 176
—— Godwin de, 176
—— Vivian de, 176
— Sieta (Sheet?), Godwin de, 94
—— Sewulf de, 94
— Sunworth (*Suneworde, Sunewrde*), William de, 53, 160
—— Adam, son of, 53
— wood, 176
Marcross (*Marcros, Marecros*) (Glam.), 144–5, 147
— Philip de, 144–5, 147
Marcy (*Marci*), Ralph de, 115
— Richard de, 115
Mareduth (*Maredu, Mareduth, Mored', Moreduh*), 137, 139–40, 144–5, 148–9
Margam (*Margan, Margan'*) (Glam.), 47, 122, 125–6, 132, 134–5
— Abbey, *11–12*, *20*, *25–6*, 75, 119 & n., 120–6 & n., 127–50, 241
—— Abbots of: William, 120 n.; Conan, 99, 101, 123 —125; unnamed, 131
—— Baldwin, *frater*, 132

—— *conversi*: Ernaldus, 144–5; Jordan, 132; Thomas, 146
—— *hostiarius*, Martin, 144–5
—— Meiler, hermit, first superior of the community, —119 n., 120 & n.
—— Prior, Nicholas, 144–6
—— Vincent, monk, 132
Margam Burrows (*Berchis, Bereges, Bereghes, Berges, Berghes*) (Glam.), 137, 139–40, 144–5, 148–9
Marisco, Simon de, 10, 31, 81
Marlborough (?) (*Marleb'*), Elias de, 151
Marshfield (*Meresfelda*) (Glos.), church, 179
Marshal, Alan, *see* Mapledurham, Marshal, Alan
— John the, 74
— Walter, *see* Mapledurham, Walter
— William, *see* Pembroke, Earl of, William Marshal
Marston (Lincs.), 236
'*Masmawan*' (unident.) (Glam.), 120
Mathieu (*Mattonum*) (Calvados), fee of Eudes Dapifer, 6
Matilda Empress, *see* England, Matilda Empress
Mauduit (*Maledoctus, Mauduit'*), Robert, 8
— brother of William, 152 & n.
— William, 152 & n.
—— father of William and Robert, 152 n.
'*Mauhanis*' (unident.) (Glam.), 120 & n.
Meaux (Seine-et-Marne), Bishop of, Ansellus (1197–1207), 79
Mendalgief (*Mendelgif*) (Mon.), 156
'*Medland*' (*Middelande, Middelond', Midland*) (unident.) (Devon), 177, 285–7
Messina (Sicily), *11*
Meulan (*Meudlentum*) (Seine-et-Oise), Counts of: Waleran (1118–66), *3*; *see also* Beaumont family; Robert (1181–*c.* 1207), 80
— Peter de, see Wimborne, Peter de Meulan
'*Middlecros*' (*Middelcros, Midelcros, Midelcross*) (unident.) (Glam.), 137, 139–41, 144–5, 148–9
Middleton (Essex ?), 169 n.
Milieris (Viliers ?), William de, 31
Miller, Richard *see* Mapledurham, Miller, Richard
Milton End (*Middelton'*) (Glos.), 8–9
Missenden Abbey (Bucks.), 153–4
Modbury (*Modburia*), William de, 168
Mohun, William de, *14*, *29*
Monkton Farleigh Priory (Wilts.), 155
Monkton Up Wimborne (*Up Winbo'ne, Up Winburn', Up Wymbur'e, Upwynburne*) (Dorset), 177 & n., 285–7
Montacute Priory (Som.), 156 & n., 157 & n.
Montaigu (Calvados), mills, 209
Montebegon, Roger de, 163–4
Montfort (*Monteforti, Munford, Munford', Munfort*), Alexander de, 101
— family, 106 n.
—— of Évreux, *5*
—— Henry de, 106 & n.
Montfichet, William de, 70, 283
Monreale, Bishop of, William, *11*
Morin, family, revenue from land in Wales, 268
— Gilbert, 103
— Ralph, 72–3, 161
— Robert, brother of Gilbert and William, 102–3
— William, 102
Mortain (*Morectonia, Moretonia, Moretuna, Moritonia, Morotonia, Mortonia, Morten*) (Manche), Counts of:
— Stephen of Blois (*c.* 1113–54), 6 n.
— John Lackland (1189–1216; Earl of Gloucester 1189–99), *1*, *5*, *10–11*, *15–16*, *19*, *22–3* & n., *24–6*, *29*, 1, 3, 10, 31, 33 & n., 45, 48 n., 50, 57 & n., 58–9, 61, 62 n., 63, 67 n., 72–4, 81, 91–2, 107–8, 117, 138, 160 n., 161 ,163 & n., 165, 175, 201, 208, 237, 248, 259, 272, 277; as Earl of Gloucester and Count of Mortain, 3, 163
—— brothers, 1
—— chamberlains, Alan, 3; Hubert de Burgh, *8–9*, 163–4
—— chancellor, Stephen Ridel, *15–16*, *26*, 10, 31, 72–3, 107, 117, 175
—— justiciar, Roger de Planes, 10 & n., 31 & n., 81 & n., 91 & n., 92, 107 & n.
—— steward, Roger Amundeville, 1, 107, 163–4
Mortemer (?) (*Mortem'*), Robert de, 31
Morville (*Morevella, Morevilla*), Eudes de, 31
M'ula, Simon de, 18
Mulesham, William de, 158
Munemua, Bader de, 96
Muscegros, Richard de, 8

Nant Cylla (*Kidliha*) (Glam.), 120 & n.
Neath (*Neeth, Neth, Nethe*) (Glam.), 46 n., 159
— Abbey, *13*, 70 n., 119 n., 159 n., 242–6; *see also* Grainville, Richard de
—— Abbots of: Ralph, 125, 136; Richard, 99, 173
—— John, monk of, 144–5
— River, 137, 139–40, 144–5, 148–9, 213
— Roger Fili [*sic*] of, 159
Netherton (*Nitherton'*) (Devon), 44
Neufbourg (*Novo Burgo*), Roger de, 10, 31, 74, 107
Newborough (*Novum Burgum*, called Crockherbtown) (Glam.), *9*, *16*, 49, 122, 132
Newcastle (*Novum Castellum*) (Glam.), 142–5, 147, 179
— Job, priest of, *10*
— St. Leonard's church, *10*, 179, 288
Newlaund, Ralph de, *see* Cranborne, Newlaund, Ralph de
Newport (*Gunlioc, Gunlion, Novum Burgum, Sanctus Gundeus*) (Mon.), *13*, 27 & n., 31, 33, 87–9, 91, 132, 137, 139–40, 144–5, 148–9, 156–7, 162 & n., 227, 280
— castle, 156
— churches: St. Gwynllyw, 86–7, 156 n., 229; St. Woolos, 156 n.
— fee of Earldom of Gloucester, 162
—— fiscal administration of, 156
—— pleas, 157 & n.
— forest, 36
— marsh, *see* Mendalgief
— mills, 36

Newport (*cont.*):
— revenue, 36, 156–7
— walls, 280
Nicholas, chaplain, *16*, 53, 94, 153
— clerk, *14*, 77
Nike, *24*, 105, 120, 122, 140, 146, 148
Nivard, *see* Cistercians, Clairvaux, Abbot of, Bernard, brother of,
Norha', W. de, seneschal, 2
Norman(s), 46 n., 70, 82, 109
Normandy (*Normannia*), Duchy of, *6–7*, *13*, 1, 6 & n., 38 & n., 43 n., 104, 159 n., 163 n., 172 & n.
— Dukes of: Robert II (1087–1106), 70; Geoffrey (1144–50), 6 & n., Henry Fitz Empress (1150–89), *13*, *27*, 5 n., 13 n., 95–6
Norreys (*Norensis, Norrensis*), Richard, 93
— Robert, *see* Glamorgan, sheriffs of, Robert
Northampton, Earl of, Simon II de St. Liz (1155/7–1184), 66
Northwood (*Northwoda*) (Devon), 44
Norwich, Bishop of, John of Oxford (1175–2 June 1200), 80
'*Nova Villa*' (Aberavon, Glam.), 47 & n.; *see also* Aberavon
Noville (*Novill'*), John de, 107
— William de, 107
'*Novum Burgum*', *see* Aberavon and Newport
Nuneaton Priory (War.), 66 & n., 67 & n., 223–4
Nurstead (*Nurstede, Nutstede*) (Kent), 53, 59–61, 64
— assarts of, 59–61, 64
'*Nutford*', *see* Pimperne.
— Osbert de, *see* Pimperne

Ogier, Roger, *see* Bristol, Ogier, Roger
D'Oilli (*Doilli*), Robert, 109
Oisun, Thomas, *see* Winchester, Oisun, Thomas
Old Sodbury (? *Sopelburia*) (Glos.), 179
Ongar, Honour of, 115 n.
Os . . ., 123
Osbert, clerk, *14–15*, 102–3, 120, 132, 180
— brother of Roger 'the bearded', *14*, 36–7
— of Burford (Oxon.), *14*, 40
Ouitdeniers, Osbert (*Osbernus*) 'Eight pence' (*Octodeners, Oitd', Ottdeners*), 6, 95
— Rueta, 210
Oxford (*Oxenford'*) (Oxon.), 9, 43 & n.

Pagan, clerk, 6
Papacy: Alexander III (1159–81), 99 n.
Passalewe, Robert, *see* Kenfig, Passalewe, Robert
Paygrove (*Paygrave*) (Glos.), 82 & n.
Peglinch (in Wellow parish, Som.), 106 n.
Pembroke, Earl of, William Marshal (1199–1219), 79
Penarth (*Pennard, Pennard'*) (Glam.), 14 & n., 15 n., 16, 19 & n., 29–31, 33, 170
— church, 33
— Osbert de, 19 & n., 29–31
—— Reginald, son of, 29–30
— Robert de, 19, 29–30
— Robert de, the younger, 29–30
—— William, son of, 29–30
Pendar (Glam.), 119 n.
Pendoylan (*Pendevlin, Pendivelin, Pendivelin'*) (Glam.), 137, 139–40, 144–5, 148–9
Penn-onn (*Pennon, Pennun, Pennun'*) (Glam.), 84, 86, 89
Pentridge (*Pentrix*) (Dorset), 179, 263, 278
— church, 179, 263
Perche, Count of, Rotrou, 109
Perepont (Petreponte?), Robert de, 94
Pershore Abbey (Worcs.), Abbot of, Robert, 99
Peter, *Anglicus*, *see* Bristol, Peter *Anglicus*
— *magister*, *11*, 10; *see also* Lucetter, Peter
— *parmentarius*, *see* Bristol, Peter *parmentarius*
Petersfield (*Peteresfeld, Peteresfeld', Petresfeld'*) (Hants) 16 n., 54 & n., 55, 64, 66 & n., 94, 160 & n., 161, 176 n., 247
— chapel, 66 & n.; church, *13*, *15*
— rector of, Thomas, *15*, 66
—— Herbert, uncle of, *13*, 66
— Chaworth (Heath House), mill, 176; *see also* Mapledurham, Chaworth
Petreponte, Richard de, knight, 2, 67, 78
— Robert de, 53
Pettun manor (*Peiteivin, Peitevini, Petetevin*) (a farm in Margam, Glam.), 137, 139–40, 142, 146, 148–50
Philipot, John, 95 n.
Picard, clerk, *10*, *26*, *28*, 7, 36–8, 51, 69, 71, 111, 178, 182
— *magister*, 48
Pi'chem, William de, 115
Picot (*Picotus*), chaplain, *13*, 87, 162
— physician of Earls Robert and William, *13*, 119, 187
Pileville, Geoffrey, 70
Pimperne (*Pimperne, Pinpre*) (Dorset), *10*, 67 & n., 78 & n.
— Blanford, Simon de, 78
— church, 230
— Geoffrey de, 78
— Kiwel, William, 78
— Nicholas de, 78
— '*Nutford*' (*Nutfort*), 67, 78
—— Osbert de, 78
'*Piperkure*' (unident.) (Mapledurham, Hants), 176
Pireton, Adam de, 47 n.
Pirun, Thomas, 93, 114, 146
Planes, Roger de, *see* Mortain, Count of, John, justiciar Roger de Planes
'*Plasci*' (unident.) (Normandy), 186
Plessis-Grimoult (Calvados), Priory, 163–4
— Prior of, R., 163
Pluchet, Ralph, 107
Plympton (*Plymptonia*) (Devon), Order of, 44; *see* Canonsleigh Abbey

Pointel (*Pointel, Pratellis*), Engelran de, 31, 138, 154
— Peter de, 161
Poinz (*Poinz, Puinz*), Nicholas, 8–9, 93, 129 n., 137, 139–40, 144–5, 147–9
— Reginald, 250
— Simon, 189
Poitiers, Archdeacon of, *13*; *see* Ilchester, Richard of
Poitou (Vienne), 7
'Ponte' (unident.) (Glam.), 232 n.
Portbury (*Porburi, Portburi*) (Som.), church, 31
Portsmouth (Hants), 7
Potsgrove (*Potesgrava*) (Beds.), 168
Powlett (*Powelet, Powlet*) (Som.), church, 31
Prechesland (de Titsey?), Alexander de, 251
Prent', Ralph, 122
Prescott (*Prescote, Prestecot', Prestecote*) (Glos.), 177 & n., 285, 287
Purbic (*Porbiga, Purbic, Purbica, Purbyka, Purebica*), Eglino de, 49, 134, 178
— Agelinus, 179
Putot, William de, 70
Pwll-dû-mawr (*Pulthimor, Pultimor*) (Glam.), 137, 139–40, 144–5, 147–9

Quenington (Glos.), 230

Radford (*Radeford, Radeford'*) (Som.), 31
Radnage (*Rodenach*) (Bucks.), 223
Rainville (*Rainvilla*), Germanus de, 94
Ralph, brother of Boso, 36–7
— the hermit, 242
— the palmer, 67
Rannulf, physician of King Henry I, 156 & n., 157 n.
Reading Abbey (Berks.), 165 & n., 248
Red Book of the Exchequer, 134 n.
de Reigny family, (*Regni, Renni*), 98 n.
— Richard de, 98
— Robert, 98
— Wido de, 159
Rendcombe (*Ryndecombe, Uverrindecumbe*) (Glos.), 40, 107
Resolven (*Roshaulin, Rossaulin, Rossault*) (Glam.), 137, 139–40, 144–5, 148–9
Rhyd-Gyfylchi (*Radkevelichi, Redkewelthi, Ridekevely, Ridkevelechi, Ridkevelechy, Ridkeveleky, Rikevelechi, Rikeverethi*) (Glam.), 132, 136–7, 139–41, 144–5, 148–9
Rhymney River (Mon.), 31, 156 n.
Richard . . . , 161
— canon, 70
— *cemetarius*, *see* Bristol, Richard
— chamberlain, 2, 67, 78, 160
— clerk, 35 n. 17
— constable, 152, 157, 283
— cook, 3, 53
— recorder, *see* Bristol, Richard, recorder
Ridel, Stephen, *see* Mortain, Count of, John Lackland, chancellor, Stephen Ridel
Robert, chaplain, *15*, *27*, 125, 136; *see also* Fitz Peter, Robert; Fairford, church, Robert, chaplain of; Ilchester, Robert of
— chaplain of Robert Fitz Hamon; *see* Fitz Hamon, Robert, Robert, chaplain of
— clerk, *15*, 3
— *pincerna*, 66
Rochester (*Rovrecestra*) (Kent), 166
Rocknell (*Ruhecnolle*) (Devon), 44
'*Rofeslond*' (*Refesland*) (unident.) (Glam.), 142–3
Roger, the archdeacon, 70
— 'the bearded', *15*, 36–7; *see also* Roger, chaplain; Roger, *magister*
—— Osbert, brother of, *see* Osbert
— chamberlain, 267
— chaplain, *15*, 132
— *dapifer*, 34, 43, 69, 96, 111, 168
— *magister*, 26, 67; *see also* Roger, 'the bearded'; Roger, chaplain
— *pincerna*, 102
— *potarius*, *see* Bristol, Roger *potarius*
Roia, B. de, 79
Roland (*Rodlandus, Rollandus*), *pincerna*, 67, 78
Ros, Alexander de, 102–4
— William de, 70
Roscelin *parmentarius*, *see* Bristol, Roscelin *parmentarius*
Rouen (*Rotomagum*) (Seine-Maritime), Archbishops of: Godfrey (1111–28), 109; unnamed, 70; Robert de, 113 & n., 252
Rowberrow (*Rudeb'gia*) (Som.), 108
Ru'da, Thomas de, 163–4
Rumney (*Remneia, Romia, Romium, Romnia, Rumia, Rummia*) (Mon.), 167 n.
— church, *14*, 24, 31, 33, 167
—— Gilbert, priest of, 167
—— John, clerk of, 24
— marsh, 18, 31, 33, 167
—— St. Peter's de Mora, 31, 167
— mill, 34, 36
Runnymede (Berks.), *8*
Rupe (*Rocca, Roche, Rupe*), Wido de, 36–7, 44, 49, 77, 100, 115, 120, 125, 132, 134, 136 & n., 187–8
Russel, W., 2–3

'*Sabluno*' (unident.) (Glam.), 47
St. Albans Abbey (Herts.), 168 & n., 169, 253 & n., 254, 282
— Abbot of, Robert (1151–66), 168 & n., 241, 282
—— Odo, kinsman (*cognatus*) of, 168, 282
— altar of, 168 n.
— monks of: Hugh Deodatus, 168; Richard de Modbury (*Modburia*), 168; William de Modbury, 168
St. Barbe (*Sancta Barbara*), William de, 70
St. Benignus, *9*
St. Breock (Corn.), church, 249
St. Cadoc (*Sanctus Cadocus*), 15 n., 24; *see also* Sts. Michael, Cadoc, and Dolfin.
St. Catherine (*Sancta Katerina*), 114

S. Clair-sur-l'Elle (*Sanctus Clarus*) (Manche), fee of Eudes *Dapifer*, 6 & n.
— fee of Earl Robert of Gloucester, 6 & n.
S. Denis (*Sanctus Dionisius*), Robert, son of Robert de, 108
S. Évroul (*Sanctus Ebrulfus*) Abbey (Orne), Abbot of, Mainer (1066–89), 70 & n.
S. Gabriel (*Sanctus Gabrielis, Sanctus Gabrihelis*) Priory (Calvados), Chapter of, 70
— Prior of, 70 & n.
St. Germoe (Corn.), chapel, *10*, 249
St. Hilary (*Sanctus Hilarius*), feast of, 138
St. James (*Sanctus Iacobus*), 165 & n.
St. John the Baptist (*Sanctus Iohannes Baptista*), feast of, 2–3, 94
St. Lazarus (*Sanctus Lazarus*), brothers of, 67
St. Ligirio (*Sancto Ligirio*), William de, 67, 78
S. Lo (*Sancto Laudo, Sancto Laude*), John de, 44, 101, 125, 136, 288
— Simon de, 44, 47, 96, 99, 115
St. Mary, 178
— feast of (Annunciation), 153
— shrine, 163 n.
St. Mary Magdalene, 280
St. Maur (*Sancto Mauro*), Bartholomew de, 99, 102–3
— Gilbert de, 188
— Roger de, 97
St. Michael (*Sanctus Michaelis*), 68
— feast of, 28, 53, 78, 114, 151, 153, 176
St. Neot (*Sancto Neito, Sancto Neodo, Sancto Neth'*), John de, 102, 114, 189
St. Nicholas (*Sanctus Nicholaus* (Glam.), fee of, 137, 139–40, 144–5, 148–9
St. Omer (*Sanctus Audomerus*), Hosto de, *frater*, 132
— Osberton, 115
St. Quintin (*Sancto Quintino*), John de, 139–40, 148–9
— Richard de, 43, 71, 95–6, 109, 158, 253
S. Rémi (*Sancto Remigio*), Richard de, 119
St. Rumi (S. Rémi?), Robert de, 160
St. Thomas (Glam.), chapel of, 222
'St. Tudoc' (unident.) (Glam.), 47
Ste Scholasse-sur-Sarthe (Orne), Honour of, *3* & n., 7
Sts. Michael, Cadoc, and Dolfin (*Sanctus Michaelis et Sanctus Cadocus et Dolfinus*) (possibly on Flat Holm Island, Som., off Penarth, Glam.), cell of, 170 & n., *see also* St. Cadoc
Safredus, Reginald, *see* Bristol, Safredus, Reginald
Safredus, *see* Great Baddow, Safredus
Salden (*Shenedena*) (lost, Glos.), 179
Salisbury (*Sar', Saresberia*) (Wilts.):
— Bishops of: Osmund (1078–99), 171; Roger (1103/7–1139), 109, 171; Jocelin de Bohun (1142–84), 171 & n., 263; Herbert Poore (1194–1217), 79–80
—— Isaac, chaplain of, 109
— canons, 171
— Earl of, William Fitz Patrick (1168–96) or William Longespee (1196/7–1226), 117
— Edward of, 109
Salle (*Salle*) (Norf.), 76
Saltmarsh (*Saltemareis*), Peter de, 178
— Samson de, 84
Samson, canon, *11*, 70
— *magister*, *11*, 89, 131–2
Sanctus Gundleus, *see* Newport, fee of Earldom of Gloucester
Sandhurst, *see* Mapledurham Sandhurst
Sanson (*Sanson, Sansun, Samson*), Robert, 137, 139–40, 144–5, 148–9
Sarterino, Hugh de, 114
Savigny Abbey (*Savigneius*) (Manche), 172, 255
Scotland, King of, David (1124–53), 109
'*Scrupe*' (unident.), 176
Scurlage family (*Scurlag, Scurlagge*), 126 n.
— William, 126, 129 & n.
—— David, son of, 129 n., 137, 139–40, 144–5, 147–9
—— Raymond, son of, 129 n.
—— William the younger, 126
Sebastian, *see* Bristol, Sebastian
Sées (*Sagius*) Abbey (Orne), Abbot of, Fulk, 70 & n.
— Bishop of, Robert (1072–81), 70
Seitesland (*Seietteslond, Seiteland*) (Glam.), 142–3
Senghenydd (Glam.), lordship of, 120 n.
Seulle (*Sella*) River (Calvados), 70
Severn, mouth of the, 15 n., 170 n.
Sheet (*Shietesbrigge*) (Petersfield, Hants), 176 & n.
Sherborne (*Schireborn', Schireburn', Schyreborn', Schyreburn', Sireburne, Syreburna, Syreburne*) (Dorset):
— castle, 7, 171
—— constable, 171
—— mill before the gate, 171
— hundred, 171
— island, 171
— manor, 171
—— the land of Aulton (*Aultona*), 171
—— the land of Hildebrand (*Hildebrandi*), 171
—— Pidela (*Pidela, Pydela*), 171
—— the land of Pinefort (*Pineford, Pinefort, Pyneford*), 171
—— the land of Rima, 171
—— Woburn (*Woberna, Woburna*), 171
— market, 171
— William de, 189
Shingay (Cambs.), 230
Shrewsbury, Earl of, Roger de Montgomery (1074–94), 70
Sieta, Godwin de, *see* Mapledurham, Sieta, Godwin de
— Sewulf de, *see* Mapledurham, Sieta, Sewulf de
Sigillo, Robert de, 109
Simon, cook, 132
— marshal, 3
Siward, palmer, *see* Cardiff, Siward, palmer
Sker (*Blakescerra*) (Glam.), 131 & n., 243
Slou . . . , Robert de, 41
Sor (*le Sor, Sor, Sorus*), Odo, 70, 95, 109, 121, 126 & n.
— Robert, 42, 157
— William, 139–40, 148–9

Soulbury (? Bucks.), 232
— St. Peter's church, 232
South Appledore (*Suraple*) (Devon), 44
Southwick (*Sudewic, Wica, Wyka*) (Sussex), 177 & n., 285, 287
— William de, 134
Southwick Priory (*Suwich*) (Hants), Prior of, Guido (*Gwido*), 160
Sprud, Robert, *see* Bristol, Sprud, Robert
Stambourne (*Stamburne*) (Essex), church, 174–5
Stanard, priest, *15*, 44
Stanley Abbey (*Stanleia*) (Wilts.), 256 & n.
— Abbot of, William, 66
Stanton (*Stantona*), Roger de, 96
Stanway (*Staneweia, Stanweia, Stanwey*) (Glos.), 177 & n., 285, 287
Stapleton (*Stapeltuna*) (by Bristol, Glos.), bridge, 36
— mills of, 36 & n.
Steinerius, 36–7
Stoke-by-Clare Priory (Suff.), 174–5
Stormy Down (*Sturmieston*) (in Pyle, Glam.), 134 n.
Stu . . . , . . . de, 161
'Stuntaf' (unident.) (Glam.), chapel, 109
Sturmi, (*Estormi, Esturmi, Stormy, Sturmi, Sturmy*) family, 126 n., 134 n., 137, 139–40, 144–5, 147–9
— Geoffrey, *10*, 97, 125–6, 134 & n., 135–6, 163–4
—— Geoffrey, son of, 134, 163–4
—— Richard, son of, 135
—— Roger, son of, 126, 134 & n., 135
Sudbury (*Suberia*) (Suff.), manor, 169 & n.
— All Saints church, 169
— St. Gregory's church, 224
Sudley (*Sudlega*), William de, 189
Suhart (*Suhardus*), Roger, land of, 6 & n.
Sulie (*Sulie, Sullia, Sullie, Suly*), Raymond de, 139, 148–9
— Walter de, 4, 139–40, 148–9
Sumery (*Sumeri, Sumerio, Sumery*), Adam de, 137, 139–40, 144–5, 148–9, 158
— Elias de, 169 & n.
— Philip de, 159
— Roger de, 77
Swell (*Suell*), Simon de, 41
'*Swiliende*' (unident.) (Devon), 44
Swinley (*Swynleg'*) (Glos.), 285
Swinner (*Swinesheved*), John de, 114, 144–6
— Ralph de, sheriff, *see* Glamorgan, sheriffs of, Swinesheved, Ralph de

T., chaplain, *16*, 2–3
Taddington (*Tadinton', Tadintone, Tadyntun*) (Glos.), 177 & n., 285, 287
Taff River (*Taf, Thaf*) (Glam.), 33, 109, 120, 137, 139–40, 142–5, 147–9
— Bargoed branches of, 120 & n.
—— Bargau Remni, 120 & n.
—— Berkehy Taf (*Berkehu Taf*), 120 & n.
Talbot (*Talebat, Talebot, Thalebot*), Richard de, 96
— Richard de, 8, 53, 94, 153–4, 176
Tamar', Philip de, 169
Tarrant Monkton (*Tarenta Monachorum*) (Dorset), 177 & n., 285–7
Taunton Priory (*Tantone*) (Som.), Prior of, Stephen, 99, 101
Teach River (*Teach'*) (Glam.), 31
Templars, 46, 137, 139–40, 144–5, 148–9, 258
Teppeham, Alan de, 94
Teutonicus, Lambert, 8
Tewkesbury (*Tekesberia, Teokesbiria, Teukesbury, Teukesburya, Theochesbiria, Theokesbiria, Theokesburia, Theokesbury, Theokesbyria, Theokusburia, Theoskesbiria, Theukesburia, Theukesburya*) (Glos.), *10*, 45–6 & n., 50, 82 n., 107, 118, 165, 177, 264
— Abbey, *10–11*, *15*, *28–9*, 106 n., 166 n., 177–80, 260–71 & n., 283–8
— Abbots of: Gerald (d. 1110), 51 n.; Roger (1137–61), 84; Alan (1186–1202), 161; unnamed, *11*, 45, 263–4
— Thomas Fitz Geoffrey, *aurifaber*, of, 218
—— family house and messuage, 218
Textus Roffensis, 152 n.
Thany, Richard de, 114
Thaon (*Thaum*) (Calvados), 172
Theoderic, hermitage of (Glam.), 132, 137, 139–41, 144–5, 148–9
Thomas, priest, *15*, 5
— rector of Petersfield church, *see* Petersfield, church, rector of, Thomas
Thornbury (*Tornebiria, Tornebyria*) (Glos.), church, 179
Thung', 114
Thurstan, priest, *13*, 206, 275–6
Tickenham (*Tikeham*) (Som.), church, 31
Titsey (*Thichesia, Tichesia, Tichesie*) (Surrey), 187 & n.
— Geoffrey de, 187 n.
— Odo, *dapifer* and knight, 3, 40, 102–4, 132, 134, 180, 191
— William de, 114, 144–6
Toheham, Maurice de, 115
Toppe, Robert, 277
Toppesfield (*Topesfelda, Toppesfelda*) (Essex), 71
— William de, 158
Torbert, chaplain, *13*
Torigni-sur-Vire (Manche), *9*, *17*, *26*, 1 n., 186
— Durandus, son of Robert de, 186
— Walter lu Ferun' of, 186
Toulouse (Haute-Garonne), 71 n.
Trane, William, *see* Bristol market, William Trane, house of Trane, William
Travail, John, *see* Bassaleg, Travail, John
Tregoz, Robert de, 71 n.
Treguff (*Tregof, Treigof, Treygof*) (Glam.), 84, 86, 89
Trésmontes (*Tribus Montibus*), Robert de, 186
Trevelga (Corn.), church, *10*, 249
Tre-y-gedd (*Treikic*) (Glam.), 47, 75
Trivel mills (*Trivela*) (lost), 31, 33

Troingam (*Toidcam, Traingam, Troingham*), Joaf de, 142–3, 145, 147
Turberville (*Tubervilla, Tubertivilla, Tubervilla, Turbevilla, Turevilla*), Gilbert de, 68, 93, 105, 135, 139–40, 148–9
— Maurice de, 94
— Pagan de, 102–4, 109, 137, 139–40, 144–5, 148–9
—— son of Gilbert de, 135
Turnham, Robert de, 80
Turri (*Turre, Turri*), Elias Fitz Robert, 88–9, 99, 288
— Gregory de (or *Fitz Robert*), *12*, *17*, *29*, 7, 27 & n., 31, 66, 130, 155, 181 & n., 183, 184 n., 280
—— Elias, clerk of, *12*, 119, 124, 130, 182 & n., 183, 284
— Gregory Fitz Robert (or *de Turri*), 35–7, 71, 96, 122, 168, 182
—— Drogo, son of Gregory, 44, 77, 130
—— Orewon, son of Gregory, 188
—— Robert, son of Gregory, *dapifer*, 44, 77, 99–101, 107, 115, 130, 134, 185–8
—— William, son of Gregory, 31, 99, 101, 130, 184 & n., 185, 188
Turstin the archdeacon, 70
Tusard (*Tusard, Tusardus*), Henry, *clerk*, *9–10*, *14*, *25–6*, *28*, 71, 97, 119, 122, 155, 271, 284
— *magister*, 188

Ulf's Well (near Aberkenfig, Glam.), 129
Umberleigh (Devon), church, 179
Umfraville (*Hu'fravilis, Humfravilla Humfrevilla, Hunfravilla, Hunfranvilla, Ufravilla, Umframvilla, Umfranvilla, Unframvilla, Unfranvilla*), Gilbert de, 43, 88 n., 95, 189 n.
— Henry de, 137, 139–40, 144–5, 148–50
— Robert de, 88 & n., 89, 102–4, 132, 189 & n., 288
Upcot (Devon), 98 n.
Usk River (*Usca*) (Mon.), 86, 156 n.

Vallerodolii, Robert de, 158
'*vallis Danorum*' (unident.) (Glam.), 47
Valognes (*Valloniis, Valoigniis, Valoiniis, Valoinis, Valoniis, Valonis, Valonnis, Valuiniis, Viloniis, Voloniis, Waloiniis*), Alan de, 71 n.
— family, 187 n.
— Hamo de, 10, 31, 40, 44, 49–50, 72–5, 77, 102–4, 120, 125, 130, 132, 138, 159, 169, 173, 186–7 & n., 188; *see also* Fitz Geoffrey, Hamo
—— constable, 99–101, 134, 191, 284
— Robert de, uncle of Hamo, 187
— Rualo de, 43, 84, 158, 178–9
— Werreis' de, 138
Velinus, 70 n. 49
Viliers (*Vileris, Viliers, Wilers, Witharis, Withars*), Roger de, 44, 101, 115
— William de, 77
'*Voisses*' (unident.) (Manche?), 186

Wace, Robert, 70 n.
Wakelin, 105
Walden (Essex), *8*
Walensis, Engelran, 125
— Richard, 138
Wales, *20*, 24, 27, 31–2, 89, 93, 104–5, 109, 110–11, 127–8, 131, 159, 167, 170, 177, 182, 268, 283, 285, 287–8
Walter, *prepositus*, *see* Bristol, Earldom of Gloucester, *prepositus*, Walter
Walter, Hubert, *see* Canterbury, Archbishops of, Hubert Walter
— Theobald, 31, 74
Walterville (*Walteriivilla, Walterivill, Walterivilla, Waltervill, Waltervilla, Watervilla*), Geoffrey de, 6, 70, 95, 110
—— dapifer, 83
Warchol', chaplain, *16*, 3
Wareham (Dorset), *9*, 178–9
— castle, *16*,
—— chapel, *16*
——— William, chaplain, *16*
— Geoffrey de Castello, tenure of, 198
— Priory, Prior of, Robert, 67, 78
— 'Twelve Acres', meadow, 198
Waremannus, *see* Bristol, Waremannus, Eva, wife of
Warin, chaplain, *14–15*, *25*, *29*, 70, 84, 283
— clerk, *14*, 157
— *magister*, *11*, 71
Warneford, Alan de, 168
Warnested (*Warnesteo, Warnesteda*), Alan de, 71, 124
Warwick, Earls of: Roger (*c.* 1123–53), 109; William (1153–84), 66
Washbourne (*Wasburne, Wasseburne* (Glos.), 177 & n., 285, 287
Wasonville (*Wasonvilla, Wassomwilla*), Reginald de, 31
Waspail (*Waspail, Waspail'*), Fulk, 40
— Osbert, 190 n.
— Roger, knight, 2–3, 44, 67
Wassemill', Roger de, 107
'*Welethi*' (unident.) (Glam.), 123
Wellow (Som.), 106 n.
Welshmen, 109
Wenneval (*Vennev', Wenneval, Wesnevall'*), William de, 10, 31, 74, 92, 94, 107
Wentloog, lordship of, 156 n., 157 n.
Weobly, Honour of, 95 n.
Were (Som.), 74
— church, 31
Westminster Abbey, Abbot of, Vitalis, 70
Weston (*Weston, Weston'*) (Som.), 15 n., 31
Whitland Abbey (*Albaterra*), Abbot of, Conan, 125, 136
Wich (*Wicha*), Walter de, 48, 71, 182
Wich (*Wichio*) (unident.), 231
Wido, chamberlain, 53
Wigmore Abbey, Abbot of, Andrew, 99 n., 101

William, chamberlain, 41, 168 & n., 253–4, 279
— chaplain of Wareham, *see* Wareham, castle, chapel, William, chaplain
— *custor*, 6
— *dapifer*, 157
— vavassor, 84, 283
Williford, 3
Wiltshire, 171 n.
Wimborne Minister (*Wabana ministrum*, *Winburna ministrum*) (Dorset), 163–4
— deanery, 163–4
— Peter de Meulan, rector of, 163–4
Winchcombe Abbey (*Winchec'*, *Wynch'*) (Glos.), 189
Winchester (*Wintonia*, *Wyntonia*), *9*, 91, 102–3, 117, 160 n., 247
— Bishops of:
—— William Giffard (1107–29), 109
—— Richard (1173/4–1188), *14*; *see also* Ilchester.
—— Peter des Roches (1205–38), 94 n.
——— Seneschal of, Robert Basset, *magister*, 94
— burgesses of, 160–1
— Earl of, Saher de Quency (1207–19), 146
— Geoffrey, burgess, 103
— Gloucester, Earl William of, land:
—— outside the north gate, 102–3, 190
——— Rigar, tenant of Earl William, 190
—— within the wall, 103
— Hyde Abbey, 102–3
— *magno vico*, 103
— north gate, 102–3
— Oysun, Thomas, 103
— Peace of, *15*
— Peter, son of Raymond, 190 & n.
— Port, John de, 190 n.
— Roger of, 16 & n.
Winf', Robert de, 191
Winkleigh (*Winkeleia*) (Devon), church, 179
Witeng (*Witeng*, *Witheng*), Roger, 71, 99
Withycombe Raleigh (*Widecumbe*) (Devon), 44
'Wivelrugge', *see* Malvern, forest, Woolridge
Wlfredus, *see* Bristol, Wlfredus
Woodstock (*Wodestoke*) (Oxon.), *9*, 109
Wooton St. Mary (*Wotthona*, *Wttone*) (Glos.), 82 & n.
Worcester (*Wigornia*) (Worcs.):
— Abbot of (*sic*), Andrew, *see* Wigmore, Abbot of, Andrew
— Archdeacon of, Simon, 99, 101
— Bishops of: Simon (1125–50), 12 & n., 276; John of Pagham (1151–7), 269–70; Roger (1163/4–1179), *4–5*, 99 & n., 101, 116 & n., 191; *see also* Gloucester, earls of, family, Earl Robert, children of, Roger; Baldwin (1180–4), 191 & n., *see also* Forde Abbey, Abbot of; William de Northall (1186–90), 101 n.; Sylvester (1216–18), 118 & n.
— bishop of, 85 n.
—— chaplain of, Gilbert, 101
—— clerks of: S., 99; Silura, 99
— John of, 83 n.
— Robert of, 5
Wraxall (*Wrokeshale*) (Som.), 31
— Richard de, son of Tovus, 31

York, *4*
— Archbishop of, Thurstan (1114/19–1140), 70
Ystrad (*Stratvaga*) (in Gelligaer, Glam.), 120 & n.

INDEX OF SELECTED SUBJECTS

Arabic numerals refer to charter numbers or to entries in the Appendix; numbers in italics to pages in the Introduction.

advowson, 20–2, 24–6, 71, 100–1, 106, 163–4, 263, 267 & n.
aid (*auxilium*), 169
assarts, essarts, 31, 33, 53, 59–61, 64, 92, 118, 177, 283, 285–7

bailiffs, 1, 7, 31–2, 46, 50, 68–9, 73, 77, 81, 91–2, 104, 108, 127, 137, 139–40, 142, 144, 146, 148–50, 156, 172, 178, 180, 271
bake and brew, 46
barons (*barones*), 5–6, 11–12, 14, 16–18, 20, 22, 24–6, 28–30, 34–8, 40, 43–4, 47–9, 51–2, 65, 68, 71, 75, 79, 82–5, 87–9, 93, 97, 99, 102–6, 118–22, 124–6, 128–9, 131–2, 134–6, 151, 158–9, 167, 169–70, 178–9, 181–3, 187, 189, 191, 284
benefices, *10–15*, *17*, *26*, *28* & n., *29*, 38, 66, 87, 101, 162, 167, 196–7, 239, 271, 275–6
boats (*batelli*), 31–3
boroughs, 2–3, 21, 35–7, 46, 49 & n., 54 n., 66 n., 104, 159–61, 162 n., 179, 198
brewery, 185
burgages, *13*, *28*, 2–3, 10, 17, 31, 33, 39, 46, 68, 83 n., 103, 122, 132, 137, 139–40, 144–5, 148–9, 160 n., 162 n., 173, 182, 185, 190 & n., 241
burgesses, *4–5*, *13*, 10, 42–3, 46, 103, 132, 137–8, 140, 142–9, 159–62 & n.
butlers (*pincerne*), 102
— of Earl William, 66
— of Countess Hawisia, 67

capitagium, 69
— paid on cattle, 142–7
carreagium (toll collected from carts), 91
castles, *3–5*, *7*, *16*, 19 & n., 36 n., 95, 96 n., 97, 109, 121–2, 156 & n., 171, 179, 185
— bailey, 126
— guard (*custodia*), 19 & n., 30, 97 & n.
—— ward penny, 142–7
castlery, 1
cats, 177, 287
cattle, livestock, etc., 36, 46, 51–2, 59–60, 64, 142–7, 176–7, 271, 286–7
cellars, 283
chamber, 2–3
chamberlains:
— of Earl William, 7, 36–7, 182, 284
— of Countess Hawisia, 2, 67, 78, 160
— of Count John, 3, 164
— of Earl Amaury, 53, 154

cheeses, 36, 51–2
chirographs, *13*, *22* n., 70 & n., 184, 186
cloth, clothing, 10, 46, 54–5, 81, 90, 116–17, 189, 191
comital sword, *6*
concordia, 6, 109, 186
conduit (*conductus*), 44, 91
confederatio, compositio amoris, 95–6
constables, 82 & n., 96 n., 110
— of Earl Robert, 119, 152, 157, 283
— of Earl William, 34, 43, 48, 51–2, 85–6, 96–7, 99–101, 118, 124, 134, 158, 167–8, 182, 191, 284
— of Count John, 31
contrascriptum, 109
conventio, 5, 70 & n., 95, 106, 126, 134, 184
courts, 95
— *coram rege*, 109
— *curia regis*, 152 n.
— *curiae* of the Earldom of Gloucester, *27*, 44, 53, 94, 106, 109, 151, 176–7, 263–4, 267, 286–7
——— '*coram comite*', 5, 19, 32, 50, 106, 109, 125, 129, 151, 185–6
—— '*coram comite et baronibus suis*', 29–30, 44, 267
— *curiae* of vassals etc., 68, 84, 109, 156, 286–7
—— comital assistance to hold a court, 156
— forest, *see* forest, view of, and 'regards'
— hundred courts, 10, 46, 94, 104, 201
—— suit of, 94
— manorial, pleas pertaining to, 171
— shire court, 104
curtilages, 121–2, 124, 126, 132
custody or protection of a monastery, 32, 50, 172
— of a religious donation, 98
custody, royal, *7–8*, *29*, 54 n.

Danegeld, 7 n.
dapiferi, *see* stewards
deer calves, 51–2
deer leaps, 73
demesne (*dominica mensa*), 46, 104, 142–3; (*dominica terra*), 109; (*dominium*), 32, 36 & n., 37, 40, 51–3, 71, 79, 156, 171, 178, 268, 280–1, 287–8; (*propria*), 88–9, 91; (*propria dominia*), 172; (*res proprie*), 68; (*res dominice*), 32
— assart, 53, 64
— cattle, 59–60, 64, 177, 286–7
— lordship (*dominium fundi*), 100–1
— manors, *7–8*, *26*
— use, 7, 104

disseize, 71, 129 n.
dogs, 73
dower, see *maritagium*

easements, 71, 94, 142, 178
eels, 153, 171
enfeoffment, charters of, 47–8, 53, 71, 75–6, 97, 115, 125, 158, 183, 187
escheator, 106 n.
escheats, 7, 70 n.
excommunication, *16*, 6 n.

fairs, 1, 6, 10, 28, 31, 33, 35–7, 77, 104, 156, 180, 185, 268, 272, 283; *see also* markets.
falconer, 71, 132
fee, fief (*feodum, feudum*), 6 & n., 10–11, 14, 20 n., 36–7, 41, 48, 71 n., 74, 79, 82, 85 n., 88 n., 94 n., 106 & n., 109, 114–15, 126, 129 n., 134, 137, 139–40, 142–51, 168–9 & n., 177, 182–3, 186, 286–7
fideles, 5–6, 11–12, 16, 22, 25–7, 31, 35, 37, 50, 68, 71, 77, 82, 84, 99–101, 118, 169, 178, 182, 188
fines, amercements, concords, etc., *7* & n., *8* & n., *10*, 5, 18, 29–30, 51–2, 67 n., 71 n., 72, 85, 106, 113, 118, 134, 151, 168 & n., 171, 177, 186, 283, 286–7
fisheries, 36, 74, 107, 109, 119–20, 128, 132, 137, 139–40, 144–5, 148–9, 177, 284–7
fish ponds, 76, 86, 108–9, 137, 139–40, 144–5, 148–9, 171, 177, 285–7
flax, 36, 51
forests, 18, 33, 36, 48 & n., 92, 118, 237, 240, 281; *see also* woods
— forester, 31, 33, 36, 51, 73, 92, 96, 108
—— view of, 31, 33, 51 & n., 92
——— immunity from, 92
— *ministerium* of, 48
— pleas, 51 n.
— 'regards' of, 31, 33, 92
— soke, 51
forfeiture, 10, 32, 68, 81, 89, 110–11, 127, 177, 286–7
forinsecum servitium, 142–7
fox, 177, 287
franchises: sac, soc, toll, team, infangentheof, 11, 36, 177, 287
frankalmoign tenure, grants in alms, 4–5, 8–9, 12, 15, 18–19, 21–7, 29–30, 34, 36–40, 44, 49, 54–64, 66–8, 78, 82–4, 87, 89, 93, 100–3, 114, 118–20, 125, 129, 131–2, 136–50, 153–4, 156–7, 163–4, 166–70, 174–5, 177–8, 197, 262, 280, 284–8
freemen (*liberi homines*), 29, 46, 105, 137, 139–40, 144–9, 177, 285, 287

gardens, orchards, 17 & n., 28, 36, 49, 82 & n., 89
geld, 31, 33
glebe lands, 109
grange, 137, 139–40, 144–5, 148–9
guilds, 10, 43 & n., 160 & n.

hare, 177, 287
hay, 51–2
haybote, 51 & n.
heirs, *5*, *7*, *9*, *12*, *23*, 5–6, 9–10, 12, 19–20 & n., 26, 29–30, 43–4, 46, 49, 53, 66, 70 n., 71–7, 79, 84, 88 n., 93–4, 95 n., 99, 103, 105–7, 112, 114–15, 118, 126, 134–7, 139–40, 142–51, 154, 158, 169, 174, 176–7, 185–8, 189 n., 190, 280, 286–7
herbagium (payment for pasturage), 36, 51
hereditary goods, rights, etc., 6, 11, 46, 48, 53, 71, 74, 95 & n., 115, 119, 151, 158, 176, 182–3, 187
heriot, 46
homage, 53, 70, 76, 94, 115, 176, 186, 188
honour (barony or group of fiefs), *3*, *4* n., *5–7*, *11*, *16*, *26*, 1 n., 6 & n., 16 n., 46, 76, 82 n., 95 & n., 98 n., 113 n., 115 n., 166 n., 187 n., 188 n.
— *caput*, *4*, *26*, 1 n.
horse, 46
hospice, 124
hostages, *hostagium*, 95 & n., 96
housebote (right to take timber for building), 51 & n.
households, *1*, *9–19*, *25–30*, 127, 132, 177, 286
hundred, 10, 46, 171, 201
hunting, licence for, 51, 177, 281, 287

immunity from the king's officials, 169
inspeximus, 99 n., 159 n., 169 n., 257
interdict, 6 n.
iron, 46, 116–17
iure uxoris, *9*, 70 n.

jurisdiction, grant of, 92, 106
— divided between lords, 109
justices, justiciars, *6*, *8*, *13*, *21*, 9, 12, 31–2, 92, 108, 115 n., 267.

knights, 2–3, 5, 18, 20, 46, 146, 158, 177, 212–13, 285, 287; *see also* knight's fee or service
knight's fee or service, *7–8*, *10–11*, *26*, *28*, 1 n., 5–6 & n., 16 n., 19, 27 n., 29, 47 & n., 71 & n., 74, 76, 94, 98 n., 107, 115, 129 n., 142–3, 146, 152 n., 158, 168 & n., 171, 187 & n., 194
— obligations of, host duty, chevauchée, castle-guard, castle-work, scutage, *donum*, tallage, geld, summons, aid, 30

labour services, 171
landgavel, 10, 160 n.
laymen, 70
liberties and free customs, *4–5*, *11*, *19*, 10–11, 17, 24, 29–31, 33, 36, 42–3 & n., 46 & n., 67–8, 74, 76, 78, 94–5, 104, 107–8, 137–40, 142, 144–5, 148–9, 157–9 & n., 160 & n., 161, 171, 176–7, 247, 280, 282, 285–7
liege authority (*potestas ligia*), *8* n., 76
loan (*mutuum*), 72, 220
loquela, 6

manor (*manerium*), 5, 51–2, 67 & n., 78, 89, 94, 99,

manor (*cont.*):
107, 158, 171, 176–7, 285–7; see also *tenementum* and *villa*
— given by a vassal through the Earl of Gloucester's hand, 5; *see also*, 186
— member of, 8–9, 31, 33, 177
maritagium, *6*, *8*, 67 & n., 78 & n.
markets, 43, 70, 104, 151, 156, 171; *see also* fairs
marriage, aid, 106
— licence for, 10, 46
marsh, moor (*mariscum, mora*), 23 & n., 31, 33, 54–5, 64, 107, 109, 132, 136–7, 139–40, 146–50, 156–7, 167, 197
marshals:
— of Earl William, 34, 69, 97, 105, 158
— of Count John, 3, 10
mast (food for swine), 109
meadows, 11, 14, 29–31, 33 & n., 40, 44, 47, 67, 71, 74, 76, 78, 94, 107–9, 132, 137, 139–40, 144–5, 148–9, 169, 171, 177–8, 198, 266, 285–7
merchants, 10, 46, 94
messuage, *12*, 10, 31, 77, 114, 122, 151, 218, 228, 265, 280; *see also* curtilage
mills, 6, 31, 34, 36 & n., 44, 46, 51, 67, 74, 76, 78, 82, 93–4, 107–9, 128, 132, 137, 139–40, 144–5, 148–9, 153–4, 171, 176–8, 184–5, 197, 209, 283, 285–7
— soken, 46, 94
ministeriales, ministri, 1, 7, 31, 48, 50–2, 77, 81–2, 85, 90–3, 110–11, 116–18, 121, 127, 155, 158–9, 167, 169, 171, 184, 188, 280, 284
miskenning, 10
multure, 44, 67, 94
murder fine, 10

novel disseisin, *10*

oaths, affidation, fealty, 5, 44, 70, 79, 95–6, 110–11, 171, 186, 191
obventions (ecclesiastical income), 175
oisera, 51
ordeals:
— iron, 109, 171
— water, 109, 171
oven, 185

palmers, 67, 122, 124, 132
pannage, 36, 51, 53, 176–7, 286–7
park, 73, 171
passagium, 10, 31–3, 81, 91, 104, 280
pastures, pasturage, 11, 29–31, 33, 44, 47, 51–2 & n., 53, 59–60, 64, 67, 71, 74, 76, 78, 94 & n., 105, 107–9, 120, 132, 136–7, 139–40, 148–9, 169, 177–8, 285–7
— common, 31, 36, 44, 59–60, 64, 109, 137, 139–40, 142–9, 177
patronage, literary, *23*
— monastic, *17*, *28*, 51 n., 70 & n., 99, 119–20, 159 n., 166 n., 199, 288
physician, *13*, 119, 156, 157 n., 187
pleas, pleading, 10, 32, 43 n., 50, 94, 104, 108–9, 129 n., 157 & n., 171, 177, 201, 263, 267, 286–7
ponds, 67, 76, 107, 137, 139, 144–5, 148–9, 177, 285–7
pontage, 10, 91, 280
prebends, 1 n., 192
prisage, 10, 35

recognitio, 10, 109
recordatio legalis, 95
reeves (*prepositi*), 2, 7, 10, 46, 67, 69, 90, 98, 109, 116–17, 155, 162, 168, 173, 180
relief, *7*, *9*, 46, 70, 151
rents:
— burgage, *see* rents, money
— in kind: beans, 188; cockerels, 181; cow, 168; cumin, 53, 77, 130, 176, 181 n.; dice, *12*, 65, 183; pepper, 185; sparrow-hawks, 16
rents, money:
—— grants of, 31, 33, 56, 63, 67, 82, 94, 103, 114, 142–5, 153, 158, 162 & n., 182, 187, 228, 248, 281
—— paid for land, 5, 46, 75 & n., 78, 105, 126, 134, 142, 146, 148–51, 173, 190, 250–1, 252, 271
revenues, rents in general, *3*, 31, 33–4, 36, 49, 67, 70, 94, 106, 108, 114, 153, 156–7 & n., 165, 169, 177, 180, 186, 231, 248, 268, 272, 283, 285–7
ring, 115

salt pans, 221
scaccarium, 188 & n.
scutage, *10–11*
seisin, *6–7*, *9*, 5, 20 n., 35–6, 67 n., 106 n., 119 n., 158, 166 n., 186
— orders to place in, *6*
seneschals:
— of Earl William, 104, 115, 130, 188
— of Countess Hawisia, 2
— of Count John for the Honour of Gloucester, 165
sergeants, *servientes*, sergeanty tenures, 2–3, 7, 48 & n., 68, 76, 84, 91–3, 142–3, 146, 182, 203, 208, 262
service of providing lodging (*hospitium*), 10, 102–3
service, delay of, pending repayment of a loan, 72
sheep, lambs, *10*, 36, 46, 51–2, 78, 271, 283
sheriffs, 4, 12, 14, 18–19, 31–2, 47, 49–50, 68, 73, 75, 81, 83 n., 84, 92–3, 96–7, 104, 108–9, 119, 122, 124–9, 131–6, 139–40, 149, 159, 162, 170, 173, 182–3
— view of, 109
ships (*naves*), 31–3
soke, 51 & n., 168
stall rents (*seldagium, stallagium*), 28, 46
stewards, *12*, 70
— of Earl Robert, 6, 83–4, 95, 119, 157, 166, 283
— of Earl William, 5, 7, 12–16 & n., 17–20, 23, 28–30, 34–8 & n., 40, 43–4, 47–9, 54, 69, 71, 75, 85, 87–8, 96, 98–104, 106, 112–13, 120–1, 124, 127, 129–30, 135, 151, 155, 158–9, 168, 181–2, 184–7, 189–91, 280
— of Count John, 1
— of Earl Geoffrey, 64

summagium (toll for horses), 91
swine, 36, 46, 51–3, 176, 283; *see also* pannage

tallage, 31–3
taverns, 10
tenementa, 10, 24, 29–30, 32, 38, 48, 50, 54–5, 64, 72, 94–5, 103, 142–3, 146, 169, 176, 178, 214, 243
tenure *in capite*, *15*, 6, 16 n., 46
thirdpenny, *5–6*
tithes, *10*, 34, 36, 51–2, 82, 84, 86, 89, 93, 100–1, 156–7 & n., 171, 175, 177–8, 180, 200, 267–8, 271–2, 281–2, 286–7
tolls, exemption from, *13*, 1, 7, 10, 31–3, 36, 43 n., 46, 54–5, 64, 68, 81, 84, 88, 90–4, 104, 110–11, 116–17, 119, 127, 132, 155–6, 160 n., 162 & n., 177, 189, 191, 208, 229, 244 & n., 245, 280, 266
trees, allowance of, to repair a mill, 94, 176
trial by battle, 10, 109, 171
turbary, 137, 139–40, 144–5, 148–9

vassalage, 19 n., 83 n., 95 n., 96 & n.
vavassor, 84, 283
venison, 177, 269–70
vidimus, 117
ville, 10, 17, 31, 33, 36, 46–7, 49, 54, 64, 68, 73–4, 76, 84, 86, 90, 93, 109, 115–17, 132, 137, 139–40, 143–5, 148–9, 156, 168–9, 176, 179, 182, 281
villeins, villeinage tenure, 29, 94, 171
vineyard, 171

war, private, 6, 95
wardship, *8*, 10
warren, 73, 92
wartime, 109
waste, 92
widowhood, free, *8*, *20*, *23*, *25*, 76, 141–7
will, *7*
wood (material), 90, 109, 116–17
woods, 11, 18, 29–30, 36 & n., 40, 44, 47–8, 51–3, 67, 71, 74, 76, 92, 94–5, 105, 107–9, 119–20, 125, 132, 136–7, 139–40, 144–5, 148–9, 156, 169, 176–8, 285–7
wool, 10, 36, 43, 51
wreck, right of, 132, 137, 139–41, 144–5, 148–9
writs, *21*, 201

Witts Comes. Glouc. vic suo Omib; q; baronib; suis 7 pbis hoib; : Sat. Sciatis me dedisse monachis Scē Marie. de Margan Siwardū palmifer̄ c domo suo. 7 Curtillagio ad hospicium p manū Robti filii mei. liberum 7 quietum ab omni seculari servicio. T. H. Comitissa Glouc. hamone filio Geuffridi Constab. hubto dap. Robto de Almeri dap. Adā de Eli. Alano d Warnesteda. Elia Clerico. ap Bristou.

a

Witts Com Glouc. R. Norr. vic. 7 baronib; 7 hoib; suis omib; suis. Sat. Sciatis me ecctie Scē Marie. de Margan. 7 eius conventui i excambio tre q fuit Bald. acharistre de Novo Burgo dedisse. c. acras i Margan. ita quietas 7 libas. sic tra. Baldewini pus hueruit. 7 i sup duas domos ipsi Bald. infra burgū. cū curtillagio ext castellū. 7 in gemitu tre Siwardi palmar de Cardif. ad domū quādā faciendā. 7 quodā Burgagiū i Burgo de Kenefe. T. Rob Norr. vic. Greg. fil Rob. 7 Willo fil Stephi. Willo filii Nicol. H. Tusard. Rad. prent. ap Novū Burg.

W. com Gloecest. O. mar suis 7 oib; bailivis 7 hoib; suis de Norm sat. Mādo vob 7 pcipio. ut tra abbis Saugneii de Thaun. 7 oes possessiões q̄s hē eccta Saugneii i mea potestate manuteneatis 7 custodiatis. libe 7 qete. ab oib;. sic meā ppā domin. Pcia firmit pcipio. si q's voluerit reb; suis ad usurā 7 nocere. n pmittatis. 7 si q's voluerit terra ad usantes eade eccliam invare. n impediatis. Vale. N.° 238.

c

II

a

b

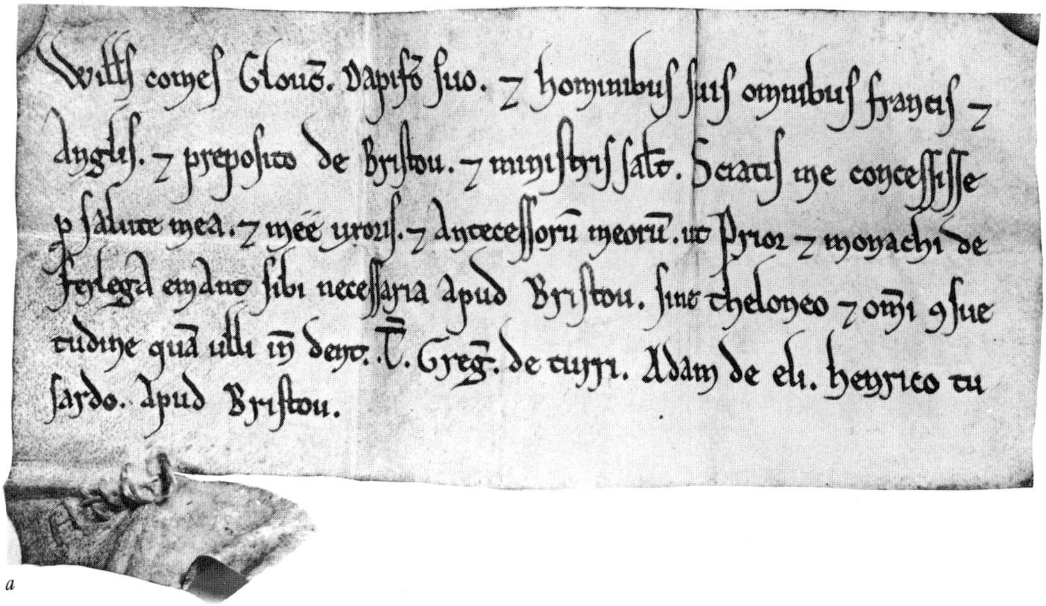
Witts comes Glouc. dapifo suo. 7 hominibus suis omnibus francis 7 anglis. 7 preposito de Bristou. 7 ministris salt. Sciatis me concessisse p salute mea. 7 mee uxoris. 7 antecessoru meoru. ut Prior 7 monachi de Ferlega emant sibi necessaria apud Bristou. sine theloneo 7 omi 9suetudine quã illi in dent. T. Greg. de turri. Adam de eli. henrico tusardo. apud Bristou.

a

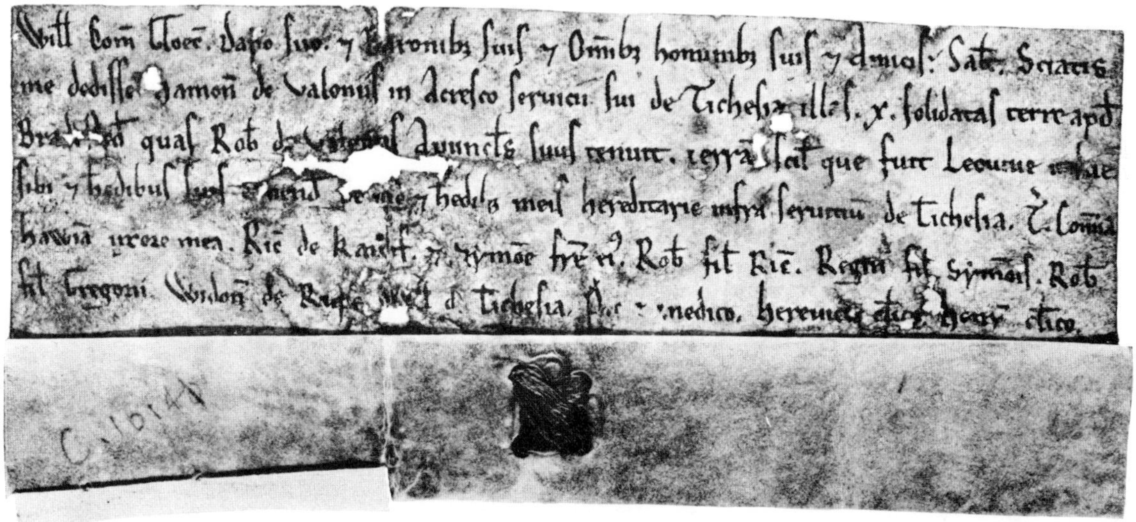
Witt Com Gloec. dapio suo. 7 Baronibz suis 7 Omnibz hominibz suis 7 amicis: Salt. Sciatis me dedisse Hamon de Valoniis in acresco servicii sui de Tichesia. illas. x. solidatas terre apud Bra[illegible] quas Rob de Valoniis avunculus suus tenuit. terras scit que fuit Leouine [illegible] sibi 7 hedibus suis tenend de me 7 hedibz meis hereditarie infra servitiu de Tichesia. T. Comitissa Hawisia uxore mea. Ric de Kardif. 7 Symone fre ei. Rob fil Ric. Regin fil Symonis. Rob fil Gregorii. Widon de Reiss. Witt d Tichesia. [illegible]nedicto. Heremeis ctico. Henr ctico.

b

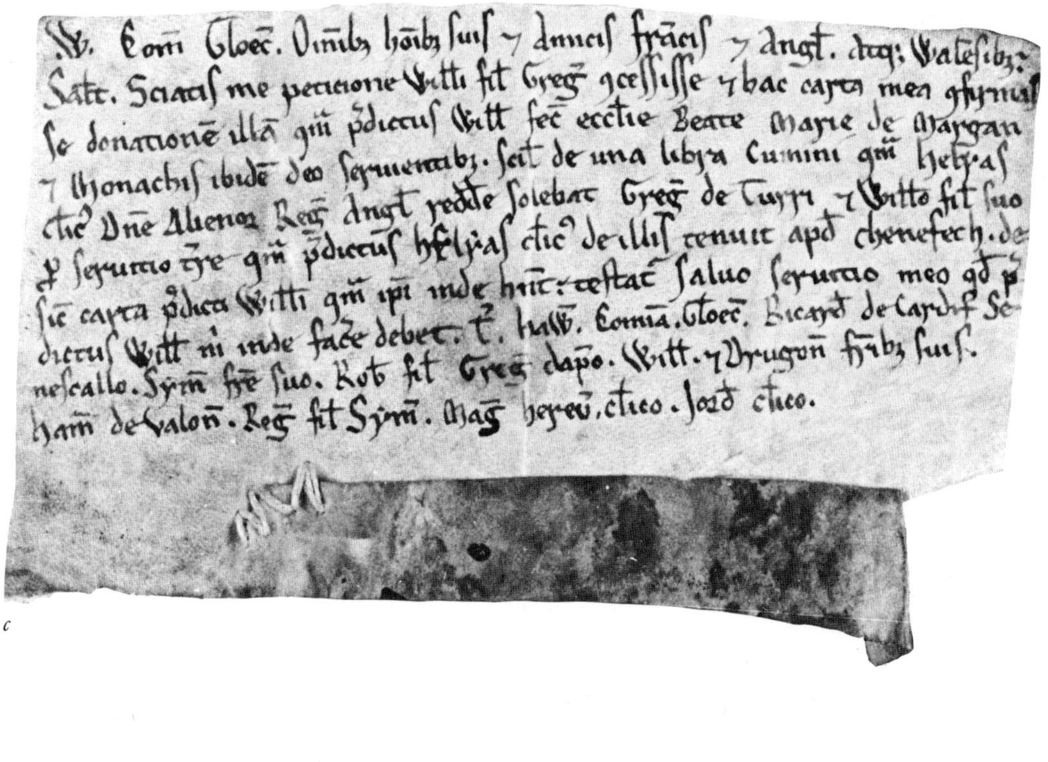
W. Com Gloec. Omnibz hoibz suis 7 amicis Francis 7 Angl. atq; Walesibz: Salt. Sciatis me peticione Witti fil Greg 9cessisse 7 hac carta mea 9firmasse donatione illã qm pdictus Witt fec ecctie Beate Marie de Margan 7 Monachis ibide deo servientibz. scit de una libra Cumini qm Helyas ctic Dne Alienor Reg Angl reddere solebat Greg de Turri 7 Witto fil suo de servitio tre qm pdictus Helyas ctic de illis tenuit apd Chenefech. de q servitio sic carta pdicti Witti qm ipi inde hnt: testat salvo servitio meo qd pdictus Witt mi inde face debet. T. Hawis. Comitia Gloec. Ricard de Cardif Senescallo. Sym fre suo. Rob fil Greg dapo. Witt. 7 Hugon fribz suis. Ham de Valon. Reg fil Sym. Mag Herev. ctico. Jord ctico.

c

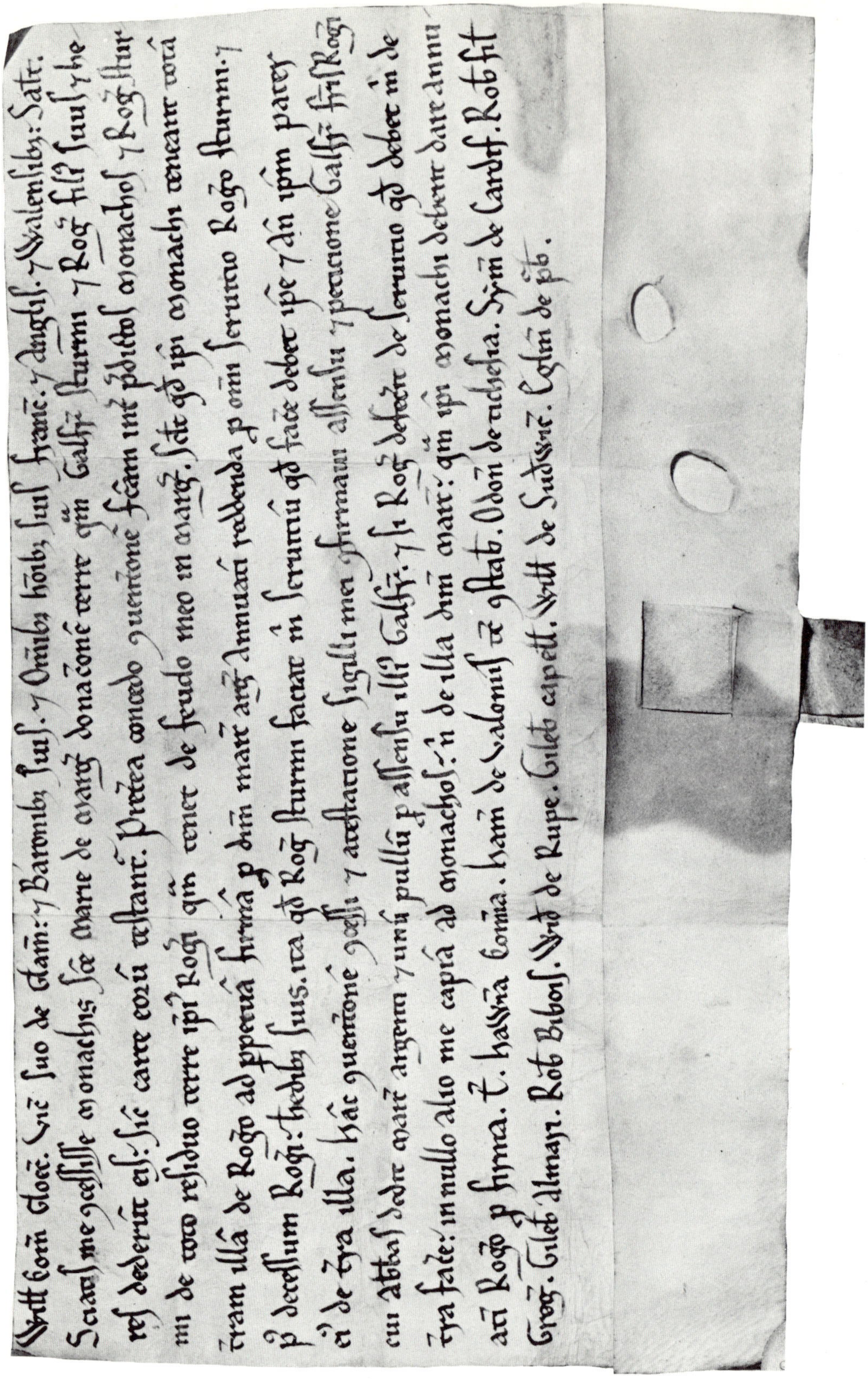

Will Com Glouc. Vic suo de Glam: 7 Baronib; suis. 7 Omnib; hoib; suis Franc. 7 Anglis. 7 Walensib;: Salt.
Sciatis me concessisse monachis Sce Marie de Marg donacone terre quam Galfr Sturmi 7 Rog filius suus 7 he
res dederunt eis: sic carte eorum testant. Pretea concedo conventone factam int pdictos monachos 7 Rog Stur
mi de toto residuo terre ipi Rogi quam tenet de feudo meo in Marg. Scilt qd ipi monachi teneant totam
terram illam de Rogo ad ppetuam firmam p dim marc arg annuatim reddenda p omi servitio Rogo Sturmi. 7
p decessum Rogi: hedib; suis. ita qd Rog Sturmi faciat in servitium qd face debet ipe 7 an ipm pater
ei de tra illa. Hanc conventone concessi 7 attestatione sigilli mei confirmavi assensu 7 peticione Galfr fris Rogi
cui Abbas dedit marc argenti 7 unum pullum p assensu illius Galfr. 7 si Rog defecerit de servitio qd debet inde
tra face: in nullo alio me capiam ad monachos: nisi de illa dim marc: quam ipi monachi debent dare annu
atim Rogo p firma. T. Hawisa Comitissa. Ham de Valoniis tc constab. Odon de Tichesia. Sym de Cardif. Rob fil
Greg. Gileb Almari. Rob Bibois. Wid de Rupe. Gileb capell. Will de Sudwic. Colini de pb.

... feria de Brist. 7 Omnib; fidelib; suis salt. S...
... meus dedit Robto filio Wenni de domo 7 tra ...
... de domo 7 tra hus Morgan i ead feria. 7 de domo 7 tra ...
... longa e tra 7 est iuxta domu Willi traine. qm 7 ipse Ada [illegible] de suo ...
... utio Willi [illegible] de tra sua i feria de Brist. scit de una libra [illegible]
... eo fit Wenni tenenda ipsi 7 hedib; suis ita libe 7 qete sic [illegible] Ada illi [illegible]
carta ipsi Ada qm Rob habet: testat 7 distinguit. T. H. Comit. Rob fit meo. Rob fit ...
de Cardi. 7 Sim fre suo. Ham de Valons. Wid de Rocca. Heru clico. Rog de [illegible]
fit Greg. 7 Drug fre suo. Ric fit Alam. Ric clico. Willo dalmi. Rad de Constan...

W. Com Glocc. Dapo suo. 7 Cstab Hom Burgi. 7 Omnib Baronib suis. 7 homib
franc. 7 Angl. atq; Walensib: salt. Sciatis me dedisse 7 concessisse do 7 Ecce sci
Iacobi de Brist p salute mei 7 meor. 7 p aia patris mei. cui corp ibi sepultu
est. Ad victu Monachor ibi degntiu. i ppetua elemosina: decimu denariu de
Redditu meo Molendini mei de Rumnia. T. H. Comitissa. Rog fre meo.
Rob fit meo. Rad abbte de sco Augustino. Rog de Gunz. Rob dalmi te dapo.
Rog dapo. Ric de Cardi. Ioh de Lond. W. fit Ric Maresc.

b

W. Com Glocc. Dapo suo 7 Vic suo de Glamorg. 7 Omnib; Baronib;
suis 7 homib; de Glamorgan francis 7 Angl atq; Walensib;: Salt.
Sciatis me concessisse Kenaithuro filio Herbei fit Godlemer. 7 Blethein. 7
Willo. 7 Kenewrec. 7 Brenred. fratrib; suis filiis Herbei. tra de Kellecultu
qa Herbe pat suus tenuit 7 tra [illegible] de Creikac [illegible] tra Iuarch fit
Merewith 7 aq de Baidan. tenenda de me 7 de hedib; meis sibi 7 hedib;
suis. ita libe 7 qete 7 honorifice 7 p simile servitiu sic Herbe pat suus
tenuit tra sua de Kellecultu. T. Ric de Cardi dapo. Ham de Valon. W.
de Bosco. W. de Ahona. Iuarch fit Merewith. Carad fit Ioh Du. [illegible]
[illegible] Stephi

c

W. Com Gloec. Dapo suo. 7 Vic suo de Glamorgan. 7 Omnib; Baronib; suis 7 hominib;
francis 7 Angl atq; Walensib;: salt. Sciatis me peticione Rogi 7 Ric Chedu Galfr Sturmi
concessisse. 7 psenti Carta mea confirmasse. donacione quam Galfr Sturmi fecit Eccle 7 Monachis
de Margan. secundo quando ipse in eade ecclia fr quersus devenit. de quada parte tre sue in
Margan. sic Carta ipsi Galfr quam Monachi illi inde habent distinguit 7 testat. Salvo
servitio meo. T. H. Comitia. Gill de Turbuill. Sim de Cardi. Gill dalun. Henr crasso.
Will de Acona. Regin fil Sim. pagano fil Gill de Turbuill. Herui clico. Alexo de Tiche
sia. Gill Groc. Rob de Meisi. Iard lawerr.

a

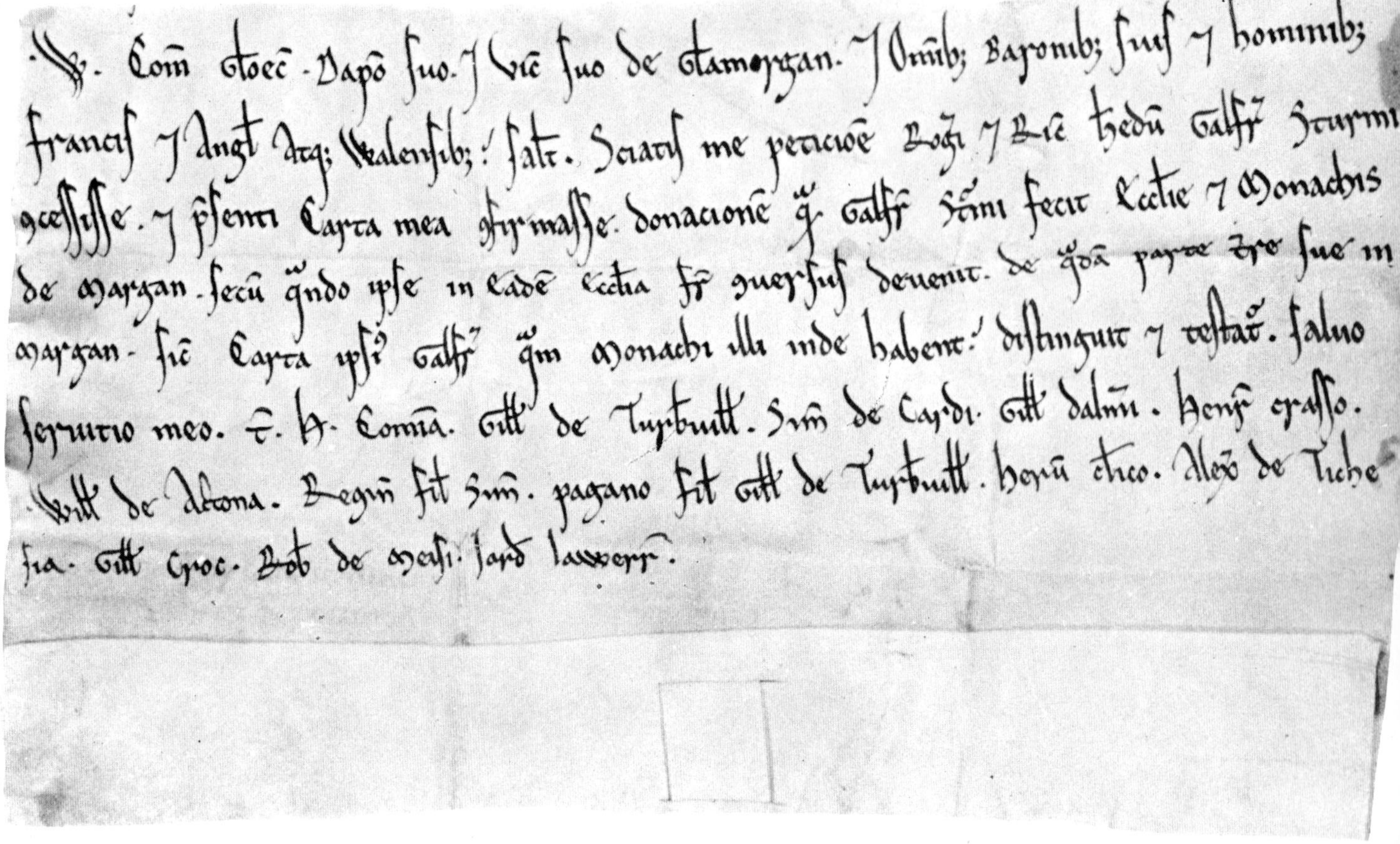

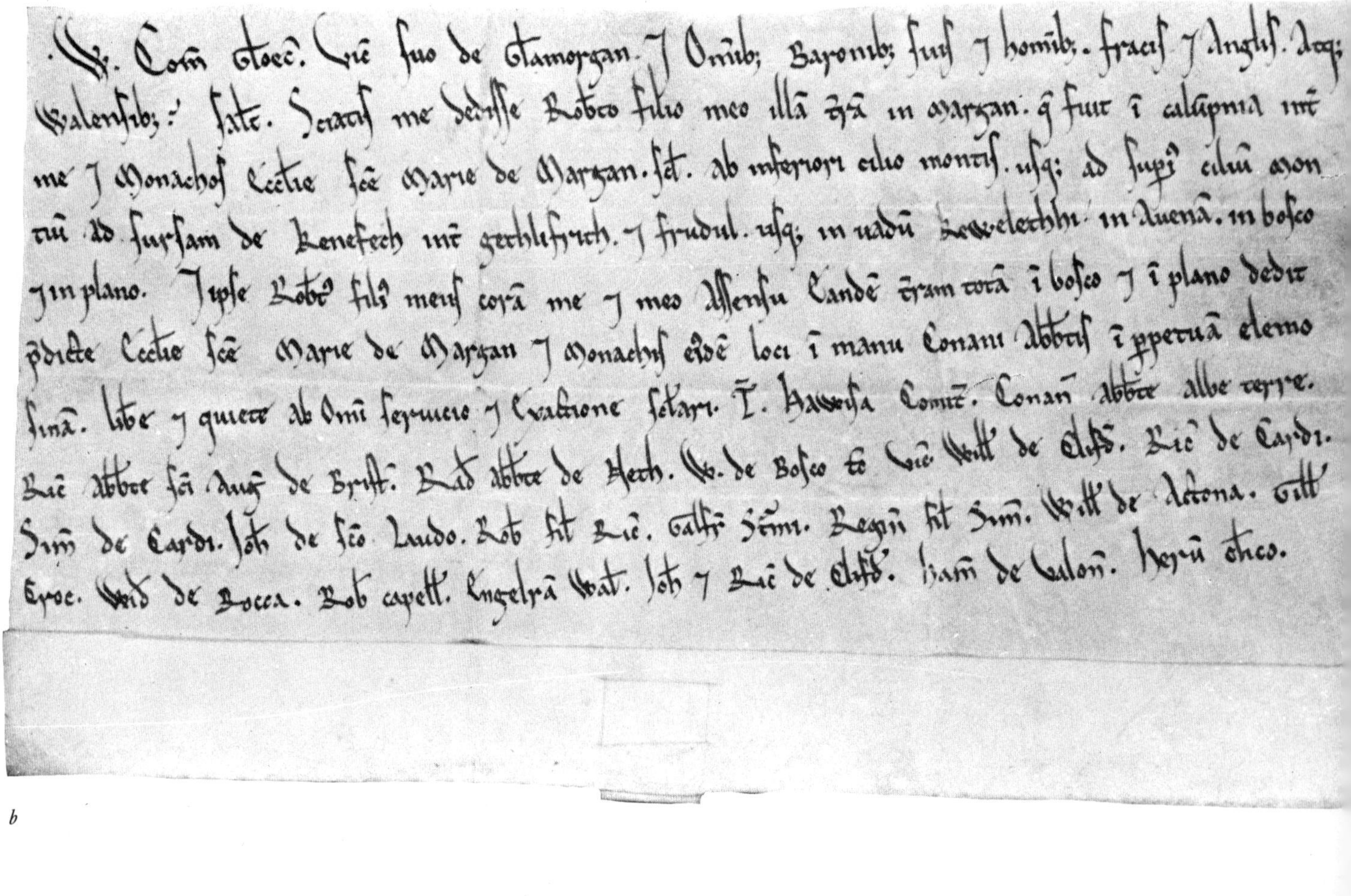

W. Com Gloec. Vic suo de Glamorgan. 7 Omnib; Baronib; suis 7 homib;. fracis 7 Anglis. atq;
Walensib;: salt. Sciatis me dedisse Robto filio meo illa tra in Margan. q fuit i calupnia int
me 7 Monachos Eccle sce Marie de Margan. scil. ab inferiori cilio montis. usq; ad supi ciliu mon
tiu. ad Sursam de Kenefech int Gethlisfrith. 7 Frudul. usq; in uadu Lewelethlin in Auena. in bosco
7 in plano. Ipse Robt fili meus cora me 7 meo Assensu Eande tram tota i bosco 7 i plano dedit
pdicte Eccle sce Marie de Margan 7 Monachis eide loci i manu Conani Abbtis i ppetua elemo
sina. libe 7 quiete ab Omi servicio 7 Exactione sclari. T. Hawisa Comit. Conan Abbte Albe terre.
Ric Abbte sci Aug de Brist. Rad Abbte de Neth. W. de Bosco eo Vic. Will de Clifd. Ric de Cardi.
Sim de Cardi. Ioh de sco Laudo. Rob fil Ric. Galfr Sturm. Regin fil Sim. Will de Acona. Gill
Groc. Wid de Rocca. Rob capell. Engelra Wat. Ioh 7 Ric de Clifd. Ham de Valon. Herui clico.

b

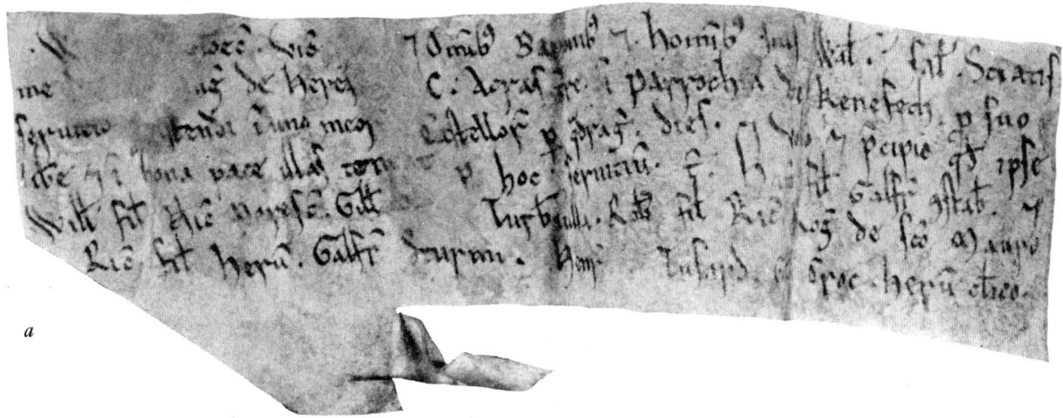

a

b

.W. Comes Gloec. Dapi suo. 7 suo Vic. 7 Omnib' suis baronib'. 7 hoib'.
atq; fidelib' suis. francis. anglis. atq; Walensib' de Walis. salutem.
Sciatis me dedisse Gregorio filio Robti. iii. solidatas tre in Margan. scilt. xx. acs tre 7 unu burgagiu ap villa de Kenefech. in
feodo 7 hereditate. 7 libam. atq; quieta. Et ipse Gregori'. hanc
pdicta tra Concessu mei dedit Elye suo clerico p servitio suo.
ita libam 7 qeta. sic ego ea illi dedera. Et ego uolo 7 pcipio.
qatin' Ely' 7 heredes ta bene. 7 in pace. libe. atq; qete teneat. T. Hawis
Comitissa. Ipso Gregorio. Rob Salnu dapo. Rob Norr' Vic. Willo
filio Stephi. Constabulo. Walto de Wecha. Iord le Warre. Lewino
Camario. Ricardo clerico. ap Birstou.

W. Com Gloec. suo vicecom. 7 oib; Baronib; suis. atq; hoib; 7 amicis suis. de
Gualis. Francis. 7 Anglis. atq; Walensib;. Salt. Sciatis me dedisse 7 concessisse
Walto Lageles terra qua pat ei tenuit. p viii. sol singul annis p oi servicio te-
nenda de me 7 heredib; meis. ei 7 hedib; suis. 7 oms libertates quas mei liberi
homines habent. In Bosco. 7 plano. in pasturis 7 in ceteris reb;. Et volo atq; p-
cipio qtin° illa bene. 7 in pace. 7 honorifice teneat. T. Witt de Cliford vicecom.
Witt filio Nichol Marscal. Witt de Bosco. Witt filio Her. Gilbto de Umfravill.
Rodbto filio Ric. Hug de Her[...]dto Luvel. Wakelin. Ap Card.

a

Witts Comes Gloec. Suo Dapo. Omib; q; suis baronib. 7 homib. 7 amicis. atq; fidelib; Francis 7 Anglis:
sal. Sciatis me p salute aiaru patris mei 7 matris mee. 7 p salute animaru mi ipius. Uxoris q; mee. atq; mor
libero: do 7 eccle sci Jacobi de Bristou dedisse 7 concessisse terram de Asselega: in ppetua elemosina. solam. 7
quieta. atq; libam: sic meu propiu feodu est. Et pter hoc dedi 7 concessi do 7 eccle sci Jacobi de Bristou
feriam q apd Bristou in ebdomada pentecostes habebam. p salute animaru omiu pdictor. in ppetuam elemo
sinam habendam 7 tenendam infra burgu 7 extra. ita bene. libe. 7 honorifice. sic eam melius habebam qndo
in meo dominio erat. T. Hawis Cometissa. Gregorio filio Robti. Rob dalmi. dapo. Hamo filio Gueffridi.
Rob filio p[...] Capello. Ada de Cly. picardo. clicis Comitis. Hug de Gloec. Widone de rupe. Rob
[fi]lio Ric. R[...]e Caerdif. Simoe fre ei. Jordano la Warre. Lewino Camario. Alwino filio Sexrine.
[...]ernerio. Randulf fre bosonis. Rogo cu capillis. Osbto fratre ei. Apd Bristou.

b

X

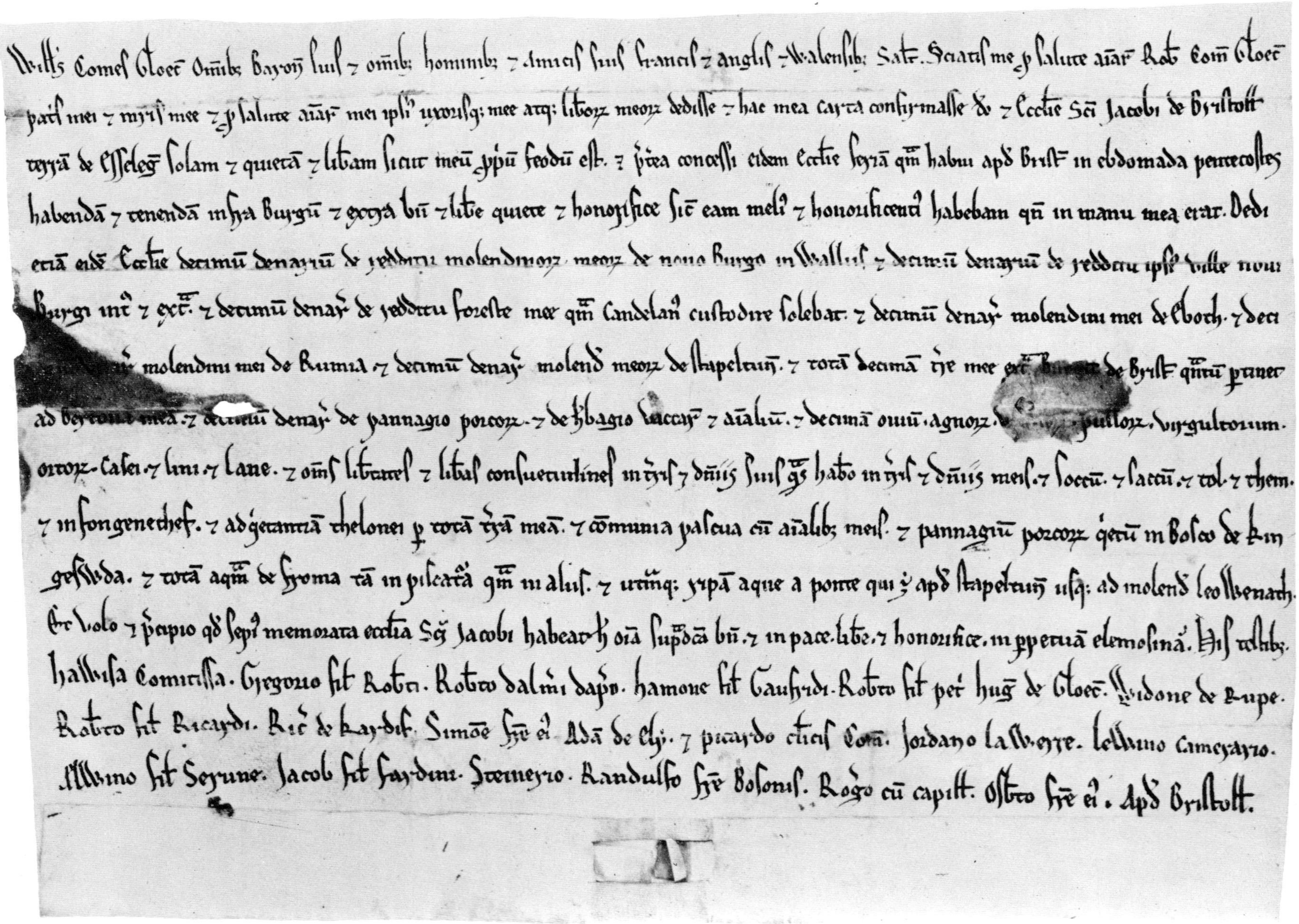

Witts Comes Gloec' Omib; Baron' suis 7 omib; hominib; 7 amicis suis Francis 7 Anglis 7 Walensib; Sat'. Sciatis me p salute aiar Rob' Com Gloec'
patris mei 7 matris mee 7 p salute aiar mei ipsi' uxorisq; mee atq; liberoz meoz dedisse 7 hac mea carta confirmasse Deo 7 Eccle Sci Jacobi de Bristoll
terra de Esseleg' solam 7 quieta 7 libam sicut meu ppu feodu est. 7 ptea concessi eidem Eccle feria qm habui apd Brist' in ebdomada pentecostes
habenda 7 tenenda infra Burgu 7 extra bn 7 libe quiete 7 honorifice sic eam meli' 7 honorificenti' habebam qn in manu mea erat. Dedi
etia eid' Eccle decimu denariu de redditu molendinoz meoz de novo Burgo in Wallis 7 decimu denariu de redditu ipsi' ville novi
Burgi int' 7 ext'. 7 decimu denar' de redditu foreste mee qm Candelan custodire solebat. 7 decimu denar' molendini mei de Eboch. 7 deci
[illegible] ar' molendini mei de Rumia 7 decimu denar' molend' meoz de Stapeltun. 7 tota decima tre mee ext' [illegible] de Brist' q'tu ptinet
ad b[er]to[n]a mea. 7 decimu denar' de pannagio porcoz. 7 de hbagio vaccar' 7 aialiu. 7 decima omiu agnoz [illegible] pulloz. virgultorum.
ortoz. Casei. 7 lini. 7 lane. 7 oms libtates 7 libas consuetudines in tris 7 dnis suis qs habeo in tris 7 dnis meis. 7 soccu. 7 saccu. 7 tol. 7 them.
7 infongenethef. 7 adqetantia thelonei p tota tra mea. 7 comunia pascua cu aialib; meis. 7 pannagiu porcoz qetu in Bosco de Kin
gesweda. 7 tota aqm de Froma ta in piscata qm in aliis. 7 utrumq; ripa aque a ponte qui e apd Stapeltun usq; ad molend' Leowenath.
Et volo 7 pcipio qd sepe memorata ecclia Sci Jacobi habeat h' oia supdca bn. 7 in pace. libe. 7 honorifice. in ppetua elemosina. His testib;.
Hawisa Comitissa. Gregorio fil' Robti. Robto Dalmi dapo. Hamone fil' Gaufridi. Robto fil' pet'. Hug' de Gloec'. Widone de Rupe.
Robto fil' Ricardi. Ric' de Kardif. Simoe fre ei. Ada de Ely. 7 Picardo clicis Com. Jordano Lawerre. Lewino Camerario.
Alwino fil' Serune. Jacob fil' Fardini. Sterneiro. Randulfo fre Bosonis. Rogo cu capill'. Osbto fre ei'. apd Bristoll.

a

b

c

Wills Com Glouc. Nicholao Landauens epo & vicecomiti suo de Glammorg. & omibz Baronibz
& hominibz suis et amicis francis & Anglis & Walensibz salute. Sciatis me dedisse & concessisse & istis
lris meis ɔfirmasse deo & eccie beate Marie de Margan. & Monachis ibidem deo servientibz totam
tram in montanis per has divisas. scilicet ab inferiori cilio montiu usqz ad supiori cilium montiu
ad sursam de Kenefeg. et a sursa de Kenefeg usqz ad sursam de frudel. & a sursa de frudel
in transverso p montes usqz in vadum Kewelethi in Avenam. & inde sicut aque descendunt usqz
ad mare. in bosco & plano. in moris & pasturis. in ppetuam elemosina. libe & qete ab omi secu
lari servicio possidendam. Et ego & heredes mei omia pdca pdcis Monachis Abbatie de Marg
contra omes homines imppetuum Warantizabim. Huius rei testes sunt hii. Hawisia comitissa.
Conan Abbas albe terre. Ricard Abbas sci Augtini de Bristoll. Radulfus Abbas de Nech.
Wills de boscho tuc vic. Symon de Kard. Johs de sco laudo. Robtus fil Ricardi. Galfr
sturmy. Reginald fil symonis. Wills de actona. Gillebt croc. Guydo de Rocca. Robt
Capellan. Hereveus clicus

Witts com Glouc. Nicholao Landauens epo 7 vicecomiti suo de Glamorg 7 omnib; Baronib; 7 hoib; suis.
et amicis Francis 7 Anglis 7 Walensib; salt. Sciatis me dedisse 7 concessisse 7 istis litis meis cfirmasse deo et
eccie beate Marie de Margan. 7 monachis ibidem deo suientib; totam tram in montanis per has diuisas.
scilicet ab inferiori cilio montiu usq; ad supcilium montiu ad surcam de Kenefeg. et a surca de Kenefeg usq;
ad surcam de Frudel. 7 a surca de Frudel in tnsuerso p montes usq; in vadum Bedwelethin auenam. 7 inde
sicut aque descendunt usq; ad mare. in bosco 7 plano. in moris 7 pasturis. in ppetuam elemosina. libe 7 qete
ab omi seculari suicio possidendam. Et ego 7 heredes mei omia pdca pdcis monachis abbatie de Marg cont
omes homines inppetuum Warantizabim. Hui rei testes sunt hii. Hawisia comitissa. Conan abbas albe
terre. Ricard' abbas sci Augustini de Bristoll. Radulfus abbas de Nech. Witts de Bosco tuc vic. Symon de Kard'.
Johs de sco Laudo. Robertus fil Ricardi. Galfrid' Sturmy. Reginald' fil Symonis. Witts de Acona. Gillebt'
Croc. Guido de Rocca. Robert' capellan'. Herueus clericus.

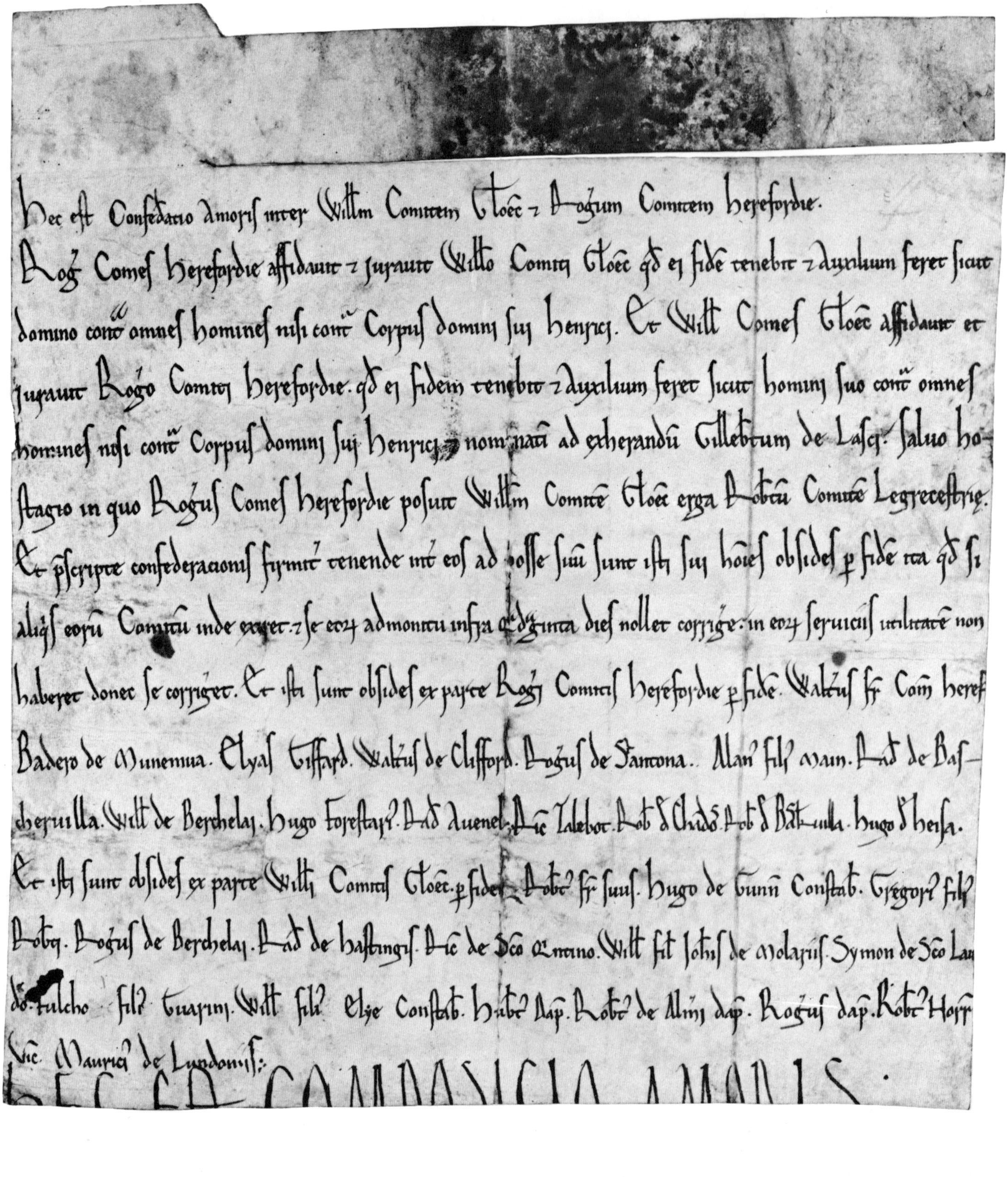
Hec est Confederatio amoris inter Willelmum Comitem Gloec' et Rogerum Comitem Herefordie.
Rogerus Comes Herefordie affidauit et iurauit Willelmo Comiti Gloec' quod ei fidem tenebit et auxilium feret sicut domino contra omnes homines nisi contra Corpus domini sui Henrici. Et Willelmus Comes Gloec' affidauit et iurauit Rogero Comiti Herefordie quod ei fidem tenebit et auxilium feret sicut homini suo contra omnes homines nisi contra Corpus domini sui Henrici et nominatim ad exheredandum Gillebertum de Lasci. Saluo hostagio in quo Rogerus Comes Herefordie posuit Willelmum Comitem Gloec' erga Robertum Comitem Legrecestrie. Et prescripte confederacionis firmiter tenende inter eos ad posse suum sunt isti sui homines obsides pro fide ita quod si aliquis eorum Comitum inde exiret et se eorum admonitu infra quadraginta dies nollet corrigere in eorum seruiciis utilitatem non haberet donec se corrigeret. Et isti sunt obsides ex parte Rogeri Comitis Herefordie pro fide. Walterus frater Comitis Heref'. Badero de Munemua. Elyas Giffard. Walterus de Clifford. Rogerus de Santona. Alanus filius Main. Radulfus de Baskeruilla. Willelmus de Berchelai. Hugo Forestarius. Radulfus Auenel. Ricardus Talebot. Robertus de Chand'. Robertus de Baskeruilla. Hugo de Heisa.
Et isti sunt obsides ex parte Willelmi Comitis Gloec' pro fide. Robertus frater suus. Hugo de Gunn' Constabularius. Gregorius filius Roberti. Rogerus de Berchelai. Radulfus de Hastingis. Ricardus de Sancto Quintino. Willelmus filius Iohannis de Molariis. Symon de Sancto Laudo. Fulcho filius Guarini. Willelmus filius Elye Constabularius. Hubertus dapifer. Robertus de Almi dapifer. Rogerus dapifer. Robertus Hoff' Vicecomes. Mauricius de Lundoniis.
HEC EST COMPOSICIO AMORIS

.W. Comes Gloec. Dapifero suo. et omnibus baronibus suis. et hominibus atque fidelibus. et omnibus ministris suis anglie. salutem. Sciatis me dedisse et concessisse Willelmo de Mulesham et heredibus suis. tenendas de me et de heredibus meis in feudo et hereditate. et pro servitium quinte partis unius militis michi et heredibus meis pro omni re faciendo. illas terras quas idem Willelmus tenebat apud Badoenam quando ego primo fui saisitus de manerio de Badoena et de quibus ei reddidit per annum .xxiii. sol. scilicet terram quam Safredus tenuit. unde predictus Willelmus reddebat .xiii. sol. et terram que fuit Gilleberti unde reddebat .viii. sol. et terram que fuit Adwini fabri unde reddebat .xviii. den. et terram Alfwini iuvenis unde reddebat .vi. den. Quare volo et precipio. quatinus illas bene et in pace. et ita honorabiliter teneat. et cum talibus libertatibus sicut aliquis de meis militibus liberius et honorabilius tenet. T. Ham filio Guefridi Conestabulo. Ruald de Valoniis. Ric. de sancto Quintino. Rob. de Vallerodolii. Rann filio Geroldi. Willelmo filio Nicholai Marescallo. Adam de Sumerio. Willelmo de Topesfelda. Elia de Kabewella. Rob. de Bretingeham. apud Lundonias.

a

b

a

b

XVIII

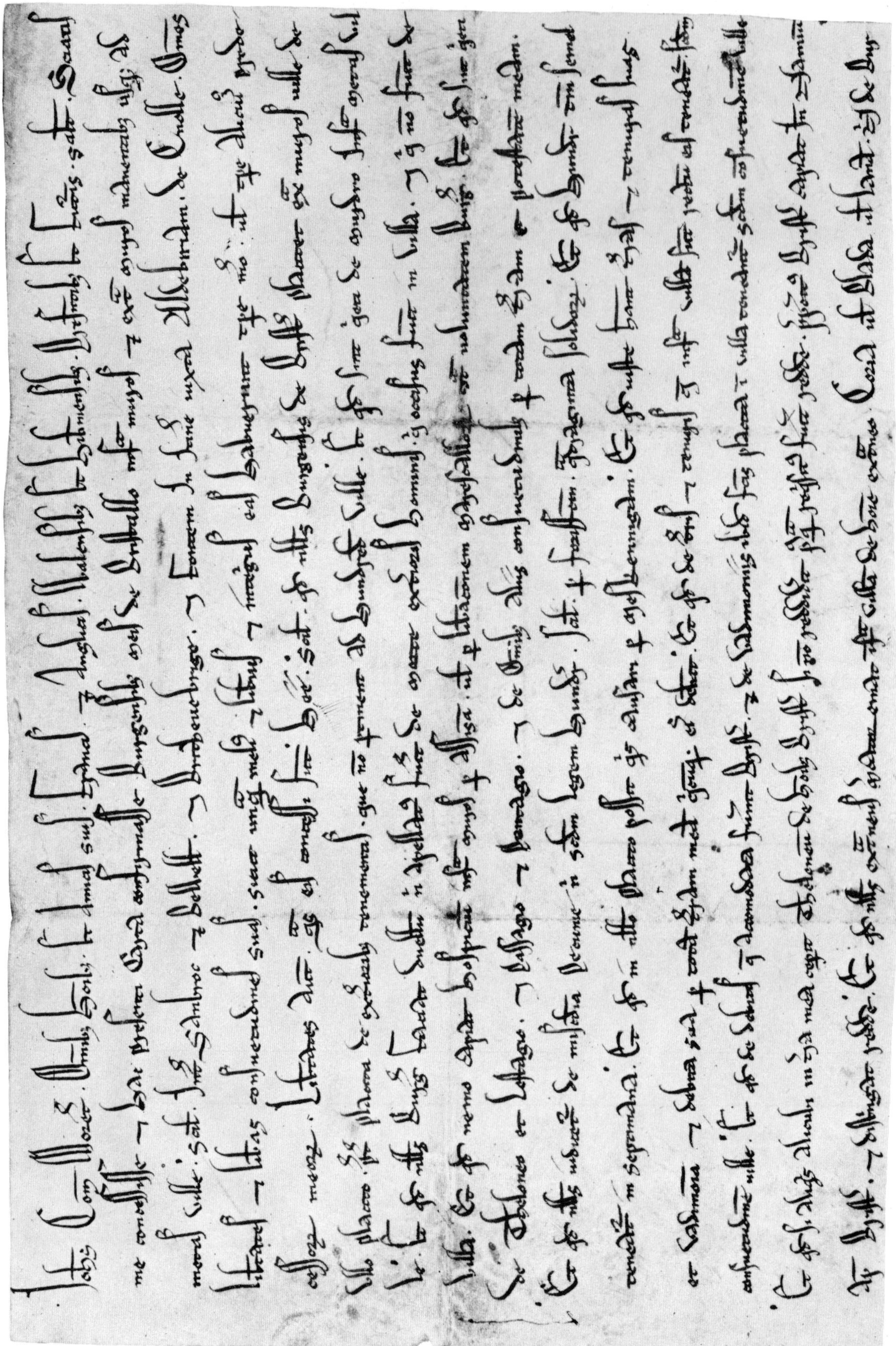

a

b

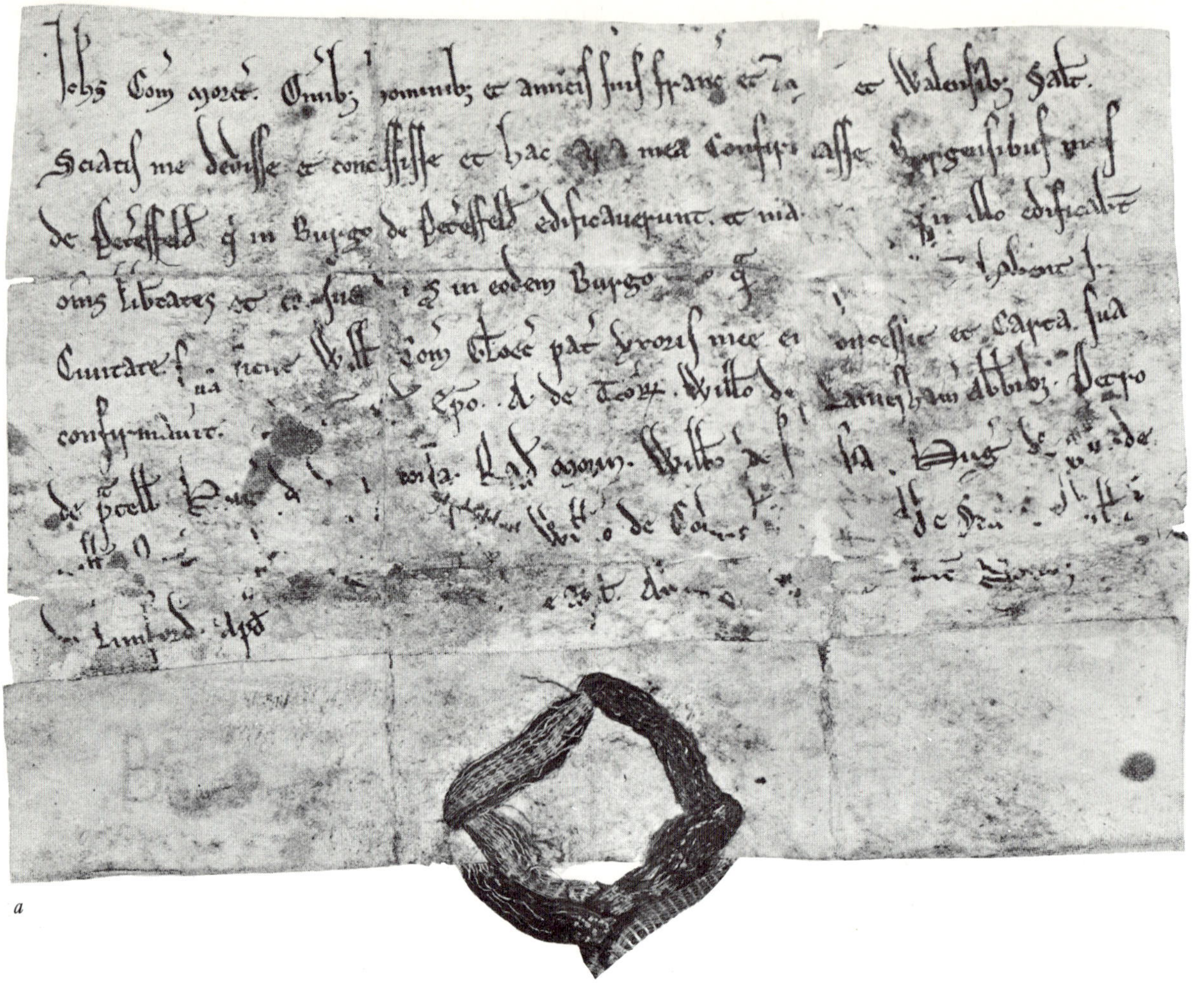

a

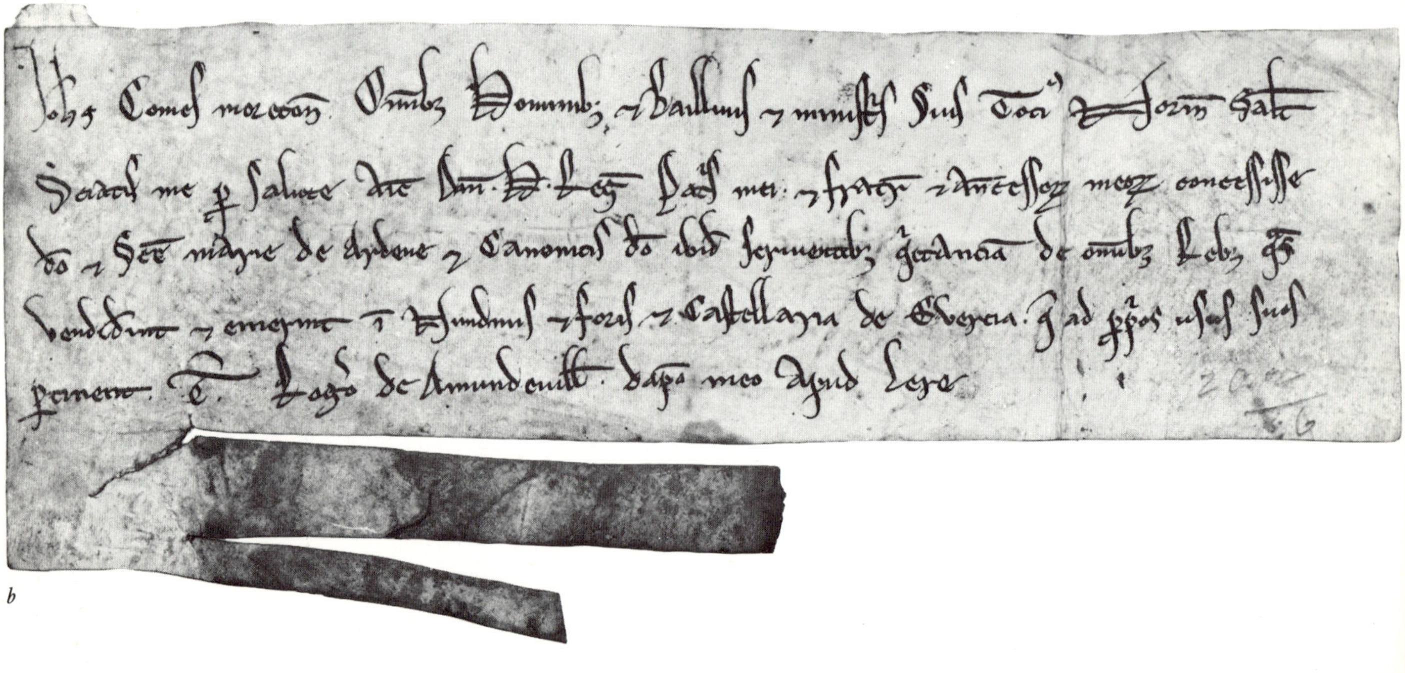

b

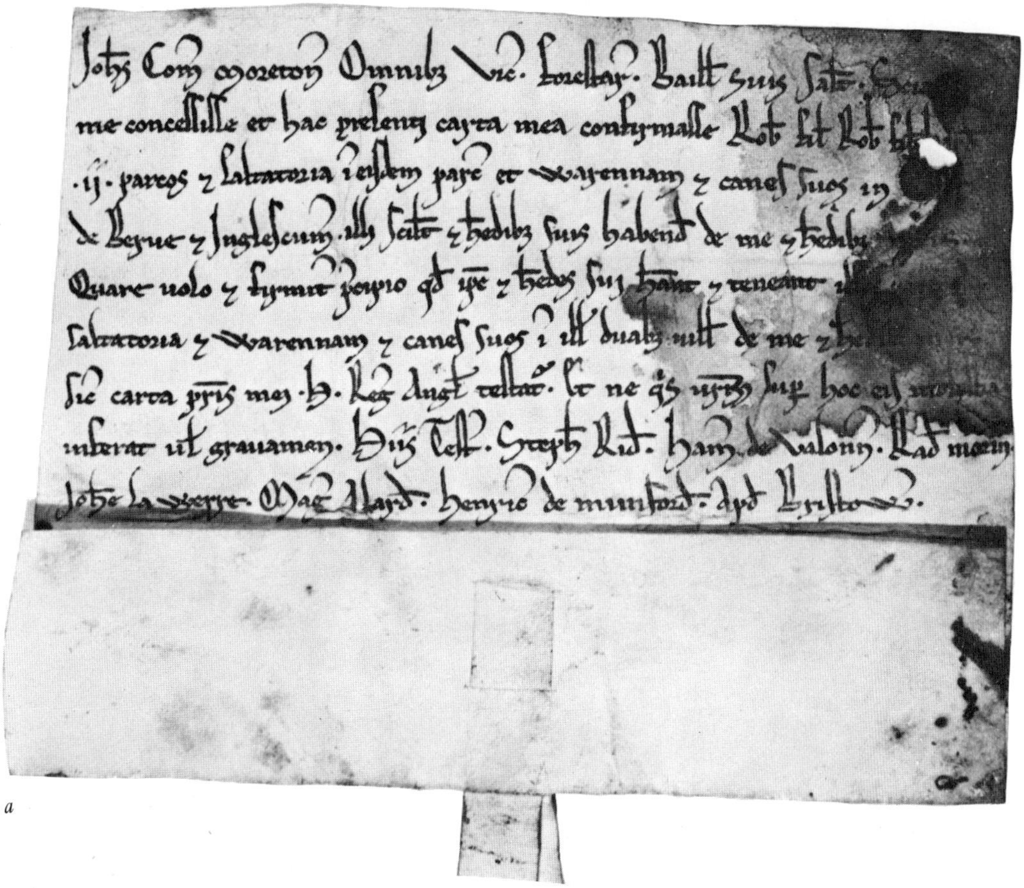

a

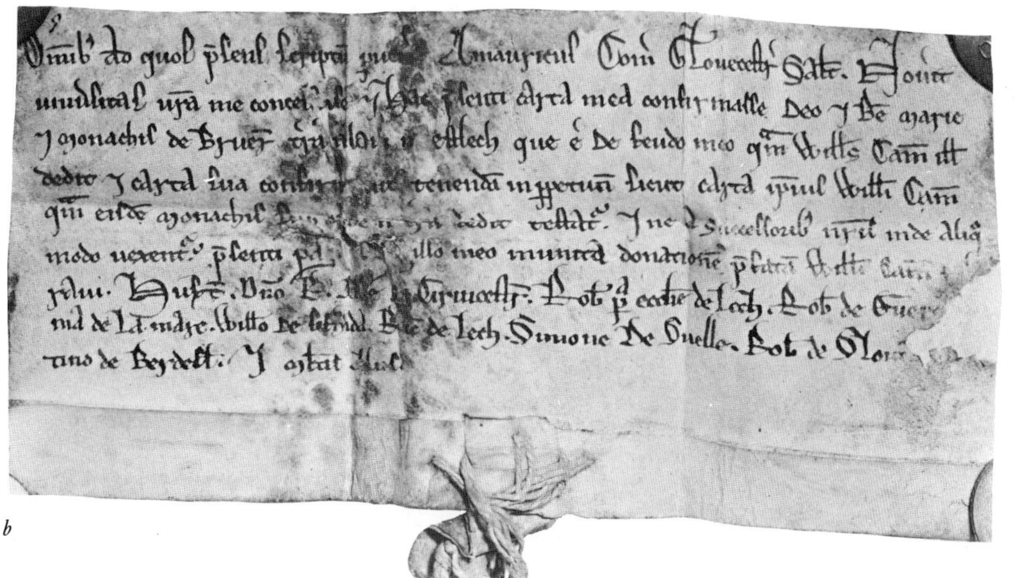

b

Omnibus ad quos presens carta peruenerit. Amalricus Comes Glocestrie filius Amalrici Comitis Ebroic'. Salutem. Nouerit uniuersitas uestra quod ego dedi et concessi et presenti
carta mea confirmaui Eustachio de Greinuill' pro homagio et seruitio suo centum solidatas terre in manerio meo de Mapeldurha cum omnibus pertinentiis suis. Videlicet totum
tenementum Willelmi de Felda cum omnibus pertinentiis suis et ipsum Willelmum cum tota sequela sua. Et totum tenementum Willelmi de Bergha cum omnibus pertinentiis suis et ipsum Willelmum
cum tota sequela sua. Et totum tenementum Ade le Carbonier cum omnibus pertinentiis suis et ipsum Adam cum tota sequela sua. Et totum tenementum Godwini de Szeta cum omnibus pertinentiis suis et ipsum
Godwinum cum tota sequela sua. Et totum tenementum Sewulfi de Szeta cum omnibus pertinentiis suis et ipsum Sewulfum cum tota sequela sua. Et totum tenementum Alani le Carbonier cum omnibus pertinentiis suis et ipsum
Alanum cum tota sequela sua. Et totum tenementum Gileb' de Gaps cum omnibus pertinentiis suis et ipsum Gileb' cum tota sequela sua. Et totum tenementum Galfridi Mareschall cum omnibus pertinentiis suis et cum toto
seruitio quod ipse Galfridus debet. Et totum tenementum Alani Mareschal cum omnibus pertinentiis suis et ipsum Alanum cum tota sequela sua. Et totum tenementum Ricardi Molendinarii et molendinum quod ipse tenuit in uillenagio
cum omnibus pertinentiis suis et ipsum Ricardum cum tota sequela sua. Et preterea totam sectam et molturam hominum meorum de manerio de Mapeltreha et Petresfeld sicut id molendinum illa habuit et habere
de iure debet sine retenemento et impedimento de me et heredibus meis. Et preterea duas caretatas de busca et unam arborem competentem in boscis meis de eodem manerio per annum in festo sancti Iohannis
Baptiste ad sustentationem predicti molendini. Habenda et tenenda ei et heredibus suis de me et heredibus meis in feodo et hereditate per seruitium tertie partis feodi unius militis pro omni seruitio.
Quare uolo et firmiter precipio quod predictus Eustachius et heredes sui habeant et teneant omnia predicta tenementa de me et heredibus meis imperpetuum bene et in pace integre et plenarie cum omnibus
pertinentiis suis in bosco in plano in uiis et semitis in pratis et pasturis in aquis et molendinis in gardinis et in vivariis et in omnimodis communis et aisiamentis cum hominibus meis de
Mapeltreha et in omnibus aliis locis et rebus cum omnibus libertatibus et liberis consuetudinibus ad ea pertinentibus. Libera et quieta de theloneo et omni consuetudine in uilla mea de Petresfeld
nisi aliquis de predictis tenentibus sit mercator. Et ab omni secta hundredi mei et curie mee et ab omnibus placitis et querelis et exactionibus et omnimodis sectis et seruitiis ad me et
ad heredes meos pertinentibus pro predicto seruitio. Et ego et heredes mei warantizabimus eidem Eustachio et heredibus suis omnia predicta tenementa cum omnibus pertinentiis suis et liberis
consuetudinibus contra omnes homines. Hiis testibus. Archiot capellano. Willelmo de la Faleys. Ricardo Talebot. Roberto de Perepont. Willelmo de Wehneuill'. Magistro Roberto Basset. Senescallo
domini Wintoniensis episcopi. Iohanne de Briwes. Mauricio de Turevill'. Iohanne de la Mare. Rogero Alis. Germano de Lamuill'. et multis aliis.

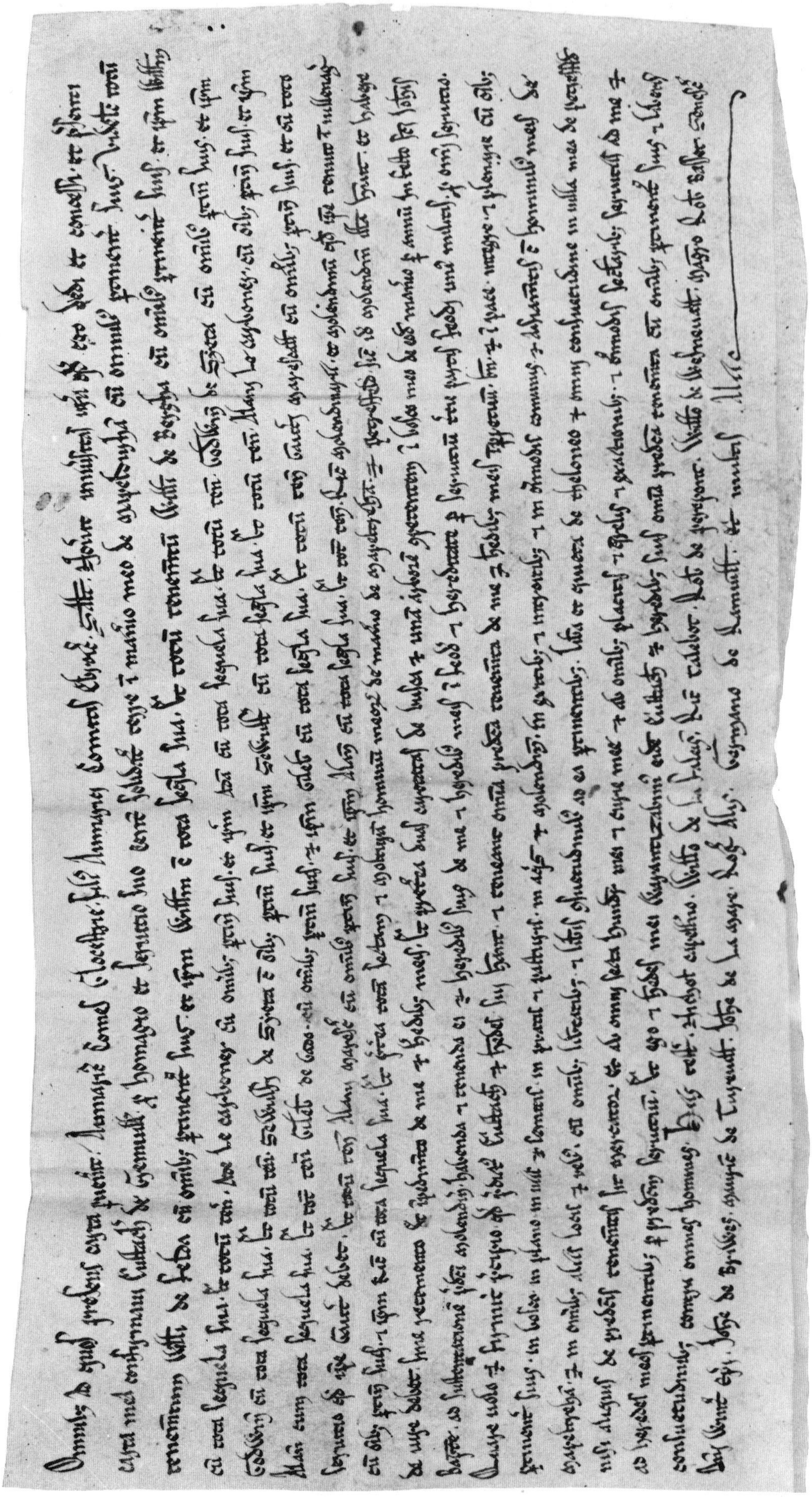

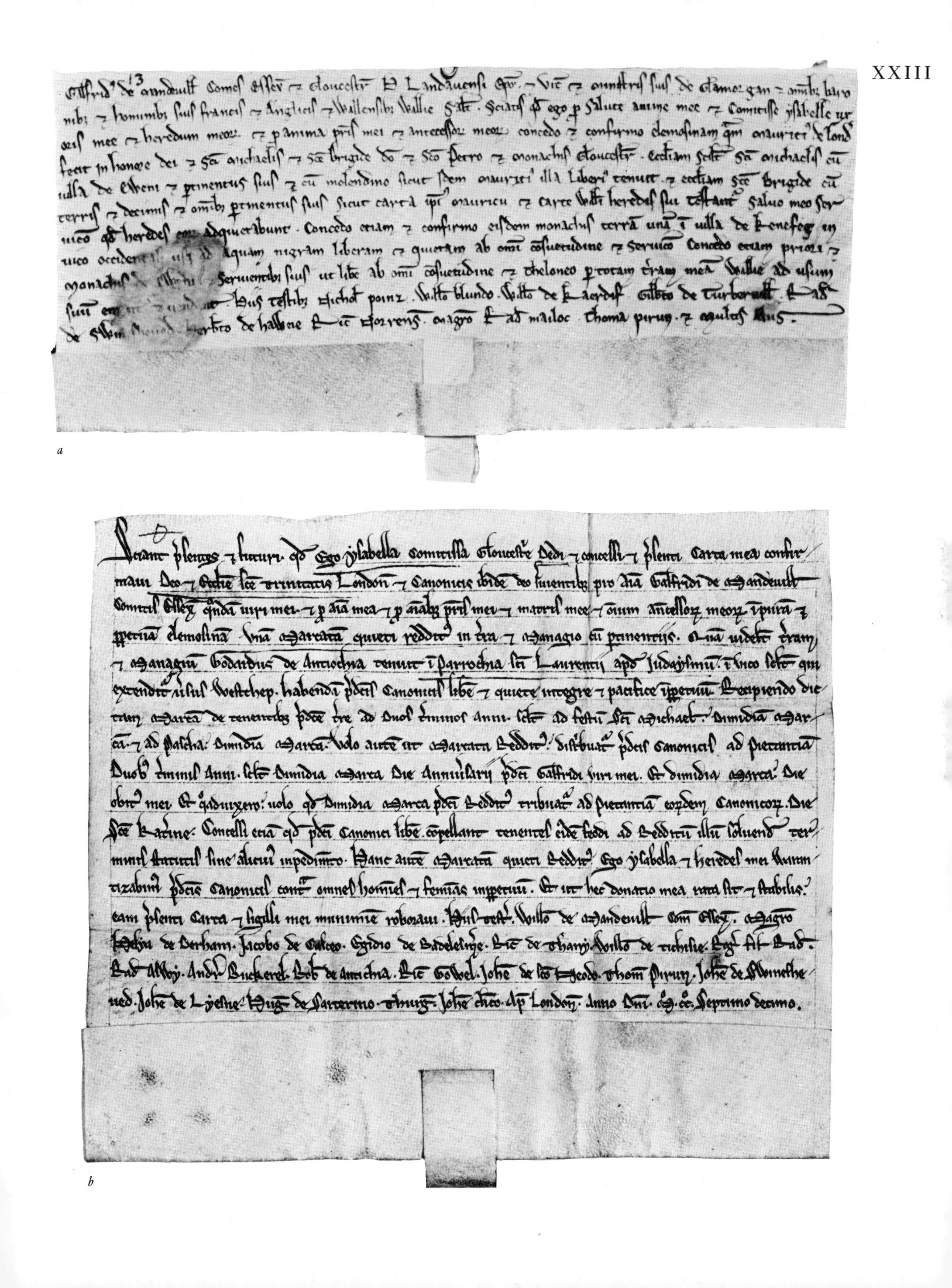

a

b

XXIV

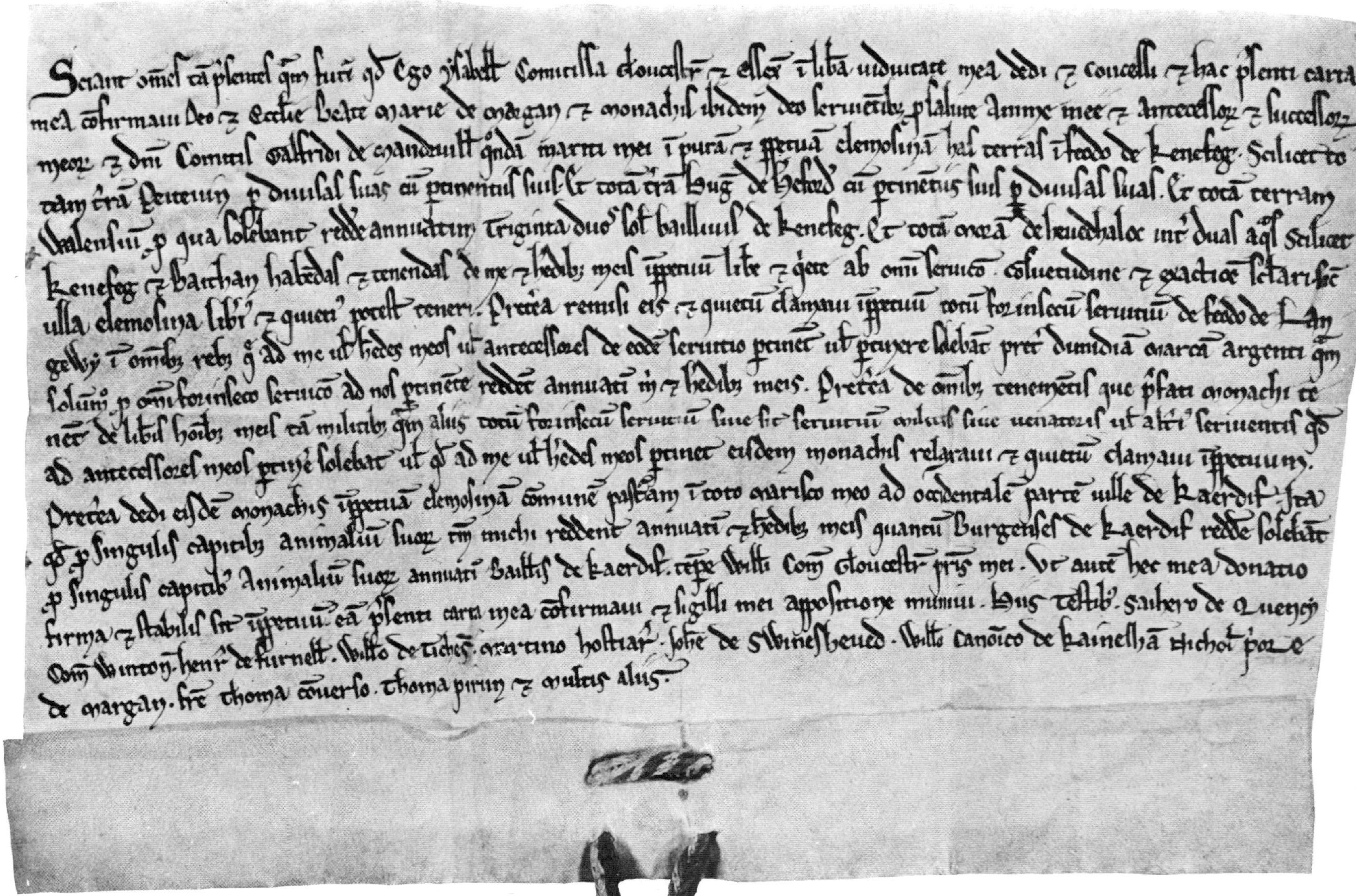
Sciant omnes tam presentes quam futuri quod Ego Isabell' Comitissa Gloucestr' et Essex' in libera viduitate mea dedi et concessi et hac presenti carta
mea confirmaui Deo et ecclesie beate Marie de Margan et monachis ibidem deo seruientibus pro salute anime mee et antecessorum et successorum
meorum et domini Comitis Galfridi de Mandeuill' quondam mariti mei in pura et perpetua elemosina has terras in feodo de Kenefeg. Scilicet to
tam terram Seiteuin per diuisas suas cum pertinentiis suis. Et totam terram Hug' de Hereford cum pertinentiis suis per diuisas suas. Et totam terram
Walensium pro qua solebant reddere annuatim triginta duos sol' ballivis de Kenefeg. Et totam moram de Heuedhaloc inter duas aquas scilicet
Kenefeg et Bathan habendas et tenendas de me et heredibus meis imperpetuum libere et quiete ab omni seruicio consuetudine et exactione seculari sicut
ulla elemosina liberius et quietius potest teneri. Preterea remisi eis et quietum clamaui imperpetuum totum forinsecum seruicium de feodo de Lan
gewi in omnibus rebus que ad me uel heredes meos uel antecessores de eodem seruicio pertinet uel pertinere solebat preter dimidiam marcam argenti quam
soluunt pro omni forinseco seruicio ad nos pertinente reddent annuatim michi et heredibus meis. Preterea de omnibus tenementis que prefati monachi te
nent de liberis hominibus meis tam militibus quam aliis totum forinsecum seruicium siue sit seruicium militis siue uenatoris uel alterius seruientis quod
ad antecessores meos pertinere solebat uel quod ad me uel heredes meos pertinet eisdem monachis relaxaui et quietum clamaui imperpetuum.
Preterea dedi eisdem monachis in perpetuam elemosinam communem pasturam in toto marisco meo ad occidentalem partem uille de Kaerdif. Ita
quod pro singulis capitibus animalium suorum tantum michi reddent annuatim et heredibus meis quantum Burgenses de Kaerdif reddere solebant
pro singulis capitibus animalium suorum annuatim Ballivis de Kaerdif tempore Willelmi Comitis Gloucestr' patris mei. Ut autem hec mea donatio
firma et stabilis sit imperpetuum eam presenti carta mea confirmaui et sigilli mei appositione muniui. Hiis testibus. Saherio de Quency
Comite Winton'. Henr' de Furnell'. Willelmo de Tichesi. Martino hostiario. Johanne de Sulinesheued. Willelmo canonico de Kainesham. Nichol' priore
de Margan. fratre Thoma converso. Thoma Pirun et multis aliis.

Sciant omnes presentes et futuri quod ego Gaufr. de Mandeuill. Com. Gloucest. et Essex. consensu et consilio Isabel uxoris mee Comitisse Gloucest. concessi et dedi. et hac presenti carta mea
confirmaui pro salute anime mee et antecessorum et successorum meorum deo et beate Marie de Margan. et Monachis ibidem deo seruientibus in puram et perpetuam elemosinam has terras in feudo
de Kenef. Scilicet totam terram Peitevin. per diuisas suas cum pertinentiis suis. Et totam terram Wallensium. pro qua solebant reddere annuatim xxxii. sol. balliuis de Kenef. Et totam
terram Hugonis de Hereford per diuisas suas cum pertinentiis suis. Et totam moram de Hauedhaloc inter duas aquas scilicet Kenef. et Baithan. tenendas de me et heredibus meis libere et
quiete ab omni seruitio consuetudine et exactione seculari. sicut ulla elemosina liberius et quietius potest teneri. Preterea concessi eisdem Monachis et confirmaui omnes donationes quas eis fecerunt
Rob. et Willelmus Comites Gloucest. Scilicet omnes terras cum pertinentiis suis inter Kenef. et ulteriorem ripam aque de Auene. ulteriorem que est ad occidentem hermitagii Theodrici. Et sic montana
tendunt a fursa aque de Kenef. usque ad locum Middelcros. et inde in transuersum usque ad Blaradi (?) discululam (?). et inde usque ad Ridkeuelechi. et inde sicut Auene descendit in mare.
Et totum Wrek inter Auene et Kenef. et unum burgagium in Kenef. et unum burgagium in Kaerdif. et unum burgagium in nouo burgo. et unum burgagium in Bristoll. Insuper concessi
eisdem Monachis et confirmaui donationes liberorum hominum meorum. scilicet terram Sturmi. per diuisas suas cum pertinentiis suis. unde habent confirmationem Willelmi Com. Gloucest. Et
quicquid habent ex dono Gilleb. Grammi. et heredum eius. et quicquid habent ex dono burgensium de Kenef. et liberorum hominum in uilla de Kenef. ut erit in eodem feudo. Et ex dono Morgani
filii Owein Hauedhaloc. Et totum feudum de Langewi. ex dono Dauid Scurlag et antecessorum et heredum eius. et concessione Nichol Puinz. sicut carte ipsorum testantur. Et quicquid
habent ex dono Pagani de Turbuill. in Coitcherch. Et ex dono filiorum Herbert. Killecuthi (?) per diuisas suas. Et terram Lageles apud Laglestun. Et quicquid habent ex dono Morgani
filii Caradoci et heredum eius in marisco de Auene. et Berghes. et Rossaulin. et communem pasturam in montanis inter Thaf et Nethe. et pulmor apud Lanmeuthin. Et ex dono Willelmi de
Lond. et heredum eius totam terram de Eglískeinwir cum pertinentiis suis sicut carte ipsorum testantur. Et quicquid habent ex dono Henrici de Vmfrauill. et heredum eius apud Lanmeuthin. et xii. acras
quas ibidem habent ex dono Vrbani Sacerdotis de Pendeuelin. et ex dono Hugonis de Lancaruan et heredum eius xxxii. acras. et ex dono Ade de Sumi xii. acras. et ex dono Iorwerth filii Justin
duas acras. et quicquid ex dono Iohannis de Boneuilest. et heredum eius apud Boneuillestun. et ibidem ex dono templariorum xl. acras. et ex dono Mareduth et heredum eius communia terre sue in boscis et
… op' habent ad … terram de Lanmeuthin. et quod habent ex dono Rob. Sanson. in feudo Sancti Nichol. et quicquid habent ex dono burgensium de Kardif. ut liberorum hominum in eadem uilla.
ut erit. Quare uolo et firmiter precipio quod predicti monachi habeant et teneant omnia predicta. bene et in pace. libere et quiete. integre et plenarie et honorifice. in bosco et plano. in uiis et semitis.
in aquis et molendinis. in uiuariis et stagnis. in moris et mariscis. in turbariis et piscariis. in pratis et pasturis. et in omnibus aliis locis et rebus cum omnibus libertatibus et liberis consuetudinibus suis. Hec
omnia concessi et confirmaui predictis monachis de Marg. habenda et tenenda imperpetuum sicut carte donatorum que inde habent testantur. Concessi etiam eis et confirmaui omnes alias donationes eis rationabiliter
factas uel faciendas. sicut carte donatorum. uenditorum. et inuadiatorum que inde habent. uel habituri sunt. testantur uel testificabuntur. Hiis testibus. Dno. Henr. Land. Epo. Vrbano Land. Archid.
Nichol Ponz. Henr. de Vmfrauill. Iohe de Sco Quintino. Walto de Sullie. Rad de Suinesheued. tunc uicecomite. Ricardo Flandrensi (?). Gilleb de Vmfreuill.
Willelmo de Cantilupo. Reimund de Sullie. Rad Maylor. Willo Lesor. Radulfo de Cliuedun. et multis aliis.

Sciant omnes presentes et futuri quod ego Isabel Comitissa Gloucestrie et Essexie consilio et consensu domini mei Gaufridi de Mandeuill Comitis Gloucestrie et Essexie concessi et dedi et hac presenti carta mea confirmavi pro salute anime mee et antecessorum et successorum nostrorum deo et beate Marie de Margan et Monachis ibidem deo servientibus in perpetuam et puram elemosinam has terras in feudo de Kenef. Scilicet totam terram Pettewin per divisas suas cum pertinentiis suis. Et totam terram Hugonis de Heref' per divisas suas cum pertinentiis suis. Et totam terram Walensium pro qua solebant reddere annuatim xxxii sol. Ballivis de Kenef. Et totam moram de Hauedhaloc inter duas aquas scilicet Kenef et Garthan tenendas de me et heredibus meis libere et quiete ab omni servitio consuetudine et exactione seculari sicut ulla elemosina liberius et quietius potest teneri. Preterea concessi eisdem Monachis et confirmavi omnes donationes quas eis fecerunt Rob. Com. avus meus et Willelmus Com. pater meus. scilicet omnes terras cum pertinentiis suis inter Kenef et ulteriorem ripam aque de Auene ulterioris que est ad occidentem Hundlegh Theodrici. Et sicut montana tendunt a sursa aque de Kenef usque ad locum Middeleros. Et inde in transversum usque ad Blaimiant disculua. Et inde usque ad Ridkeuelechi. Et inde sicut Auene descendit in mare. Et totum Wrek inter Auene et Kenef. Et unum Burgagium in Kenef et unum burgagium in Kard' et unum burgagium in Novo Burgo. Et unum burgagium in Bristoll. Insuper et concessi eisdem Monachis et confirmavi omnes donationes liberorum hominum meorum. scilicet terram Sturmi per divisas suas cum pertinentiis suis. unde habent confirmationem patris mei. Et quicquid habent ex dono Gilleb. Grammi et heredum eius. Et quicquid habent ex dono Burgensium de Kenef et liberorum hominum in villa de Kenef vel extra in eodem feudo. Et ex dono Morgani filii Oweni Hauedhaloc. Et totum feudum de Langewi ex dono David Scurlag et antecessorum et heredum eius et concessione Nichol. Pom'. sicut carte ipsorum testantur. Et quicquid habent ex dono Pagani de Cleruill et heredum eius in Korthkarth. Et ex dono filiorum Hereberti Killeculu per divisas suas. Et quicquid habent ex dono Morgani filii Caradoci et heredum eius in marisco de Auene et Berges et Rossaulin et Pultimor apud Landmeuthin. Et communem pasturam in montanis inter Taf et Neth et terram Walteri Lageles apud Lagelestun. Et ex dono Willelmi de Lond. et heredum eius totam terram de Eglskainwir cum pertinentiis suis sicut carte ipsorum testantur. Et quicquid habent ex dono Henrici de Umfrauill et heredum eius apud Landmeuthin. Et xii acras quas ibidem habent ex dono Urbani Sacerdotis de Pendiuelin. Et ex dono Hugonis de Landkarvan et heredum eius xxxii acras. Et ex dono Ade de Sumeri xii acras. Et ex dono Iouarth filii Iustini ii acras. Et quicquid habent ex dono Iohannis de Boneuilest et heredum eius apud Boneuilest. Et ibidem ex dono Templariorum xl acras. Et ex dono Maredu et heredum eius communam terre sue in boscis et pasturis quantum opus habuerint ad grangiam suam de Landmeuth. Et quod habent ex dono Rob. Sanson in feudo Sancti Nichol. Et quicquid habent ex dono Burgensium de Kard. et liberorum hominum in eadem villa et extra. Hec omnia concessi predictis monachis et confirmavi habenda et tenenda imperpetuum sicut carte donatorum quas inde habent testantur. Quare volo et firmiter precipio quod predicti Monachi de Margan habeant et teneant omnia predicta bene et in pace libere et quiete integre et plenarie et honorifice in bosco et plano in viis et semitis in aquis et molendinis in vivariis et stagnis in Moris et mariscis in Warris et piscariis in pratis et pasturis et in omnibus aliis locis et rebus cum omnibus libertatibus et liberis consuetudinibus suis. Concessi etiam et confirmavi eis omnes alias donationes venditiones et vadiationes eis rationabiliter factas vel faciendas sicut carte donatorum venditorum et vadiatorum quas inde habent vel habituri sunt testantur vel testabuntur. Hiis testibus. Domino Henr. Land. Episcopo. Urban. Land. Archid. Nichol. Pom'. Henr. de Umfrauill. Iohe de Sancto Quintino. Walt. de Sullie. Rad. de Sumeresheued tunc vicecomite. Ricardo Flamang. Gilleb. de Cleruill. Willelmo de Cantilupo. Willelmo le Sor. Rad. Maloc. Et Multis Aliis.

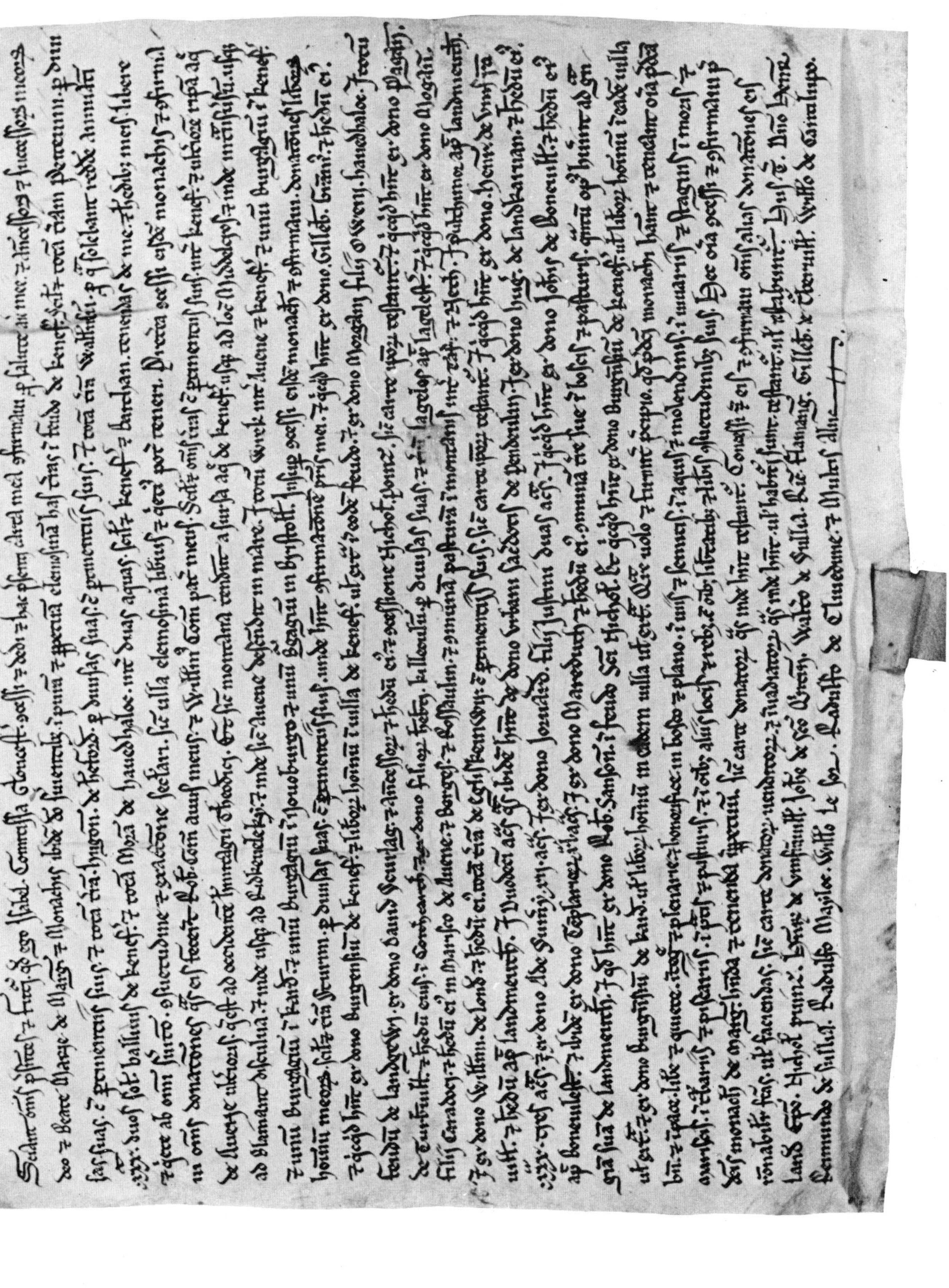

Sciant omnes presentes et futuri quod ego Isabel. Comitissa Gloucestr' concessi et dedi et hac presenti carta mea confirmavi pro salute anime mee et antecessorum et successorum meorum deo et beate Marie de Marg' et Monachis ibidem deo servientibus in puram et perpetuam elemosinam has terras in feudo de Kenef'. Scilicet totam terram Petreiuin(?) pro divisas suas cum pertinentiis suis. et totam terram Hugonis de Hereford pro divisas suas cum pertinentiis suis. et totam terram Walkelini(?) pro qua solebant reddere annuatim xxx. duos sol. ballivis de Kenef'. et totam Moram de Hauedhaloc. inter duas aquas scilicet Kenef' et Barchan. tenendas de me et heredibus meis libere et quiete ab omni servitio consuetudine et exactione seculari. sicut ulla elemosina liberius et quietius potest teneri. Preterea concessi eisdem monachis et confirmavi omnes donationes quas eis fecerunt Rob. Comes avus meus. et Willelmus Comes pater meus. Scilicet omnes terras cum pertinentiis suis inter Kenef' et ulteriorem ripam aque de Avene ulterioris que est ad occidentem Hermitagii Theodrici. Et sicut montana tendunt a sursa aque de Kenef' usque ad loc' Middelcros et inde in sursum usque ad Blaman disculua(?) et inde usque ad Redkeneleky et inde sicut Avene descendit in mare. Et totum Werk inter Avene et Kenef'. et unum burgagium in Kenef'. et unum burgagium in Kard. et unum burgagium in Novoburgo et unum burgagium in Bristoll. Insuper concessi eisdem monachis et confirmavi donationes liberorum hominum meorum. scilicet terram Sturmi pro divisas suas cum pertinentiis suis. unde habent confirmationem patris mei. Et quicquid habent ex dono Gilleb. Grani(?) et heredum eius. Et quicquid habent ex dono burgensium de Kenef' et liberorum hominum in villa de Kenef'. ut carte in eodem feudo. et ex dono Morgani filii Owein. Hauedhaloc. Et totum feudum de Landgewi ex dono David Scurlag et antecessorum et heredum eius et concessione Nichol. Poinz. sicut carte ipsorum testantur. Et quicquid habent ex dono Pagani de Turbuill. et heredum eius in Corneli(?) et ex dono filiorum Hebri. Killecoulu(?) pro divisas suas et [illegible] lagelos apud Lagelesf'. Et quicquid habent ex dono Morgani filii Caradoci et heredum eius in Marisco de Avene. et Borges. et Rossaulin. et communam pasturam in montanis inter Taf' et Neth. Et Pulchmor apud Landmeuth. Et ex dono Willelmi de Lond' et heredum eius totam terram de Egliskeinwyr cum pertinentiis suis. sicut carte ipsorum testantur. Et quicquid habent ex dono Henr. de Umfravill. et heredum apud Landmeuth. Et duodecim acras quas ibidem habent de dono Urbani sacerdotis de Pendeulin. Et ex dono Hug. de Landkarvan et heredum eius. xxx. tres acras. Et ex dono Ade Sunny(?) xii. acras. Et ex dono Iorwerd filii Iustini duas acras. Et quicquid habent ex dono Iohis de Boneuill et heredum eius apud Boneuilest'. et ibidem ex dono Templariorum x. acras. Et ex dono Mareduth et heredum eius communam terre sue in boscis et pasturis. quantum opus habent ad grangiam suam de Landmeuth. Et quod habent ex dono Rob. Sanson in feudo Sancti Nichol. Et quicquid habent ex dono burgensium de Kenef' ut liberorum hominum in eadem villa ut carte. Et ex dono burgensium de Kard. ut liberorum hominum in eadem villa ut carte. Quare volo et firmiter precipio. quod predicti monachi habeant et teneant omnia predicta bene et in pace libere et quiete. integre et plenarie et honorifice in bosco et plano. in viis et semitis. in aquis et molendinis. in vivariis et stagnis in moris et mariscis. in turbariis(?) et piscariis. in pratis et pasturis. et in omnibus aliis locis et rebus. cum omnibus libertatibus et liberis consuetudinibus suis. Hec omnia concessi et confirmavi predictis monachis de Marg. habenda et tenenda imperpetuum. sicut carte donatorum quas inde habent testantur. Concessi et eis et confirmavi omnes alias donationes eis rationabiliter factas vel faciendas. sicut carte donatorum venditorum et invadiatorum quas inde habent vel habituri sunt testantur vel testabunt. Hiis testibus. Dno Henr. Land Epo. Nichol Puinz. Henr de Umfravill. Iohe de Sco Quintin. Waltero de Sullia. Ric. Flamang. Gilleb. de Turbuill. Willo de Cantilupo. Reimundo de Sullia. Radulfo Mayloc. Willo le Sor. Radulfo de Cliuedune. et multis aliis.

XXVIII

Sciant omnes tam presentes quam futuri quod ego Ysabell comitissa Glouecestrie et Essex in libera viduitate mea concessi et hac presenti carta mea confirmavi deo et ecclesie beate Marie de Mar[gan]
et perpetuam elemosinam omnes donationes concessiones et confirmationes quas eis fecerunt Robertus comes Glouecestrie avus meus et Willelmus comes Glouecestrie pater meus. Scilicet omnes terras cum pertinentiis suis inter Ken[fig]
ad occidentem hermitagii Theoderici et sicut montana tendit a sursa aque de Kenefeg usque ad locum Middeles. et inde in [illegible] Blainare discultam [?]. et inde usque ad Bikenerethi. et inde [illegible]
et Kenefeg. et vii burgagium in Kaerdif. et unum in novo burgo. et unum in Bristoll. Concessi etiam predictis monachis donationes liberorum hominum meorum scilicet terram Sturmy per divisas suas
et totum forinsecum servitium eiusdem terre Sturmy ad me vel ad heredes meos pertinens eisdem monachis quietum clamavi et relaxavi in perpetuum et dedi in puram et perpetuam elemosinam. et quicquid
habent ex dono burgensium de Kenefeg et liberorum hominum in villa de Kenefeg vel extra in eodem feodo et totum feodum de Langewi ex dono David Scurlagge et antecessorum eius
ad heredes meos pertinens prefatis monachis dedi in perpetuam elemosinam et quietum clamavi in perpetuum pro dimidia marca argenti pro warda et omni alio servitio ad me vel ad heredes meos p[ertinente]
Lageles. et quicquid habent ex dono liberorum hominum meorum in feodo novi castelli. et concessionem Ricardi Punz de feodo de Langewi eis concessi et confirmavi. et quicquid habent ex dono [illegible]
Karch. et ex dono filiorum Herberti Killekulin per divisas suas cum pertinentiis suis. et totum forinsecum servitium scilicet quod ad coquinam reddi solebat eisdem monachis dedi in perpetuam
nedbalsoc. et quicquid habent ex dono Morgani filii Caradoci vel heredum eius in marisco de Auene et Berges et Roshaulin et communem pasturam in montanis inter Thaf et Neth. et terra q[uam]
aliquod forinsecum servitium pertinuit in vita antecessoribus meis de ipsa terra de Pultimor: illud totaliter dedi et remisi prefatis monachis in puram et perpetuam elemosinam et quietum clamavi in p[erpetuum]
totam terram de Eglescumber cum pertinentiis suis. et decem solidatas terre apud Marc' ex dono Philippi de Marc'. et quicquid habent ex dono Henrici de Vmfranuill vel heredum eius apud Landi[...]
ex dono Vrbani sacerdotis de Pendewelin. et ex dono Hugonis de Lankerwan triginta tres acras. et ex dono Ade de Sumery duodecim acras. et ex dono Iorewarth filii Iustini du[...]
et heredum eius apud Baneuill. et ex dono Templariorum quadraginta acras ibidem. et ex dono Meredith communam terre sue in boscis et pasturis quam opus habuerint ad usum grangie sue de L[...]
sun in feodo [illegible]. et quicquid habent ex dono burgensium de Kaerdif vel liberorum hominum in eadem villa vel apud Listeleton. Preterea dedi eisdem monachis communam in toto marisco n[...]
Taf et Eley. ita quod per singulis capitibus animalium suorum reddent in [illegible] meis annuatim quantum burgenses de Kaerdif per singulis capitibus animalium suorum in eadem mora pascentium r[...]
cessi et hac carta confirmavi prefatis monachis habenda et tenenda in perpetuum. et remisi eis in perpetuum redditum coquine de terra Gillemichel. et redditum quatuor solidorum et iii obolorum de t[...]
alias donationes. venditiones. invadiationes eis rationabiliter factas vel faciendas. Quare volo et precipio quod dicti monachi habeant et teneant omnia predicta bene et in pace libere et quiete
plano. in viis et semitis. in aquis et molendinis. in vivariis et stagnis. in moris et mariscis. in turbariis et piscariis. in pratis et pasturis cum omnibus pertinentiis et libertatibus suis. [illegible]
de Tichesle. Willelmo canonico de Kaneshann. Ricardo tunc priore de Margan. Iohanne monacho de Neth. [illegible] de Margan. Martino hostiario. Iohanne de [illegible]mesheud

Sciant omnes presentes et futuri quod ego Isabel Comitissa Glouc' concessi et dedi et hac presenti carta mea confirmavi pro salute anime mee et antecessorum et successorum meorum deo et beate
Marie de Margan et Monachis ibidem deo servientibus in puram et perpetuam elemosinam has terras in feudo de Kenef'. Scilicet totam terram Pettevin per divisas suas cum pertinentiis suis.
Et totam terram Hugonis de Hereford per divisas suas cum pertinentiis suis. Et totam terram Walensium pro qua solebant reddere annuatim xxx.ii. solidos Ballivis de Kenef'. Et totam Moram de
Heuedhalok inter duas aquas scilicet Kenef' et Bathan. tenendas de me et heredibus meis libere et quiete ab omni servicio consuetudine et exactione seculari. sicut ulla elemosina liberius et quietius
potest teneri. Preterea concessi eisdem Monachis et confirmavi omnes donationes quas eis fecerunt Robertus Comes avus meus et Willelmus Comes pater meus. Scilicet omnes terras cum pertinentiis
suis inter Kenef' et ulteriorem ripam aque de Auene ulterioris que est ad occidentem [illegible] Theodaca. Et sicut montana vendit [illegible] aque de Kenef' usque ad locum Middelcros
et inde in transversum usque ad Blaumnant [illegible] et inde usque ad Redkenelechi et inde sicut Auene descendit in mare. Et totam Werk inter Kenef' et Auene. Et unum burgagium in
Kenef'. Et unum burgagium in Kaerdif. Et unum burgagium in Novo Burgo. Et unum burgagium in Bristoll'. Insuper et concessi eisdem Monachis et confirmavi donationes liberorum hominum
meorum. Scilicet terram Sturmy per divisas suas cum pertinentiis suis. unde habent confirmationem patris mei. Et quicquid habent ex dono Gilleb' [illegible] et heredum eius. Et quicquid habent ex dono burgensium de Kenef'
et liberorum hominum in villa de Kenef' vel extra in eodem feudo. Et ex dono Margani filii Oweni Heuedhalok. Et totum feudum de Landgeveli ex dono David Scurlag' et antecessorum et heredum eius.
Et quicquid habent ex dono Pagani de Turbervill' et heredum eius in Kornhkarch. Et ex dono filiorum Iberti Kethlecultu per divisas suas. Et terram
et concessione Nicholai Puinz sicut carte ipsorum testantur. Et quicquid habent ex dono Morgani filii Caradoci et heredum eius in Marisco de Auene et berchis. Et Rossaulin et commune pasture in
Lachelés et alias donationes ibidem sicut carte donatorum testantur. Et quicquid habent ex dono Willelmi de London' totam terram de Eglskainweir cum pertinentiis suis sicut carte que inde habent testantur. Et quicquid habent ex
Moritilus inter Taf et Elech. Et Pulrimor apud Landmeuthi. Et ex dono Willelmi sacerdotis de Pendiueli. Et ex dono Hugonis de Landkaruan et heredum eius
dono Ricardi de Cumfanvill' et heredum eius apud Landmeuthi. Et Bradigroh. Et xii. acras quas ibidem habent ex dono Iohannis de Boneuill' et heredum eius apud Boneuilleston. Et ibidem ex dono Templariorum xl. acras.
et xxiij. acras. Et ex dono Ade de Sumeri xii. acras. Et ex dono Iorwarth filii Iustini ii. acras. Et quicquid habent ex dono Rob' Samson in feudo sancti Nichol'. Et quicquid habent ex dono
Et ex dono Maredu et heredum eius communam terre sue in boscis et pasturis [illegible] habuerant ad grangiam suam de Landmeuthi. Et quicquid habent ex dono
burgensium de Kaerdif et liberorum hominum in eadem villa vel extra. Hec omnia concessi et confirmavi predictis Monachis de Marg' habenda et tenenda imperpetuum sicut carte donatorum que inde habent testantur.
Concessi et eis et confirmavi omnes alias donationes eis rationabiliter factas vel faciendas. simul et venditiones et invadiationes sicut carte donatorum venditorum et invadiatorum que inde habent testantur vel
testabuntur. Quare volo et firmiter precipio quod predicti Monachi habeant et teneant omnia predicta bene et in pace libere et quiete integre et plenarie et honorifice in bosco et plano in viis et semitis
in aquis et molendinis in vivariis et stagnis in moris et mariscis in turbariis et piscariis in pratis et pasturis et in omnibus aliis locis et rebus cum omnibus libertatibus et liberis consuetudinibus suis sicut
predictum est. Hiis testibus. Domino Henr' Land' Episcopo. Urbano Land' Archidiacono. Nichol' Puinz. Henr' de Umfranvill'. Iohanne de sancto Quintino. Waltero de Sulie. Rad' de Mewenhened
tunc vicecomite. Gilleb' de Turbervill'. Ricardo Flandrensi. Willelmo de Cantelo. Rad' Malok. Reimund' de Sul'. Willelmo le Sor. Rad' de Clauedun. et multis aliis

a b c d e f

a

b

c

d